21 世纪创新型经济管理专业主干课程系列规划教材

宏观经济学

主　　编　余升国

副主编　朱连心　张玉英

华中科技大学出版社

中国·武汉

图书在版编目(CIP)数据

宏观经济学/余升国　主编.—武汉：华中科技大学出版社,2012.1
ISBN 978-7-5609-7670-9

Ⅰ.宏…　Ⅱ.余…　Ⅲ.宏观经济学-高等学校-教材　Ⅳ.F015

中国版本图书馆 CIP 数据核字(2011)第 279932 号

宏观经济学　　　　　　　　　　　　　　　　　　　　　　余升国　主编

策划编辑：肖海欧
责任编辑：肖海欧
封面设计：龙文装帧
责任校对：代晓莺
责任监印：张正林
出版发行：华中科技大学出版社(中国·武汉)
　　　　　武昌喻家山　　邮编：430074　　电话：(027)87557437
录　　排：武汉兴明图文信息有限公司
印　　刷：武汉科利德印务有限公司
开　　本：787mm×1092mm　1/16
印　　张：18.75
字　　数：433 千字
版　　次：2012 年 1 月第 1 版第 1 次印刷
定　　价：34.00 元

前　　言

在资本主义产生和发展的过程中，逐步形成了研究各种经济活动和各种相应的经济关系及其运行、发展的规律的一门独立学科——经济学，并形成一套完整的理论体系。但随着传统古典经济学理论在 20 世纪 30 年代经济危机中无以应对，暴露出明显缺陷，以后，经济学逐步分化为微观经济学和宏观经济学。

与微观经济学已经形成一套完整的理论体系相比，目前的宏观经济学流派林立，各派之间观点不尽相同。因此，如何处理理论体系与架构这一体系的基本框架，显得尤为重要。

为此，我们按照对初学者的要求，给宏观经济基本理论设置了 6 个基本模块：宏观经济变量、宏观经济短期模型、宏观经济长期模型、宏观经济运行、国际经济、宏观经济学流派。其中，总论介绍宏观经济学的基本概念、研究对象等；第一章、第二章、第三章为本书的第一篇，系统介绍了 GDP、消费、投资、储蓄、财政政策、货币政策等宏观经济变量；第四章、第五章、第六章为本书的第二篇，重点分析了简单国民收入决定模型、IS-LM 模型、AD-AS 模型，以及政府宏观经济政策实践；第七章为本书的第三篇，详细介绍了长期中经济增长的决定因素、新古典增长理论，并简要介绍了内生增长模型；第八章、第九章、第十章为本书的第四篇，重点介绍了宏观经济运行中出现的失业、通货膨胀、经济波动等理论；第十一章、第十二章为本书的第五篇，介绍了国际金融基本知识、开放经济中的宏观经济政策等；第十三章为本书的第六篇，详细介绍了当前比较重要的新古典综合派、新凯恩斯主义、货币主义、供给学派、理性预期学派的主要理论和政策主张。

本书是笔者参与的海南省省级精品课程"宏观经济学"的阶段成果，力求做到难易适中，并提供大量的中国及海南的案例，便于教学中理论联系实际，方便教学。

本书的总论、第十章和第十三章由张玉英、余升国编写；第一章、第二章和第七章由朱连心编写；第三章和第五章由李根编写；第四章和第六章由欧元明编写；第八章和第九章由董为编写；第十一章和第十二章由姚大鹏编写。全书由余升国拟订编写大纲并负责统稿。

由于笔者水平有限，本书难免出现疏漏和错误之处，希望各位读者不吝赐教，以便不断完善和提高。

最后，对参与本书编写的各位老师，以及自始至终关注本教材编写并提出中肯意见的黄景贵教授、李仁君教授、张尔升教授、何彪老师，还有推动本书出版的华中科技大学出版社，特别是负责本书出版的肖海欧老师致以衷心的感谢。

余升国

2011 年 9 月 9 日

目　录 | MULU

总　论

课前导读

海南省省长罗保铭关于 2008 年工作回顾

2008 年是海南省改革发展进程中很不平凡的一年。我们迎来了建省办经济特区 20 周年,胡锦涛总书记亲临视察,赋予海南当好全国改革开放排头兵的新使命,为海南的科学发展指明了方向。一年来,在省委的正确领导下,全省上下深入贯彻胡锦涛总书记重要讲话和省委五届三次、四次全会精神,认真学习实践科学发展观,振奋精神、抢抓机遇、乘势而上、奋力拼搏,在国际金融危机冲击的严峻形势下,全省经济继续保持平稳较快增长的良好势头。

经济实力较快提升。预计全省全年生产总值 1 466 亿元,比上年增长 9.8%。地方财政一般预算收入 145 亿元,增长 33.9%。

投资与消费增势强劲。全省社会固定资产投资 703 亿元,增长 38%;社会消费品零售总额 449 亿元,增长 24%,投资和消费成为拉动经济增长的主要动力。

人民生活进一步改善。城镇新增就业 8.2 万人,农村劳动力转移 8.5 万人。物价自去年 5 月以来逐月回落,12 月份 CPI 已降到 2.3%。城镇居民人均可支配收入 12 500 元,农民人均纯收入 4 390 元,分别增长 13.6% 和 15.8%。农村贫困人口减少 1 万人,低收入人口减少 3 万人。

市、县经济活力明显增强。14 个市、县地方一般预算收入增长 30% 以上;9 个市、县固定资产投资增长 50% 以上,其中 5 个市、县增长一倍以上。市、县经济竞相发展,为全省经济增长作出了重要贡献,也是海南经济健康发展的重要标志。

金融运行环境大为改善。截止去年 11 月底,银行业金融机构存款余额 2 248.29 亿元,增长 20.05%;贷款余额 1 346.26 亿元,增长 20.99%,贷款增幅高于存款增幅;金融机构整体盈利 29.38 亿元,不良贷款率 5.49%,下降了 10.64 个百分点。

(资料来源:海南省省长罗保铭 2009 年 1 月 12 日在海南省第四届人民代表大会第二次会议上所作《政府工作报告》。)

　　本教材的研究对象是宏观经济理论,在本课程的开端,有必要对什么是宏观经济学加以认识。

　　"宏观"来源于希腊文"μακρο",原意是"大"。宏观经济学(macroeconomics)一词最早由挪威著名经济学家、第一届诺贝尔经济学奖获得者之一 R. 弗瑞希在 1933 年提出来的。

　　宏观经济学是研究社会总体的经济行为规律及其后果的一门学科。像经济学的其他分支一样,宏观经济学的核心思想是人们根据稀缺的资源有效地做出决策,尽可能地满足人们的需要。然而,宏观经济学不再聚焦于单个市场的运作,而是把整个社会经济作为一个整体来研究。

　　(1)哪些因素决定了一个国家经济的长期增长?为什么不同国家经济增长速度不同?如东亚国家增长快而非洲国家增长慢。

　　(2)为什么不同年份经济增长的速度不一样,甚至会出现负增长?经济为什么会周期性地扩张和收缩?

　　(3)为什么有些时期物价上升迅速,而另一时期物价较为稳定,甚至会下跌?物价的变化对经济会产生什么影响?

　　(4)为什么有些时期失业率居高不下,而有些时候失业率又很低?

　　(5)为什么一些国家的汇率会发生贬值或升值?为什么美国经济出现问题,欧洲、亚洲等地的国家的经济也会受到影响?

　　(6)政府是否应该干预经济的运行?政府应该怎样干预经济?政府的干预对经济会产生什么影响?

　　所有这些问题都涉及总体经济的运行,这就是宏观经济学的研究内容。通过宏观经济学的学习,我们可以对上述问题有个清晰的理解。由于宏观经济学研究的是国民经济中的总量及其相互关系,因而宏观经济学又称总量分析或总量经济学。

一、微观经济学和宏观经济学

　　经济学是研究如何把有限的资源进行合理分配和利用进而满足人们无穷欲望的一门学科。我们把经济学分为微观经济学和宏观经济学。微观经济学(microeconomics)研究的是作为个体(家庭和企业)的市场经济行为,涉及的内容是个体如何对资源合理配置做出决策,进而决定单个市场均衡价格及产量;而宏观经济学(macroeconomics)研究的是社会整体的市场经济运行方式与规律,通过研究经济总量(整个社会的价格水平、总产量、就业水平等)及其变化,以及伴随的相关问题,来反映社会资源的配置及利用状况。

　　经济学是研究经济行为和经济运行规律的学问。经济活动是一个有机的整体,经济学本来没有宏观和微观的划分,这从经济学说史发展的轨迹可以看得很清楚。例如,在古典学派和重农学派那里,威廉·配第、亚当·斯密和大卫·李嘉图不仅研究了国民收入、国民财富、货币流通总量等问题,而且也研究了微观经济学领域的价值和分配问题,即使是弗朗斯瓦·魁奈,也对微观经济学领域内的"纯产品"问题进行过细致的讨论。只是到了后来,随着分工的发展,为了研究的方便和深入,才出现了宏观经济学和微观经济学的划分。1936 年,现代宏观经济学的鼻祖约翰·梅纳德·凯恩斯发表了《就业、利息与货币通论》(简称《通论》)后,标志着现代宏观经济学的建立。对此,正如我国经济学家樊纲(1997)指出的,"经济学发展史的最初阶段上,理论是十分综合的,但也正因如此,最初阶段的经济学是较为幼稚的;经济学分支的发展,是一种进步;正是这种分工为理论的深入和这深入之后更高级的综合提供了新的基础"。

微观的英文是"micro",原意是"小"。微观经济学是以单个经济单位为研究对象,通过研究单个经济单位的经济行为和相应的经济变量单项数值的决定来说明价格机制如何解决社会的资源配置问题。宏观的英文是"macro",原意是"大"。宏观经济学则以整个国民经济为研究对象,二者的区别是明显的,主要表现在以下几方面。

(1) 研究对象不同

微观经济学的研究对象是单个经济单位,如家庭、厂商等。微观经济学把所有的家庭看成是一个单位(家庭部分),把某个行业的所有企业看成一个单位(企业部分),力图研究整个行业经济的结构和行为。正如美国经济学家 J. 亨德逊(J. Henderson)所说"居民户和厂商这种单个单位的最优化行为奠定了微观经济学的基础"。而宏观经济学的研究对象则是整个国民经济,分析通货膨胀,以及国内生产总值(GDP)、失业率、消费物价指数等内容,研究整个社会的经济的运行方式与规律,从总量上分析经济问题。正如萨缪尔逊所说,宏观经济学是"根据产量、收入、价格水平和失业来分析整个经济行为"。美国经济学家 E. 夏皮罗(E. Shapiro)则强调了"宏观经济学考察国民经济作为一个整体的功能"。

(2) 解决的问题不同

微观经济学要解决的是资源配置问题,即如何把有限的资源进行合理分配,解决生产什么、如何生产和为谁生产的问题,以实现个体效益的最大化。宏观经济学则把资源配置作为既定的前提,研究社会范围内的资源充分利用问题,以实现社会福利的最大化。

(3) 研究方法不同

微观经济学的研究方法是个量分析,即研究经济变量的单项数值如何确定。而宏观经济学的研究方法则是总量分析,即对能够反映整个经济运行情况的经济变量的确定、变动及其相互关系进行分析。这些总量包括两类,一类是个量的总和,另一类是平均量。因此,宏观经济学又称为"总量经济学"。

(4) 基本假设不同

微观经济学的基本假设是市场出清、完全理性、充分信息,认为"看不见的手"(市场价格机制)能自由调节实现资源配置的最优化。宏观经济学则假定市场机制是不完善的,政府有能力调节经济,通过"看得见的手"(政府宏观干预)纠正市场机制的缺陷。

(5) 中心理论和基本内容不同

微观经济学的中心理论是价格理论,还包括消费者行为理论、生产理论、分配理论、一般均衡理论、市场理论、产权理论、福利经济学、管理理论等。宏观经济学的中心理论则是国民收入决定理论,还包括失业与通货膨胀理论、经济周期与经济增长理论、开放经济理论等。

微观经济学和宏观经济学虽然有明显的区别,但作为经济学的不同分支,共同点也是明显的:一方面,两者都是从不同角度对经济现象进行的分析,采用的都是实证分析方法,即都把社会、经济制度作为既定的因素,不涉及制度因素对经济的影响,从而与制度经济学区分开来。另一方面,微观经济学先于宏观经济学产生,发展得比较成熟,因而是宏观经济学的基础。两者互相补充,互相渗透,共同组成了经济学的基本内容架构。

二、本书的研究对象——中国的宏观经济

(一)随时间变化的 GDP

国内生产总值(gross domestic product,GDP)是指在一定时期内(通常是一个季度或一年),一个国家或地区的经济所生产出的全部最终产品和劳务的市场价值。但是,产品和劳务的市场价值会随着它们的质量和价格的改变而改变,因此经济学家倾向于用实际国内生产总值(real GDP)来描述产出。这里的实际是说我们会根据价格随时间的变化而调整对产量的衡量,也就是以某个基年的价格为标准,假设各计算期内产品价格均为基年的价格,这样就剔除了价格变化对产值的影响。

图 0-1 描绘了 1952 年以来中国实际 GDP 的变化情况,从图中我们可以得到以下两点结论。

(1) 从长期来看,中国的实际 GDP 呈现增长的趋势,经济学家称之为长期经济增长(economic growth);

(2) 从短期来看,中国的实际 GDP 在不同的年份增长的趋势不一样,实际 GDP 呈现一种周期性的没有规律的暂时性上升或下降,经济学家称之为短期经济波动(economic fluctuations),一次短期经济波动的完整过程也被称为经济周期(economic cycle)或商业周期(business cycle)。

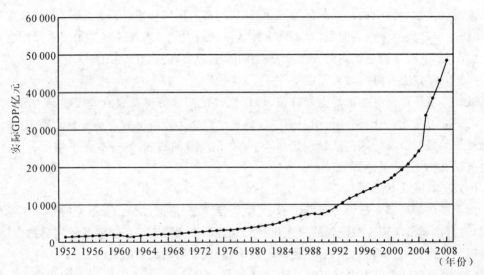

图 0-1　1952 年以来中国实际 GDP

注:实际 GDP 以 1952 年为基期计算所得。

(资料来源:1952—2004 年数据根据《新中国 55 年统计资料汇编》整理;2005—2007 年数据根据《2008 年中国统计年鉴》整理;2008 年数据是根据中华人民共和国国家统计局 2009 年 2 月 26 日发布的《中华人民共和国 2008 年国民经济和社会发展统计公报》整理。由于 1984 年及以前没有全国居民消费物价指数,采用商品零售价格指数代替,1984 年采用全国居民消费物价指数。)

1.经济增长:艰难的上坡路

图 0-1 中实际 GDP 的大幅增长意味着我国现在一年创造的最终产品和劳务的总量远远超过了 56 年前一年的产出总量。由图 0-1 可知,在 1952—2008 年间,中国的经济呈现持

续增长的趋势。1952 年,中国的实际国内生产总值是 679 亿元,到了 2008 年则高达 48 457.87 亿元①,按照不变价格计算,增长了 70.37 倍,平均每年增长 7.60%。

为了更好地衡量实际 GDP 增长对个人利益的影响,在图 0-2 中我们考察了 1952—2008 年中国的人均实际 GDP(用实际 GDP 除以全国的人口数得到的,也就是每个人平均提供的食物、衣服、汽车、住房、教育、劳务等所有产品的总量。人均实际 GDP 的增长,意味着国民经济中个人福利也就是生活水平,至少从平均程度上来说增加了)的变化情况。

由于人口在这一时期增长了约 75 320 万人,人均实际 GDP 的增长没有实际 GDP 的增长比例那么大,但是仍然是非常显著的。由图 0-2 可知,1952 年,中国的人均实际 GDP 是 118 元,到了 2008 年则高达 3 648.88 元②,按照不变价格计算,增长了 29.89 倍,平均每年增长 6.07%。

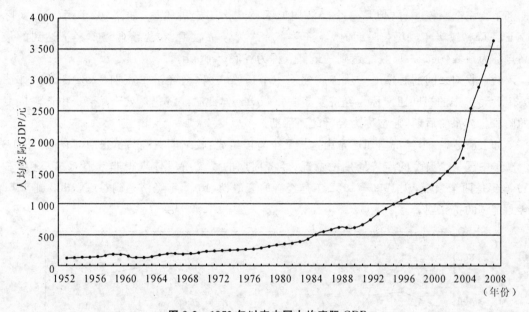

图 0-2　1952 年以来中国人均实际 GDP

注:实际 GDP 以 1952 年为基期计算所得。

(资料来源:1952—2004 年数据根据《新中国 55 年统计资料编》整理;2005—2007 年数据根据《2008 年中国统计年鉴》整理;2008 年数据是根据中华人民共和国国家统计局 2009 年 2 月 26 日发布的《中华人民共和国 2008 年国民经济和社会发展统计公报》整理。)

如果再深入分析,我们可以以 1978 年为界限,把中国的经济增长情况分为两个阶段进行考察。

(1)1952—1978 年间　1952 年,中国的实际国内生产总值是 679 亿元,到了 1978 年为 2997.41 亿元③,按照不变价格计算,增长了 3.41 倍,平均每年增长 4.72%。1952 年,中国的人均实际 GDP 是 118 元,到了 1978 年为 311.39 元④,按照不变价格计算,增长了 1.64

---

①　以 1952 年为基期。

②　以 1952 年为基期。

③　以 1952 年为基期。

④　以 1952 年为基期。

倍,平均每年增长 1.89%。

(2) 1979—2008 年间　1979 年中国的实际国内生产总值是 3 274.42 亿元,到了 2008 年则高达 48 457.87 亿元[①],按照不变价格计算,增长了 13.80 倍,平均每年增长高达 13.12%。1979 年,中国的人均实际 GDP 是 335.69 元,到了 2008 年则高达 3 648.88 元[②],按照不变价格计算,增长了 9.87 倍,平均每年增长高达 11.45%。

2.经济波动:暂时的挫折和复苏

从长期来看,中国的实际 GDP 在不断地增长,但是其中有停滞、回落,然后再次增长,即从短期来看,经济出现周期性的、没有规律的起落,即经济波动或经济周期,这些在图 0-1 中均可以看到。

在图 0-3 中,我们将 20 世纪 60 年代的一个经济周期放大来仔细观察。任何一个经济周期都不会完全一模一样,但是每个经济周期都有几个确定的阶段,如图 0-3 所示。当实际 GDP 下降持续半年或更长时间时,经济学家称之为经济收缩,在经济收缩前经济达到的最高点称为顶峰(peak);而收缩达到的最低点称为谷底(trough)。

两个收缩之间的时期——从谷底到下一个顶峰,被称为经济扩张期(expansion),如图 0-3 所示,扩张的初期通常称为经济复苏期(recovery),此时经济仍然处于从衰退中逐渐恢复的阶段。扩张的后期,通常称为经济的高涨期。

如上所述,一个经济周期通常由这样几个阶段组成:收缩期、谷底、扩张期、顶峰。图 0-3 反映了中国一个典型的经济周期的情况,经济周期的 4 个阶段体现得非常清晰:1959 年和 1966 年是两个顶峰,从 1959—1962 年是经济的衰退期,1962 年经济达到谷底,1962 到 1966 年是经济的扩张期。

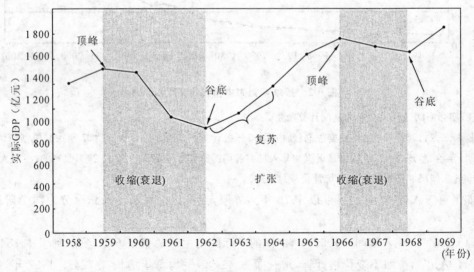

图 0-3　中国 20 世纪 60 年代的经济周期

在特别的情况下,当一个收缩期收缩得过于严重时,就会出现经济衰退(recession),一

① 以 1952 年为基期。

② 以 1952 年为基期。

一般而言,经济衰退以实际国内生产总值连续两个季度下降为标志。特别严重的经济衰退被称为经济萧条(depression),即持续时间特别长,影响特别深的经济衰退,比如1929—1933年西方社会的经济大萧条。

实际国内生产总值并不是在经济周期中发生波动的唯一指标,经济波动的其他指标还有通货膨胀率(inflation rate)、失业率(unemployment rate)和股票价格等。

(二)失业和通货膨胀

实际GDP是随着时间变化的,其他经济变量也是如此,比如失业(unemployment)、通货膨胀(inflation)、股票价格、一国货币汇率等。通过观察这些变量,我们可以更多地了解经济波动对人们生活的影响——就如同人体体征信息中的血压、体温不同于脉搏一样,仅有一个变量是不够的。

1. 失业

就像实际GDP的波动一样,无论是发达国家还是发展中国家,失业率经常处于波动之中。另外,失业率与经济周期关系密切,当经济开始收缩时,失业率通常会上升;在经济开始复苏时,失业率通常会下降;在经济周期的顶峰阶段,失业率一般保持在最低水平;而谷底时的失业率则达到最高点。

经济学基本问题是如何有效配置稀缺资源,实现经济快速增长,提高社会成员的经济福利。劳动力是最重要资源,失业意味着劳动者处于没有工作的"闲置"状态,并且带来多层面的其他经济和社会问题。因而,从古典经济学到现代经济学,一直把失业现象作为一个重大问题来研究。

失业一般指在当前工资水平下愿意工作的人无法找到工作。国际劳工组织(ILO)对失业下了一个严格的定义:指在某个年龄以上,在特定考察期内没有工作而又有工作能力,并且正在寻找工作的人。根据这个定义,失业必须满足三个条件:① 达到一定年龄并有工作能力;② 没有工作;③ 正在寻找工作。它们必须同时成立,才能满足对失业对象的定义要求。

一个国家的失业总人数被称为失业人口,有工作的人的总数被称为就业人口,二者之和是一国的劳动人口。失业人口占劳动人口的比例就是失业率。

从图0-4可以看出,改革开放以后,我国城镇登记失业率在短期快速下降后开始逐步回升,近几年来这种趋势非常明显,具体原因到第8章失业理论中再进行探讨。

2. 通货膨胀

与产出和失业随时间波动一样,物价水平通常也会随时间波动,经济学中通常用通货膨胀率来衡量物价水平的波动。通货膨胀(inflation)一般指一段时间内物价持续而普遍地上涨现象。通货膨胀率是指从某一个年度到下一个年度间所有商品和劳务的平均价格的上涨比率,即

$$年通货膨胀率 = \frac{今年的价格水平 - 去年的价格水平}{去年价格水平} \times 100\%。$$

从历史经验看,当经济开始收缩时,通货膨胀率一般会随之下降,严重时可能出现负数,即通货紧缩,而当经济开始复苏时,通货膨胀率一般会随之上升。在大多数情况下,通货膨

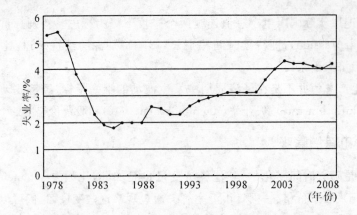

图 0-4　1978 年以来中国的城镇登记失业率

胀与经济周期的相关性比较大,走向非常符合,并且通货膨胀的波动幅度往往比经济周期的波动幅度大。

图 0-5 对比了中国的实际 GDP 增长率与通货膨胀率。从图中可以看出,总体上,通货膨胀率与实际 GDP 增长率的变化趋势基本上是一致的,具有向相同方向变化的趋势。从 1980 年到 1987 年前后,它们的变化基本上都是同步同方向,但到了 1988 年以后,通货膨胀率的变化要比 GDP 的增长率的变化滞后,但同方向的变化趋势仍然存在。

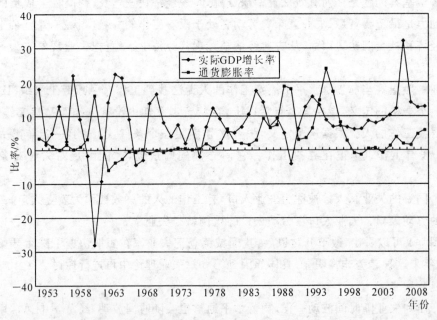

图 0-5　1953 年以来中国实际 GDP 增长率与通货膨胀率

(三)开放经济

在当前的世界经济格局中,任何一个国家的经济都不可能独立于世界经济体系之外,任何一个国家与其他国家都有着大量贸易和金融联系,这样的经济体系我们称为开放经济(open economy)。

宏观经济学的研究范围就包括国与国之间经济纽带的联结方式。例如,不同汇率制度下,一国的宏观经济政策对其他国家的宏观经济有什么影响? 在 1997 年的东南亚金融危机中,中国政府为什么要坚持人民币不贬值,这种政策对中国、对东南亚的经济产生了哪些影响? 再如经济周期是如何借助国与国之间的贸易和借贷关系在世界范围内传导的? 始于 2007 年下半年美国的次贷危机演变成一场全球性的经济危机,其原因何在?

在开放经济中,国与国之间发生经济联系的主要方式是贸易与借贷。国与国之间商品和劳务的交换称为国际贸易,国与国之间的资本或资金往来称为国际借贷关系。

国际贸易是国际经济联系的最基础部分,从一个国家的角度来看,国际贸易由进口和出口两方面组成。一国的进口(imports)是指该国的居民或企业所购买的在本国以外生产的商品和服务,而一国的出口(exports)是指该国境内生产的商品和服务由本国境外的居民或企业购买的部分。

一国的出口大于进口,称为贸易顺差或贸易盈余(trade surplus);进口大于出口,则是贸易逆差或贸易赤字(trade deficit)。

出口与进口之间的差额称为贸易余额(balance of trade)或净出口(net export)。

一定时期内进出口总额与 GDP 的比值称为外贸依存度。该指标通常反映一国国内经济与国际经济联系的紧密程度。从图 0-6 可以看出,自从 1978 年改革开放以来,中国的外贸依存度迅速上升,据统计,目前已居世界之首。

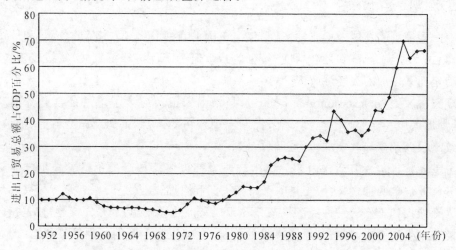

图 0-6 1952 年以来中国进出口贸易总额占 GDP 的百分比

图 0-7 描述了 1952 年以来中国贸易余额占 GDP 的比例。可以看出,在改革开放以前,中国的贸易余额占 GDP 的比例较小,而且基本围绕 0 上下波动,但是自 1978 年开始有一个急剧的下降后,基本呈现稳步上升的趋势。

那么贸易余额的意义是什么? 它的短期和长期的变动是由什么决定的? 理解贸易余额的一个关键,是要理解贸易不平衡与国家之间的金融流量(financial flows)密切相关。

一般地讲,当一个国家从世界其他地方进口的商品大于它的出口时,这个国家为偿付这些进口商品须向其他国家借债,或者用以前贷给其他国家的款项结算。另一方面,当出口超过进口时,那么这个国家通常是在借债给其他国家。因此,我们对贸易不平衡的研究是与对一国居民为什么要向别国居民借款或贷款给别国居民的研究密切相关联的。

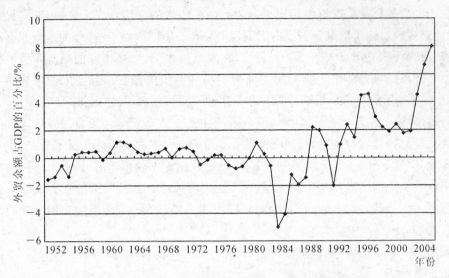

图 0-7　1952 年以来中国外贸余额占 GDP 的百分比

在过去的十几年里,中国已经从一个外贸收支平衡的国家逐步成为世界上一个主要的债权国,为什么会这样? 中期内和长期内会产生什么影响? 对其他国家又会有什么影响?

(四)宏观经济政策

影响一国经济的发展因素非常多,既包括该国的自然资源、资本存量(机器和厂房等)、人力资源、技术进步、经济和社会制度等,也包括政府为了促进经济发展、减缓经济波动、维护社会稳定而采用的宏观经济政策。

宏观经济政策(macroeconomic policy),是指国家或政府为了增进社会经济福利有意识、有计划地运用一定的政策工具,调节控制宏观经济的运行,以达到充分就业、物价稳定、经济持续增长以及国际收支平衡的目标。

充分就业是指包含劳动在内的一切生产要素都以愿意接受的价格参与生产活动的状态。充分就业包含两种含义:一是指除了摩擦失业和自愿失业之外,所有愿意接受各种现行工资的人都能找到工作的一种经济状态,即消除了非自愿失业就是充分就业;二是指包括劳动在内的各种生产要素,都按其愿意接受的价格,全部用于生产的一种经济状态,即所有资源都得到充分利用。失业意味着稀缺资源的浪费或闲置,从而使经济总产出下降,社会总福利受损。因此,失业的成本是巨大的,降低失业率,实现充分就业就常常成为西方宏观经济政策的首要目标。

物价稳定是指物价总水平的稳定。一般用价格指数来衡量一般价格水平的变化。价格稳定不是指每种商品价格的固定不变,也不是指价格总水平的固定不变,而是指价格指数的相对稳定。物价稳定并不是通货膨胀率为零,而是允许保持一个低而稳定的通货膨胀率,所谓低,一般指通货膨胀率在 1%～3% 之间;所谓稳定,就是指在相当时期内能使通货膨胀率维持在大致相等的水平上。这种通货膨胀率能为社会所接受,对经济也不会产生不利的影响。

经济增长是指在一个特定时期内整个社会所生产的人均产量和人均收入的持续增长。

它包括:一是维持一个高经济增长率;二是培育一个经济持续增长的能力。一般认为,经济增长与就业目标是一致的。经济增长通常用一定时期内实际国民生产总值年均增长率来衡量。经济增长会增加社会福利,但并不是增长率越高越好。这是因为经济增长一方面要受到各种资源条件的限制,不可能无限地增长,尤其是对于经济已相当发达的国家来说更是如此。另一方面,经济增长也要付出代价,如造成环境污染,引发各种社会问题等。因此,经济增长就是实现与本国具体情况相符的适度增长率。

国际收支平衡的目标要求做到汇率稳定,外汇储备有所增加,进出口平衡。国际收支平衡不是消极地使一国在国际收支账户上经常收支和资本收支相抵,也不是消极地防止汇率变动、外汇储备变动,而是使一国外汇储备有所增加。适度增加外汇储备看做是改善国际收支的基本标志;同时由于一国国际收支状况不仅反映了这个国家的对外经济交往情况,还反映出该国经济的稳定程度。

以上四大目标相互之间既存在互补关系,也有互斥关系。互补关系是指一个目标的实现对另一个的实现有促进作用。比如,为了实现充分就业,就要维持必要的经济增长。互斥关系是指一个目标的实现对另一个有排斥作用。比如,物价稳定与充分就业之间就存在两难选择。为了实现充分就业,必须刺激总需求,扩大就业量,这一般会引起物价水平的上升,而为了抑制通货膨胀又会引起失业率的上升。又如,经济增长与物价稳定之间也存在着相互排斥的关系。因为在经济增长过程中,通货膨胀通常难以避免。

宏观经济政策是从全局上对经济运行施加影响的经济政策,主要包括财政政策(fiscal policy)和货币政策(monetary policy),另外辅以收入分配政策和对外经济政策。

财政政策是国家或政府为了促进就业水平的提高,减轻经济波动,防止通货膨胀,实现经济稳定、持续增长而对政府的支出、税收和借债水平所进行的选择,或对政府收入和支出水平所做的决策,进而对宏观经济的运行施加影响。比如,政府降低税率可以促进投资和消费,而政府提高税率可以抑制投资和消费。增加政府支出和减少政府的收入通常称为积极的财政政策或扩张性的财政政策;反之则称为消极的财政政策或紧缩性的财政政策。

货币政策是指中央银行通过控制货币供应量来调节利率水平,进而影响投资和整个宏观经济的运行,以达到一定经济目标的行为。例如,中央银行通过增加货币供应量来降低利率水平,同样也可以达到促进投资和消费从而刺激经济、增加社会总需求的目的。增加货币供应量的货币政策称为积极的货币政策或扩张性的货币政策;反之则称为消极的货币政策或紧缩性的货币政策。

我国改革开放以来,市场经济运行机制不断完善,我国政府也开始由单纯的行政手段干预经济逐步走向市场经济手段调控经济为主,并取得了非常不错的成果,积累了宝贵的经验。

例如,1992年邓小平同志南巡讲话后的几年,中国掀起了新一轮经济建设高潮,伴随着经济的高速增长,经济运行出现了不正常的过热现象。表现为高投资、高货币投放、高物价和高进口。中国政府及时实施了适度从紧的财政与货币政策,严厉打击偷、漏税活动,清理不合理的减、免税项目以增加财政收入。特别是中央确定1994年实行分税制财政体制,成功实现了1994年财政收入比1992年增长24.8%。同时,顺利完成国库券发行工作。治理整顿违章乱拆借、乱集资、乱设金融机构的现象,清理和收回违章拆借资金830亿元,专业银行的备付率因此大幅上升,货币高投放的势头得到了遏制。同时,固定资产投资膨胀势头有所遏制,开发区热、房地产热开始降温。由于成功地实施了紧缩性财政政策与货币政策,过热的经济得到遏制,经济较为平稳地回落到了适度增长区间。国内生产总值增长率由1992年的14.2%逐步回落到1996年的9.6%,平均每年回落1个百分点。商品零售价格上涨率由1994年的21.7%下降到1996年的6.1%,共回落了15.6个百分点。中国经济成功地实现了"软着陆"。

2008年以来,发端于美国的次贷危机引起了全球性经济危机,中国也受到了严重的影响。2008年11月9日,国务院总理温家宝主持召开国务院常务会议,研究部署了进一步扩大内需、促进经济平稳较快增长的措施。会议确定了当前进一步扩大内需、促进经济增长的十项措施:加快建设保障性安居工程;加快农村基础设施建设;加快铁路、公路和机场等重大基础设施建设;加快医疗卫生、文化教育事业发展;加强生态环境建设;加快自主创新和结构调整;提高城乡居民收入;在全国所有地区、所有行业全面实施增值税转型改革,鼓励企业技术改造,减轻企业负担1 200亿元;加大金融对经济增长的支持力度。初步匡算,实施上述工程建设,到2010年底约需投资4万亿元。这些政策的实际作用和长期效果究竟如何我们还不能做出明确的回答。人们不禁要问,当一国的经济面临困难时,宏观经济政策究竟能否帮助其摆脱困境? 如果能够的话,什么才是适当的宏观经济调整呢? 这可能是宏观经济学中最具挑战性的一个问题。

■ **教学案例**

2008年全国和海南经济指标完成情况

材料1 人民网2009年2月27日电 国家统计局今日在其官方网站上公布了《中华人民共和国2008年国民经济和社会发展统计公报》,初步核算,全年国内生产总值300 670亿元,比上年增长9.0%。全年货物进出口总额25 616亿美元,比上年增长17.8%。公报全文如下。

2008年,全国各族人民在党中央、国务院的领导下,以邓小平理论和"三个代表"重要思想为指导,深入贯彻落实科学发展观,万众一心,顽强拼搏,努力克服历史罕见的特大自然灾害和国际金融危机冲击的不利影响,国民经济保持较快发展,各项社会事业取得新的进步。

初步核算,全年国内生产总值300 670亿元,比上年增长9.0%。分产业看,第一产业增加值34 000亿元,增长5.5%;第二产业增加值146 183亿元,增长9.3%;第三产业增加值120 487亿元,增长9.5%。第一产业增加值占国内生产总值的比重为11.3%,比上年上升0.2个百分点;第二产业增加值比重为48.6%,上升0.1个百分点;第三产业增加值比重为40.1%,下降0.3个百分点,可参见图0-8。

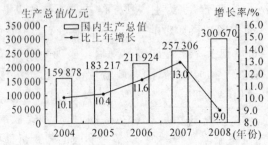

图0-8 2004—2008年国内生产总值及其增长速度

居民消费价格比上年上涨 5.9％，可参见图 0-9，其中食品价格上涨 14.3％。固定资产投资价格上涨 8.9％。工业品出厂价格上涨 6.9％，其中生产资料价格上涨 7.7％，生活资料价格上涨 4.1％。原材料、燃料、动力购进价格上涨 10.5％。农产品生产价格上涨 14.1％。农业生产资料价格上涨 20.3％。70 个大中城市房屋销售价格上涨 6.5％，其中新建住宅价格上涨 7.1％，二手住宅价格上涨 6.2％；房屋租赁价格上涨 1.4％，可参见表 0-1。

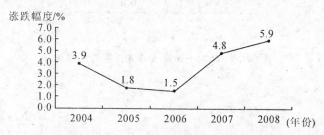

图 0-9　2004—2008 年居民消费价格指数涨跌幅度

表 0-1　2008 年居民消费价格指数比上年涨跌幅度　　　　　　　　　　　　　　％

指标	全国	城市	农村
居民消费价格	5.9	5.6	6.5
食品	14.3	14.5	14.0
其中:粮食	7.0	7.2	6.7
肉禽及其制品	21.7	22.6	20.0
油脂	25.4	24.9	25.9
鲜蛋	3.7	3.8	3.6
鲜菜	10.7	10.5	11.3
鲜果	9.0	8.9	9.3
烟酒及用品	2.9	3.1	2.6
衣着	−1.5	−1.8	−0.6
家庭设备用品及服务	2.8	3.0	2.4
医疗保健及个人用品	2.9	2.8	3.2
交通和通信	−0.9	−1.6	0.7
娱乐教育文化用品及服务	−0.7	−0.9	−0.1
居住	5.5	4.3	8.2

2008 年年末全国就业人员 77 480 万人，比上年末增加 490 万人。其中城镇就业人员 30 210 万人，净增加 860 万人，新增加 1 113 万人。2008 年年末城镇登记失业率为 4.2％，比上年末上升 0.2 个百分点。

2008 年年末国家外汇储备 19 460 亿美元，比上年末增加 4 178 亿美元，可参见图 0-10。2008 年年末人民币汇率为 1 美元兑 6.8346 元人民币，比上年末升值 6.9％。

2008 年全年税收收入 57 862 亿元（不包括关税、耕地占用税和契税），比上年增加 8 413 亿元，增长 17.0％，可参见图 0-11。

（资料来源:节选自中华人民共和国国家统计局 2009 年 2 月 26 日《中华人民共和国 2008 年国民经济和社会发展统计公报》。）

材料 2　2008 年，(海南)省委、省政府坚持以科学发展观为统领，以实现又好又快发展为第一要务，带领全省各族人民积极应对国际金融危机的冲击，克服了长时间低温阴雨天

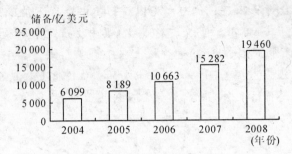

图 0-10　2004—2008 年年末国家外汇储备

图 0-11　2004—2008 年税收收入及其增长率

气、台风及连续强降雨等多种严重自然灾害的影响,保持了经济平稳较快发展,人均生产总值首次突破 2 000 美元大关,迈上了新的发展层面。改革开放取得重大突破,人民生活水平继续提高,各项社会事业全面进步,生态环境保护取得新的成效。

　　经济保持较快增长,人均生产总值突破 2 000 美元大关。初步核算,全省生产总值(GDP)1 459.23 亿元,按可比价格计算,比上年增长 9.8%。其中,第一产业增加值 437.61亿元,增长 7.7%;第二产业增加值 434.40 亿元,增长 7.0%;第三产业增加值 587.22 亿元,增长 13.3%。按常住人口计算,人均生产总值 17 175 元,增长 8.7%;按当年平均汇率折算,人均生产总值突破了 2 000 美元大关,约合 2 472 美元,向着全面建设小康社会目标稳步迈进。

　　……

　　城乡居民收入较快增长,人民生活水平进一步改善。坚持以人为本,着力改善民生,积极扩大城镇就业,加大对农民补贴力度,进一步提高了城乡低保标准,人民群众从经济社会发展中得到更多实惠。全年城镇居民人均可支配收入达到 12 608 元,比上年增长 14.6%,扣除物价上涨因素的影响,实际增长 8.0%;农民人均纯收入 4 390 元,增长 15.8%,扣除物价上涨因素的影响,实际增长 6.4%。2008 年职工平均工资 21 761 元,比上年增长 12.4%;年末城乡居民储蓄存款余额 1 075.23 亿元,比年初增长 22.3%。居民消费结构优化,衣食住行用水平不断提高,生活质量进一步改善。城镇居民人均住房面积达 22.73 平方米,比上年增加 0.66 平方米;农村居民人均住房面积 22.64 平方米,增加 0.2 平方米。

　　……

　　物价涨幅偏高。全年居民消费价格指数上涨 6.9%,比上年提高 1.9 个百分点,但进入第四季度后,各类价格已明显回落。其中,城市居民消费价格指数上涨6.1%,农村居民消费价格指数上涨8.8%。分类别看,食品价格在肉类、蔬菜等较快上涨的推动下上涨13.7%,是拉动消费价格上涨的主要因素,结构性上涨特征较为明显;其次是,居住价格上涨6.6%,家庭设备和用品与维修服务价格上涨1.9%,医疗保健与个人用品价格上涨1.6%,烟酒及用品类价格上涨1.3%,交通和通信价格上涨1.3%,娱乐教育文化用品及服务价格上涨0.4%,衣着价格下降1.7%。全年商品零售价格上涨6.7%,其中,城市上涨5.7%,农村上涨8.3%;工业品出厂价格上涨4.5%,原材料、燃料、动力购进价格上涨11.6%,固定资产投资价格上涨13.3%,农业生产资料价格上涨14.8%,农产品生产价格上涨12.5%,房屋销售价格上涨10.4%,房屋租赁价格上涨1.4%,土地交易价格上涨20.9%。

……

就业工作成效显著。加大就业培训力度,稳步推进零就业家庭就业援助,帮助4 792户零就业家庭实现至少一人就业。年末全省从业人员414.3万人,比上年末增长3.6%,劳动就业规模继续扩大。全部在岗职工人数75.3万人,比上年增长1.9%。全年城镇新增就业人数8.58万人,城镇登记失业率3.72%;农村劳动力转移7.9万人。

（资料来源：节选自海南省统计局、国家统计局海南调查总队2009年2月20日《2008年海南省经济和社会发展统计公报》。）

案例讨论：

政府调控经济的目标有哪些？对于这些目标,海南省和全国2008年度完成的情况如何？

■ **关键概念**

宏观经济	macroeconomics
国内生产总值	gross domestic product,GDP
经济周期	economic cycle
失业	unemployment
通货膨胀	inflation
宏观经济政策	macroeconomic policy
财政政策	fiscal policy
货币政策	monetary policy

■ **复习思考**

1. 简述宏观经济学的研究对象。
2. 简述宏观经济学与微观经济学的区别。
3. 宏观经济政策的目标有哪些？它们之间有什么关系？

第一章 | 国内产出、收入和支出的计量

课前导读

中国各省 GDP 数据再度引发质疑

10 月 30 日消息　超过半数中国省份宣布,今年前三季度 GDP 以两位数增长,远高于全国 7.7% 的 GDP 增速,引起外界怀疑各省经济数据的真实性。

国家统计局上周表示,今年前三季度中国 GDP 增长 7.7%,全年有望实现 8% 增长目标。分析师一般认为,经济增速达到 8% 才能确保创造足够就业机会,保持社会和经济稳定。

自去年 9 月爆发全球金融危机后,很多发达国家经济都陷入停滞甚至倒退,因此中国的 GDP 数据显得格外突出。然而,与各省政府发布的经济增速相比,全国数据只能说是"适中"而已。

在全国 31 个省市及自治区中,只有山西、上海和新疆的 GDP 增速低于全国增速。

共 18 个省份宣布前三季度 GDP 以两位数增长,内蒙以 16.9% 排在首位。所有省份 GDP 相加达到 25 万亿元(28.4 万亿港元),已超出国家统计局发布的全国数字 21.78 万亿元。

(资料来源:《国际财经时报》,2009 年 10 月 30 日。)

宏观经济学研究整个社会的经济活动。要分析一个国家的宏观经济运行状况,首先必须研究该国的国民收入核算。在市场经济国家,国民收入核算是通过建立国民收入与产值账户(national income and product accounts)来实现的。国民收入与产值账户是市场经济国家产品流量与收入流量的官方统计,它也是宏观经济分析的前提和基础。美国著名经济学家 J. 托宾(J. Tobin)曾指出:"如果没有国民收入核算和近 40 年来其他方面统计的革新和改进,当前的经验宏观经济学便是不可想象的。"

第一节　GDP 的精确定义

宏观经济学研究整个社会的经济活动,首先要对总产出或总收入进行核算。核算国民经济活动的核心指标是国内生产总值(简称 GDP)。

国内生产总值是指经济社会(即一国或一地区)在一定时期内运用生产要素所生产的全

部最终产品(物品和劳务)的市场价值。对此定义的理解需注意以下几方面。

(1) GDP 是一个市场价值的概念。各种最终产品的价值都是用货币加以衡量的。产品市场价值就是用这些最终产品的单位价格乘以产量获得的。假如某国一年生产 20 万件某种衣服,每件衣服售价 40 美元,则该国一年生产该种衣服的市场价值为 800 万美元。

(2) GDP 测度的是最终产品的价值,中间产品价值不计入 GDP,否则会造成重复计算而使 GDP 的计量发生错误。例如,如果把棉花、纱、布以及制衣厂的成品的价值都算作这一时期生产的价值,则其总额是:10+15+25+30+40=120 美元,而不再是 40 美元,但其售价只能是 40 美元,因为 40 美元的价值才是这件衣服生产中真正被创造出来的价值,而绝不能把中间产品的价值重复计算在内。

(3) GDP 是一定时期内(往往为一年)所生产而不是所售卖掉的最终产品价值。例如,某企业某年内生产了 100 万美元的产品,但只卖掉 60 万美元,所剩下的 40 万美元的产品可被看做企业自己购买下来的存货投资,同样应计入 GDP。相反,如果企业当年生产了 100 万美元的产品,却售出了 130 万美元的产品,那么计入 GDP 的仍然应该是 100 万美元,因为在这种情况下,只是原有的库存减少了 30 万美元。

(4) GDP 是计算期内(如 2008 年)生产的最终产品价值,因而是流量而不是存量。流量是一定时期内发生的变量,存量是一定时点上存在的变量。例如,某人花 8 万元买了一辆二手汽车,那么,这 8 万元就不能计入 GDP,因为在这辆汽车被生产出来的那个年份,其价值就已计算进当年的 GDP 了。不过,买卖这辆二手汽车的经纪人费用却可以计入计算期的 GDP,因为这笔费用是经纪人在买卖二手汽车过程中所提供的劳务的报酬。GDP 衡量的是现期生产的产品和服务的价值,二手货的出售不能包括在内。

(5) GDP 是一国范围内生产的最终产品的市场价值,因而是一个地域概念,而与此相联系的国民生产总值(GNP)则是一个国民概念,是指某国国民所拥有的全部生产要素在一定时期内所生产的最终产品的市场价值。因此,一个在中国工作的美国商人的收入应当记入美国的 GNP 中,但不能计入美国的 GDP 中,而应该计入中国的 GDP 中。所以,如果某国的 GNP 超过 GDP,就说明该国国民从外国获得的收入超过了外国国民从该国获得的收入,而如果某国的 GDP 超过了 GNP,说明的情况正好相反。如果将 GNP 减去 GDP,我们会得到一个新的概念——净要素支出(NFP),它等于本国公民的国外收入减去外国公民在本国的收入。它所衡量的正是 GDP 与 GNP 之间的差异,即

$$GNP - GDP = NFP$$

当在国外投入生产的本国生产要素所获取的收入大于在国内投入生产的外国生产要素所获取的收入,也就是当 NFP 为正数时,GNP 就会高于 GDP;反之,当 NFP 为负数时,GNP 则会低于 GDP。

在 20 世纪 90 年代以前,西欧发达国家一般都采用 GDP 指标衡量一国的经济规模,而美国等国则采用 GNP 指标。为了与其他国家的统计口径一致,美国商业部从 1991 年开始也改用 GDP 指标。当今世界上,GDP 指标比 GNP 指标应用得更普遍。

(6) GDP 一般仅指市场活动导致的价值。在自己家里从事的家务劳动、自给自足生产等非市场活动不计入 GDP 中。

上述衣服生产的例子不仅说明了产出是指增值,或者说产出等于新增价值,而且还说明

产出总是等于收入以及产出总是等于支出。

为什么说总产出总是等于总收入呢？仍以衣服生产为例,假定棉农共生产了价值10万美元的棉花,并且假定这10万美元的价值就是生产棉花时所投入的生产要素(劳动、资本、土地)共同创造的新增价值。把这10万美元的棉花卖给纺纱厂纺成纱卖15万美元,增值5万美元,怎么会增值呢？因为纺纱厂把棉花纺成纱也需要投入劳动、资本、土地等生产要素,这10万美元的增值也是由纺纱过程中使用的这些要素共同创造的。由于企业使用生产要素必须支付代价(使用劳动者要付工资,使用资本要付利息,使用土地要付租金),这些要素报酬就等于这些要素在生产中作出的贡献。所以,这5万美元的增值要转化为要素提供者的收入。假定工资是2万美元,利息是1.5万美元,地租是0.5万美元,则5万美元售价中还剩余1万美元,这余额就是利润。上述情况如列表1-1所示。

表1-1 一个纺纱厂年产出和收入报表　　　　　　　　　　　　　　单位:美元

收入（支）		产出（收）	
工资和薪金	20 000	生产出成品（纱）	200 000
利息	15 000	减:购买原料棉花	150 000
地租	5 000		
利润	10 000		
总计收入	50 000	产出（增值）	50 000

纺纱厂的情况是这样,其他企业的情况也是这样。他们生产的价值,都要转化为生产要素报酬和企业利润,也就是说,要转化为生产要素提供者和企业经营者的收入。由于我们把利润看做是产品卖价中扣除工资、利息和地租等成本支出后的余额,因而一个企业的产出总等于收入;同理,一个国家的总产出也必然等于总收入。

为什么总产出又等于总支出呢？这是因为,最终产品的销售收入,就是最终产品购买者的支出。例如,生产一件衣服卖40美元,就是购买衣服的消费者支出了40美元,这40美元就是生产和经营衣服的五个阶段的厂商(棉农、纱厂、织布厂、制衣厂及售衣商)所创造的价值(即产出)。衣服是这样,千千万万最终产品都是这样。因此,从全社会来看总产出就等于购买最终产品的总支出。然而,如果社会在某年内生产了3 000亿美元的最终产品,但只卖掉了2 600亿美元的产品,这种情况下总产出是否仍然等于总支出呢？我们说,在进行国民收入核算时,这没有卖掉的400亿美元产品可以被看做企业在存货上的投资支出(即存货投资)。这样,上述情况下的总支出就仍然等于总收入(即3 000亿美元)。

认识总产出等于总收入,总产出又等于总支出,对于弄清如何核算GDP有着重大意义。由于GDP是社会在一定时期内生产的全部最终产品的市场价值,所以,从理论上说,只要把全部最终产品的市场价值相加就可以得到GDP了。但实际上,由于我们无法找到确切的标准来区分最终产品,而且最终产品也为数极多,在这种情况下,我们几乎不可能用全部最终产品的数量乘以各自的价格后再加总,所以我们只能采取其他方法来核算。

第一,由于最终产品价值等于全部生产过程中价值增加量的总和,因此可以通过核算各行、各业在一定时期中生产的价值增值量来计算GDP,这种方法称为生产法。增加值可以用企业的销售收入和生产成本之间的差额来计算,它是企业对GDP的贡献。整个经济中的GDP就是所有生产者创造的增加值的总和。第二,由于总产出等于总支出,GDP也就可以通过核算全社会在一定时期内用于购买最终产品的支出总和的方法来求出,这种方法叫做支出法。第三,由于总产出等于总收入,GDP 也可以通过核算整个社会在一定时期内获得的全部收入来求出,这种方法叫做收入法。

第二节　GDP 的核算

我们在上面说到,核算 GDP 有生产法、支出法和收入法三种方法。常用的是后两种方法,下面分别予以说明。

一、支出法

用支出法核算 GDP,就是通过核算在一定时期内全社会购买最终产品的总支出(即最终产品的总售价)来得到 GDP。这里所谓的最终产品的购买者就是产品和劳务的最后使用者。在现实生活中产品和劳务的最后使用者,除了本国居民,还有企业、政府以及国外的消费者、企业和政府。因此,用支出法核算 GDP,就是计算社会(即一个国家或一个地区)在一定时期内居民消费(C)、投资(I)、政府购买(G)以及净出口(NX)这几方面支出的总和,即

$$GDP=C+I+G+NX$$

(1)居民消费指居民户用于购买企业生产和销售的全部产品和劳务的支出,包括耐用品支出(汽车、电视机、空调等支出)、非耐用品支出(食物与衣服等支出),以及劳务支出(教育、医疗、旅游等支出)。应当注意的是居民消费不包括居民户购买新住房的支出,这一项包括在投资中。

(2)投资指增加或更换资本资产(包括厂房、住宅、机械设备及存货)的支出。为什么用于投资的物品也是最终产品? 资本设备难道不是像中间物品一样是用来生产别的产品吗? 为什么不属于中间产品呢? 要知道资本物品(如厂房设备等)和中间物品是有重大区别的。中间物品在生产别的产品时全部被消耗掉,但资本物品在生产别的产品过程中只是部分地被消耗。如果一个钢铁厂使用 40 年,则每年只耗费 1/40 的价值。资本物品由于损耗造成的价值减少称为折旧。折旧不仅包括生产中资本物品的物质磨损,还包括资本老化带来的时间磨损。

投资包括固定资产投资和存货投资两大类。固定资产投资指新厂房、新设备、新商业用房以及新住宅的增加。之所以住宅建筑也属投资而不属消费,因为住宅像别的固定资产投资一样是长期使用慢慢地被消耗的。

存货投资是企业掌握的存货价值的增加(或减少)。如果年初全国企业存货为 1 000 亿美元而年末为 1 300 亿美元,则存货投资为 300 亿美元。存货投资可能是正值,也可能是负值,因为年末存货价值可能大于也可能小于年初存货。

投资是一定时期内增加到资本存量中的资本流量,而资本存量则是经济社会在某一时点上的资本总量。假定某国在 2008 年内的投资是 600 亿美元,在 2008 年末其资本存量也许是 3 000 亿美元。由于机器、厂房等固定资产会被不断地磨损、消耗,为保持原有的生产能力,每年必须对它们加以补偿或重新购置。假定该国每年要消耗(即折旧)价值 200 亿美元的固定资产,则 600 亿美元的当年投资中就有 200 亿美元是用来补偿资本消耗的,因而当

年净增加的投资实际上只有 400 亿美元。而另外那 200 亿美元是用于重置资本设备的,所以称为重置投资。净投资和重置投资加在一起就构成了总投资。用支出法计算 GDP 时涉及的投资,指的就是总投资。

（3）政府对产品与劳务的购买是指中央和地方各级政府购买产品与劳务的支出,包括进行国防建设、维持社会治安、建筑公路、开办学校等方面的支出。政府购买只是政府支出中的一部分。政府支出的另一部分,如对个人的转移支付、公债利息等都不计入 GDP;因为转移支付只是把已经产生的收入从一些人（或组织、机构）手里转移到另一些人（或组织、机构）手里,并没有为社会增加新的产品或服务。比如,政府给灾民发放救济金,并不是因为这些人提供了产品和服务,而是因为他们遭遇了意外的、无法抗拒的自然灾害,生活遇到了较大的困难。

（4）净出口指出口（X）和进口（M）的差额。出口表示外国购买本国产品和服务的支出,应该加到外国对本国的总支出当中;进口则表示收入流到了国外,是本国购买外国产品和服务的支出,故应从外国对本国的总支出中减去。所以,只有净出口才应计入总支出。不过,它可能是正值,也可能是负值。表 1-2 就是美国 2001 年的 GDP 和需求的构成情况。

表 1-2 2001 年美国 GDP 和需求的构成

构 成	金额（10 亿美元）	百分比/（%）
个人消费支出	6987.0	69.3
私人国内总投资	1586.0	15.7
政府对产品和劳务的购买	1858.0	18.4
产品和劳务的净出口	−348.9	−3.4
国内生产总值	10028.1	100.0

（资料来源:[美]商务部,经济分析局。）

二、收入法

收入法又称生产要素法,它主要用生产要素收入（即企业生产成本）核算国内生产总值。严格说来,最终产品市场价值除了生产要素收入构成的成本,还有间接税、折旧、公司未分配利润等部分。因此,用收入法核算的国内生产总值应该包括以下一些项目。

（1）工资、利息和租金等生产要素的报酬。工资包括所有工作的酬金、津贴和福利费,也包括工资收入者必须缴纳的个人所得税及社会保险税。利息是指给企业提供货币资金（借款）所得到的回报,比如银行存款的利息、企业债券的利息等。不过,政府公债的利息及消费信贷利息不包括在内。租金包括在一定时期内出租土地、房屋等资源或物品使用权所获得的租赁收入及专利、版权等收入。

（2）非公司企业主收入,如医生、律师、农民和小业主等个体从业者的收入。他们使用自己的资金,为自己工作,其工资、利息、利润、租金常常被混在一起,作为非公司企业主收入。

（3）公司税前利润,包括公司所得税、社会保险税、股东红利以及公司未分配利润等。

（4）企业转移支付及企业间接税。这些虽然不是生产要素创造的收入,但要通过产品价格转嫁给购买者,所以一般也将其看做成本。企业转移支付包括对非营利组织的社会性慈善捐款和消费者呆账,企业间接税包括货物税或销售税、周转税。

（5）资产折旧。它虽然不是生产要素收入，但包括在总投资中，所以也应计入 GDP。这样，按照收入法来计算，即

GDP＝工资＋利息＋利润＋租金＋间接税和企业转移支付＋折旧

收入法和支出法核算的国内生产总值从理论上说是相等的。但实际上核算中常有误差，因而还要加上一个统计误差。

【补充阅读 1-1】

计算产出的难题

国内生产总值是一个估计值，它是将一个经济里面数以百万计的各种商品和劳务的价值加起来而得出的一个总和。但是计算这一数值的同时会引起一些难题。以下就是其中的一部分难题。

1.衡量质量的改变

今天的一个西红柿和 50 年前没什么两样，但是一架飞机或一辆汽车却和 20 年前有了很大区别。一些产品的质量（和价格）几乎每年都会发生变化，如迅速发展的计算机。假如那些计算 GDP 的人们只使用计算机的市场价格进行计算，他们可能得出计算机产出上升缓慢，甚至是下降的结论，因为计算机的价格迅速下降。如果人们单纯比较计算机的数量，那么将忽视新式计算机日益强大的事实。核算计算机产业真实产出的方法应该同时考虑质量的改进。假如所作修正不够充分，那么结果就会显示产出增长比实际要小得多。

以如今可供应用的医疗技术为例，经济学家们应该怎样将现在医疗保险产业的产出和几十年前进行比较呢？GDP 统计学家们知道这些难题，想方设法基于质量变化作出某些修正。再如，20 世纪 70 年代早期，由于首次要求汽车安装防污设备，汽车价格上升。统计学家们需要确定增加了的成本是一种单纯的价格提升，以致成为通货膨胀的一个诱因，还是一种质量改进，有效地提高了真实产出。统计数字的使用者应该记住，所有类型的修正肯定不是十全十美的。

2.衡量政府的服务

标准的 GDP 的计算从销售点的价格和数量出发。那么应该如何处理不出售或者不直接出售的商品呢？

这类商品的一个重要部分就是政府提供的服务。试想州政府官员们的工作效率提高，能够迅速完成汽车注册的程序，这可能意味着该州政府可以雇用较少的人手完成同样的工作。但是车牌价格并非由竞争市场决定，纳税人交税来支付有关政府职员的薪金。GDP 的统计数字仅仅反映了政府职员的工作时间。如果政府的工作效率提高，得出的 GDP 数值反而可能下降，即使真实的产出（即注册数量）增加。

3.衡量非经市场销售的商品

非经市场销售的商品和服务，例如家庭成员完成的家务劳动，向国民收入统计学家提出了相似的难题。统计数字低估了经济的产出的真实水平，因为他们忽视了类似这样的经济活动。举例而言，如果一对夫妇留在家中打扫卫生和做饭，这将不会被列入 GDP 的统计之内。但是，假如这对夫妇外出工作，另外雇人做清洁和烹调工作，那么这对夫妇和佣人的经济活动都会被计入 GDP 中。

4.统计学问题的重要性

一些经济学家认为，即使 GDP 的计算不尽完美（而这当然是肯定的），至少这些不尽完

美的问题其实在各个时期都相差无几,因此经济学家仍然可以略带犹豫地运用这些数据,作为经济规模的一种描述。放在几年的短时间里考察,这种看法确实相当正确。

但是经济结构将随着时间推移发生变化,GDP 计算过程中的这些偏差也会发生变化,于是产出和生产力的增长的计算可能出现很大的歪曲。例如,过去几年来,随着越来越多的妇女走出家门,接受有薪工作,相应地她们会更多地聘请管家和在饭店就餐,可能出现的情况就是以往对 GDP 的低估有所减少,于是 GDP 的部分增长比真实情况更加明显。另外,如果政府部门增长得比其他部门快,而 GDP 的计算方法又系统地忽略了公共部门的生产力的增长,那么就会得出生产力增长放缓的结论,但实际并非如此。

（资料来源:斯蒂格利茨.经济学小品与案例.北京:中国人民大学出版社,128.）

第三节　国民收入等其他相关概念

在国民收入核算体系中,除了上述 GDP 和 GNP 的概念,还有一些在经济分析中较常涉及的重要指标,主要包括以下几项。

1. 国内生产净值（NDP）

由于最终产品价值并未扣去资本设备消耗的价值,因此从国民经济统计意义上说,国内生产总值还不是净增加值。在 GDP 中,如把消耗的资本设备价值（折旧）扣除,就得到了净增加值,即国内生产净值。

2. 国民收入（NI）

这里的国民收入指按生产要素报酬计算的国民收入。从国内生产净值中扣除间接税和企业转移支付加政府补助金,就得到一国生产要素在一定时期内提供生产性服务所得报酬即工资、利息、租金和利润的总和意义上的国民收入。间接税和企业转移支付虽构成产品价格,但不成为要素收入;相反,政府给企业的补助金虽不列入产品价格,但成为要素收入。故前者应扣除,后者应加入。这里要注意的是,在宏观经济分析中国民收入核算、国民收入确定等所提的国民收入,实际是指 GDP。在进行理论分析时,往往把这两个概念作为可以互换的（因为在简化的经济分析中,不考虑折旧,有时也不考虑间接税和企业的转移支付）。但从国民收入核算的角度看,这两个概念的量是不同的。

3. 个人收入（PI）

个人收入是在经济中居民户从各种来源所得到的收入总和。生产要素报酬意义上的国民收入并不会全部成为个人的收入。例如,利润收入中要给政府缴纳公司所得税,公司还要留下一部分利润不分配给个人,只有一部分利润才会以红利和股息形式分给个人。职工收入中也有一部分要以社会保险费的形式上缴有关机构。另一方面,人们也会以各种形式从政府那里得到转移支付,如退伍军人津贴、工人失业救济金、职工养老金、职工困难补助等。因此,从国民收入中减公司未分配利润、公司所得税及社会保险税（费）,加上政府给个人的转移支付,大体上就得到个人收入。

4. 个人可支配收入（DPI）

个人收入还不能完全归个人支配,因为要缴纳个人所得税。税后的个人收入被称为个人可支配收入。在国民收入核算中,个人可支配收入等于个人收入扣除个人所得税。个人可支配收入最终分解为个人消费与储蓄。

上述各种总量及其关系可以用公式表述如下：

$$\begin{cases} GDP = C + I + G + X - M \\ GNP = GDP + NFP \\ NDP = GDP - 折旧 \end{cases}$$

NI = NDP - 间接税 - 企业转移支付 + 政府补助金 = 工资 + 利息 + 租金 + 利润

PI = NI - 公司未分配利润 - 公司所得税 - 社会保险税 + 股息 + 利息 + 政府转移支付

DPI = PI - 个人所得税 = 消费 + 储蓄

以上式中，C 为居民消费；I 为投资支出；G 为政府购买支出；X 为出口额；M 为进口额……

下面我们用 2005 年美国的统计资料说明从 GDP 到个人可支配收入的变化步骤，见表 1-3。

表 1-3 美国 2005 年从 GDP 到个人可支配收入 单位：10 亿美元

国内生产总值（GDP）		12 487.1
加　本国居民来自国外的要素收入	507.7	
减　本国支付给外国居民的要素收入	474.0	
等于　国民生产总值（GNP）		12 520.8
减　固定资本消耗	1 574.1	
等于　国民生产净值（NNP）		10 946.7
减　间接税、企业转移支付	42.8	
等于　国民收入（NI）		10 903.9
减　包含存货价值和资本消耗调整的公司利润	1 351.9	
净税收*	848.0	
净利息	498.3	
社会保险税	871.2	
政府所经营之企业的当前盈余	-11.3	
企业当前转移支付	80.2	
加　个人资产收入	1 457.4	
个人接收的转移支付	1 525.3	
等于　个人收入（PI）		10 248.3
减　个人所得税和非税支付	1 209.7	
等于　个人可支配收入（DPI）		9 038.6
减　个人各项支出**	9 072.1	
等于　个人储蓄		-33.5

* 净税收指生产与进口税和补贴的差额。

** 个人各项支出指个人消费支出、个人利息支付及个人对本国政府和国外的转移支付。

（资料来源：U. S. Department of Commerce. ）

对上述表格需要说明的是，国民收入（要素报酬）并不会全部分给个人，而要从中减去公司保留利润和社会保障缴款。社会保障缴款是指公司为自己的员工参加社会保险而缴纳给社会保险机构的费用。当然，个人收入也会通过政府和企业向个人的转移支付、利息调整和红利分配等途径而增加。这里，净利息是指个人从企业获得的因资金借贷所产生的净利息，不包括个人之间因借贷关系而发生的利息和由购买政府公债而得到的利息。利息调整是指个人总的利息收入减去上述净利息收入后的余额。

第四节　核算 GDP 的意义及其缺陷

GDP 是现代国际社会中用来衡量各国经济发展水平的极为重要的指标。但在衡量各国经济活动时,并非是一个完美无缺的标准。GDP 在衡量一国经济发展水平时还存在以下缺陷。

1. 不能正确反映一国的社会福利

国内生产总值能反映产量变动的情况,但是产量的变动并不等于经济福利的变动,国内生产总值的增加也并不等于经济福利的增进。这是因为国内生产总值反映不出人们精神上的满足与不满足,反映不出闲暇即人们所拥有的可以自由支配的时间所带来的福利,反映不出社会上产品分配的情况及其对社会福利的影响,也反映不出产品质量的进步与产品类别的变动对人的福利的影响。随着 GDP 的增长,一些不受欢迎的"副产品"也接踵而来,如空气污染、交通拥挤、噪音及其他种种的环境问题,对人们生活质量造成的外溢成本并未从 GDP 中减除,以致高估了一国的经济福利。

2. 不能反映一国的地下经济

地下经济是指为了逃避政府管制所从事的经济活动。有些地下经济活动是为逃税或逃避政府的最低工资法、劳动保障法等,而有的活动本身就属于非法行为,如走私、贩毒等。由于这些活动所产生的产品和服务的交易躲过了政府的记录,因此没有被计入 GDP 中。现今世界上许多国家都存在大量的地下经济活动,其规模和增长趋势正在日益增大。GDP 低估了一国的经济活动,也就不易为决策者提供正确的资料。

3. 不能反映非市场活动

人们日常从事的大量的家务活动往往被忽视。这些活动与其他经济活动的区别在于它们的生产和交换都不通过市场进行,居民户也没有去政府申报从事各类家务活动的义务。这种家务活动也创造供自己消费的产品与劳务。例如,家庭主妇做饭、打扫卫生、抚养子女等,这些活动由于没有采取市场交易的方式进行,而是属于"自己雇佣自己"的活动,因此不会产生直接的支付和收入,也就无法计入国内生产总值中。

4. 不能反映产品质量的提高

GDP 是一种"量"的测度而不是"质"的测度,所以无法精确地反映产品质量的改善,而产品质量的改善对人们生活的影响不一定会小于数量的变动。同时随着技术水平的提高,产品质量不断改善,售价也随之下降,则 GDP 会低估总产出的实际贡献。

【补充阅读 1-2】

建立绿色 GDP 指标的尝试

经济学的一个基本观点是:天下没有免费的午餐。经济产量的增加过程,必然是自然资源消耗增加的过程,同时也伴随着生态破坏和环境污染。1979 年以来,中国是世界上经济增长最快的国家,但在增长过程中自然资源消耗量和生态赤字也是很高的,所以,既要看到我国 GDP 的数字,也要关注取得 GDP 数字背后所付出的代价。

从 20 世纪 50 年代开始,随着环保运动的开展和可持续发展理念的兴起,一些经济学家和统计学家尝试将环境要素纳入国民经济核算体系,以发展新的国民经济核算体系,这便是绿色 GDP。目前,有些国家已开始试行绿色 GDP,但迄今为止全世界还没有一套公认的绿色 GDP 核算模式,也没有一个国家以政府名义发布绿色 GDP 的结果。

挪威 1978 年就开始了对资源环境的核算,重点是矿物资源、生物资源、流动性资源(水力)、环境资源,还有土地、空气污染以及水污染的核算。为此,挪威建立了包括能源核算、鱼类存量核算、森林存量核算,以及废气排放、水排泄物、废旧物品、环境费用支出等项目的详尽统计制度,为绿色 GDP 核算体系的形成奠定了初步基础。

在国内实施参考性绿色 GDP 指标的国家还有芬兰、法国、美国等。值得一提的是墨西哥,它作为发展中国家,也率先试行绿色 GDP。1990 年,在联合国支持下,墨西哥将石油、各种用地、水、空气、土壤和森林列入环境经济核算范围,再将这些自然资产及其变化编织成实物指标数据,最后通过估价,将各种自然资产的实物量数据转化为货币数据。这样便在传统的国内生产净产出基础上,得到了石油、木材、地下水的耗减成本和土地用途转变引起的损失成本,然后又进一步得出环境退化成本。这样,就在资本形成概念上产生了两个净积累概念:经济资产净积累和环境资产净积累。其后,印度尼西亚、泰国、巴布亚新几内亚等国也开始仿效墨西哥试行绿色 GDP 统计。

1995 年,世界银行首次公布了用"扩展的财富"指标作为衡量全球或区域发展的新指标。扩展的财务概念中包含了"自然资本"、"生产成本"、"人力资本"、"社会资本"四大类,财富的内涵也更为丰富了。

从 2003 年开始,我国国家统计局对全国自然资源进行了实物核算,这是建立绿色 GDP 核算体系的基础。从 2004 年开始,国家统计局和国家环保总局已成立绿色 GDP 联合课题小组,正在组织力量积极进行研究和试验。我国近期提出的"新发展观"为建立绿色 GDP 核算体系提供了重要推动力。

(资料来源:陈宪、韩太祥.经济学原理(下册).上海:立信会计出版社,2004.)

第五节 国民收入核算的基本公式

在以上分析的基础上,可以得到国民收入构成的基本公式,并进而得到对分析宏观经济行为十分重要的一个命题,这就是储蓄-投资恒等式。储蓄-投资恒等式的基础是收入-支出恒等式,而收入-支出恒等式又是以每次市场交易中的买方与卖方的收支相等为前提的。下面,我们将依照这一原则分别从两部门经济、三部门经济和四部门经济的情况加以说明。

一、两部门经济

这里所说的两部门是指在一个假设的经济社会中,只有消费者(居民户)和企业(厂商)两种经济活动的主体,因而不存在企业间接税。为使分析简化,我们先撇开折旧,于是国内生产总值等于国内生产净值和国民收入,都用 Y 表示。在两部门经济中,没有税收、政府支出及进、出口贸易,在这种情况下国民收入的构成情况如下所述。

一方面,从支出的角度看,由于把企业库存的变动作为存货投资,所以国内生产总值总

是等于消费加投资,即

$$Y=C+I$$

另一方面,从收入的角度看,由于把利润看做最终产品的售价超过工资、利息和租金的余额,所以国内生产总值就等于总收入。总收入的一部分用来消费,其余部分都作为储蓄。于是,从供给方面看,国民收入构成就是

$$Y=工资+利息+租金+利润=消费+储蓄$$

即

$$Y=C+S$$

由于

$$C+I=Y=C+S$$

所以

$$I=S$$

这就是储蓄-投资恒等式。

必须明确的是,上述储蓄-投资恒等式是根据储蓄和投资的定义得出来的。根据定义,国内生产总值等于消费加投资,国民总收入等于消费加储蓄,国内生产总值又等于国民总收入。于是,就可以得出储蓄-投资的恒等关系。

这种恒等关系就是两部门经济中的总供给 $C+S$ 和总需求 $C+I$ 的恒等关系。只要遵循这些定义,储蓄和投资就一定相等,而不管经济是处于充分就业状态、通货膨胀状态还是处于均衡状态。但是,这个恒等式绝不意味着人们意愿的(或者说事前计划的)储蓄总会等于企业想要有的(或者说事前计划的)投资。在现实经济生活中,储蓄主要由居民户进行,投资主要由企业进行,个人储蓄动机和企业投资动机也不相同。这就会形成计划储蓄和计划投资的不一致,形成总需求和总供给的不均衡,引起经济的收缩和扩张。以后我们分析宏观经济均衡时所涉及的投资要等于储蓄,是指计划投资等于计划储蓄,或者说事前投资等于事前储蓄,只有达到这一条件,才能达到经济的均衡状态。这里所讲的储蓄和投资恒等,是从国民收入会计角度看的,事后的储蓄和投资总是相等的。

此外,这里所讲的储蓄等于投资,是就整个经济而言的。至于某个人、某个企业或某个部门,则完全可以通过借款或贷款,使投资大于或小于储蓄。

二、三部门经济

所谓三部门经济,是指在居民户和企业之外,再加上政府部门的经济活动。政府的经济活动是指,一方面有政府收入(主要是向企业和居民征税),另一方面有政府支出(包括政府对商品和劳务的购买,以及政府给居民的转移支付)。把政府经济活动考虑进去后,国民收入的构成将发生变化。

从支出角度看,国内生产总值等于消费、投资和政府购买的总合,可用公式表示为

$$Y=C+I+G$$

由于可以把政府给居民的转移支付所形成的对产品的需求看做已包括在消费和投资中,所以,这里公式中政府支出仅指政府购买。

从收入角度看,国内生产总值仍旧是所有生产要素获得的收入总和,即工资、利息、租金和利润的总和。总收入除了用于消费和储蓄,还先要纳税。但是,居民一方面要纳税,一方

面又会得到政府的转移支付收入。税金扣除了转移支付才是政府的净收入,也就是国民收入中归于政府的部分。假定用 T_o 表示全部税金收入,用 T_r 表示政府转移支付,用 T 表示政府净收入,则 $T=T_o-T_r$。这样,从收入方面看,国民收入的构成就是:$Y=C+S+T$。

按照社会总产出等于总支出,总产出价值又构成总收入的原理,我们可以把三部门经济中的国民收入构成的基本公式概括为

$$C+I+G=Y=C+S+T$$

公式两边消去 C,得 $I+G=S+T$,或 $I=S+(T-G)$。这里的 $(T-G)$ 可看做政府储蓄,因为 T 是政府净收入,G 是政府购买性支出,二者差额即政府储蓄。该政府储蓄可能是正值,也可能是负值。这样,

$$I=S+(T-G)$$

的公式,也就表示储蓄(私人储蓄和政府储蓄的总和)和投资的恒等。

三、四部门经济

在三部门经济中加进一个国外部门就成了四部门经济。

四部门经济中,由于有对外贸易,从支出角度看,国民收入的构成就等于消费、投资、政府购买和净出口的总和,用公式表示为

$$Y=C+I+G+(X-M)$$

式中,X 表示出口额,M 表示进口额,$X-M$ 即净出口额。

从收入角度看,国民收入构成的公式可写成:

$$Y=C+S+T+K_r$$

这里,$C+S+T$ 的含义和三部门经济中一样,K_r 则代表本国居民对外国人的转移支付。例如,对外国遭受灾害时的救济性捐款,这种转移支付也来自生产要素的收入。于是,四部门经济中国民收入构成的基本公式就是:

$$C+I+G+(X-M)=C+S+T+K_r,$$

消去公式两边所含的 C,则得到

$$I+G+(X-M)=S+T+K_r$$

该等式也可以看成四部门经济中的储蓄-投资恒等式,因为这一等式可以转化为

$$I=S+(T-G)+(M-X+K_r)$$

式中,S 表示居民私人储蓄,$(T-G)$ 表示政府储蓄,而 $(M-X+K_r)$ 则可代表外国对本国的储蓄,因为从本国的立场看,M(进口)表示其他国家出口商品和劳务,从而这些国家获得的收入,X(出口)代表其他国家从本国购买商品和劳务,从而这些国家需要的支出,K_r 也代表其他国家从本国得到收入,可见,当 $(M+K_r)>X$ 时,外国对本国的收入大于支出,于是外国就有了储蓄,相反,则有负储蓄。这样,

$$I=S+(T-G)+(M-X+K_r)$$

的公式就代表四部门经济中总储蓄(私人、政府和国外)和投资的恒等关系。

上面我们逐一分析了二部门、三部门和四部门经济中的国民收入构成的基本公式以及储蓄和投资的恒等关系。在分析时是把折旧和企业间接税先撇开的,实际上,即使把它们考虑进来,上述收入构成公式及储蓄和投资的恒等关系也都成立。如果上述 Y 指 GDP,则上

述所有等式两边的 I 和 S 分别表示把折旧包括在内的总投资和总储蓄。如果 Y 指 NDP，则等式两边的 I 和 S 分别表示不含折旧的净投资和净储蓄；如果 Y 指 NI，则 C、I、G 是按出厂价计量的，等式两边减少了一个相同的等于间接税的量值。可见，不论 Y 代表哪一种国民收入概念，只要其他变量的意义能和 Y 的概念相一致，储蓄-投资恒等式总是成立的。

第六节　名义 GDP、实际 GDP 和价格指数

一、名义 GDP 和实际 GDP

由于 GDP 是用货币单位来计算的，因此它往往会由于两个因素的变化而产生变动：一个因素是社会所生产的最终产品和服务的数量，另一个因素是最终产品和服务的价格。为了分清 GDP 的变动究竟是由产量变动引起的还是由价格变动引起的，就需要区分名义 GDP 和实际 GDP。

名义 GDP 是用最终产品和服务的现期价格计算出来的，而实际 GDP 是用以前某一年份作为基期的不变价格计算出来的。假如某国生产的最终产品以香蕉和皮鞋来代表，两种产品在 2007 年（现期）和 2000 年（基期）的价格和产量分别在下表 1-4 中列出。以 2000 年价格计算的 2007 年的实际 GDP 为 620 万美元。

表 1-4　名义 GDP 和实际 GDP 的关系

	2000 年的名义 GDP	2007 年的名义 GDP	2007 年的实际 GDP
香蕉	15 万单位×1 美元 ＝15 万美元	20 万单位×1.5 美元 ＝30 万美元	20 万单位×1 美元 ＝20 万美元
皮鞋	5 万单位×100 美元 ＝500 万美元	6 万单位×110 美元 ＝660 万美元	6 万单位×100 美元 ＝600 万美元
合计	515 万美元	690 万美元	620 万美元

2007 年名义 GDP 和实际 GDP 的差别，可以反映出当前时期和基期相比，价格变动的程度。在上面的例子中，690÷620＝111.29%，说明从 2000 年到 2007 年，该国价格水平上升了 11.29%，在这里 111.29% 被称为 GDP 折算指数（有时也叫做平减指数）。GDP 折算指数是某年份的名义 GDP 与其实际 GDP 的比率。如果知道了 GDP 折算指数，就可以将名义 GDP 折算为实际 GDP，其公式为

实际 GDP＝名义 GDP÷GDP 折算指数

该例中，从 2000 年到 2007 年，GDP 名义上（即从货币价值看）从 515 万美元增加到 690 万美元，但实际上只增加到 620 万美元。也就是说，如果扣除物价变动因素，GDP 只增长了 20.9%[(620－515)÷515＝20.39%]，而名义上却增长了 33.98%[(690－515)÷515＝33.98%]。

可见，在价格变动时，名义 GDP 并不能真正反映实际产出的变动。要了解 GDP 的实际变动情况，必须使用以不变价格计算的实际 GDP 指标。

由于采用实际 GDP 指标时，要涉及一个特定的基期不变价格，因而在现期与基期的时间跨度很长的时候，这种指标就不一定合适了，有时甚至会引起误导。为了解决这个问题，

美国的经济分析局一般会定期更新计算实际 GDP 所使用的基期价格。通常是每 5 年选定一个新的基期年份，然后将价格固定下来，直至下一次更新基期年份。1995 年，他们又采用了环比-加权衡量的办法，使基期不断发生变化。这种办法从 1995 年开始，以 1995 年和 1996 年的平均价格衡量从 1995 年到 1996 年的实际增长，以 1996 年和 1997 年的平均价格衡量从 1996 年到 1997 年的实际增长，以此类推……然后，再把这些逐年的增长率放在一起，以形成一种可以用来比较任何两个时期之间商品与服务产出的环比。

二、价格指数

在宏观经济中，通常用价格指数来衡量整个社会价格水平的变动，最常见的价格指数有 GDP 折算指数、消费者价格指数和生产者价格指数。关于 GDP 折算指数，前面已作说明，这里不再重复。下面简要说明一下消费者价格指数和生产者价格指数。

消费者价格指数（CPI）告诉人们的是，对于普通家庭来说，购买具有代表性的一组商品，在今天要比在过去某一时间多花费多少。这一指数的基本意思是，人们有选择地选取一组（相对固定）商品和劳务，然后对按现期价格购买它们的花费和按基期不变价格购买它们的花费进行比较。用公式表示就是

$$CPI = \frac{\text{一组固定商品按当期价格计算的价值}}{\text{一组固定商品按基期价格计算的价值}} \times 100$$

例如，如果我国一个普通家庭在 1999 年每个月购买一组商品的费用为 1000 元，2009 年购买同样一组商品的费用是 2000 元，那么我国 2009 年的消费价格指数就为

$$CPI_{2009} = \frac{2000}{1000} \times 100 = 200$$

与此相类似，如果在 1989 年购买相同的一组商品的费用为 500 元，那么 1989 年的消费价格指数（仍以 1999 年为基年）就是这一数值与 1999 年购买同样一组商品的费用比较的结果，即

$$CPI_{2009} = \frac{500}{1000} \times 100 = 50$$

使用 GDP 折算指数和消费者价格指数都可以衡量经济中价格水平的变化，但它们在三个方面有明显区别。

第一，GDP 折算指数衡量价格时涉及的商品组合更广泛，它包含所有商品和服务的价格信息，而 CPI 只衡量消费者购买的有代表性的产品和服务的价格。

第二，GDP 折算指数仅仅包含本国生产的产品价格，进口产品不计入 GDP，因而也不反映在 GDP 折算指数里。而如果进口品在消费中占有比较重要的地位，它就会被计入 CPI，因此 CPI 往往包括进口品的价格。比如说，从日本进口松下彩电价格的上升会影响 CPI，因为它是本国消费的一部分，但是这并不影响 GDP 折算指数。

第三，CPI 所衡量的商品组合的数量是固定的，而 GDP 折算指数所涉及的商品组合的数量是变动的，它取决于每年的产量。假定经济中只生产 A、B 两种产品，那么 GDP 折算指数由下式得到，即

$$\text{GDP 折算指数} = \frac{\text{名义 GDP}}{\text{实际 GDP}} \times 100$$

$$=\frac{\text{当年 A 价格×当年 A 产量＋当年 B 价格×当年 B 产量}}{\text{基年 A 价格×当年 A 产量＋基年 B 价格×当年 B 产量}}\times 100 \quad (1.1)$$

而 CPI 的计算可由下式得到,即

$$CPI=\frac{\text{当年 A 价格×基年 A 产量＋当年 B 价格×基年 B 产量}}{\text{基年 A 价格×基年 A 产量＋基年 B 价格×基年 B 产量}}\times 100 \quad (1.2)$$

比较式(1.1)和式(1.2)我们看到,GDP 折算指数和 CPI 都比较了商品组合的当年价格与基年价格的差异,不同的是 GDP 折算指数使用的是当年产量,商品数量组合每年不同;而 CPI 使用的是基年的产量,商品数量组合是固定的。我们把 GDP 折算指数称为帕夏指数 (Paasche index),而把 CPI 称为拉斯佩耶斯指数(Laspeyres index)。

GDP 折算指数和 CPI 虽然有差异,但从宏观经济来看,因为统计的商品数量较多,很多因素可以相互抵消,两个指数基本上是以基本相同的比率变化的,在通常情况下两者的差别并不大。

作为衡量生产原料和中间投入品价格平均水平的价格指数,生产者价格指数(PPI)是对给定一组商品的成本的度量。它与 CPI 的一个不同之处在于,它所选择的商品包括原料和中间产品。PPI 旨在对销售过程中开始阶段的价格进行度量,这使得 PPI 成为表示一般价格水平变化的一个信号,被当作经济周期的指示性指标之一,受到政策制定者的密切关注。

■ **教学案例**

失业、GDP 以及奥肯定律

失业与实际 GDP 之间存在着十分密切的关系。失业率的提高(就业率的下降)必然造成商品和服务产出量(实际 GDP)的减少,而失业率的下降(就业率的提高)则引起商品和服务产出量(实际 GDP)的增加。由于著名的美国经济学家阿瑟·奥肯(Arthur Okun)最先根据美国的经验数据研究了失业与实际 GDP 之间的负相关数量关系,所以,经济学界便将失业与实际 GDP 之间这种负相关的数量关系叫做奥肯定律(Okun's law)。奥肯定律所给出的结论大致如下公式所示。

实际 GDP 变化的百分比＝3％－2×失业率的变动。

这说明,在美国,如果失业率保持不变,实际 GDP 将增长 3％左右。这是正常情况下单纯由于人口增长、资本积累和技术进步所引起的。如果发生失业率的变化,则失业率每变动一个百分点,实际 GDP 将会按照相反方向增加或者减少 2 个百分点。依据奥肯定律,可以通过观察失业率的变动来判断宏观经济的状况,从而为制定经济政策提供参考。比如,当失业率从 6％上升到 8％的时候,

实际 GDP 变化的百分比＝3％－2×(8％－6％)＝－1％。

这表明实际 GDP 将下降 1％,经济将进入衰退。政府如果要防止经济衰退,就必须运用宏观经济政策或者其他措施,将失业率控制在至少 7.5％以下。可见,反映失业与实际 GDP 之间负相关数量关系的奥肯定律,在实际经济活动中具有重要的意义。

(资料来源:[美]N.格里高利·曼昆.宏观经济学(第五版).北京:中国人民大学出版社,2005.)

■ **关键概念**

国内生产总值　　　　　gross domestic product

国民生产总值	gross national product
国民收入	national income
国内生产净值	net domestic products
个人收入	personal income
个人可支配收入	personal disposable income
名义 GDP	nominal GDP
实际 GDP	real GDP
GDP 折算指数	GDP implicit deflator
消费者价格指数	consumption price index
生产者价格指数	producer price index

■ 复习思考

1. 国内生产总值与国民生产总值有什么不同？请各举一例说明两者的差别。

2. 用 GDP 作为经济活动的衡量标准有什么缺陷？

3. 解释 GDP 核算中五个总量及其相互之间的关系。

4. 用支出法和收入法说明 GDP 的构成。

■ 单元实训

一、单项选择题

1. 表示一国居民在一定时期内生产的所有最终产品和劳务的市场价值的总量指标是（   ）。

  A. 国民生产总值   B. 国内生产总值

  C. 名义国内生产总值   D. 实际国内生产总值

2. 一国国内在一定时期内生产的所有最终产品和劳务的市场价值根据价格变化调整后的数值被称为（   ）。

  A. 国民生产总值   B. 实际国内生产总值

  C. 名义国内生产总值   D. 潜在国内生产总值

3. 实际 GDP 等于（   ）。

  A. 价格水平除以名义 GDP   B. 名义 GDP 除以价格水平

  C. 名义 GDP 乘以价格水平   D. 价格水平乘以潜在 GDP

4. 一国的国民生产总值小于国内生产总值，说明该国公民从外国取得的收入（   ）外国公民从该国取得的收入。

  A. 大于   B. 小于

  C. 等于   D. 可能大于、也可能小于

5. 下列哪一项不是转移支付？（   ）

  A. 退伍军人的津贴   B. 失业救济金

  C. 贫困家庭补贴   D. 节假日加班费超过正常工资部分

6. 在国民收入核算体系中，计入 GDP 的政府支出是指（   ）。

  A. 政府购买物品的支出

  B. 政府购买物品和劳务的支出

C.政府购买物品和劳务的支出加上政府的转移支付之和

D.政府工作人员的薪金和政府转移支付

7.所谓净出口是指( )。

A.出口减进口   B.进口减出口

C.出口加进口   D.GDP 减出口

8.在三部门经济中,如果用支出法来衡量,GNP 等于( )。

A.消费+投资   B.消费+投资+政府购买

C.消费+储蓄+政府购买   D.消费+投资+净出口

9.计入国民生产总值的有( )。

A.家庭主妇的家务劳务折合成的收入   B.出售股票的收入

C.拍卖毕加索作品的收入   D.为他人提供服务所得收入

10.国民生产总值与国民生产净值之间的差别是( )。

A.直接税   B.折旧   C.间接税   D.净出口

11.依据最终使用者类型,将最终产品和劳务的市场价值加总起来计算 GDP 的方法是( )。

A.支出法   B.收入法   C.生产法   D.增值法

12.用收入法计算的 GDP 等于( )。

A.消费+投资+政府支出+净出口

B.工资+利息+地租+利润+业主收入+企业转移支付和间接税-折旧

C.工资+利息+地租+利润+业主收入-企业转移支付和间接税+折旧

D.工资+利息+地租+利润+业主收入+企业转移支付和间接税+折旧

13.下列不列入国内生产总值的核算的一项是( )。

A.出口到国外的一批货物   B.政府给贫困家庭发放的一笔救济金

C.经纪人为一座旧房买卖收取的一笔佣金   D.保险公司收到一笔家庭财产保险

14."面粉是中间产品"这一命题( )。

A.一定是对的   B.一定是不对的

C.可能的对的,也可能是不对的   D.以上三种说法全对

15.经济学上的投资是指( )。

A.企业增加一笔存货   B.建造一座住宅

C.企业购买一台计算机   D.以上都是

16.已知某国的资本品存量在年初为 10 000 亿美元,它在本年度生产了 2 500 亿美元的资本品,资本消耗折旧是 2 000 亿美元,则该国在本年度的总投资和净投资分别是( )。

A.2 500 亿美元和 500 亿美元   B.12 500 亿美元和 10 500 亿美元

C.2 500 亿美元和 2 000 亿美元   D.7 500 亿美元和 8 000 亿美元

17.在一个有家庭、企业、政府和国外的部门构成的四部门经济中,GDP 是( )的总和。

A.消费、总投资、政府购买和净出口   B.消费、净投资、政府购买和净出口

C.消费、总投资、政府购买和总出口   D.工资、地租、利息、利润和折旧

二、判断题

1. 国民生产总值等于各种最终产品和中间产品的价值总和。 （　　）
2. 在国民生产总值的计算中,只计算有形的物质产品的价值。 （　　）
3. 无论是商品数量还是商品价格的变化都会引起实际国民生产总值的变化。 （　　）
4. 政府的转移支付是国民生产总值构成中的一部分。 （　　）
5. 表明失业率和 GDP 之间关系的经验规律称为奥肯定理。 （　　）
6. 企业存货属于投资。 （　　）
7. 股票投资应作为投资记入 GDP。 （　　）
8. 居民获得的最低生活保障应该记入 GDP。 （　　）
9. 资本折旧不应该记入 GDP。 （　　）

三、计算题

1. 假设某国、某年有如表 1-5 所列国民收入统计资料。假设净要素支付为 0,其他未注明的也为 0。

表 1-5　某国、某年国民收入统计资料　　　　　　　　　单位:10 亿美元

工　资	100
利息	10
租金	15
利润	20
业主收入	10
间接税	10
消费支出	90
总投资	60
净投资	55
出口	60
进口	70
政府转移支付	5
政府总支出	35
个人所得税	30

请计算下列问题:

(1) 国内生产总值(收入法和支出法);

(2) 国内生产净值;

(3) 国民收入;

(3) 个人收入;

(4) 个人可支配收入;

(5) 个人储蓄。

2. 设一经济社会生产六种产品,它们在 1990 年和 1992 年的产量和价格分别如表 1-6 所示。

表 1-6　某六种产品

产品	1990 年产量	1990 年价格(美元)	1992 年产量	1992 年价格(美元)
A	25	1.50	30	1.60
B	50	7.50	60	8.00
C	40	6.00	50	7.00
D	30	5.00	35	5.50
E	60	2.00	70	2.50

试计算下列问题：

(1) 1990 年和 1992 年的名义国内生产总值；

(2) 如果以 1990 年作为基年,1992 年的实际国内生产总值为多少？

(3) 计算 1990—1992 年的国内生产总值价格指数,1992 年价格比 1990 年价格上升了多少？

3. 如果失业率下降 3 个百分点,实际 GDP 提高多少？增长速度是多少？

4. 在一个封闭经济中,消费函数为 $C=1400+0.8(Y-T)$,税收 $T=0.25Y$,投资函数为 $I=200-50r$,政府购买 $G=200$,潜在国民收入为 3 750,求产品市场的均衡利率。

5. 如果政府增加 100 万的政府购买,会对公共储蓄、私人储蓄、国民储蓄和投资产生什么影响？如果政府增加 100 万的税收,又会对上述变量产生什么影响(假定 $MPC=0.7$)？

第二章 | 消费和投资

课前导读

利息越低　存款越多

有钱不花存银行,以备不时之需。赵大爷的这种想法代表了相当一部分储户的心态,在这一心态下居民的存款额也就这样越积越多。记者从中国人民银行利率处和国家统计局了解到了一些数据,可以帮助我们了解这些年我国居民存款的情况。

自 1996 年开始,中国人民银行对人民币储蓄利息进行了八次较大幅度的降低,以一年期居民储蓄利息率来看,1996 年 5 月 1 日开始将原来的 10.98% 的利息率下调为 9.18%,1996 年 8 月 23 日再次降低至 7.47%,同年我国居民储蓄总额突破 4 万亿元,比 1995 年增加了将近 1 万亿元。1997 年 10 月 23 日再次降息降低至 5.67%,1998 年 3 月 25 日再次降息降低至 5.22%,同年 7 月 1 日又一次降息降低至 4.77%,同年 12 月 7 日第三次降息降低至 3.78%,同年储蓄余额则上升到 5.5 万亿。1999 年 6 月 10 日降低至 2.25%,2002 年 2 月 21 日再次降低至 1.98%,同年我国储蓄余额高达 8.7 万亿元。

在第一章分析国内生产总值的核算时,我们已经指出按照支出法,GDP 的大小与消费、投资支出的大小息息相关。在现实经济世界中,消费模式与投资模式对一国的经济增长率影响较大,东亚国家人们具有勤劳节俭的传统,因而只消费国民收入的较小部分,在 20 世纪 80 年代后期创造了"东亚奇迹";相反,生产力水平比较发达的国家,居民往往将收入的大部分消费掉,故这些国家的经济增长率要低于新兴市场经济国家。本章将对涉及消费与投资的基本理论进行具体介绍。

第一节　消　费　理　论

一、凯恩斯的绝对收入假说

绝对收入假说的基本观点是家庭消费在收入中所占比例取决于其收入的绝对水平。最初论述这一理论的是凯恩斯,他在《就业、利息和货币通论》一书中指出,消费会随着收入的增加而增加,但是消费的增加额一般会小于收入的增加额。凯恩斯是把当期收入和当期消费联系在一起,显然这是不全面的。当后来其他关于消费函数的理论提出后,经济学家便将凯恩斯的这种观点叫做绝对收入假说的消费理论。

1. 消费函数

消费函数(consumption function)反映的是消费支出水平与个人可支配收入水平之间的关系。这个由凯恩斯提出的概念,以这样一个假设为前提,即消费和收入之间存在着一种以经验为依据的稳定的关系。

在现实生活中,影响居民消费的因素很多,如收入水平、商品价格水平、利率水平、收入分配状况、消费者偏好、家庭财产状况、消费信贷状况和消费者年龄构成以及制度风俗习惯等。凯恩斯认为,这些因素中有决定意义的是居民收入。为此,可从诸多因素中抽出这一因素单独分析。

消费函数可用公式来表示

$$C=C(Y)=\alpha+\beta Y \tag{2.1}$$

式中,C 表示实际消费支出,Y 表示实际收入(居民可支配收入)。这里的实际值是相对于名义值而言的。一个变量的名义值除以价格水平就是这个变量的实际值。α 和 β 都是大于零的常数。α 代表收入 Y 等于零时的消费,叫做自发消费。βY 是随着收入变化而变化的消费,叫做引致消费。其中 β 的经济含义是收入每增加一单位相应的消费增加量,称为边际消费倾向(MPC)。

$$MPC=\frac{\Delta c}{\Delta y} \quad 或 \quad \beta=\frac{\Delta c}{\Delta y} \tag{2.2}$$

若收入增量和消费增量均为极小时,上述公式可写成

$$MPC=\frac{\mathrm{d}c}{\mathrm{d}y} \tag{2.3}$$

与边际消费倾向相关的一个概念是平均消费倾向(APC),平均消费倾向指任一收入水平上消费支出在收入中的比率,平均消费倾向的公式是

$$APC=\frac{c}{y} \tag{2.4}$$

2. 储蓄函数

储蓄是收入中未被消费的部分。既然消费随收入增加而增加的比率是递减的,则可知储蓄随收入增加而增加的比率递增。这就是储蓄函数,表明储蓄与收入水平之间的函数关系。其公式是

$$S=S(Y)=Y-C=Y-(\alpha+\beta Y)=-\alpha+(1-\beta)Y \tag{2.5}$$

式中:S 表示实际储蓄;Y 表示实际收入;$-\alpha$ 代表自发储蓄;$(1-\beta)$ 代表边际储蓄倾向(MPS),即收入每增加一单位相应的储蓄增加量。这里需要注意的是,收入、消费和储蓄都是流量概念,都是相对于某一时期而言的。居民过去在银行等金融机构的储蓄存款余额属于居民的财富存量,不属于当期储蓄。

$$MPS=\frac{\Delta s}{\Delta y} \quad 或 \quad 1-\beta=\frac{\Delta s}{\Delta y} \tag{2.6}$$

若收入增量和消费增量均为极小时,上述公式可写成

$$MPS = \frac{\mathrm{d}s}{\mathrm{d}y} \tag{2.7}$$

与边际储蓄倾向相关的一个概念是平均储蓄倾向（APS），平均消费倾向指任一收入水平上储蓄支出在收入中的比率，平均储蓄倾向的公式是

$$APS = \frac{s}{y} \tag{2.8}$$

显然，边际消费倾向与边际储蓄倾向之和等于 1，即

$$MPC + MPS = 1 \tag{2.9}$$

平均消费倾向与平均储蓄倾向之和也等于 1，即

$$APC + APS = 1 \tag{2.10}$$

可以看出，消费和储蓄函数是一个问题的两个方面，二者之间的关系可以用图 2-1 来表示。当收入为零时，消费为自发消费 α，这时储蓄为自发储蓄 $-\alpha$。当收入为 Y_0 时，消费等于收入，储蓄为零。当收入为 Y_1 时，消费为 C_1，储蓄为 S_1，$Y_1 = C_1 + S_1$。

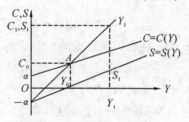

图 2-1 消费函数与储蓄函数

二、杜森贝利的相对收入假说

该假说是由 1949 年美国经济学家 J. 杜森贝利（J. Dusenberry）在《收入、储蓄和消费者行为理论》中提出来的。杜森贝利认为消费者会根据自己过去的消费习惯以及周围消费水准的影响来决定自己的消费水平，所以人们的当期消费是相对地决定的。按照他的看法，消费与收入（个人可支配收入）在长期内会维持一个相对固定的比率，所以长期消费函数是自原点出发的一条直线；但是短期消费函数却是有正截距的曲线，不论从时间数列或从横断面观察都是如此。

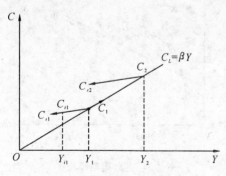

图 2-2 相对收入消费理论对短期消费函数的解释

先从时间数列来观察。杜森贝利认为依照人们的习惯，增加消费容易；减少消费则比较难。因为生活水准一向相当高的人，即使收入降低，多半也不会马上因此较多地降低消费水准，而会继续维持相对较高的消费水准；所以消费固然会随收入的增加而增加，但不易随收入的减少而减少。因此，在短期内观察时可发现，在经济波动过程中收入增加时，低水平收入者的消费会向高水平收入者应有的消费看齐；但收入减少时，消费水平的降低却相当有限。因此，短期消费函数不同于长期消费函数。这一理论，可用图 2-2 说明。

在图 2-2 中可见，当经济稳定增长时，消费为收入的固定比率，故长期消费函数为

$$C_L = \beta Y$$

但在景气变动期，短期消费函数有不同形态。例如，原先收入为 Y_1 时，消费为 C_1。当收入由 Y_1 减少时，消费不循 C_L 的途径，而循 C_{s1} 的途径变动为

$$\frac{C_{t1}}{Y_{t1}} > \frac{C_1}{Y_1}$$

即平均消费倾向变大。反之,当收入由 Y_{t1} 逐渐恢复时,消费循着 C_{s1} 的路径变动,直至到达原先的最高收入水平 Y_1 时的 C_1 为止。当经济由 Y_1 稳定增长时,消费又走 C_L 的途径,使消费与收入成固定比率,故消费函数为 C_L。然而,当收入又在 Y_2 处经济发生衰退时,短期消费函数为 C_{s2}。如此继续变动的结果,我们可以看到短期消费函数与长期消费函数的区别。其形态分别为:长期消费函数为

$$C_L = \beta Y$$

短期消费函数为

$$C = C_0 + cY$$

这样,杜森贝利将短期消费函数的正截距的产生,归因于经济周期各阶段的不同消费行为。杜森贝利理论的核心是消费者易于随收入的提高增加消费,但不易随收入的降低而减少消费,以致产生有正截距的短期消费函数。这种特点被称为"棘轮效应",即上去容易下来难。总之,杜森贝利短期消费函数之所以有正截距,是由于消费者在决定当期消费时,不能由当期收入和过去的消费支出水平来决定,而总是依赖过去的消费习惯。

相对收入消费理论的另一方面的内容是指消费者的消费行为要受周围人们消费水准的影响,也就是所谓的"示范效应"。就低收入家庭而言,它的收入虽低,但因顾及它在社会上的相对地位,以及"爱面子"的考虑,也会竭力提高自己的消费水平。这种心理会使短期消费函数随社会平均收入的提高而整个地向上移动。

三、莫迪利安妮的生命周期假说

美国经济学家弗朗科·莫迪利安尼(F. Modigliani)的生命周期消费理论认为,消费是根据消费者一生的预期收入来规划的,以达到他们在整个生命周期内消费的最佳配置。一般而言,年轻人家庭收入偏低,这时消费可能会超过收入。随着他们进入壮年和中年,收入日益增加,这时收入会大于消费,不但可能偿还青年时代欠下的债务,还可以积蓄一些钱,以备将来退休之用。一旦进入老年退休后,收入就会显著下降,消费便又会超过收入,形成所谓负储蓄状态(见图 2-3)。

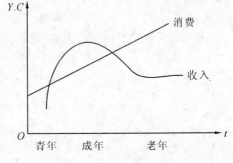

图 2-3 生命周期模型

下面我们用一个例子来说明上述理论。

假定某人从 20 岁开始工作,计划到 60 岁退休,预期在 80 岁时去世。这样,工作年数(用 WL 表示)为 40 年(60−20),生活年数(用 NL 表示)为 60 年(80−20)。从 1 岁到 20 岁为父母抚养他的时期,不计入 NL。若每年工作收入(用 YL 表示)为 30000 元,在不考虑利息的情况下,

$$终身收入 = YL \cdot WL = 30\,000 \times 40 = 1\,200\,000(元)$$

由于生命周期消费理论假定,人们总希望自己一生能比较平稳安定地生活,而不愿起伏不定、动荡不安,因而,他们会计划在整个生命周期(60 年)内均匀地消费这 1 200 000 元收

入,因而他每年的消费将是

$$C = \frac{WL}{NL} \cdot YL = \frac{40}{60} \times 30\ 000 = \frac{2}{3} \times 30\ 000 = 20\ 000(元)$$

在这个例子中,该人在工作时间内每年工作收入的 2/3 用于消费,这也是他工作时间(40 年)占一生(60 年)的比例,1/3 用于储蓄,每年储蓄额是 10 000(30 000－20 000)元,退休时共积累的储蓄额是 400 000(10 000×40)元,到预期寿命结束时正好用完。

在上述简化的例子中,含有一系列假定,如工作期间收入保持不变,没有不确定因素,个人开始时没有积蓄,每年的储蓄没有利息等增值,不留遗产给后代等。然而,就是抛开这些假定,加进现实因素的考虑,生命周期消费理论的基本结论依然成立,这种结论可以用下列公式来表示

$$C = a \cdot WR + c \cdot YL \tag{2.11}$$

式中,C 为消费支出,WR 为实际财富,YL 为工作收入,a 为财产收入的边际消费倾向,即每年消费掉的财富的比例;c 为工作收入的边际消费倾向,即每年消费掉工作收入的比例。

根据生命周期的消费理论,如果社会上年轻人和老年人比例增大,则消费倾向会提高;如果社会上中年人比例增大,则消费倾向会下降。因此,总储蓄和总消费会部分地依赖于人口的年龄分布,当有更多人处于储蓄年龄时净储蓄就会上升。

除了想使自己一生平稳消费这一点,还有一系列因素会影响消费和储蓄。例如,当有更多人想及时行乐的话,储蓄就会减少;当社会建立起健全的社会保障制度从而有更多人享受养老金待遇时,储蓄也会减少;当社会上有更多人想留一笔遗产给后代时,社会总储蓄就会提高,但很高的遗产税又会影响这种储蓄积极性。

【补充阅读 2-1】

老年人的消费和储蓄

许多经济学家研究了老年人的消费和储蓄。他们的发现对生命周期模型提出了疑问。看来老年人并没有像该模型所预言的那样有那么多的负储蓄。换言之,老年人并没有那么快地消耗自己的财产,并不像人们预期的那样试图使自己余生的消费平稳。

老年的负储蓄为什么没有达到模型预期的那种程度呢? 对此有两种主要解释。每种解释都提出了有关消费的进一步的研究方向。

第一个解释是,老年人担心预料不到的花费。产生于不确定性的额外储蓄被称为预防性储蓄(precautionary saving)。老年人的预防性储蓄的一个原因是寿命可能比预期的长,从而要为长于平均退休的时期提供生活费;另一个原因是生病和大额医疗帐单的可能性。老年人对这种不确定的反应可能是更多地储蓄,以便更好地应付偶发事件。

预防性储蓄的解释并不能完全令人信服,因为老年人可以对这些主要风险进行保险,为了应付有关生命期限的不确定性,他们可以从保险公司购买年金(annuities)。年金是根据一笔固定收费提供一个收入流量,只要主要领取者活着就不会停止。医疗支出的不确定性也大部分由医疗保障计划(即政府的老年人保健计划)和私人保险计划所消除了。

老年人没有负储蓄的第二种解释是他们想给子女留下遗产。经济学家提出了各种有关父母——子女关系和遗产动机的理论。

整体而言,有关老年人的研究表明,最简单的生命周期模型不能完全解释消费者行为。

毫无疑问,为退休做准备是储蓄的一种重要动机,但其他动机看来也是重要的,如预防性储蓄和遗产馈赠。

(资料来源:[美]N. 格里高利·曼昆. 宏观经济学(第五版). 北京:中国人民大学出版社,2005.)

四、弗里德曼的永久收入假说

美国经济学家米尔顿·弗里德曼(M. Friedman)认为,家庭通常趋向于在实践过程中平稳地消费,而不愿使消费大起大落。为此,可以把目前收入分为两部分:永久收入和暂时收入。永久收入是家庭预期收入中可以持续到未来的部分,暂时收入是家庭并不预期可以持续的部分,如彩票中奖的收入。换句话说,永久收入是现在和未来收入的平均值,暂时收入是对平均收入水平的背离。如果甲家庭中由于主人修完了 MBA 学位,找到了较高报酬的职位;乙家庭由于中彩票得到一笔额外收入,他们的目前收入都增加了,但是对消费的影响可能完全不同。甲家庭的收入提高来自于良好教育提供的预期可持续收入,而乙家庭的收入提高是来自于运气带来的暂时收入。

弗里德曼的推论是,家庭消费主要取决于持久收入,而对收入暂时变动的反应是由储蓄或借贷来稳定消费。例如,甲家庭的收入增加是永久性的,它会等比例增加消费;而乙家庭得到的是暂时收入增加,所以他不会等比例增加消费,而是在一个长时期内分摊这笔额外收入,从而目前收入的增加并不会使家庭明显增加消费。同样,假设丙家庭由于被盗,使目前收入突然减少,它也不会明显消减消费,而是会把这笔减少的收入在一个长时期内分摊,可以设想该家庭通过借贷保证目前消费不会突然大幅度下降,而是通过未来长时期内的分期还款,使消费保持平衡。因此,消费函数可以近似地表示为

$$C = aY^P$$

这里 a 是不变的,它衡量永久收入中用于消费的部分,Y^P 表示持久收入。家庭是根据永久收入而不是目前收入确定消费支出水平的。

永久收入是指消费者可以预计到的长期收入,大致可以根据所观察到得若干年收入数值的加权平均数计得,距现在的时间越近,权数越大;反之,则越小。举个最简单的例子说,假定某人永久收入为下列形式的一个加权平均值

$$Y_P = \theta Y + (1-\theta)Y_{-1} \tag{2.12}$$

式中,Y_P 为永久收入;θ 为权数;Y 和 Y_{-1} 分别为当前收入和过去收入。如果 $\theta = 0.7, Y = 10\ 000$ 元,$Y_{-1} = 8\ 000$ 元,则

$$Y_P = 0.7 \times 10\ 000 + 0.3 \times 8\ 000 = 9\ 400\ 元$$

消费者的消费支出取决于永久收入。假定 $C = aY_P = 0.8Y_P$,则当前收入的边际消费倾向仅为 $a\theta$,明显低于长期边际消费倾向 a。在上述例子中,$a\theta = 0.8 \times 0.7 = 0.54$。短期边际消费倾向较低的原因是,当收入上升时人们不能确信收入的增加是否会一直继续下去,因而不会马上充分调整其消费;而当收入下降时人们也不能断定收入的下降是否会一直持续,消费也不会马上发生相应的下降,因此短期边际消费倾向仍较低。只有收入变动被证明是永久的,人们才会在较高或较低的永久收入水平上充分调整其消费。

上述四种理论都以消费行为理论为基础来研究收入和消费之间的关系。绝对收入理论侧重于消费者的短期消费行为,认为消费在收入中所占的比例不是固定的,当收入增加时这

个比例下降,当收入减少时这个比例上升。相对收入理论、持久收入理论和生命周期理论都在不同程度上侧重于消费者的长期消费行为,认为长期里消费在收入中所占的比例基本保持不变。因此,不同的理论虽然其基本观点有所不同,但是不存在实质性区别;它们从不同角度解释收入和消费之间的实际关系,在一定意义上互相补充。

五、影响消费的其他因素

收入是影响消费的最主要因素。但在日常生活中,除了收入,还有其他一些因素会影响消费行为,主要有价格水平、利率等。

1.价格水平

这里所谓的价格水平,是指价格水平的变动使实际收入发生改变从而影响消费。货币收入(名义收入)不变时,若物价上升,则实际收入下降。如果消费者要保持原有的消费水平,则消费倾向(平均消费倾向)就会提高;反之,物价下跌时,平均消费倾向就会下降。

若物价与货币收入以相同比例提高,实际收入不变,一般不会影响消费。不过,假如消费者只注意到货币收入增加而忽视了物价上升,误以为实际收入增加而提高消费,平均消费倾向也会下降,这种情况就是消费者存在"货币幻觉"。

2.利率

传统观点认为,提高利率可刺激储蓄,但现代西方经济学家认为,提高利率是否会增加储蓄,抑制当前消费,要根据利率变动对储蓄的替代和收入效应而定。

什么是利率变动对储蓄产生的替代和收入效应呢?当利率提高时,人们认为减少目前消费或增加将来消费比较有利,从而他会增加储蓄。利率提高使储蓄增加是利率变动对储蓄的替代效应。另一方面,利率提高使他的将来利息收入增加,会使他认为自己较为富有,以致增加当前消费,从而可能反而会减少储蓄。这种储蓄的减少是利率对储蓄的收入效应。利率最终如何影响储蓄,取决于替代和收入效应的总和。

就低收入者而言,利率高主要会发生替代效应(因为他没有太多存款可收利息,利率提高也不会增加他将来的收入),故利率提高会增加储蓄。就高收入者而言,利率提高主要会发生收入效应,从而可能会减少储蓄。就全社会总体而言,利率的提高究竟会增加储蓄或减少储蓄,则由这些人的增加或减少储蓄的总和来决定。

此外,储蓄的另一目的是为将来养老或其他某一特定用途而准备。如果以将来每年能得到固定金额为目的来储蓄,则利率提高可减少目前所需积蓄的本金,因此利率的提高会降低储蓄。可见,利率的提高,因为会发生正负相反的效果,所以就全社会而言,难以事前判断会增加还是减少储蓄。

第二节 投资、投资函数与投资的边际效率

在国内生产总值中,虽然投资在数量上少于消费,但是投资的波动却要比消费剧烈得多。投资的这种易波动性质对总需求,从而对国民产出和就业具有重大影响。所以,要分析国民产出的决定因素和国民经济的周期性波动,必须考察投资及其波动。

在国民收入核算中,投资被分为三类:生产性固定资产投资(包括厂房的建筑和机器设

备的购置与安置)、住宅投资和存货投资。在美国历年的平均投资总额中,厂房和设备上的固定资产投资约占 70%,住宅投资约占 25%,存货投资略高于 5%。不同类型的投资对投资波动具有不同影响。生产性固定资产投资是最稳定的;住宅投资对利率的变动十分敏感;存货投资具有特别的易变性。

在宏观经济中,投资起两方面作用:一方面,投资影响总需求,从而影响国民产出;另一方面,投资导致资本的积累,资本存量的增加必然增加经济中的生产能力,从而增加潜在的国民产出。因此,投资对国民产出具有双重作用,既从总需求方面又从长期总供给方面影响国民产出。

决定投资的因素有很多,主要包括实际利率水平、预期收益率和对投资风险的考虑。

一、实际利率与投资

凯恩斯认为,企业是否要对新的实物资本(如机器、设备、厂房和仓库等)进行投资,取决于这些新投资的预期利润率和为购买这些资产所需借入的款项(借款筹资的方式可有多种多样)所要求的利率之间的比较。前者大于后者时,投资是有利的;前者小于后者时,投资就是不利的。所以,在决定投资的各种因素中,当预期利润率即定时利率就是首要因素。利率分为名义利率和实际利率。名义利率是借贷者所支付的利率。这里的利率是指实际利率。实际利率大致上等于名义利率减去通货膨胀率。假定某年名义利率(货币利率)为 10%,通货膨胀率为 2%,则实际利率就等于 8%。在投资的预期利润率既定时,企业是否进行投资,首先就取决于利率的高低。利率上升时,投资需求量就会减少;利率下降时,投资需求量就会增加。总之,投资是利率的减函数。这里的关键在于,企业用于投资的资金多半是借来的,利息是投资的成本。

即使企业投资的资金是自有的,他们也会把利息看成投资的机会成本,从而把利息当作投资的成本。所以,利率上升时投资者自然就会减少对投资物品(如机器设备等)的购买。投资与利率之间的这种关系称为投资函数,可写作

$$i = i(r) \tag{2.13}$$

假定投资函数是线性的,则投资函数可写成

$$i = i(r) = e - dr$$

式中,e 表示自主投资,d 表示系数,称为利率对投资需求的影响系数,表示利率每上升或下降一个百分点,投资就会减少或增加的数量。投资与利率之间的这种函数关系可用图 2-4 来表示。

图 2-4 中的投资需求曲线又称为投资的边际效率曲线,投资的边际效率是从资本的边际效率这一概念引申而来的。

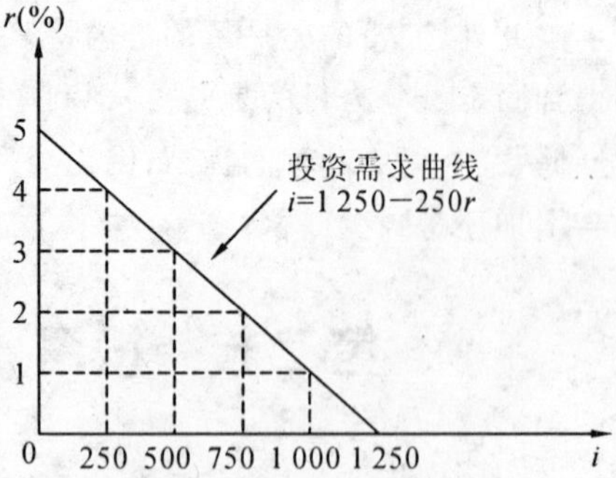

图 2-4 投资函数

二、资本边际效率

资本边际效率(MPC)是凯恩斯提出的一个概念,按照他的定义,资本边际效率是一种贴现率,这种贴现率正好使一项资本物品在使用期内各预期收益的现值之和等于这项资本

的供给价格或者重置成本。凯恩斯认为,资本边际效率也是一条心理规律,人们对未来收益的预期在很大程度上会受到他们心理因素和信心状态的影响。他说:"信心状态之所以重要,其原因在于,它是决定前者(指资本边际效率)的主要因素之一。"[①]

什么叫贴现率和现值? 下面举一例加以说明。

假定本金为 100 美元,年利率为 5%,则第 1 年本利和为:$100 \times (1+5\%)=105$(美元);第 2 年的本利和为:$105 \times (1+5\%)=100 \times (1+5\%) \times (1+5\%)=110.25$(美元);第 3 年的本利和为:$110.25 \times (1+5\%)=100 \times (1+5\%) \times (1+5\%) \times (1+5\%)=115.76$(美元)。

依此类推,现在以 r 表示利率,R_0 表示本金,R_1、R_2、R_3 分别表示第 1 年、第 2 年、第 3 年的本利和,则各年本利和为

$$R_1 = R_0(1+r)$$
$$R_2 = R_1(1+r) = R_0(1+r)^2$$
$$R_3 = R_2(1+r) = R_0(1+r)^3$$
$$\vdots$$
$$R_n = R_0(1+r)^n$$

现在把问题倒过来,设利率和本利和已知,利用公式求本金。假定利率为 5%,1 年后本利和为 105 美元,则利用公式 $R_n = R_0(1+r)^n$ 或 $R_1 = R_0(1+r)$ 就可求得本金

$$R_0 = R_1/(1+r) = 105/(1+5\%) = 100 (美元)$$

这就是说,在利率为 5% 时,1 年后 105 美元的现值是 100 美元,在同样利率下,2 年后 110.25 美元以及 3 年后 115.76 美元的现值也是 100 美元。一般说来,n 年后的 R_n 的现值是

$$R_0 = R_1/(1+r)^n$$

现在再来说资本边际效率。假定某个企业投资 30000 美元购买 1 台机器,这台机器的使用期限是 3 年,3 年后全部耗损;再假定把人工、原材料以及其他所有成本(如能源、灯光等,但利息和机器成本除外)扣除以后,3 年内各年份的预期收益是 11 000 美元、12 100 美元和 13 310 美元;这是该投资在各年份内的预期毛收益,3 年合计为 36 410 美元。

如果贴现率是 10%,那么 3 年内全部预期收益 36 410 美元的现值正好是 30 000 美元,即

$$R_0 = 11\,000/(1+10\%) + 12\,100/(1+10\%)^2 + 13\,310/(1+10\%)^3$$
$$= 10\,000 + 10\,000 + 10\,000$$
$$= 30\,000 (美元)$$

由于这一贴现率(10%)使 3 年的全部预期收益(36 410 美元)的现值(30 000 美元)正好等于这项资本品(1 台机器)的供给价格(30 000 美元),所以这一贴现率就是资本边际效率。它表示一个投资项目的收益应该按照什么比例增长才能达到预期的收益,因此它也代表了该投资项目的预期利润率。

假定资本物品(如上述机器)不是在 3 年中而是在 n 年中报废,并且在停止使用时还有残值,那么,资本边际效率的公式就是:

---

① [英]凯恩斯. 就业、利息和货币通论. 高鸿业译. 北京:商务印书馆,1999:152-153.

$$R=R_1/(1+r)+R_2/(1+r)^2+R_3/(1+r)^3+\cdots+R_n/(1+r)^n+J/(1+r)^n \quad (2.14)$$

式中，R 表示资本物品的供给价格，价格 R_1、R_2、R_3、R_n 为不同年份（或时期）的预期收益，J 表示该资本品在 n 年年末的报废价值，r 表示资本边际效率。

三、资本边际效率曲线

如果 R、J 和各年份预期收益都能估算出来，我们就能算出 r 的值。如果资本边际效率 r 大于市场利率 i，该项投资就值得进行；否则，就不值得进行。

从资本边际效率的公式可知，r 的数值取决于资本物品供给价格和预期收益。预期收益既定时，供给价格越大，r 越小；而供给价格既定时，预期收益越大，r 越大。在现实生活中，每一个投资项目的资本边际效率都是不一样的，每个企业都会面临若干可供选择的投资项目。为了看得更加清楚，我们在图 2-5 中列出这些项目的资本边际效率。

图 2-5 表示某企业有可供选择的 5 个投资项目，项目 A 的投资量为 100 万美元，资本边际效率为 14%；项目 B 的投资量为 60 万美元，资本边际效率为 11%；项目 C 的投资量为 40 万美元，资本边际效率为 9%；项目 D 的投资量为 100 万美元，资本边际效率为 7%；项目 E 的投资量为 100 万美元，资本边际效率为 5%。显然，如果市场利率为 14%，只有 A 项目值得投资；如果市场利率为 11% 或稍低些，则 A 和 B 都值得投资，投资总额可达 160 万美元；如果市场利率降到 9% 或 9% 以下，则 A、B、C 都值得投资，投资总额可达 200 万美元。可见，对这个企业而言，利率越低，投资需求量就越大。图 2-5 中各个长方形顶端所形成的折现就是该企业的资本边际效率曲线。

一个企业的资本边际效率曲线是阶梯形的。如果把经济社会中所有企业的资本边际效率曲线加在一起，阶梯形的折线就会逐渐变成一条连续的曲线，因为在相加过程中，所有起伏不平的部分会彼此抵消而转为平滑。这条曲线就是凯恩斯所讲的资本边际效率曲线，即图 2-6 中的 MEC 曲线。

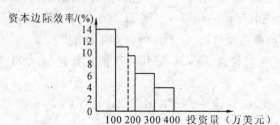

图 2-5 某企业可供选择的投资项目

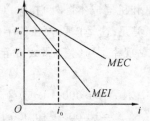

图 2-6 资本边际效率曲线(MEC)和投资边际效率曲线(MEI)

这条资本边际效率曲线表明，投资量(i)和利息率(r)之间存在反方向变动关系：利率越高，投资量越小；利率越低，投资量越大。

四、投资边际效率曲线

西方经济学家认为，MEC 曲线还不能准确代表企业的投资需求曲线，因为当利率下降时，如果每个企业都增加投资，资本品的价格就会上涨。也就是说，资本边际效率公式中的 R（资本品供给价格）如果增加，在相同的预期收益情况下，r 必然缩小；否则公式两边就无法相等,即这一贴现率(资本边际效率)无法使未来收益折合成等于资本供给价格的现值。这样,由于 R 上升而被缩小了的 r 的数值就被称为投资的边际效率(MEI)。所以,在相同的预期收益下,投资的边际效率小于资本的边际效率。例如,在图 2-6 中,一笔投资量 i 所带来的预期收益量,其资本边际效率为 r_0,但投资的边际效率只为 r_1,$r_1 < r_0$。因此,按资本的边际效率,市场利率为 r_0 时就可以有 i_0 的投资量,但按投资的边际效率,市场利率要降为 r_1 时才会有 i_0 的投资量。

由于投资的边际效率小于资本的边际效率,因此,投资边际效率曲线比资本边际效率曲线更为陡峭。尽管如此,MEI 曲线和 MEC 曲线同样都能表示利率和投资量之间存在的反方向变动关系,只是在使用投资的边际效率曲线的情况下,利率变动对投资量变动的影响小一些。西方学者认为,更能精确地表示投资和利率之间关系的曲线,是投资的边际效率曲线。所以,西方经济学著作一般都用 MEI 曲线来表示利率与投资量的关系。投资需求曲线指的就是 MEI 曲线,这条曲线也就是前面所说的投资需求函数。

五、预期收益与投资

上述实际利率水平会影响投资需求,其实是从投资使用资金的成本角度探讨投资需求。影响投资需求的另一个重要方面就是上面公式中的预期收益,即一个投资项目在未来各个时期估计可得到的收益,影响这种预期收益的因素也是多方面的,主要有以下几方面。

1. 对投资项目的产出的需求预期

企业决定对某项目是否投资及投资多少时,首先会考虑市场对该项目的产品在未来的需求状况,因为这种需求状况不但决定着产品能否销掉,还会影响产品价格的走势。如果企业认为投资项目产品的市场需求在未来会增加,就会增加投资。产出增量与投资之间的关系叫做加速数,说明产出变动和投资之间关系的理论称为加速原理。在以后的章节还会对这一原理加以阐述,这里仅指出对产出的需求预期会影响投资的预期收益进而影响投资意愿。

2. 产品成本

投资的预期收益在很大程度上也取决于投资项目的产品的生产成本,尤其是劳动者的工资成本。因为在其他条件不变时,工资成本的上升会降低企业利润,减少投资预期收益,尤其是对那些劳动密集型产品的投资项目而言,工资成本的上升显然会降低投资需求。然而,对于那些可以用机器设备代替劳动力的投资项目,工资上升意味着多用设备比多用劳动力更有利可图,于是,实际工资的上升等于是投资的预期收益增加,从而会增加投资需求。可见,工资成本的变动对投资需求的影响具有不确定性。但就多数情况而言,在劳动和资本完全可以互相替代的条件下,随着劳动成本的上升,企业会越来越多地考虑采用新机器设备,从而使投资需求增加。新古典经济学之所以认为投资需求会随工资的上升而上升,理由就在这里。

3. 投资税抵免

在一些国家,政府为鼓励企业投资,会采用一种投资税抵免的政策,即政府规定投资的厂商可从他们的所得税单中扣除其投资总值的一定百分比。例如,假定某企业在某一年投资一亿元,如果规定投资税抵免率为 10%,则该企业就可少缴所得税 1 000 万元,这 1 000 万元等于是政府为企业支付的投资项目的成本。如果该企业在这一年的所得税不足1 000万元,只有600万元,则所余的400万元还可以等到来年甚至第三年再进行抵扣。这种投资税抵免政策对投资的影响,在很大程度上取决于这种政策是临时的还是长期的。如果是临时性采取的,则此政策的效果也是临时的,过了政策期限,投资需求可能会反而下降。比方说,政府为刺激经济,如果宣布在某一年实行投资税抵免,则该年的投资可能大幅度增加,甚至本来准备来年投资的项目也可能提前到该年进行投资,但来年的投资需求则会明显下降,或在政策实行的前一年,企业会把一些项目推迟到有政策鼓励的年份进行投资。

六、风险与投资

投资需求还与企业对投资风险的考虑密切相关。这是因为,投资是现在的事,收益是未来的事,未来的结果如何,总有不确定性。人们对未来的结局会有一个预测,企业正是根据这种预测进行投资决策的。然而,即使是最精明的企业家,也不可能完全准确无误地预测到将来的结果,因此投资总有风险,并且高的投资收益往往伴随着高的投资风险,如果收益不足以补偿风险可能带来的损失,企业就不愿意投资。这里所谓的风险,是指未来的市场走势、产品价格的变化、生产成本的变动、实际利率的变化、政府宏观经济政策的变化等都具有不确定性。一般说来,整个经济趋于繁荣时,企业对未来会看好,从而会认为投资风险较小;而经济呈下降趋势时,企业对未来的看法会较悲观,从而会感觉投资风险较大。因而,凯恩斯认为投资需求与投资者的乐观和悲观情绪有较大关系,实际上这说明投资需求会随人们承担风险的意愿和能力的变化而变动。

七、托宾的"q"说

除了以上所属投资需求理论,美国经济学家詹姆斯·托宾(J. Tobin)还提出了股票价格会影响企业投资的理论。他认为,企业的市场价值与其重置成本之比,可作为衡量要不要进行新投资的标准,他把此比率称为"q"。企业的市场价值就是这个企业的股票的市场价格总额,它等于每股的价格乘总股数之积。企业的重置成本指建造这个企业所需要的成本。因此,q=企业的股票市场价值/新建造企业的成本。如果企业的市场价值小于新建造成本时,q<1,说明买旧的企业比新建企业便宜,于是就不会有投资;相反,q>1时,说明新建企业比买旧企业要便宜,因此会有新投资。就是说,当q较高时,投资需求会较大。托宾这种"q"说,实际上是说,股票价格上升时,投资会增加。一些西方经济学家认为,股票价格与投资之间并不存在这种因果关系,相反倒是由于企业有较好的投资前景才引起该股票价格的上升。

■ **教学案例**

居民储蓄升至历史新高说明了什么?

新华网北京2008年9月12日电(记者:王宇、张媛),体现百姓银行存款规模的居民户存款数额,近一年来高速增长,不断刷新历史纪录,目前已稳稳地站在了20万亿元人民币的上方,达到历史上居民储蓄数额的顶点。

中国人民银行12日发布的8月份金融数据显示,当月居民户存款增加3 404亿元,同比多增3 823亿元。根据此前央行公布的金融机构人民币信贷收支表,截至上半年,居民存款已达19.7万亿元,如此一来,经过七、八两个月增长,目前居民在银行的储蓄存款已超过

20 万亿元。

居民储蓄快速增长的趋势,既反映出当前中国 A 股市场的波动,也凸显当前启动消费、拉动内需任务的艰巨。

中央财经大学中国银行业研究中心主任郭田勇分析认为,除热钱因素外,居民户存款同比大幅多增,这主要是由于今年以来我国资本市场波动较大,大量资金回流银行所致。

自 2005 年中国 A 股市场开启新一轮牛市之后,居民储蓄与股市行情就不断上演着"相互纠缠"的历史,股市好则储蓄降,股市弱则储蓄升,此形势到今年 8 月份变得尤为明显。

根据中国证券登记结算公司的数据,8 月份我国 A 股市场新增开户数为 70.49 万户,较前一个月减少了约 21 万户,创下该数据 2007 年以来 20 个月的新低纪录。同期 8 月居民储蓄新增额超过 3 400 亿元,也创近年内增量新高。

一面是储蓄与股市的纠缠,一面是储蓄与消费的若即若离。在去年一段时间储蓄数字减少时,有学者曾认为消费市场走暖在即,但当人们发现储蓄与股市行情具有明显的反向关系后,越来越多的研究者逐渐认为,在有储蓄偏好传统的中国,储蓄与消费市场之间一直存在着不甚密切的关系,不能将前期居民存款数字的减少视为消费市场好转的信号,当然更不能仅凭当前存款的快速攀升,就推断消费有趋冷迹象。

经济学家把中国居民在银行的存款形象地比喻为"笼中老虎",按照这一词语的应有之义,老虎应该回归山林。经济学家认为,银行存款也只有回到了消费市场,才能真正拉动内需,进而增强一国经济增长的内生动力。

根据人民银行的数据,居民储蓄在一年内增量接近 3 万亿元,是往年增量的 3 倍。这说明虽然当前我国消费增速已达 20% 以上,但由于种种原因,居民储蓄还没有很好地进入到消费市场,我国拉动消费的潜力依然巨大。

(资料来源:新华网 http://news.xinhuanet.com/fortune/2008−09/12/content_9947171.htm.)

案例讨论:

1.居民储蓄水平的决定因素有哪些?

2.我国居民储蓄达到超记录水平的原因是什么?

海南恩格尔系数全国最高

国家统计局海南调查总队提供的数据表明,今年上半年,海南城镇居民人均消费支出为 3 684.79 元,同比增长 23.8%,其中,食品消费支出达到了 1 577.32 元,同比增长了 19.4%,恩格尔系数为 42.8%。在食品支出中,九类食品支出呈现全面增长,其中干鲜瓜果、饮食、奶及奶制品的增幅分别达到了 27.7%、24.6% 和 24.2%,而粮油类、肉禽蛋水产品类增幅分别达到了 2.6% 和 2.9%。

据了解,恩格尔系数是衡量一个国家或地区富裕程度的一个指标,算法就是用食品消费支出除以人均消费性支出得到的一个百分比,这个百分比越高,就说明人们用于食品消费占的比例大,这个地方越不富裕。根据联合国粮农组织制定的标准,恩格尔系数在 60% 以上,属于绝对贫困地区,50% 到 60% 为温饱型地区,40% 到 50% 为小康型地区,30% 到 40% 为比较富裕型地区,30% 以下为富裕型地区,海南属于小康型地区。

海南调查总队城镇住户处杨处长告诉记者,最近几年,海南城镇居民的恩格尔系数一直是全国最高的,在 40% 到 50% 之间波动。以 2002 年为例,海南的恩格尔系数是 45.4%,比最低的北京市高出了 11.6 个百分点,比第二高的福建也多 2 个百分点。

(资料来源:节选自罗孝平、汪训波:"金"蛋"银"菜 海南居民近半支出用在吃喝上,2006-08-10 海南特区报网络版。)

案例讨论:

1.影响消费的因素有哪些?

2.海南恩格尔系数为什么全国最高?

■ 关键概念

消费	consumption
储蓄	saving
平均消费倾向	average propensity to consume
边际消费倾向	marginal propensity to consume
平均储蓄倾向	average propensity to saving
边际储蓄倾向	marginal propensity to save
绝对收入假说	absolute income hypothesis
相对收入假说	relative income hypothesis
生命周期假说	life－cycle hypothesis
永久收入假说	permanent income hypothesis
投资	investment
资本边际效率(MEC)	marginal efficiency of capital
投资边际效率(MEI)	marginal efficiency of investment

■ 复习思考

1.在线性消费函数 $C=a+bY$ 中,a 和 b 的经济含义是什么? 为什么 $1>b>0$?

2.储蓄函数与消费函数有什么关系? 给定一个消费函数如何推出储蓄函数?

3.消费倾向与储蓄倾向有什么关系? 为什么?

4.投资的边际效率为什么会递减? 随着投资规模的不断扩大,MEI 会趋于无限小吗?为什么?

5.怎样理解资本的边际效率和投资的边际效率?

■ 单元实训

一、单项选择题

1.根据绝对收入假说框架,APC 不变的原因是(　　)。

A.收入提高　　　　　　　　　　　　B.自发性支出提高

C.价格不变　　　　　　　　　　　　D.分配格局不变

2.根据相对收入假说,若收入逐年提高,则 APC(　　)。

A.提高　　　　　B.下降　　　　　C.不变　　　　　D.不能确定

3.根据生命周期假说,在长期中,对消费征收累进税比之于对本期收入征收累进税的影响是(　　)。

A.前者更有效　　　B.后者更有效　　　C.一样有效　　　D.一样无效

4.(　　)最符合持久收入假说。

A. 人们在收入减少时要维持其生活水平　　B. 人们有了暂时收入就购买耐用消费品

C. 暂时收入用于储蓄而不是消费　　　　　D. 收入的暂时增加被全部消费掉

5. 相对收入假说的代表人是( )。

A. 凯恩斯　　　　　B. 弗里德曼　　　　　C. 杜森贝利　　　　　D. 莫迪利安尼

6. 永久收入假说主要来自于( )。

A. 莫迪利安尼　　　B. 弗里德曼　　　　　C. 希克斯　　　　　D. 库兹涅茨

7. 家庭消费-收入图中的收入均衡点代表( )。

A. 消费等于投资　　B. 储蓄等于消费　　　C. 收入等于消费　　D. 储蓄等于收入

二、判断题

1. 根据相对收入假说,经济萧条时消费需求下降较少。　　　　　　　　　　( )

2. 边际消费倾向和平均消费倾向都总是大于零而小于1。　　　　　　　　( )

3. 按照永久收入假说,当某人预知每年都会发放年终奖金时,他会把这笔钱用于消费。

( )

4. 生命周期假说得出了消费取决于一生收入或未来预期收入的结论,也说明了一生收入或未来预期收入如何决定。　　　　　　　　　　　　　　　　　　　　　　　( )

5. 永久收入假说认为,暂时性收入的变化反映在储蓄的变化而不是消费的相应变化。

( )

6. 按照生命周期假说,消费会出现周期性变化。　　　　　　　　　　　　( )

7. 杜森贝利认为,一个人的消费不仅取决于他自己的绝对收入,而且还取决于他在收入分配中的地位。　　　　　　　　　　　　　　　　　　　　　　　　　　　( )

8. 在弗里德曼看来,中彩票获得的收入会增加消费。　　　　　　　　　　( )

9. 消费与储蓄的生命周期的含义是:工作期进行储蓄,退休期则使用过去的储蓄。

( )

三、计算题

1. 一项投资的收入流量(现金流量)如下(单位:万元):

第一年　第二年　第三年　第四年

-400　100　140　220

试求:

(1) 若利率为5%,企业会不会进行投资?

(2) 若利率为8%,企业会不会进行投资?

2. 已知消费函数为 $C=300+0.9Y_P$,其中 Y_P 是持久可支配收入,且可通过现期收入 Y_t 和前期收入 Y_{t-1} 的加权平均得出 $Y_P=0.6Y_t+0.4Y_{t-1}$。

试求:

(1) 若第一年和第二年收入均为 5 000 元,第二年的消费是多少?

(2) 若从第三年开始收入增加到 6 000 元,且以后保持这一水平,则第三年、第四年、第五年及以后的消费是多少?

(3) 短期边际消费倾向和长期边际消费倾向是多少?

3. 已知消费函数为 $C=44+0.8Y_P$,其中 Y_P 是持久可支配收入,且可由现期收入 Y_t 和

前两期收入 Y_{t-1}、Y_{t-2} 的加权平均得出，即 $Y_P = 0.5Y_t + 0.3Y_{t-1} + 0.2Y_{t-2}$，试求：

（1）若前三年的收入均为 6 000 元，第三年的消费是多少？

（2）若从第四年开始收入增加到 7 000 元，且以后保持这一水平，则第四年、第五年、第六年及以后各年的消费是多少？

（3）短期边际消费倾向和长期边际消费倾向是多少？

4.消费方程为 $C = aWR + bY_{Pt}$，持久收入为 $Y_{Pt} = \theta Y_t + (1-\theta)Y_{t-1}$，现有一具体消费方程为 $C = 0.06WR + 0.6Y_t + 0.2Y_{t-1}$，求：$a$ 值和 θ 值。

第三章 | 财政政策与货币政策

课前导读

国务院总理温家宝关于 2009 年工作计划

要坚持灵活审慎的调控方针,提高宏观调控的应变能力和实际效果,尽快扭转经济增速下滑趋势,保持经济平稳较快发展。

实施积极的财政政策。一是大幅度增加政府支出,这是扩大内需最主动、最直接、最有效的措施。今年财政收支紧张的矛盾十分突出。一方面,经济增速放缓、减轻企业和居民税负必然会使财政收入增速下降;另一方面,为刺激经济增长、改善民生和深化改革,又需要大幅度增加投资和政府支出。为弥补财政减收增支形成的缺口,拟安排中央财政赤字 7 500 亿元,比上年增加 5 700 亿元,同时国务院同意地方发行 2 000 亿元债券,由财政部代理发行,列入省级预算管理。全国财政赤字合计 9 500 亿元,占国内生产总值比重在 3% 以内,虽然当年赤字增加较多,但由于前几年连续减少赤字,发债空间较大,累计国债余额占国内生产总值比重 20% 左右,这是我国综合国力可以承受的,总体上也是安全的。

二是实行结构性减税和推进税费改革。采取减税、退税或抵免税等多种方式减轻企业和居民税负,促进企业投资和居民消费,增强微观经济活力。初步测算,今年全面实施增值税转型,落实已出台的中小企业、房地产和证券交易相关税收优惠以及出口退税等方面政策,加上取消和停征 100 项行政事业性收费,可减轻企业和居民负担约 5 000 亿元。

三是优化财政支出结构。继续加大对重点领域投入,严格控制一般性开支,努力降低行政成本。

实施适度宽松的货币政策。货币政策要在促进经济增长方面发挥更加积极的作用。

一是改善金融调控。保证货币信贷总量满足经济发展需求,广义货币增长17%左右,新增贷款 5 万亿元以上。

二是优化信贷结构。加强对信贷投向的监测和指导,加大对"三农"、中小企业等薄弱环节的金融支持,切实解决一些企业融资难问题。严格控制对高耗能、高污染和产能过剩行业企业的贷款。

三是进一步理顺货币政策传导机制,保证资金渠道畅通。充分发挥各类金融机构的优势和特点,创新和改进金融服务,满足合理资金需求,形成金融促进经济发展的合力。

四是加强和改进金融监管。各类金融企业都要加强风险管理,增强抵御风险能力。处理好金融创新、金融开放与金融监管的关系。加强跨境资本流动监测和管理,维护金融稳定和安全。

要加强产业、贸易、土地、投资、就业政策与财政、货币政策的一致性和协调性,形成调控合力。

(资料来源:温家宝总理 2009 年 3 月 5 日在第十一届全国人民代表大会第二次会议上所作《政府工作报告》。)

宏观经济学的任务之一就是要说明国家为什么必须干预经济,以及应该如何干预经济,即要为国家干预经济提供理论依据与政策指导。因此,经济政策问题在宏观经济学中占有十分重要的地位。在本章中,我们就要全面介绍宏观经济政策。

第一节 财 政 政 策

财政政策是国家干预经济的重要的政策之一,它对一国的总需求起着重要的调节作用。财政政策是政府为实现一定的经济目标,而对政府支出、税收和借债水平所进行的选择,或对政府收入和支出所做的决策。政府支出主要包括政府购买和转移支付,其主要内容有:国防与安全支出、社会福利支出、卫生教育、建设与环保支出、科研支出、农业补贴支出、债务利息支出、国际事务(包括外援等)。政府收入主要包括政府税收和公债两个部分。

一、政府购买

政府购买(government purchase)是指政府对商品和劳务的购买。如购买军需用品、警察装备用品、政府机关办公用品、政府雇员报酬、公共项目工程等。政府购买是一种实质性支出,有着商品和劳务的实际交易,直接形成社会的需求和购买力,是国民收入的重要组成部分。因此政府购买支出是决定国民收入大小的主要因素之一,直接关系到社会总需求的大小。购买支出对整个社会支出水平具有十分重要的调节作用。在总支出水平过低时,政府可以提高购买支出水平,如举办公共工程,增加社会整体需求水平,以此同衰退作斗争;反之当社会总支出水平过高时,政府可以降低购买支出的水平,来降低整个社会的总需求,以此来抑制通货膨胀。因此变动政府的购买支出水平是政府财政政策的有力调控手段。

二、转移支付

转移支付(transfer payment)是指政府部门无偿地将一部分资金的所有权转让给他人所形成的支出,主要是指政府社会福利保险、贫困救济和补助等方面的支出。例如,社会保险福利津贴、抚恤金、养老金、失业补助、救济金以及各种补助费等;农产品价格补贴也是政府的转移支付。由于政府的转移支付实际上是把国家的财政收入还给个人,所以有的西方经济学家称之为负税收。转移支付只是一种货币性的支出,政府在付出这些货币时并没有实质性的交易,没有相应的商品和劳务的交换的发生,因此转移支付不能算作国民收入的组成部分。它所作的仅仅是通过政府将收入在不同的社会成员之间进行转移和重新分配,全社会的总收入并没有变动。

既然转移支付是政府支出的重要组成部分,因此政府转移支付也是一项重要的财政政策工具。一般来讲,当总支出不足时,失业会增加,这时政府应增加社会福利费用,提高转移支付的水平从而增加人们可支配收入的水平和消费支出水平,社会有效需求因而增加;当总支出水平过高时,通货膨胀上升,政府应减少社会福利支出,降低转移支付水平,从而降低人们可支配收入的水平和社会总需求水平。

三、税收

税收是政府收入中最主要的部分,它是国家为了实现其职能的需要按照法律预先规定的标准,强制地、无偿地取得财政收入的一种手段,因此税收具有强制性、无偿性和固定性三个基本特征。因此税收可以作为实行财政政策的有力手段之一。税收依据不同的分类标准可以作不同的分类。

根据课税对象分,税收可分为财产税、所得税和流转税三类。财产税是对不动产或房地产(即土地和土地上的建筑物等)所征收的税。遗产税一般包含在财产税中。所得税是对个人和公司的所得征税。在整个税收中,所得税所占的比例很大,因此所得税率的变动对经济活动会产生重大的影响。流转税则是对流通中的商品和劳务买卖的总额征税。增值税是流转税的主要税种之一。

根据税收中征税客体和税率的关系,税收可分为累退税、累进税和比例税。累退税是税率随着征税客体的总量的增加而递减的一种税。比例税是税率不随征税客体的总量变动而变动的一种税,即按固定比率从收入中征税,多适用于流转税和财产税。累进税率是税率随着征税客体的总量的增加而增加的一种税。大部分的所得税都是累进税。这三种税通过税率的高低及其变动来反映税赋的负担轻重和税收总量的关系。

因此,税收作为政府收入的手段,既是国家财政收入的主要来源也是政府财政政策的重要工具之一。税收作为政策工具,它既可以通过改变税率来实现,也可以通过变动税收总量来实现,如通过一次性减税来达到刺激社会总需求增加的目的。对税率而言,由于所得税是税收的主要来源,因此改变税率主要是变动所得税率。一般说来,降低税率或减少税收都会引致社会总需求的增加和国民产出的增长;反之则引起社会总需求和国民产出的降低。因此在需求不足时,可采取减税措施来抑制经济衰退;在需求过旺时,可采取增税措施抑制通货膨胀。

四、公债

当政府税收不足以弥补政府支出时,就会发行公债,使公债成为政府财政收入的一部分。公债是政府对公众的债务,是政府运用信用形式筹集财政资金的特殊形式,包括中央政府和地方政府的债务。政府的借债一般有短期债、中期债和长期债三种形式。短期债一般通过出售国库券取得,主要进入短期资金市场,利息率较低,期限一般为3个月、6个月和1年三种。期限为1年以上5年以下的为中期债券,5年以上的为长期债券。政府债券的发行,一方面能增加财政收入,影响财政支出,属于财政政策;另一方面又能对包括货币市场和资本市场在内的金融市场的扩张和紧缩起重要作用,影响货币的供求,从而调节社会的总需求。因此公债也是实施宏观调控的经济政策工具。

财政政策的内容包括政府根据当前经济社会发展的需要而改变财政支出和收入的总量、结构和增减速度。通常为了刺激经济增长,政府会增加财政支出或减税,这时财政赤字必然会增加或财政盈余必然会减少,这被称为扩张性的或宽松的财政政策;反之,为了抑制通货膨胀和经济过热,政府会减少财政支出或增税,这被称为紧缩性的财政政策。政府为了特定的目的往往要改变财政支出或收入中的某些部分,以调节生产和收入的分配结构,这种针对不同部门、地区、企业和成员采取不同的财政收支政策,被称为结构性财政政策。

第二节　货币需求

简单地说,货币需求就是指人们在不同的条件下,出于各种考虑而愿意以货币形式保持一部分财富而形成的对货币的需求。货币需求理论可以简单地划分为传统的货币数量论和现代的货币需求理论。传统的货币数量论对货币需求的影响和数量关系的解释,是货币需求理论最基本的思想和理论渊源。20世纪30年代以来的货币需求理论是对传统货币数量论的批评、继承和发展。本节主要介绍三种比较有影响的货币需求理论:凯恩斯的货币需求理论;货币需求的交易理论;货币需求的资产组合理论。

一、凯恩斯的货币需求理论

凯恩斯的货币需求理论也可称为"灵活偏好"理论或"流动偏好"理论。该理论指出货币需求量是收入和利率的函数。

人们在一定时期所拥有的财富的数量总是有限的,他们都必须决定自己以何种形式来拥有财富。人们如果以货币形式拥有财富的比例越大,则他们以其他资产形式拥有财富的量就越少,拥有其他资产形式(如证券、实物资本等)预计能带来较高的收益,会使他们减少对货币的需要。因此,不管人们持有货币的动机多么强烈,都得仔细权衡以货币形式保存财富所花的成本。对于一个想借款的人来说,利息就是他为获得一定量货币所必须支付的价格,而对一个货币持有者来说,利息则表示他持有货币的机会成本,即持有货币就得不到的利息收入。既然持有货币就会失去利息收入,那么人们为什么愿意持有不生利息的货币或其他形式收入的货币呢? 凯恩斯认为,货币具有使用上的灵活性,人们需要货币是出于以下三类不同的动机。

第一,交易动机,指个人和企业需要货币是为了进行正常的交易活动。由于收入和支出在时间上不是同步的,因而个人和企业必须有足够货币资金来支付日常需要的开支。个人或企业出于这种交易动机所需要的货币量,取决于收入惯例和商业制度,而其在短期内一般可假定为固定不变。于是按凯恩斯说法,这一货币需求量主要决定于收入。收入越高,交易数量越大;交易数量越大,所交换的商品和劳务的价格越高,从而为应付日常开支所需的货币量就越大。

第二,谨慎动机或称预防性动机,指为预防意外支出而持有一部分货币的动机。比如,个人或企业为应付事故、失业、疾病等意外事件而需要事先持有一定数量货币。因此,如果说货币的交易需求产生于收入和支出间缺乏同步性,则货币的预防性需要产生于未来收入和支出的不确定性。西方经济学家认为,个人对货币的预防需求量主要取决于他对意外事件的看法,但从全社会来看这一货币需求量大体上也和收入成正比,是收入的函数。

因此,如果用 L_1 表示交易动机和谨慎动机所产生的全部货币需求,且用 y 表示收入,则这种货币需求量和收入的关系可表示为

$$L_1 = L_1(y) \tag{3.1}$$

或

$$L_1 = ky \tag{3.2}$$

式(3.2)中,k 表示出于上述二动机所需货币量同实际收入的比例关系,y 表示具有不变购买力的实际收入。例如,若实际收入 $y = 1\,000$ 万元,交易和谨慎需要的货币量占实际收入的 30%,则

$$L_1 = 1\,000 \times 0.3 = 300 \text{ 万元}$$

第三,投机动机,是人们为贮藏财富而持有货币的动机,是人们为了抓住有利的购买有价证券的机会而持有一部分货币的动机。因此形成的对货币的需求是一种对闲置的货币余额的需求,即对资产形式的需求,称为货币的投机需求。凯恩斯假定人们一时不用的财富只能用货币形式或债券形式来保存,债券能带来收益,而闲置货币则没有收益,那么人们为什么不全部购买债券而要在二者间作选择呢?按照凯恩斯的说法,人们之所以为了投机目的而持有货币,是因为其他资产形式或债券的收益具有不确定性,人们想利用利率水平或有价证券价格水平的变化进行投机。在实际生活中,债券价格高低以反比例关系表现利率的高低。假定一张债券一年可获利 10 美元,而市场利率若为 10%,则这张债券的市价就为 100 美元,若市场利率为 5%,则这张债券的市价就为 200 美元,因为 200 美元在利率为 5% 时若存放到银行也可得利息 10 美元,可见债券价格一般随利率变化而变化。由于债券市场价格是经常波动的,凡预计债券价格将上涨(即预期利息将下降)的人,就会用货币买进债券,以备日后以更高价格卖出;反之,凡预计债券价格将下跌的人,就会卖出债券保存货币,以备日后债券价格下跌时再买进。这种预计债券价格将下跌(即利率上升)而需要把货币保留在手中的情况,就是对货币的投机性需求。可见,有价证券价格的未来不确定性是对货币投机需求的必要前提,这一需求与利率成反方向变化。利率越高,即有价证券价格越低,人们若认为这一价格已降低到正常水平以下,预计很快会回升,就会抓住机会及时买进有价证券,于是,人们手中出于投机动机而持有的货币量就会减少;相反,利率越低,即有价证券价格越高,人们若认为这一价格已涨到正常水平以上,预计就要回跌,就会抓住时机卖出有价证券,于是,人们手中出于投机动机而持有的货币量就会增加。

总之,对货币的投机性需求取决于利率,如果用 L_2 表示货币的投机需求,用 r 表示市场利率,则这一货币需求量和利率的关系可表示为

$$L_2 = L_2(r) \tag{3.3}$$

或

$$L_2 = -hr \tag{3.4}$$

式(3.3)表示 L_2 与 r 变动成反方向关系;式(3.4)中 h 表示利率变动一个百分点时 L_2 变动程度,可称为货币需求关于利率的反应系数。

以上分析说明,对利率的预期是人们调节货币和债券配置比例的重要依据,利率越高,货币需求量越小。当利率极高时,这一需求量等于零,因为人们认为这时利率不大可能再上

升,或者说有价证券价格不大可能再下降,因而将所持有的货币全部换成有价证券。反之,当利率极低,比方说2%,这时人们会认为这时利率不大可能再下降,或者说有价证券市场价格不大可能再上升而只会跌落,因而将所持有的有价证券全部换成货币。人们有了货币也决不肯再会买有价证券,以免证券价格下跌时遭受损失,人们不管有多少货币都愿意持有手中,这种情况称为"凯恩斯陷阱"或"流动偏好陷阱"。流动偏好是凯恩斯提出的概念,是指人们持有货币的偏好。人们之所以产生对货币的偏好,是由于货币是流动性或者说灵活性最大的资产,货币随时可作交易之用,随时可应付不测之需,随时可作投机用,因而人们对货币的偏好就称作流动偏好。货币需求关于利率的系数也称作流动性偏好的利率系数。当利率极低时,人们手中无论增加多少货币,都不会再去购买有价证券,都要留在手中,因而流动性偏好趋向于无限大,这时候即使银行增加货币供给,也不会再使利率下降。

对货币的总需求是人们对货币的交易需求、预防需求和投机需求的总和,货币的交易需求和预防需求取决于收入,而货币的投机需求取决于利率。因此,对货币的总需求为

$$L=L_1+L_2=L_1(y)+L_2(r)=ky-hr \tag{3.5}$$

式(3.5)中,L、L_1 和 L_2 都表示对货币的实际需求,即具有不变购买力的实际货币需求量。名义货币量和实际货币量是有区别的。名义货币量是不问货币购买力如何而仅计算其票面值的货币量。把名义货币量折算成具有不变购买力的实际货币量,必须用价格指数加以调整。如用 M、m 和 P 依次表示名义货币量、实际货币量和价格指数,则

$$m=\frac{M}{P} \tag{3.6}$$

例如,若实际货币余额 $M=1\,000$ 美元,价格水平 $P=1.1$,则名义货币余额为 $M=1.1\times1\,000=1\,100$ 美元。

由于 $L=ky-hr$ 仅代表对货币的实际需求量或者说需要的实际货币量,因此名义货币需求函数还应是实际货币需求函数乘以价格指数,即

$$L=(ky-hr)P \tag{3.7}$$

式(3.7)代表名义货币需求函数,而式(3.5)则代表实际货币需求函数,式中 k 和 h 是常数。k 衡量收入增加时货币需求增加多少,这是货币需求关于收入变动的系数;h 衡量利率提高时货币需求增加多少,这是货币需求关于利率变动的系数。如果知道了 k、h、y 和 P 的值,就不难求得货币需求量。

货币需求函数可用图 3-1 来表示。

图 3-1(a)中垂线 L_1 表示为满足交易动机和谨慎动机的货币需求曲线,它和利率无关,因而垂直于横轴。L_2 曲线表示满足投机动机的货币需求曲线,它起初向右下方倾斜,表示货币的投机需求量随利率下降而增加,最后为水平状,表示"流动偏好陷阱"。图 3-1(b)中的 L 曲线则是包括 L_1 和 L_2 在内的全部货币需求曲线,其纵轴表示利率,横轴表示货币需求量,由于具有不变购买力的实际货币一般用 m 表示,因此横轴用 m 表示。这条货币需求曲线表示在一定收入水平上货币需求量和利率的关系,利率上升时,货币需求量减少;利率下降时,货币需求量增加。

那么,货币需求量和收入水平的正向关系如何表现出来呢?需要通过在同一座标图上面若干条货币需求曲线来表示,如图 3-2 所示。

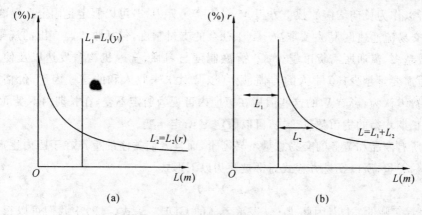

图 3-1　货币需求曲线

图 3-2 中三条货币需求曲线分别代表收入水平为 y_1、y_2 和 y_3 时的三条货币需求曲线,可见,货币需求量与收入的正向变动关系是通过货币需求曲线向右上和左下移动来表示的,而货币需求量与利率的反向变动关系则是通过每一条需求曲线都是向右下方倾斜来表示的。例如,当利率相同,即都为 r_1 时,由于收入水平不同,实际货币需求量分别为 L_1、L_2 和 L_3,即 $y=y_1$ 时,$L=L_1$;$y=y_2$ 时,$L=L_2$;$y=y_3$ 时,$L=L_3$。反之,当收入水平相同,例如都为 y_1 时,由于利率水平不同,实际货币需求量也不同,$r=r_1$ 时,$L=L_1$;$r=r_2$ 时 $L=L_2$。

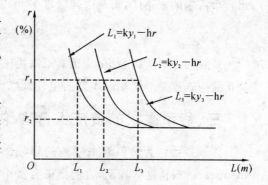

图 3-2　不同收入的货币需求曲线

二、货币需求的交易理论

美国经济学家欧文·费雪(Irving Fisher,1867—1947)于 1911 年在《货币的购买力》一书中提出了著名的现金交易方程式——费雪交易方程式,即

$$M \cdot V = P \cdot T \tag{3.8}$$

式(3.8)中,M 表示一定时期内流通中的货币数量,V 表示货币的平均流通速度,P 表示所有交易商品和劳务的价格水平或价格指数,T 表示一定时期内所有商品和劳务的总交易量。因此,$P \cdot T$ 表示的是一定时期内商品和劳务交易的总价值。

这个交易方程式告诉我们,所谓货币的需求指的是为了实现一定的交易总额($P \cdot T$)所需的货币流通量($M \cdot V$)。如果 T 和 V 保持不变,价格总水平 P 与货币供给量 M 就是同方向同比例变动的。正是因为费雪在这里强调的货币作为交换媒介的作用,即作为流通手段的作用,所以费雪方程式又称为交易方程。

费雪认为一定时期内的社会交易量 T 的大小取决于:① 技术状况和可利用的资源的开放程度,交易量越多,所需货币数量越大;② 分工或专业化程度,分工越细,交易量越大;③ 商业信心,对经济前景越乐观,交易量越多;④ 消费者的欲望和嗜好,如扩大消费需求,交易量越大。费雪认为,决定交易量的这些因素,从长期看取决于非货币因素,不随 M 的增加而变化,所以作为长期均衡的数量方程 $M \cdot V = P \cdot T$ 中,T 可以假定是固定不变的。

货币交易流通速度 V 主要取决于:① 社会的支付制度,包括收入与支出的规则性,时距越短,次数越多,流通所需货币越少;② 金融制度与习惯,金融机构愈发达以及使用支票越普遍,货币需要量越少;③ 个人的习惯、财富以及对未来收入和这些因素,价格的变动和预期等。费雪认为,影响 V 的这些因素在短期内可视为给定不变,在长期内不受 M 的影响,所以作为长期均衡的货币数量论中,可以假定 V 给定不变。

由于所有商品和劳务的交易总量不易衡量,而且人们关注的重点在于国内生产总值,而不在于交易总量,所以交易方程式通常被写为以下形式

$$M \cdot V = P \cdot y \tag{3.9}$$

式中,y 表示实际的 GDP,因此 $P \cdot y$ 表示名义的 GDP。从式(3.9)中我们可以很方便的得出货币需求的表达式,式两边同除以 V 可得到

$$M = kPy \quad (k = \frac{1}{V}) \tag{3.10}$$

从式(3.10)可以看出,货币需求取决于货币流通速度和名义的 GDP;而由上面的假定,货币流通速度是一个相对固定的量,所以货币需求就取决于名义 GDP。

三、货币需求的资产组合理论

强调货币作为价值储藏手段的作用的货币需求理论,被称为资产组合理论(portfolio theories)。根据这些理论,人们把持有货币作为自己资产组合的一部分。这一理论的主要观点是货币提供了不同于其他资产的风险和收益的组合。特别是货币提供了一种安全的收益,而股票与债券的价格会上升或下降。该理论是由美国经济学家威廉·鲍莫尔(William J. Baumol)和詹姆斯·托宾(Jams Tobin)于 20 世纪 50 年代提出的。鲍莫尔于 1952 年在《现金的存货需求:存货的理论分析》一文中,运用存货理论说明,凯恩斯交易动机的货币需求不仅仅取决于收入,也取决于利息,并提出了人们平均最优货币持有量的平方根公式。托宾在 1956 年发表的《货币的交易需求的利率弹性》一文中,独立地提出了与鲍莫尔平方根公式完全相同的结论。因此人们也把最优平均货币持有量的模型称为鲍莫尔-托宾模型。

资产组合理论认为货币需求取决于个人和家庭可以持有的各种非货币资产(如债券、股票等)所提供的风险和收益。个人基于收益最大化的原则对货币和非货币资产的选择决定了货币需求的规模。鲍莫尔对交易性货币需求和利息率的关系进行了深入的分析,论证了交易性货币需求同样会受到利息率的影响。鲍莫尔认为,由于现金不会给持有者带来收益,只要能从利息上获得的收益超过变现的手续费,就应将暂时不用的现金转化为生息资产的形式,待需要时再变现。一般情况下,利率越高,收益越大,生息资产的吸引力越大,人们就会把现金的持有额压缩到最低限度;反之,利息率很低,甚至利息收入连变现的手续费都抵偿不了,那么人们宁愿持有全部的交易性现金。鲍莫尔提出了一个与利息率相关的最优货币持有量的交易性货币需求模型,即平方根公式

$$M = \sqrt{\frac{by}{2r}} \tag{3.11}$$

式中,M 表示交易性货币需求 y 为收入、b 为变现一次所需的手续费,即现金和债券之间的

转换成本。因此根据上述公式,货币的交易需求量随着收入的增加而增加,随着利率的升高而减少。

托宾指出,人们会根据收益和风险的选择来安排其资产的组合。持有现金是最安全的,但是没有利息收入。购买债券会获得利息收入,但会承担一定的风险。人们会根据对风险和收益的预期,做出购买债券或是持有货币的决策。当利率上升时,人们为了获取更多的利息,一般会减少货币的持有而去购买更多的债券;反之,当利率下降时,人们会减少债券的购买而持有更多的货币。因此,货币的需求和利率的变化是一种反向关系。这与鲍莫尔模型有同样的结论。

第三节 货币供给

货币供给是与货币需求相对应的另一个方面。本节将在银行制度的基础上介绍货币创造的机制,考察货币供给量的决定因素,并简单介绍一些货币政策工具。

一、中央银行与商业银行

国家的货币政策要通过金融机构来实施,银行是金融机构的重要组成部分。因此要理解货币政策的实施过程,就要对国家的金融体系有一个大致的认识。货币供给是由一个国家的中央银行控制的,其控制的过程与该经济中的银行体系有着密切的关系。一般地说,这一银行体系主要指二级银行制度,即由中央银行和商业银行共同形成的二级银行管理体制。这一体制是多倍存款得以扩张的基础。各国的金融机构并不完全相同,但是大致说来金融机构包括中央银行和金融媒介机构两类。金融媒介机构中最主要是商业银行,其他还有储蓄和贷款协会、信用协会、保险公司、私人养老基金等。

中央银行是一国最高金融当局,是一国金融体系的核心,它统筹管理全国金融活动,监督银行体系,控制货币量,实施货币政策以影响经济。中央银行作为一国金融体系的领导和监管者,其发挥的独特作用是任何其他机构所无法替代的。它主要是以经济和行政手段对金融领域乃至整个国民经济进行宏观调控。当今世界大多数国家和地区都设立了中央银行:美国是联邦储备局(简称是美联储),英国是英格兰银行,法国是法兰西银行,德国是联邦银行,日本是日本银行,中国是中国人民银行。世界上最早的中央银行是成立于1656年的瑞典银行。中央银行一开始也追求商业利润,后来才被政府控制,充当各国政府的银行。

一般认为,作为一国金融管理机构的中央银行具有三个职能,即发行的银行、银行的银行和国家的银行。

中央银行作为发行的银行是指中央银行垄断国家货币的发行,成为全国唯一的现钞发行机构。目前大多数国家的现钞都是中央银行发行并投入流通,发行的收入归财政部。

中央银行作为银行的银行,既为商业银行提供贷款(用票据再贴现、抵押贷款等办法),又为商业银行集中保管存款准备金,还为各商业银行集中办理全国的结算业务。

中央银行作为国家的银行是指中央银行代表国家贯彻执行财政金融政策,代为管理国家财政收支以及为国家提供各种金融服务。第一,代理国库。政府的收入与支出均通过财政部在中央银行开立的各种账户进行。一方根据国家委托代收各种税款和公债价款等收入作为国库的活期存款;另一方面代理拨付各项经费,代办政府的各种付款与转账。第二,提供政府所需资金,对国家给予信贷支持。既用贴现短期国库券等形式为政府提供短期资金,也用帮助政府发行公债或直接购买公债的方式为政府提供长期资金;还可以直接给国家财政以贷款或透支。第三,保管外汇和黄金储备;第四,代表政府与外国发生金融业务关系;第五,执行货币政策;第六,制定并执行有关金融管理法规,监督、管理全国金融市场活动。此外,中央银行作为国家的银行,还代表政府参加国际金融组织,出席各种国际会议,从事国际金融活动以及代表政府签订国际金融协定,在国内外金融活动中充当政府顾问,提供金融情报和金融决策建议。

商业银行是以最大限度地获取利润为目的,办理各种信用及中介业务的货币经营企业。它是金融中介机构的主体,也是一国金融活动的主体和基础。商业银行的主要业务是负债业务、资产业务和中间业务。负债业务主要是吸收存款,包括活期存款、定期存款和储蓄存款。资产业务主要要包括放款和投资两类业务。放款业务是为企业提供短期贷款,包括票据贴现、抵押贷款等。投资业务就是购买有价证券以取得利息收入。中间业务是指代替顾客办理支付事项和其他委托事项,从中收取手续费的业务。

商业银行的主要职能有以下几方面。① 作为融通资金的信用中介。在现代信用关系高度发展起来后,货币经营业务成为银行业务的一个重要组成部分,吸收存款与经营放贷等信用业务成为银行的主体业务。银行成了引导资金从盈余单位流向需求单位的中介。② 创造信用货币。早期的商业交易以金属货币为流通手段和支付手段,现代银行则创造出信用工具,执行货币支付手段和流通手段职能。银行最初创造的信用工具是银行券,在中央银行收回货币发行权后,商业银行的支票成为现代经济社会最主要的支付工具,目前信用卡和电子货币等新的信用支付手段的地位也日益重要。③ 创造存款、扩张信用。银行吸收的存款,在留足备付准备金和法定准备金后,银行出于盈利的动机,利用超额准备金进行贷款或投资,形成存款的增加和信用的扩张。④ 提供广泛的金融服务。经济的高度发展和社会生活代理化,使得工业、商业和服务业甚至家庭生活都对金融业提出了更多、更高的服务需求,如代转工资、代理支付、消费信用、信息服务、咨询服务和电脑服务等,银行也通过开展广泛的金融服务来扩展自己的资产负债业务。

从货币市场的角度看,对货币市场产生作用的除了中央银行和商业银行外,还包括公众和政府。所谓公众就是指所有的家庭以及除了商业银行之外的厂商。公众包括各类消费者、农户、商贩、各类企业与公司、营利的和非营利的各种机关及团体等。了解公众及政府与中央银行、商业银行的关系对理解货币市场是十分重要的。我们把公众、政府、中央银行和商业银行之间的金融关系归纳在表3-1中。

表3-1　金融市场中的资产负债关系

公众		商业银行		中央银行		政府	
资产	负债	资产	负债	资产	负债	资产	负债
通货					通货		
存款			存款				
国债		国债		国债			
		准备金			准备金		
		贷款					
				外汇储备			

二、存款创造机制

根据前面的介绍，我们知道金融体系的二级银行体系是货币创造的基础，但仅有这样的体系，中央银行还是不能够派生出更多的货币供给，要想使银行体系能够自动地创造货币，还必须有部分存款准备金制度。

狭义的货币供给是指硬币、纸币和活期存款的总和。硬币和纸币被称为通货（currency），而活期存款同通货一样随时可用来支付债务，因而也可以作为严格意义上的货币，而且是最重要的货币。因为货币供给量中的大部分是活期存款，同时通过活期存款的派生机制还会创造货币。所谓活期存款，是指不用事先通知就可随时提取的银行存款。虽然活期可随时提取，但很少会出现所有储户在同一时间里取走全部存款的现象。因此，银行可以把绝大部分存款用来从事贷款或购买短期债券等营利活动，只需要留下一部分存款作为应付提款需要的准备金就可以了。这种经常保留的供支付存款提取用的一定金额，称为存款准备金。在现代银行制度中，这种准备金在存款中起码应当占的比率是由政府（具体由中央银行代表）规定的。这一比率称为法定准备率。根据法定准备率提留的准备金是法定准备金（legal reserves）。法定准备金一部分是银行库存现金，以应付零星提款的需要；另一部分存放在中央银行的存款账户上。现在，银行的存款准备金大部分存入中央银行，只有少部分留存在自己的保险柜中。由于商业银行都想赚取尽可能多的利润，它们会把法定准备金以上的那部分存款贷放出去或用于短期债券投资。在现实生活中，银行出于安全考虑，或者根据资金运用情况，例如手边资金暂时没有适当的贷放对象或投资机会，对于所吸收的存款，除了法定必须的准备金以外，有时还自愿持有一定量超额准备金，超额准备金占吸收存款的比率称为超额准备金率。这种防止商业银行受到挤兑的威胁而采取的一种安全性措施就称为部分存款准备金制度。

有了二级银行体制和部分存款准备金制度，多倍存款创造过程就可以展开。正是这种以较小的比率的准备金来支持活期存款的能力，使得银行体系得以创造货币。下面举个例子来说明银行体系是如何创造货币的。

假定法定准备率为 10%，再假定银行客户会将其一切货币收入以活期存款形式存入银行。在这样情况下，甲客户将 100 万美元存入第一银行，银行系统就因此增加了 100 万美元的准备金，第一银行按法定准备率保留 10 万美元作为准备金存入中央银行。其余 90 万美元全部贷出，假定是借给一家公司乙，乙公司得到这笔从第一银行开来的支票又全部存入与自己有往来的第二银行，第二银行得到这 90 万美元支票存款后留下 9 万美元作为准备金存入中央银行，然后再贷放出 81 万美元，得到这笔贷款的丙厂商又会把它存入与自己有业务往来的第三银行，第三银行保留其中 8.1 万美元作准备金存入自己在中央银行的账户 L，然后再贷出 72.9 万美元。由此，不断存贷下去，各银行的活期存款总和是

$$100+90+81+72.9+\cdots$$

$$=100(1+0.9^1+0.9^2+0.9^3+\cdots+0.9^{n-1})$$

$$=\frac{100}{1-0.9}=1000 \text{ 万美元}$$

而贷款总和是

$$90+81+72.9+\cdots$$
$$=100(0.9+0.9^2+0.9^3+\cdots+0.9^n)=900 \text{ 万美元}$$

从以上例子可见,银行体系用100万美元的原始存款产生了1 000万美元的货币。存款总和(用 D 表示)同这笔原始存款(用 R 表示)及法定准备率(用 r_d 表示)之间的关系为:$D=\dfrac{R}{r_d}$。

上面例子中,这笔原始存款假定来自中央银行增加的一笔原始货币供给,则中央银行新增一笔原始货币供给将使活期存款总和(亦即货币供给量)将扩大为这笔新增原始货币供给量的 $\dfrac{1}{r_d}$ 倍。银行体系用1元货币所产生的货币供给量称为货币创造乘数(money multiplier)。我们用 mm 表示货币创造乘数,则有 $mm=\dfrac{1}{r_d}$。上述例子中的派生存款及贷款情况如表 3-2 所示。

表 3-2　银行存款的多倍派生存款

存款人	银行存款	银行贷款	存款准备金
甲	100	90	10
乙	90	81	9
丙	81	72.9	8.1
⋮	⋮	⋮	⋮
合计	1000	900	100

值得注意的是,尽管初始存款通过银行体系创造了货币,但是它并没有创造财富。银行体系基于各方的信用,创造了更多的货币供给。因此,银行体系创造了货币,增加了经济的流动性,但并没有增加实际的财富。

三、货币供给

从上面的分析可知,货币的供给不能只看到中央银行起初投放了多少货币,而必须更为重视派生存款或者说派生货币,即由于货币创造乘数作用而增加的货币供给量,而货币创造乘数的大小和法定准备率有关,法定存款准备率越大,乘数就越小。下面我们在货币创造机制的基础上,来说明部分准备金制度银行体系下的货币供给问题。在这里有几个重要的概念需要说明一下:基础货币、准备金—存款比率和通货—存款比率。

基础货币 B(monetary base),又称为高能货币 H(high-powered money),是公众以通货形式持有的货币 C(currency)和银行以准备金(法定或超额)形式持有的货币 R(reserve)的总量,它由中央银行直接控制。中央银行控制基础货币是决定货币供应量的主要途径。准备金-存款比率 rr(reserve-deposit ratio)是银行准备金在其持有的存款中的比例。通货-存款比率 cr(currency-deposit ratio)是人们持有的通货存量在其活期存款持有量中的比例。它反映了家庭持有货币形式的偏好。通货-存款比率的大小受到取得现金的成本的高低和取得现金便利与否的影响。取得的现金成本的成本越低,越便利,那么通货-存款比率就越小。

我们知道,货币供给 M 就是硬币、纸币和活期存款的总和,即

$$M = C_u + D \tag{3.12}$$

基础货币(高能货币)由通货加上准备金构成,即

$$B = C_u + R \tag{3.13}$$

那么根据货币创造乘数的定义,用式(3.12)除以式(3.13)就可以得到货币创造乘数 mm,即

$$mm = \frac{M}{B} = \frac{C_u + D}{C_u + R} \tag{3.14}$$

然后把式(3.14)中右边分子分母同时除以 D,得

$$mm = \frac{M}{B} = \frac{C_u/D + 1}{C_u/D + R/D} \tag{3.15}$$

根据上面的定义,C_u/D 是通货-存款比率 cr,R/D 是准备金-存款比率 rr。因此,用 cr 代替 C_u/D,rr 代替 R/D,代入式(3.15)中,可得

$$\frac{M}{B} = mm = \frac{cr + 1}{cr + rr} \tag{3.16}$$

式(3.16)说明货币乘数的大小,与通货-存款比率和准备金-存款比率的大小相关。通货-存款比率 cr 越小,货币创造乘数越大。准备金-存款比率 rr 越小,货币创造乘数越大。

把式(3.16)两边同乘以 B 可得

$$M = \frac{cr + 1}{cr + rr} B = mmB \tag{3.17}$$

由式(3.17)可知货币供给取决于通货-存款比率、准备金-存款比率和基础货币。正是基础货币对货币供给有乘数效应,所以基础货币又称为高能货币。

根据以上的分析,我们可以说明,基础货币、通货-存款比率、准备金-存款比率这三个变量是如何引起货币供给变动的。首先,货币供给与基础货币是同比例的,因此,基础货币增加引起货币供给按同样的百分比增加。其次,准备金-存款比率越低,银行作为准备金持有的基础货币越少,货币创造乘数越大,货币供给也越多。最后,通货-存款比率越低,公众作为通货持有的基础货币越小,货币创造乘数就越大,银行创造的货币也越多,货币供给也越多。总之,一国的货币供给是由本国的中央银行来控制的,但是它不能直接控制本国的货币供给。中央银行只能间接地控制或者改变基础货币,或者通过改变准备金-存款比率来控制货币供给。

这里必须指出:上述银行存款的多倍扩大的连锁反应也会发生相反的作用。例如,当客户甲从他的银行中取走 100 万元的存款时,第一银行必须支付 100 万元的现款,其中的 10 万可由原有的准备金抵消,但为了弥补其中的 90 万元,第一银行必须收回贷款 90 万元。这样,乙为了偿付这 90 万元,又必须从其银行取出存款 90 万元,如此类推。可以计算出整个银行体系缩小的存款总额为 1 000 万元。换言之,相反的连锁反应会使整个银行体系按乘数来缩小存款总额。此外还必须强调指出,这种多倍扩大或缩小,只有通过一国的整个的银行体系才能做到。

四、货币政策工具

中央银行通过控制货币供应量以及通过货币供应量来调节利率进而影响投资和整个经

济以达到一定经济目标的行为就是货币政策。货币政策要通过利率的变动来对总需求产生影响,因而是间接地发挥作用。各国运用货币政策工具的具体方式并不完全相同,但是在基本的原则上,却是大体一致的。主要有以下三种货币政策工具:再贴现率政策、公开市场业务和变动法定准备率。

1. 再贴现率政策(rediscount rate)

再贴现是中央银行对商业银行及其他金融机构的放款利率。中央银行作为最后贷款者,主要是为了协助商业银行及其他存款机构对存款备有足够的准备金。如果一家存款机构(主要指商业银行)的准备金临时感到不足,这时该银行就可用它持有的政府债券或合格的客户票据向中央银行的贴现窗口办理再贴现或申请借款。当这种贴现或借款增加时,它意味着商业银行准备金增加,进而引起货币供给量多倍增加;当这种贴现减少时,会引起货币供给量多倍减少。贴现率政策是中央银行通过变动给商业银行及其他存款机构的贷款利率来调节货币供应量。贴现率提高,商业银行向中央银行借款就会减少,准备金并从而货币供给量就会减少;贴现率降低,向中央银行借款就会增加,准备金并从而货币供给量就会增加。正因为贴现窗口主要用于满足银行临时准备金的不足,因此,目前变动贴现率在货币政策中的重要性和早先相比已大大减弱。此外再贴现率政策不是一个具有主动性的政策,因为,中央银行只能等待商业银行向它借款,而不能要求商业银行这样做。如果商业银行不向中央银行借款,那么,贴现率政策便无法执行了。

2. 公开市场业务(open-market operations)

公开市场业务是目前中央银行控制货币供给最重要也是最常用的工具。公开市场业务是指中央银行在金融市场上公开买卖政府债券以控制货币供给和利率的政策行为。政府债券是政府为筹措弥补财政赤字资金而发行支付利息的国库券或债券。中央银行买进债券就是向社会投放基础货币,从而增加货币供给。比如说,中央银行向某银行买进 10 万美元的债券,它只要通知那家已卖出证券的银行,说明准备金存账户上已增加 10 万美元就行了。因此,这就等于向社会投放了 10 万元的基础货币。在公开市场业务中,中央银行可及时地按照一定规模买卖政府证券,从而比较易于准确地控制银行体系的准备金,中央银行可以根据自己意愿增加或减少货币供应量。因此成为中央银行控制货币供给最主要的手段。

3. 变动法定准备金率(reserve-ratio requirements)

中央银行可以通过调整商业银行和其他存款机构的法定准备金率,来调节货币供给。如果中央银行要增加货币供给,就可以降低法定准备金率,从而使货币创造乘数变大,增加货币供给。降低法定准备金率,实际上等于增加了银行准备金,而提高法定准备金率,就等于减少了银行准备金。变动法定准备金率是中央银行调整货币供给最简单的办法,然而中央银行一般不愿轻易使用变动法定准备金率这一手段。这是因为变动法定准备金率的作用十分猛烈,一旦准备金率变动,所有银行的信用都必须扩张或收缩。因此,这一政策手段很少使用,一般几年才改变一次准备率。

货币政策除了以上三种主要工具,还有一些其他工具,如消费者信用控制、直接信用控制和间接信用指导。消费者信用控制是指中央银行对不动产以外的各种耐用消费品的销售融资进行控制,包括规定分期付款消费时的首付比例、规定信贷消费的最长时限、规定信贷消费品的种类与信贷条件。直接信用控制是指中央银行以行政命令或其他方式,直接对金融机构尤其是商业银行的信用活动进行控制。间接信用指导是指中央银行通过道义劝告、窗口指导等办法来间接影响商业银行等金融机构行为的做法。所谓道义劝告(moral suasion)是指中央银行运用自己在金融体系中的特殊地位和威望，通过对银行及其他金融机构的劝告，影响其贷款和投资方向，以达到控制信用的目的。例如，在衰退时期，鼓励银行扩大贷款；在通货膨胀时期，劝阻银行不要任意扩大信用。窗口指导是指中央银行规定商业银行每季度贷款的增减额，并要求其执行。

中央银行可以通过系列的货币政策工具来影响货币供给，但是这并不意味着它可以精确地控制整个经济中的货币供给量。在一个部分准备金银行制度中，经济中的货币量还部分地取决于公众和银行的行为。中央银行不能控制和准确地预测这些行为，因此它就不能完全地控制货币供给。

第四节　货币市场的均衡

在上两节中，我们讨论了货币需求和货币供给的有关理论，在本节中我们把这两个方面结合在一起，来考察整个货币市场的均衡。

由第二节凯恩斯的货币需求理论我们知道，货币需求函数为

$$L = L_1 + L_2 = L_1(y) + L_2(r) = ky - hr$$

式中，L 表示货币的实际需求，k、h 分别表示货币需求对收入水平与利率的敏感程度。

货币供给有狭义和广义之分。狭义的货币供给是指硬币、纸币和银行活期存款的总和，即我们在前一节所讨论的货币，一般用 M 或 M_1 来表示。在狭义的货币供给上加上定期存款，便是广义的货币供给，一般用 M_2 表示；再加上个人和企业所持有的政府债券等流动资产或"货币近似物"，便是意义更广泛的货币供给，一般用 M_3 表示。下面所讲的货币供给指 M_1 的供给。西方经济学家认为，货币供给量是由中央银行控制的，由国家用货币政策来调节，因而是一个外生变量。用 M、P 分别表示名义的货币供给量(外生给定的)和物价水平，那么实际的货币供应量 $m = M/P$。因此，在 $r - L(m)$ 空间里，货币供给曲线是一条垂直于横轴的直线，如图 3-3 中的 m 直线。

在商品市场上价格调节着市场的供需，在货币市场上利率起到与价格相同的作用。在图 3-3 中货币供给曲线 m 与货币需求曲线 L 相交于 E 点。在 E 点货币供给等于货币需求时，货币市场达到均衡，同时也决定了均衡的利率水平 r。

如果在货币市场上，利率高于均衡利率 $r^1 > r$，实际货币供给量大于货币的需求量，持有超额货币的人会努力把他们手中的货币转换为有利息的银行存款或是有价证券，那些银行和证券的发行者对这种超额货币供给的反映就是降低他们所提供的利率。这种情形一直要持续到货币供求相等为止，利率也会回到原来的均衡水平。相反，如果利率低于均衡水平 $r^2 < r$，货币需求量超过供给量，人们感觉手中持有的货币太少，则会出卖所持有的有价证券或到银行提款而得到货币。为了吸引零散的资金，银行和证券发行者的就会提高它们所支付的利率。这种情形也要持续到货币供求相等为止。利率又会回到原来的均衡水平。只有当货币供求相等时，利率才不再变动，稳定在均衡水平 r 上。由此可见，货币市场具有自动调节的均衡机制。

货币需求曲线和供给曲线会变动。两条曲线的移动会影响均衡利率的变动。例如人们对货币的交易需求或投机需求增加时,货币需求曲线就会向右上方移动;当政府增加货币供给时,货币供给曲线则会向右移动。在图 3-4 中,货币供给不变,货币需求曲线向右移动,则均衡利率由 r 上升到 r^1;若货币需求曲线不动,货币供给曲线向右移动,则均衡利率由 r 下降到 r^2;若两条曲线同时移动,则均衡利率就会受二者的共同影响,在移动后的需求曲线和供给曲线的交点上达到均衡。

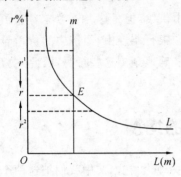 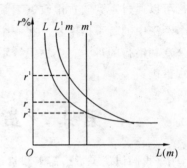

图 3-3　货币市场的均衡　　　　图 3-4　货币需求和货币供给的曲线的移动

当利率降到一定水平时,比如 1‰时,货币需求曲线接近于水平状态,这就是凯恩斯所说的流动偏好陷阱。这时,不管货币供给曲线如何向右移动即不管政府增加多少货币供给,都不可能再使利息率下降。

■ 教学案例

温家宝主持召开国务院常务会议研究部署进一步扩大内需促进经济平稳较快增长的措施

国务院总理温家宝 5 日主持召开国务院常务会议,研究部署进一步扩大内需促进经济平稳较快增长的措施。

会议认为,近两个月来,世界经济金融危机日趋严峻,为抵御国际经济环境对我国的不利影响,必须采取灵活审慎的宏观经济政策,以应对复杂多变的形势。当前要实行积极的财政政策和适度宽松的货币政策,出台更加有力的扩大国内需求措施,加快民生工程、基础设施、生态环境建设和灾后重建,提高城乡居民特别是低收入群体的收入水平,促进经济平稳较快增长。

会议确定了当前进一步扩大内需、促进经济增长的十项措施。

一是加快建设保障性安居工程。加大对廉租住房建设支持力度,加快棚户区改造,实施游牧民定居工程,扩大农村危房改造试点。

二是加快农村基础设施建设。加大农村沼气、饮水安全工程和农村公路建设力度,完善农村电网,加快南水北调等重大水利工程建设和病险水库除险加固,加强大型灌区节水改造。加大扶贫开发力度。

三是加快铁路、公路和机场等重大基础设施建设。重点建设一批客运专线、煤运通道项目和西部干线铁路,完善高速公路网,安排中西部干线机场和支线机场建设,加快城市电网改造。

四是加快医疗卫生、文化教育事业发展。加强基层医疗卫生服务体系建设,加快中西部农村初中校舍改造,推进中西部地区特殊教育学校和乡镇综合文化站建设。

五是加强生态环境建设。加快城镇污水、垃圾处理设施建设和重点流域水污染防治,加强重点防护林和天然林资源保护工程建设,支持重点节能减排工程建设。

六是加快自主创新和结构调整。支持高技术产业化建设和产业技术进步,支持服务业发展。

七是加快地震灾区灾后重建各项工作。

八是提高城乡居民收入。提高明年粮食最低收购价格,提高农资综合直补、良种补贴、农机具补贴等标准,增加农民收入。提高低收入群体等社保对象待遇水平,增加城市和农村低保补助,继续提高企业退休人员基本养老金水平和优抚对象生活补助标准。

九是在全国所有地区、所有行业全面实施增值税转型改革,鼓励企业技术改造,减轻企业负担1 200亿元。

十是加大金融对经济增长的支持力度。取消对商业银行的信贷规模限制,合理扩大信贷规模,加大对重点工程、"三农"、中小企业和技术改造、兼并重组的信贷支持,有针对性地培育和巩固消费信贷增长点。

案例讨论:

试分析上述方案中哪些属于财政政策,哪些属于货币政策,采用的是哪种政策工具。

■ **关键概念**

政府购买	government purchase
政府转移支付	transfer payment
货币需求	demand for money
流动陷阱	liquidity trap
流动偏好	liquidity preference
交易方程	equation of exchange
货币资产组合理论	portfolio theories
法定准备金	legal reserves
通货	currency
基础货币	monetary base
货币创造乘数	money multiplier
高能货币	high-powered money
再贴现率	rediscount rate
道义劝告	moral suasion
公开市场业务	open-market operatins
货币政策工具	instrument of monetary policy

■ **复习思考**

1.简述政府的财政政策主要有哪些工具。

2.货币需求主要有哪些理论?试简述其内容。

3.简述货币创造的机制,并举例说明。

4.什么是货币创造乘数?它有哪些影响因素?说明它们是如何影响货币供给量的。

5.政府主要有哪些货币政策工具？它们能使政府准确地控制经济中的货币供应量吗？试说明理由。

6.货币市场是如何实现其自动均衡的？说明货币需求曲线和供给曲线的移动对货币市场均衡的影响。

■ **单元实训**

1.假定法定准备金率是0.12,没有超额准备金率,对现金的需求是1 000亿美元。

(1)假定总准备金是400亿美元,货币供给是多少？

(2)若中央银行把准备金率提高到0.2,货币供给变动多少？（假定总准备金仍是400亿美元）

(3)中央银行买进10亿美元政府债券（法定准备金率仍是0.12）,货币供给变动多少？

第四章 简单国民收入决定模型

课前导读

从《蜜蜂的寓言》看"节俭悖论"

18世纪,荷兰的曼德维尔博士在《蜜蜂的寓言》一书中讲过一个有趣的故事。一群蜜蜂为了追求豪华的生活,大肆挥霍,结果这个蜂群很快兴旺发达起来。而后来,由于这群蜜蜂改变了习惯,放弃了奢侈的生活,崇尚节俭,结果却导致了整个蜜蜂社会的衰败。

蜜蜂的故事说的是"节俭的逻辑",在经济学上叫"节俭悖论"。众所周知,节俭是一种美德,既然是美德,为什么还会产生这个悖论呢?

宏观经济学的创始人凯恩斯对此给出了让人们信服的经济学解释,他认为从微观上分析,某个家庭勤俭持家、减少浪费、增加储蓄,往往可以致富;但从宏观上分析,节俭对于经济增长并没有什么好处:公众节俭→社会总消费支出下降→社会商品总销量下降→厂商生产规模缩小,失业人口上升→国民收入下降、居民个人可支配收入下降→社会总消费支出下降……1931年1月他在广播中断言,节俭将促成贫困的"恶性循环",他还说"如果你们储蓄五先令,将会使一个人失业一天"。凯恩斯的解释后来发展成为凯恩斯定理,即需求会创造自己的供给,一个国家在一定条件下,可以通过刺激消费、拉动总需求来达到促进经济发展和提高国民收入的目的。

本章将基于凯恩斯主义说明一个国家的生产或收入如何决定,为此作假设:不论需求量是多少,经济制度均能以不变的价格供应该需求。换句话说,社会总需求的变动只会引起产量和收入变动,使得供求均衡,而不会导致价格的变动。究其原因是凯恩斯写作《就业、利息和通货理论》时的大背景是1929—1933年的大萧条,工人大批失业,资源大量闲置。这种情况下,总需求的增加只会使闲置的资源得到利用、失业的工人逐步找到工作,不会使资源价格、工资上升,进而产品成本和价格基本可以保持不变,这就是所谓的凯恩斯定律。不过现在对这种"价格刚性"的解释是:短期里当需求变动时,尽管会改变产量,但厂商因为菜单成本等原因不愿意改变价格和工资。

一、计划支出曲线

经济社会中实际支出是指已经实现了的支出;而意愿支出是指当事人想要的支出或计

划支出;非意愿支出是指当事人不想要的而又不得不进行的支出。故而实际支出等于意愿支出与非意愿支出之和。显然,实际支出中的意愿支出一定等于需求。凯恩斯将社会总意愿支出定义为四个部分,即消费、计划投资、政府购买和国际贸易的净出口。

(1) 消费:家庭在商品和服务上的支出,比如食品、服装、交通等。意愿消费和国民收入核算支出法中的实际消费(C)是相等的。

(2) 政府购买:中央及地方各级政府在商品和服务上的支出,比如公务人员工资、国防、基础性科研投入等。政府购买与国民收入核算支出法中实际政府购买(G)是一致的。

(3) 净出口:外国企业、家庭在国内生产的产品和服务上的支出减去国内企业、家庭在境外生产的商品和服务上的支出。净出口与国民收入核算支出法中实际净出口($NX=X-M$)是一致的。

(4) 计划投资:企业对资本品的计划支出,比如存货、办公场所和机械设备以及家庭对住房的需求,即

$$计划投资=实际投资-非意愿投资=I-非计划存货投资$$

因此,用公式表述上述关系为

$$总支出=消费+计划投资+政府购买+净出口$$

或者表示为

$$AE=C+I+G+NX \tag{4.1}$$

上述分类总支出组成部分中的投资,是计划投资而不是实际投资支出。在国民收入核算章节中,已经明确存货的定义:已经生产但未出售的产品。对于一般资本品,企业基于自身对未来经济前景的考虑来决定是否形成支出,所以这一部分是意愿的投资,也即计划投资。而对于自身的产品,可能出现两种情况:一部分销售出去,另一部分没有销售出去。未销售的产品可能一方面是因为企业生产计划的调整安排提供给下一期或几期销售,也即是计划存货投资;另一方面就是被动的存货增加,本来期望全部售出但因为各方面原因而没有能够售出,也即是非计划存货投资。

就整个经济而言,当发生计划外的存货增加时,可以说实际的投资大于计划的投资支出;反之,发生计划外的存货减少时,实际的投资支出小于计划的投资支出。因此,不存在计划外的存货变化时,实际的投资支出就等于计划的投资支出。

因为在短期中计划的投资、政府购买和出口相对于产出来说是固定的,但计划的消费和进口并不是固定的,而是取决于产出水平,所以总支出曲线如图4-1所示。

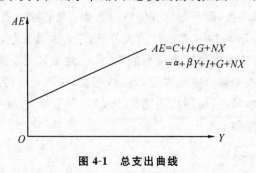

图4-1 总支出曲线

二、均衡产出

宏观经济均衡与微观经济均衡是类似的。在微观经济学中,某个产品市场的均衡在于市场需求和市场供应达到一致。当实现这个均衡时,企业的生产和销售行为就稳定下来,除非有额外力量打破这个平衡。

对经济社会整体而言,宏观经济均衡在总支出等于总产出时得到实现,即

$$总支出 = GDP$$

对于这种关系,在几何上我们构造一个二维图,横轴是产出水平,纵轴是支出水平。在图形中画一条 45°线,也有人认为该种分析是基于凯恩斯的分析方法,所以称该线为凯恩斯交叉线。在 45°线上的任何一点到横轴和纵轴的距离都相等,即是计划总支出等于产出水平,也即是均衡水平的集合;而在 45°线之下,计划总支出小于产出水平;而在 45°线之上,计划总支出大于产出水平。

为了分析均衡产出水平如何确定的,在该二维图形中引入反映意愿支出的曲线——计划支出曲线,如图 4-2 所示。

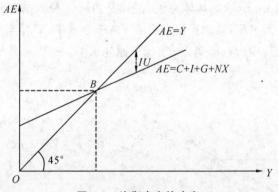

图 4-2 均衡产出的决定

当总支出水平中的各个部分是具体的、确定的时候,如计划消费支出、投资支出、政府购买和对外净出口处于某一具体的水平时,总支出水平就是确定的,计划支出曲线也是确定的。此时它和 45°线的交点 B 就是均衡的产出水平。

当总支出水平从 B 点开始沿着 AE 曲线向右上方移动时,计划的总支出小于总产出(或总供给、国民收入),即产品供大于求,非意愿存货投资增加(图中用 IU 表示),厂商就会缩减生产,国民收入将减少;而当总支出从 B 点开始沿着 AE 曲线向左下方移动时,计划的总支出大于总产出(或总供给、国民收入),即产品供小于求,非意愿存货投资减少,厂商就会扩大生产,国民收入将增加;只有当社会总需求恰好等于国民收入(总供给)即在 B 点处时,社会生产才既不缩小,也不扩大,国民收入才处于均衡状态。

三、均衡产出的变动

均衡产出的水平取决于总支出的水平,总支出的任何改变都会带来均衡产出的变动,所以影响总支出的因素也就会影响均衡产出水平。下面分两种情况来看。

(1) 如图 4-3 所示,当总支出构成部分中自发支出的任何变化导致的总支出增加时,例

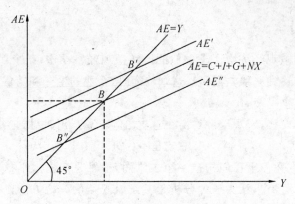

图 4-3 均衡支出的变动 1

如消费支出的增加、政府购买的增加等,在图形上表现为总支出曲线向上移动至 AE',均衡产出为 B' 点;当总支出减少时,例如消费支出的减少、投资支出的减少等,在图形上表现为总支出曲线向下移动至 AE'',均衡产出为 B'' 点。

(2)当边际消费倾向变化时,或者边际进口倾向改变时,计划支出曲线在几何图形上表现为斜率的改变,如图 4-4 所示。具体来说,假如是边际消费倾向变化,当它变大时如增加为 β',则计划支出曲线为 AE',均衡产出变为 B',高于原水平;同样当它变小时如减小为 β'',则计划支出曲线为 AE'',均衡产出变为 B'',低于原先水平。

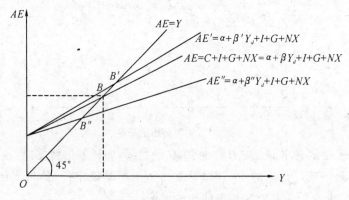

图 4-4 均衡支出的变动 2

无论是计划支出曲线在几何上表现为平行移动还是旋转,均衡产出变化的方向是和自发支出或边际消费倾向变动方向是一致的。至于变动大小之间的关系,以及这里没有具体说明的边际进口倾向的影响均在乘数论部分给予详细说明。

四、乘数论

一般来说,当自发支出增加时,总支出也就增加了,从而均衡产出和实际 GDP 也就增加了。但是,一定量自发的总需求的增加会使均衡产出或实际 GDP 增加多少,也即自发总支出增加量与均衡产出增加量之间的数量关系如何,这正是乘数原理所要探讨的内容。

当自发支出增加时,计划的总支出大于实际 GDP 结果存货减少。企业的反应是增加生产以使存货恢复到先前水平。随着生产增加,实际 GDP 也增加。在更高的实际 GDP 水平时,引致支出增加了。因此,均衡支出增加为最初自发支出增加与引致支出增加之和。

与自发支出增加的分析思路一样。自发支出减少时,计划的总支出小于实际 GDP,存货增加,企业会减少生产使存货恢复到先前水平。随着生产下降,实际 GDP 也减少。更低的实际 GDP 水平时,引致支出也减少。故此,均衡支出减少量为最初自发支出减少与引致支出减少量之和。

为了阐释乘数的作用机制,现在假设一个只有消费者和企业的两个部门经济体。消费者部门的支出是基于其上一期的收入而言的,所以建立模型是

$$C_t = \alpha + \beta Y_{dt-1} = \alpha + \beta Y_{t-1} \qquad (4.2)$$

而产出核算则是

$$Y_t = AE_t = C_t + I_t \qquad (4.3)$$

将式(4.2)代入式(4.3),有

$$Y_t = AE_t = \alpha + \beta Y_{t-1} + I_t \qquad (4.4)$$

现在假定企业部门在第一期增加额外投资为 ΔI,所以第一期总需求增加了 ΔI,产出增加量为 ΔI。这一变动对第二期的影响是:因为产出增加 ΔI,所以第二期消费增加 $\beta\Delta I$,这样产出在本期增加 $\beta\Delta I$;第三期在第二期改变的基础上消费增加 $\beta^2\Delta I$,产出作同样的增加,……如此不停止的影响,所有累计的增加是

$$\Delta AE = \Delta I + \beta\Delta I + \beta^2\Delta I + \beta^3\Delta I + \cdots = \Delta I(1 + \beta + \beta^2 + \beta^3 + \cdots) = \frac{1}{1-\beta}\Delta I \qquad (4.5)$$

企业部门投资减少的分析过程一样,所不同的是求累计的所有周期的产出减少量,数值上和式(4.5)一致。

五、简单国民收入决定模型中的政府财政政策

在第二章中已经详细阐述了各种财政政策,接下来分析各种具体的财政政策的实施对均衡产出的影响效果,也即讨论各种财政政策的乘数大小。

(一)乘数计算的准备

既然乘数是决定自发支出所引起的均衡支出变动量的自发支出变动的倍数。所以计算乘数的方法是,使用均衡支出变动量除以自发支出变动量,因此最为关键的是找到这两个变动量的值。我们知道,对于一般意义的经济社会有四种部门,即消费者、企业、政府以及国外经济社会,所以有

$$Y = AE = C + I + G + NX \qquad (4.6)$$

$$C = \alpha + \beta Y_d = \alpha + \beta(Y - T + TR) = \alpha + \beta(Y - T_0 - tY + TR) \qquad (4.7)$$

$$NX = X - M = X - M_0 - \gamma Y \qquad (4.8)$$

式中,T_0、t、TR 分别是定量税、边际税率、政府转移支付;M_0、γ 分别是自发性进口、边际进口倾向。将式(4.7)、式(4.8)代入式(4.6),化简变形后有

$$Y = \frac{1}{1 - \beta(1-t) + \gamma}(\alpha + I + G - \beta T_0 + \beta TR + X - M_0) \qquad (4.9)$$

基于式(4.9)可以得到自发支出改变对产出的影响 ΔY,也就可以计算出乘数。

（二）各种财政政策的乘数

（1）政府购买乘数：每增加一单位政府购买支出所增加的收入量。公式为

$$K_G = \frac{\Delta Y}{\Delta G} = \frac{1}{1 - \beta(1-t) + \gamma} \tag{4.10}$$

（2）税收乘数：每增加一单位税收所减少的收入量。税收的乘数有两种情况：一种是税率的变动对总收入的影响，另一种是税收绝对量变动对总收入的影响，即定量税对总收入的影响，这里只说明后者。公式为

$$K_{T_0} = \frac{\Delta Y}{\Delta T} = \frac{-\beta}{1 - \beta(1-t) + \gamma} \tag{4.11}$$

可以发现，税收乘数与政府购买乘数相比，不仅符号相反，而且绝对值也不同：税收乘数的绝对值小于政府购买乘数的绝对值。究其原因是因为，政府购买的增加量直接就是支出的增加量，而税收的减少量并不直接等于支出的增加量：其中的一部分作为储蓄在收入的增加过程中"漏出"了，没有发挥增加收入的作用。例如，政府增加购买 ΔG，总需求就直接增加 ΔG。如果边际消费倾向为 β，那么在定量税收条件下，从最初的政府购买增量 ΔG 中产生的一系列收入增量为：ΔG、$\beta\Delta G$、$\beta^2 \Delta G \cdots \beta^{n-1}\Delta G \cdots$。

如果政府税收减少 ΔT，个人可支配收入就直接增加 ΔT。个人把新增加的可支配收入分成两部分：一部分即 $(1-\beta)\Delta T$ 作为储蓄，另一部分即 $\beta\Delta T$ 用于消费。因此，政府税收减少 ΔT 直接引起的总需求增加量为 $\beta\Delta T$。这样，从最初的税收减少量 ΔT 中产生的一系列收入增量为：$\beta\Delta T$、$\beta^2 \Delta T$、$\beta^3 \Delta T \cdots \beta^n \Delta T \cdots$。

如果 ΔG 与 ΔT 的绝对值相等，政府购买增加 ΔG 所引起的每一轮收入增加量都大于税收减少 ΔT 所产生的每一轮收入增加量，因此，政府购买乘数的绝对值必然大于税收乘数的绝对值。

（3）平衡预算乘数：当政府同时等量地增加购买与税收时，每增加一单位购买或税收所增加的收入量称为平衡预算乘数。公式为

$$K_B = \frac{\Delta Y}{\Delta G} = \frac{1 - \beta}{1 - \beta(1-t) + \gamma} \tag{4.12}$$

（4）政府转移支付乘数：政府每增加一单位转移支付所增加的收入量。公式为

$$K_{TR} = \frac{\Delta Y}{\Delta TR} = \frac{\beta}{1 - \beta(1-t) + \gamma} \tag{4.13}$$

政府转移支付乘数与政府购买乘数都大于零，表明政府转移支付与政府购买对收入的作用方向相同。但政府转移支付乘数小于政府购买乘数。其中的原因同于税收乘数的绝对值小于政府购买乘数的绝对值的原因，这里不再赘述。

政府转移支付乘数与税收乘数相比较，两者符号相反，表明对收入的作用方向相反；但绝对值相同，表明对收入的作用力度相同。

（三）其他常见乘数

（1）投资乘数：每增加一单位投资所增加的国民收入量，它等于收入的变动量与投资的变动量之比。投资乘数公式及其推导为

$$K_I = \frac{\Delta Y}{\Delta I} = \frac{1}{1 - \beta(1-t) + \gamma} \tag{4.14}$$

（2）出口乘数：每增加一单位出口所增加的收入量，等于国民收入的变动量与出口的变动量之比。公式为

$$K_X = \frac{\Delta Y}{\Delta X} = \frac{1}{1 - \beta(1-t) + \gamma} \tag{4.15}$$

（3）进口乘数：每增加一单位进口所减少的收入量，等于国民收入的变动量与进口的变动量之比。公式为

$$K_M = \frac{\Delta Y}{\Delta M_0} = \frac{-1}{1 - \beta(1-t) + \gamma} \tag{4.16}$$

乘数的作用是不可否认的，但乘数原理发生作用是需要有一定条件的：乘数效应以社会存在足够的闲置资源为前提。

需求增加的结果不外乎两个：一是价格水平的上升，二是供给或收入的增加。只有当经济因需求不足而存在大量的闲置资源时，需求的增加才有可能不提高价格水平，而全部作用于收入的增加，乘数效应才得以充分发挥。如果经济已经实现了充分就业，社会没有闲置资源。此时，需求的增加只提高价格，不会增加供给，即没有乘数效应。可见，乘数理论仅仅适用于由需求不足导致的萧条经济。

■ **教学案例**

"奥运经济"与"世界杯经济"

2001年7月13日，在国际奥委会莫斯科第112次全会上，经过激烈角逐，北京以压倒性的56票，当选为2008年第29届奥运会的举办城市。这是世界人口最多的中国，首次获得奥运会的主办权；这也是中国在新世纪创造的第一个辉煌。获悉申奥胜利后，中国举国欢腾。

申奥成功，无疑会对中国经济注入一股新的活力。与我国加入WTO相呼应，中国投资和消费市场的潜力将进一步释放，对国际资本产生更大的吸引力，带动外商企业对中国投资形成新的热潮。从申奥成功到兴办奥运的七年间，从直接受益的体育、建筑、环保、交通、旅游到间接受益的信息、保险、银行、股市，几乎每一个行业都会迎来奥运大潮所带来的好运。真可谓商机无限。

在中国，从政府官员到企业家，从经济学家到普通百姓，人们无不为举办奥运将会推动中国经济发展而感到欢欣鼓舞。国家统计局的有关负责人指出，北京奥运会将在今后7年内拉动中国经济每年增长0.3到0.4个百分点，使北京的GDP增长率提高2到4个百分点，并将增加200多万个就业岗位。国外有关权威机构也大胆预言，从2002年到2008年，中国本来就已经不慢的增长速度将会额外增加0.5%，中国的经济发展在这7年间又将大大提速。

……

2002年5月31日到6月30日，第十七届世界足球锦标赛由韩国和日本联合举办。世界杯足球赛被认为是足以和奥林匹克相媲美的体育经济的盛典。韩日两国都对本届世界杯将带来的经济效益有很高的期望。

在开赛之前，韩国总统金大中表示，韩国将借世界杯提高国家形象并吸引外国投资，力

争把此次世界杯办成一次"经济世界杯"。他说,要向 35 万世界杯游客和 600 亿人次的世界杯电视观众广为宣传韩国经济和商品形象,借此机会吸引外国企业投资,搞活经济。韩国开发研究院所做的预测认为:世界杯期间访问韩国的外国游客将达到 40 万人,将引发生产效益 11.5 兆韩元(1 美元约合 1 250 韩元),创造附加价值 5.3 兆韩元,增加就业岗位 35 万个。

日本有关经济研究机构在赛前发表的预测认为,整个大赛给日本带来的直接和间接的经济效果将达到 3.6 万亿日元,可以把日本的 GDP 向上推动 0.3%。预测还说,世界杯一个月期间能够直接产生经济效益 3 000 亿日元以上。比赛尚未结束,有的研究机构认为,直接经济效益比预测的还要好,据粗略估计直接经济效益将达到 4 000 亿~4 500 亿日元。

那么,世界杯究竟给韩日两国留下了什么?

赛后,据韩国一家研究机构估计,此次世界杯给韩国带来的直接和间接经济效益将达到 26 兆韩元(约合 220 亿美元)。有报道称,世界杯给韩国带来的直接经济效果并未达到韩国人期待的水平,但是世界杯给韩国带来的间接经济效果却是无法估量的。由于韩国队进入四强,使韩国的国家形象以及韩国有关企业的知名度都大大提高,这种效果对吸引外资和增加出口都大有好处。据韩国现代经济研究院的调查显示,在世界杯期间,作为杯赛正式赞助商,"现代汽车"在日本的知名度由原来的 32% 大幅提高到 67%。而大韩贸易振兴公社的统计则表明,随着韩国队在世界杯上刮起旋风,韩国汽车在世界各主要市场的销售量也呈直线上升趋势。世界杯期间,作为 IT 强国的形象,韩国被世界媒体广泛介绍,这有益于今后韩国信息产业开拓海外市场。而韩国国家形象的提高也使外国投资者对韩国更加关注。据悉,在世界杯期间,韩国中央政府以及地方政府共邀请了近 250 名世界各国的知名企业家来韩观看比赛并进行投资环境考察,大大改善了这些企业家对韩国的理解和认识。韩国产业资源部的有关人士称,相信此次世界杯的成功举办将会使外商对韩投资跃上新的台阶。

作为主办国之一的日本盘点自己在经济上的得失,结论却不容乐观。从经济得失看,日本组委会收支有余,盈利已成定局,但主要得益于日元贬值。旅馆住宿方面的收益却大打折扣,主要原因有二:一是国际足联组委会把门票包给英国一家公司,该公司串通欧美国家的旅游公司,大量预定旅馆床位,而事到临头又大量毁约,使一批主要饭店的住客率从 80%~90% 下降为不足 60%;二是一些世界强队,比赛失利,球队提前撤走,而本来预定来日声援的球迷取消来日。世界杯对于日本的饭店来说变成了一场恶梦。交通运输也是如此,大量的电车、大巴士为了迅速运送大量在场馆之间移动的观众,一直处于随时可以发车的待发状态,然而直到闭幕,有些电车和大巴士根本就未开动。从消费市场上看,可以说是有人欢乐有人愁。如在场馆附近的或有外国球迷聚集的饭店、餐馆或其附近专营酒水、饮料的商店,卖到扫光库存,香槟、啤酒等脱销;而在比赛期间,平时车水马龙的商店街变得烛光昏暗人稀少,整天卖不出一份货。日本著名经济评论家渡边茂雄指出,从世界杯期间日经平均指数的走势看,举办世界杯对日本经济的并没有起到刺激作用。

(资料来源:侯书森、邱卫东.举办奥运意味着什么——影响社会生活与中国经济的 16 个方面.北京:中国商业出版社,2001.9.)

案例讨论:

你认为 2008 年北京奥运会对中国经济产生了哪些影响?

■ **关键概念**

计划支出曲线	planned expenditure curve
自发支出	autonomous expenditure
乘数	multiplier
投资乘数	investment multiplier
政府购买乘数	government purchases multiplier
税收乘数	tax multiplier
平衡预算乘数	balanced budget multiplier

■ **复习思考**

1. 凯恩斯国民收入决定理论的假定条件是什么？

2. 乘数原理的作用条件是什么？

3. 在均衡产出水平上,是否计划存货投资和非计划存货投资都必然为零？

4. 试在一张图上画出用消费函数和储蓄函数决定同一均衡收入的两种方法。

■ **单元实训**

1. 假定某经济社会的消费函数为 $C=100+0.8Y$,意愿投资 $I=50$（单位：十亿美元）。

(1) 求均衡收入、消费和储蓄。

(2) 如果当时实际产出为 800,试求企业非自愿存货积累为多少。

(3) 若投资增至 100,试求增加的收入。

(4) 若消费函数变为 $C=100+0.9Y$,意愿投资仍为 50,均衡收入、消费、储蓄各为多少？投资增至 100 时收入增加多少？

(5) 消费函数变化后,乘数有何变化？

2. 假定某经济社会的消费函数为 $C=100+0.8Y_d$,意愿投资 $I=50$,政府购买支出 $G=200$,政府转移支付 $TR=62.5$（单位：亿美元）,税率 $t=0.25$,求：

(1) 均衡收入。

(2) 投资乘数、政府购买乘数、税收乘数及转移支付乘数。

(3) 假定该社会达到充分就业所需要的国民收入为 1 200,试问：① 用增加政府购买；② 或减少税收；③ 或增加政府购买和税收同一数额以实现充分就业,各需要多少数额？

第五章 | *IS - LM* 模型

课前导读

扩张性宏观政策无益

产能过剩是一个问题,但是如何选择正确的宏观政策是更重要的问题。政策不对,不但不能解决产能过剩的问题,而且可能会导致更严重的产能过剩。产能过剩并非必然导致通货紧缩、经济下滑,理由是产能不等于产量。比如,100 t 的产能,完全可以只产出 50 t 的产量。控产能过剩的关键是控制生产要素的投入。

产能过剩将导致通货紧缩,使恢复积极的财政政策和宽松的货币政策的呼声很高。这可能是 2006 年 M2 增长超过年初拟订目标的原因之一。2006 年的货币政策也拟订了较宽松的目标。

如果为了防止过剩产能可能带来的通货紧缩而加大政府投资,放松银行贷款的控制,进一步调动地方政府的投资冲动,那么不但不能解决产能过剩的问题,而且可能推动过剩产能的过度释放,产生更严重的产能过剩,引发经济的衰退。

据报道,许多地方政府的"十一五"规划中大规模项目投资仍然是重点。过剩产能的问题是这一轮过度投资带来的后果。原因是投融资体制、地方政府追求 GDP 增长的业绩考评机制、银行依赖存贷利差的经营模式等问题改革滞后,使得一些产业过度投资,低水平重复建设,从而导致生产过剩。

如果不严格控制地方政府继续追求 GDP 增长的短期行为,反而在政策上和资金上给予鼓励和支持,那么只会使产能过剩的问题变得更加严重。因此,在目前的经济环境和体制下,加大的政府投资和过于宽松的货币政策不是解决产能过剩问题的良策妙方。

在目前的体制下,要解决这个问题,市场化的体制改革是根本。正确的财政政策和货币政策是防止产能过剩在短期内恶化进而导致经济严重下滑的重要手段。

财政政策要保持稳健,特别要做好两点:一是在那些容易制造政绩的行业,在那些已经产生巨大过剩产能的行业,严格控制以各种名目改头换面的项目投资;二是要严格控制利用"十一五"规划关于加强农村基础设施建设的规划,变相大上或快上无益于改善农村的工程。

扩张的财政政策是应对投资不足的,而我们经济中的问题是过度投资。财政政策切不可再助其一臂之力,若火上浇油则会一发不可收拾。货币政策应该更多地从宏观层面适当控制货币总量,更多地利用利率工具,用市场化的方法进行积极的信贷总量调控,控制新增产能,避免产能的过度释放。

启动内需和农村消费是吸收过剩产能的途径,但不能为了解决产能过剩而实施一些强行消费的政策。刺激消费还是要从增加收入、完善社会保障体系入手。政策资源应该大力支持产能不足或层次不高的服务业和中小企业发展,创造更多的就业机会,保证经济的平稳快速增长。

(资料来源:《财经时报》2006 年 02 月 11 日。)

第四章考察了简单国民收入决定模型,本章将介绍宏观经济学中最主要的模型之一:*IS-LM* 模型。它是产品市场和货币市场实现同时均衡的模型,也是总需求理论的核心和总需求管理政策的依据。

IS-LM 模型,是由英国现代著名的经济学家约翰・希克斯(John Richard Hicks)和美国凯恩斯学派的创始人汉森(Alvin Hansen),在解释凯恩斯理论过程中发展起来的一种经济分析方法,即"希克斯-汉森模型",也称"希克斯-汉森综合"或"希克斯-汉森图形"。

本章首先介绍 *IS-LM* 模型,然后利用这一模型分析宏观经济政策的效果,最后对凯恩斯的宏观经济学作概括和总结。

第一节　产品市场的均衡与 *IS* 曲线

IS 曲线代表的含义是投资等于储蓄,它表示产品市场的均衡,即产品市场上总供给和总需求相等的状态。

一、*IS* 曲线的推导

所谓产品市场的均衡,是指产品市场上总供给等于总需求。三部门经济中总需求等于总供给是指 $c+i+g=c+s+t$,经济均衡的条件是 $i+g=s+t$。而两部门经济中总需求等于总供给是指 $c+i=c+s$,均衡的条件是 $i=s$。假定消费函数是凯恩斯的消费函数 $c=\alpha+\beta y$,则储蓄函数为 $s=-\alpha+(1-\beta)y$。我们在第一章中知道投资函数为 $i=i_0-dr$,因此在凯恩斯的两部门宏观经济模型中,产品市场的均衡包括以下三个方程。

消费函数

$$c=\alpha+\beta y$$

投资函数

$$i=i_0-dr$$

均衡条件

$$y=c(y)+i(r) \quad 或 \quad i(r)=s(y)$$

那么均衡收入的决定公式为 $-\alpha+(1-\beta)y=i_0-dr$,整理可得均衡收入的表达式为

$$y=\frac{\alpha+i_0-dr}{1-\beta} \tag{5.1}$$

式(5.1)是根据储蓄等于投资的均衡条件得到的,由该式可知,要使产品市场保持均衡,则均衡的国民收入与利率之间存在着反方向的变化关系。在 r-y 空间的坐标图形中,如果以纵轴代表利率,以横轴代表收入,则可得到一条反映利率和收入间相互关系的曲线,这条曲线上任何一点都代表一定的利率和收入的组合。在这样的组合下,投资与储蓄都是相等的,即 $i=s$,从而产品市场是均衡的,因此这条曲线称为 IS 曲线,如图 5-1 所示。

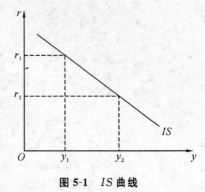

图 5-1 IS 曲线

由上面的数学推导可知,IS 曲线是从投资与利率的关系(投资函数)、储蓄与收入的关系(储蓄函数)及储蓄与投资的关系(储蓄等于投资)中推导出来的。因此,也可以采用另外一种方法即几何推导法,推导出 IS 曲线,如图 5-2 所示。

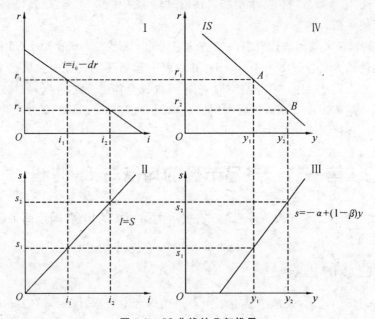

图 5-2 IS 曲线的几何推导

图 5-2 说明了 IS 曲线的几何推导过程,该图有 I、II、III、IV 四个象限。横轴右半轴 Oy 表示实际的收入,左半轴 Oi 表示投资水平;纵轴的上半轴 Or 表示利息率,下半轴 Os 表示储蓄水平。

第 I 部分描述的是投资函数 $i=i_0-dr$,表示投资是利率的减函数。

第 II 部分描述的是从原点出发的 45°线,表示商品市场的均衡条件 $I=S$。

第 III 部分描述的是储蓄函数 $s=-\alpha+(1-\beta)y$,表明储蓄是收入的增函数。

第 IV 部分描述的是产品市场的均衡点,即 IS 曲线。曲线上的 A、B 两点是通过 $I=S$ 条件限制而得到的实际收入 y 与利息率 r 的组合,因此表示产品市场达到了均衡。

二、IS 曲线的经济含义

在图 5-1 中可以清楚地看到 IS 曲线的含义:当储蓄等于投资时,即产品市场保持均衡状态时,所有不同收入水平和利息率的组合点。而且,利率下降意味着一个较高的投资水平,从而一个较高的储蓄和投资水平,因此,*IS* 曲线是一条向下倾斜的曲线。这说明产品市场均衡时,利息率和实际收入是一种负相关的关系。

三、*IS* 曲线的水平移动

从图 5-2 中可以看到,如果投资曲线或储蓄函数变动,*IS* 曲线就会变动。

先看看投资需求变动。如果由于种种原因(例如,投资边际效率升高,或者出现了技术革新,或者企业家对经济前景预期乐观等),在同样利率水平上投资需求增加了,即投资需求曲线向右上移动,于是 *IS* 曲线就会向右上移动,其移动量等于投资需求曲线移动量乘以乘数;反之,若投资需求下降,则 *IS* 曲线向左下移动,如图 5-3 所示。

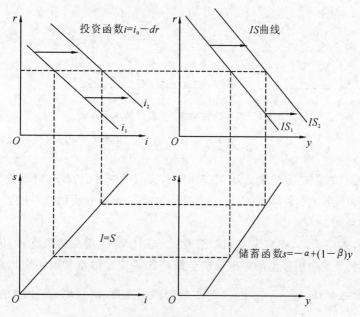

图 5-3　投资需求的变动使 *IS* 曲线的水平移动

再看储蓄函数变动。假定人们的储蓄意愿增加了,即人们更节俭了,这样储蓄曲线就要向左移动,如果投资需求不变,则同样的投资水平现在要求有的均衡收入水平就要下降。因为同样的储蓄,现在只要较低的收入就可以提供出来了,因此 *IS* 曲线就会向左移动,其移动量等于储蓄增量乘以乘数。图 5-4 描述了这一情况。

图 5-3 和图 5-4 中 *IS* 曲线的水平移动,只是考虑两部门经济中产品市场均衡的情况。在三部门经济中,*IS* 曲线则是根据国民收入均衡的条件从 $i+g=s+t$ 的等式推导出来的,因此,不仅 s 曲线和 i 曲线移动会使 *IS* 曲线移动,而且 i、g、s、t 中任何一条曲线的移动或几条曲线同时移动,都会引起 *IS* 曲线移动。因此政府的财政政策会直接影响总需求,从而使 *IS* 曲线发生水平移动,进而影响均衡产出。总之,一切自发支出量(不受收入和利率影响的消费支出、投资支出和政府支出)的变动都会使 *IS* 曲线移动。

从三部门经济中均衡的条件 $i+g=s+t$,即 $i_0-dr+g=y-(\alpha+\beta y)+t_0$,可以得到三部门经济中的均衡收入为

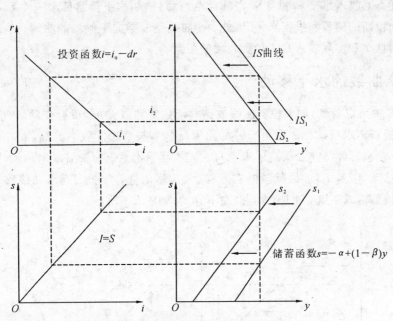

图 5-4 储蓄的变动使 IS 曲线的水平移动

$$y=\frac{\alpha+i_0+g-\beta t_0}{1-\beta}-\frac{dr}{1-\beta} \tag{5.2}$$

这里 t_0 表示政府的税收是定量税。从式(5.2)中,我们可以看出,政府财政政策的变动(政府购买、转移支付和税收)会使 IS 曲线的位置发生移动。下面分析税收和政府支出变动是如何使 IS 曲线移动的。

增加政府购买性支出,在自发支出量变动的作用中等于增加投资支出,因此会使 IS 曲线向右平行移动。IS 曲线移动的幅度取决于政府购买支出增量和购买支出乘数的大小,即均衡收入增加量 $\Delta y=k_g\Delta g=\frac{1}{1-\beta}\Delta g$。减少政府购买支出,则会使 IS 曲线左移。

政府增加一笔税收,则会使 IS 曲线向左移动。这是因为,一笔税收的增加,如果是增加了企业的负担,则会使投资相应减少,于是这笔增税无异是减少投资需求,从而会使 IS 曲线向左移动;同样,一笔税收的增加,如果是增加了居民个人的负担,则会使他们可支配收入减少,从而使他们消费支出相应减少,从而也会使 IS 曲线向左移动。相反,如果政府减税,则会使 IS 曲线右移,移动幅度为

$$\Delta y=k_t\Delta t=\frac{\beta}{1-\beta}\Delta t$$

增加政府支出和减税都属于增加总需求的膨胀性财政政策,减少政府支出和增税都属于降低总需求的紧缩性财政政策。因此,政府实行膨胀性财政政策,就表现为 IS 曲线向右移动;实行紧缩性财政政策,就表现为 IS 曲线向左移动。实际上西方经济学家提出,IS 曲线的重要目的之一就在于分析财政政策如何影响国民收入变动。

四、IS 曲线的旋转移动

从图 5-2 中可以看到,IS 曲线斜率的大小,或者说倾斜的程度,取决于投资函数和储蓄

函数的斜率。如果投资函数和储蓄函数的斜率发生了变化,那么 *IS* 曲线的斜率也会随之发生变化,也就是说 *IS* 曲线会发生旋转移动。这从 *IS* 曲线的代数表达式中也可以看出。

在两部门的经济中,均衡收入的代数表达式为

$$y = \frac{\alpha + i_0 - dr}{1 - \beta}$$ (5.3)

式(5.3)可化为

$$r = \frac{\alpha + i_0}{d} + \frac{\beta - 1}{d} y$$ (5.4)

式(5.4)就是 *IS* 曲线的代数表达式,*IS* 曲线图形上的纵轴代表利率,横轴代表收入;式中 y 前面的系数 $\frac{\beta - 1}{d}$ 就是 *IS* 曲线的斜率,显然,*IS* 曲线的斜率既取决于 β,也取决于 d。

d 是投资需求对应于利率变动的反应程度,它表示利率变动一定幅度时投资变动的程度。如果 d 的值较大,即投资对于利率变化比较敏感,*IS* 曲线的斜率就较小,*IS* 曲线较平缓;如果 d 值变大,即投资需求曲线逆时针转动变得更加平缓,那么 *IS* 曲线也将逆时针转动而变得更加平缓。

β 是边际消费倾向,如果 β 较大,*IS* 曲线的斜率会较小,*IS* 曲线较平缓。这是因为如果 β 较大,则储蓄曲线的斜率将较小,也即储蓄曲线更加平缓,因而 *IS* 曲线就较平缓;如果 β 变大,*IS* 曲线的斜率就变小,储蓄曲线就会顺时针旋转而变得更加平缓,那么 *IS* 曲线将逆时针转动而变得更加平缓。

在三部门经济中,由于存在税收和政府支出,消费成为可支配收入的函数,即

$$c = \alpha + \beta(1 - t)y$$

t 是指税率,于是上述 *IS* 曲线的斜率变为

$$\frac{1 - \beta(1 - t)}{d}$$

在这种情况下,*IS* 曲线的斜率除了和 d 及 β 有关外,还和税率 t 的大小有关:当 d 与 β 一定时,税率 t 越小,*IS* 曲线越平缓;t 越大,*IS* 曲线会越陡峭。这是因为在边际消费倾向一定时,税率越小,乘数会越大;税率越大,乘数会越小。

第二节　货币市场的均衡与 *LM* 曲线

一、*LM* 曲线的推导

假定 m 代表实际货币供给量,则货币市场的均衡就是 $m = L = L_1 + L_2 = L_1(y) + L_2(r) = ky - hr$。从这个等式中可知,当 m 为一定量时,L_1 增加时,L_2 必须减少,否则不能保持货币市场的均衡。L_1 是货币的交易需求(由交易动机和谨慎动机引起),它随收入增加而增加;L_2 是货币的投机需求,它随利率上升而减少。因此,国民收入增加使货币交易需求增加时,利率必须相应提高,从而使货币投机需求减少,才能维持货币市场的均衡;反之,收入减少时,利率必须相应下降,否则货币市场就不能保持均衡。因此,在货币供给量既定情况下,货币市场的均衡只能通过调节对货币的需求来实现。

按照凯恩斯的货币需求理论或称流动偏好理论,货币市场的均衡包括以下三个方程。

(1) 货币需求公式,即

$$L = L_1 + L_2 = L_1(y) + L_2(r) = ky - hr$$

(2) 货币供给公式,即

$$m = \frac{\overline{M}}{\overline{P}} = m_1 + m_2$$

(3) 均衡条件公式,即

$$L = m$$

这里的 L、L_1 与 L_2 都是指实际的货币需求,货币供给 $\overline{M}$ 是外生给定的,假设物价水平也固定在 $\overline{P}$ 上,那么我们就可以得到 $m = ky - hr$,整理可得

$$y = \frac{hr}{k} + \frac{m}{k} \tag{5.5}$$

或

$$r = \frac{ky}{h} - \frac{m}{h} \tag{5.6}$$

这两个公式都表示满足货币市场的均衡条件下的 y 与 r 的关系,这一关系的图形就被称为 LM 曲线。在 r-y 空间的坐标图形中,我们以纵轴代表利率,以横轴代表收入,则可得到一条反映利率和收入间相互关系的曲线,这条曲线上任何一点都代表一定的利率和收入的组合,在这样组合下,货币的供给和需求都是相等的,即 $L = m$,从而货币市场是均衡的,因此这条曲线称为 LM 曲线,如图 5-5 所示。

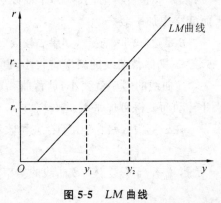

图 5-5 LM 曲线

由上面的数学推导,我们知道 LM 曲线是从货币的投机需求与利率的关系、货币的交易需求与收入的关系,以及货币需求与供给相等的关系中推导出来的。我们也可以采用推导出 IS 曲线的几何推导法得到 LM 曲线,如图 5-6 所示。

图 5-6 说明了 LM 曲线的几何推导过程,该图有 Ⅰ、Ⅱ、Ⅲ、Ⅳ 四个象限。横轴右半轴 Oy 表示实际的收入,左半轴 Om_2 表示投机需求;纵轴的上半轴 Or 表示利息率,下半轴 Om_1 表示货币的交易需求。

第 Ⅰ 部分描述的是货币的投机需求 $m_2 = m_0 - hr$,表示货币投机需求是利率的减函数。

第 Ⅱ 部分描述的是一条与纵轴横轴夹角都是的 45°直线,表示货币市场的均衡条件 $L = m = m_1 + m_2$。由 $m = m_1 + m_2$ 可得 $m_1 = m - m_2$ 或 $m_2 = m - m_1$,因此,表示货币市场的均衡条件 $L = m = m_1 + m_2$ 的直线与纵轴横轴夹角都是的 45°。

第 Ⅲ 部分描述的是货币的交易需求 $m_1 = ky$,表明货币交易需求是收入的增函数。

第 Ⅳ 部分描述的是我们推导出的产品市场的均衡曲线,即 LM 曲线。曲线上的 C、D 两点是通过 $L = m$ 条件限制而得到的实际收入 y 与利息率 r 的组合,因此表示货币市场达到了均衡。

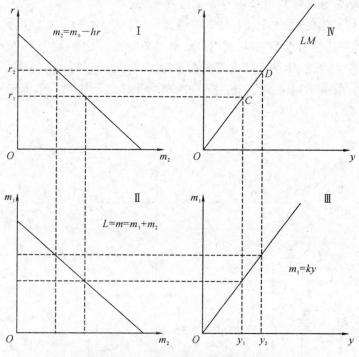

图 5-6 *LM* 曲线的几何推导

二、*LM* 曲线的经济含义

图 5-6 展示了 *LM* 曲线的含义:当货币的需求等于供给时,即货币市场保持均衡状态时,所有不同收入水平和利息率的组合点。一般来说,利率下降意味着一个较高的货币投机需求。在货币供给量一定的条件下,这就意味着一个较低的交易需求,从而相应有一个较低的收入水平。因此,较低的利率水平对应着个较低的收入水平,所以 *LM* 曲线是一条向上倾斜的曲线。这说明货币市场均衡时,利息率和实际收入是一种正相关的关系。

三、*LM* 曲线的水平移动

从图 5-6 可见,货币投机需求、交易需求和实际货币供给量(实际货币余额)的变化,都会使 *LM* 曲线发生相应的变动。

第一,货币投机需求曲线移动,会使 *LM* 曲线发生方向相反的移动。如果投机需求曲线右移,而其他情况不变,则会使 *LM* 曲线左移。原因是同样利率水平,现在投机需求量增加了。在货币的实际供给量不变时,交易需求量必然减少,那么要求国民收入水平下降,从而 *LM* 曲线向左移动。

第二,货币交易需求曲线移动,会使 *LM* 曲线发生方向相同的移动。如果交易需求曲线右移,而其他情况不变,则会使 *LM* 曲线也右移,原因是交易需求曲线右移意味着完成同样国民收入的交易量所需要的货币量减少了。在货币的实际供给量不变时,投机需求量必然增加,那么利率就会下降,从而 *LM* 曲线向右移动。

上述 *LM* 曲线移动的两种情况是在货币的投机需求曲线和交易需求曲线斜率不变即 k

和 h 之值都不变,并且实际货币余额 m 不变时发生的。

第三,名义货币供给量 M 变动将使 LM 曲线发生同方向变动,即货币供给增加,LM 曲线右移。原因是在货币需求不变时,货币供给增加必使利率下降,利率下降又刺激投资和消费,从而使国民收入增加,因此 LM 曲线向右移动。

这种情况可用图 5-7 来表示。在图 5-7 中,当货币供给量从 M_1 增加到 M_2 时,LM 曲线从 LM_1 右移到 LM_2。

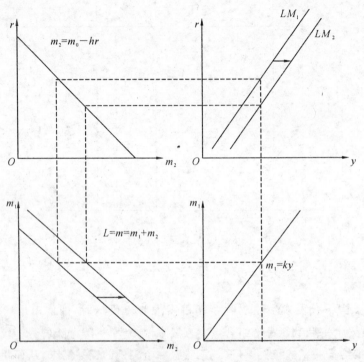

图 5-7　货币供给量的变动使 LM 曲线移动

第四,价格水平 P 的变动将使 LM 曲线发生反方向的变动。当价格水平 $P=1$ 时,或者不变时,名义货币供给就是实际货币供给,因为 $m=\dfrac{M}{P}=M$;如果价格水平 $P\neq 1$ 或变动时,名义货币供给就不能代表实际货币供给。当价格水平 $P>1$ 时,货币的实际供给小于名义供给;当价格水平 $P<1$ 时,货币的实际供给大于名义供给。因此,当名义货币供给量不变时,价格水平如果下降,意味着实际货币供给增加,这会使 LM 曲线向右移动;反之,如果价格水平上升,LM 曲线向左移动。

四、LM 曲线的旋转移动

从图 5-6 中可以看到,LM 曲线的斜率的大小,或者说倾斜的程度,取决于货币的交易需求函数和投机需求函数的斜率。如果交易需求函数和投机需求函数的斜率发生了变化,那么 LM 曲线的斜率也会随之发生变化,也就是说 LM 曲线会发生旋转移动。这从 LM 曲线的代数表达式 $r=\dfrac{ky}{h}-\dfrac{m}{h}$ 中也可以看出。式中 y 前面的系数 $\dfrac{k}{h}$ 就是 LM 曲线的斜率,显然 LM 曲线的斜率既取决于 k,也取决于 h。因此,如果 k 和 h 发生变动,那么 LM 曲线就会发生旋转移动。如果 k 的值越大，*LM* 曲线的斜率也越大，*LM* 曲线就更加陡峭；反之，则 *LM* 曲线更加平缓。如果 h 的值越大，*LM* 曲线的斜率越小，*LM* 曲线就更加平缓；反之，则 *LM* 曲线更加陡峭。

如果 h 值由小变大，即货币需求对利率的敏感度逐渐增强，则会使 *LM* 曲线逐渐变得平缓，即发生顺时针方向转动；反之，则发生逆时针方向转动。如果 k 值由小变大，即货币需求对收入的敏感度逐渐增强，则会使 *LM* 曲线逐渐变陡，发生逆时针方向转动；反之，则会发生顺时针方向转动。

这里须要注意两个极端的情况：一是当 $h \to \infty$ 时，*LM* 曲线的斜率趋于 0，那么 *LM* 曲线趋于一条水平线，这段趋于水平区域的 *LM* 曲线称为"凯恩斯区域"或称为"萧条区域"；另外当 $h \to 0$ 时，*LM* 曲线的斜率趋于 ∞，那么 *LM* 曲线趋于一条垂直线，这段趋于垂直区域的 *LM* 曲线称为"古典区域"。古典区域与凯恩斯区域之间的正常的 *LM* 曲线是"中间区域"，如图 5-8 所示。

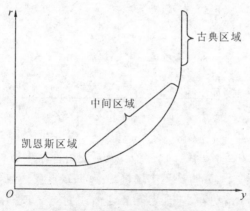

图 5-8　*LM* 曲线的三个区域

第三节　产品市场、货币市场同时均衡与 *IS-LM* 模型

IS 曲线和 *LM* 曲线分别描述了产品市场和货币市场各自均衡时收入与利率所要满足的条件。现在将它们结合在一起就可以得到 *IS-LM* 模型，我们可以利用这一模型得到产品市场和货币市场同时均衡时收入与利率应满足的条件。所谓同时均衡，是指利率水平与收入水平必须处在能使产品市场和货币市场两者都处于均衡状态，这样的均衡点就是 *IS* 曲线和 *LM* 曲线的交点。

一、宏观经济的均衡状态

在前两节中可得到 *IS* 曲线方程

$$y = \frac{\alpha + i_0 - dr}{1 - \beta}$$

和 *LM* 曲线方程

$$y = \frac{hr}{k} + \frac{m}{k}$$

联立这两个方程,得

$$\begin{cases} y = \dfrac{\alpha + i_0 - dr}{1 - \beta} \\ y = \dfrac{hr}{k} + \dfrac{m}{k} \end{cases}$$

最后得出 IS-LM 模型。它表示的是产品市场和货币市场同时均衡时收入与利率应满足的条件。在这两个方程中,只有收入 y 和利率 r 两个变量,解出这个方程组就可以得到 y 和 r 的均衡解 (y', r')。这个 (y', r') 的组合就是使得产品市场和货币市场同时均衡时均衡点。图 5-9 描述了产品市场和货币市场同时均衡时的状态。

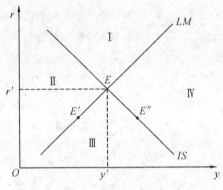

图 5-9　IS-LM 模型

在图 5-9 中,IS 曲线和 LM 曲线的交点 E,就是使得产品市场和货币市场同时均衡时的均衡点。E 点处在 IS 曲线上,说明产品市场是均衡的;E 点又处在 LM 曲线上,说明货币市场也是均衡的。因此,两个市场在 IS 曲线和 LM 曲线的交点 E 同时实现了均衡,此时收入和利率组合 (y', r') 就是两个市场同时均衡时的收入和利率水平。

二、宏观经济的非均衡状态及其自我调整

如图 5-9 所示,E 点同时实现了产品市场和货币市场的均衡,并且只要投资、储蓄、货币需求和供给的关系不变,这个均衡点就是唯一的;任何失衡情况的出现都是暂时的,最终都会趋于均衡的 E 点。也就是说,产品市场和货币市场会通过收入和利率的相互影响,最终自动调整到相互一致的双重均衡状态,即双重均衡可以自动实现。

为了说明这一自动均衡的过程,我们可以考察两个失衡状况。一是在图 5-9 中的 E' 点,它处在 LM 曲线上但不处在 IS 曲线上,此时货币市场是均衡的而产品市场是不均衡的。E' 点处在 IS 曲线的下方,投资和储蓄不相等,并且这时投资大于储蓄,即总需求大于总供给,生产和收入会增加。收入增加时,货币交易需求增加,在货币供给量不变时,货币投机需求量必减少,而投机需求量只有在利率上升时才会减少,因此利率就会上升。收入上升与利率上升二者结合起来,使 E' 点向 E 点趋近,这一趋近过程一直要持续到收入和利率水平 (y', r') 达到 E 点为止。

再考察另一个失衡点 E'',它处在 IS 曲线上但不处在 LM 曲线上,此时产品市场是均衡的而货币市场是不均衡的。E'' 点处在 LM 曲线的下方,此时货币需求大于货币供给,这样利

率会上升,利率上升抑制了投资,进而使收入下降。利率上升与收入下降相结合,使 E'' 点逐渐向 E 点靠拢,这一过程同样一直要持续到收入和利率水平(y', r')达到 E 点为止。

根据上述分析我们可以看到,产品市场和货币市场会自动调整到双重均衡的状态。在图 5-9 中,我们可以根据不同的利息率和收入的水平,用 IS 曲线和 LM 曲线把 r-y 空间划分成 Ⅰ、Ⅱ、Ⅲ、Ⅳ 四个失衡区域。如图 5-9 所示,位于 IS 曲线左下方的 Ⅱ、Ⅲ 区域中的收入和利率组合,投资大于储蓄;IS 曲线右上方的 Ⅰ、Ⅳ 区域中的收入和利率组合,投资小于储蓄。位于 LM 曲线右下方的 Ⅲ、Ⅳ 区域中的收入和利率组合,货币需求大于供给;LM 曲线左上方的 Ⅰ、Ⅱ 区域中的收入和利率组合货币需求一定小于货币供给。例如,区域 Ⅰ 中任何一点 A,一方面在 IS 曲线的右上方,因此投资小于储蓄;另一方面又在 LM 曲线左上方,因此有货币需求小于供给;其余三个区域中的非均衡关系也可这样推知。这四个区域中的非均衡关系可如表 5-1 所示。

表 5-1　产品市场和货币市场的非均衡

非均衡区域	产品市场	货币市场
Ⅰ	$i<s$,有超额产品供给	$L<M$,有超额货币供给
Ⅱ	$i>s$,有超额产品需求	$L<M$,有超额货币供给
Ⅲ	$i>s$,有超额产品需求	$L>M$,有超额货币需求
Ⅳ	$i<s$,有超额产品供给	$L>M$,有超额货币需求

各个区域中存在的各种不同的收入和利率组合的非均衡状态,会得到自动的调整,IS 不均衡会导致收入变动,投资大于储蓄会导致收入上升,投资小于储蓄会导致收入下降;LM 不均衡会导致利率变动,货币需求大于货币供给会导致利率上升,货币需求小于货币供给会导致利率下降。这种调整最终都会趋向均衡利率和均衡收入。

三、IS-LM 模型中的财政政策与货币政策

IS 曲线和 LM 曲线的交点 E 点同时实现了产品市场和货币市场的均衡。当影响 IS-LM 模型的外生变量发生变化时,双重均衡点就会发生变化。例如,IS 曲线或 LM 曲线移动,或者两者同时移动,均衡点就会变动,均衡收入和利率水平也将随之发生变化。

政府的财政政策会影响 IS 曲线,变动政府的收支就会使 IS 曲线发生水平移动;政府的货币政策会影响 LM 曲线,增加或减少货币供给会使 LM 曲线发生水平移动。在这里我们分别考察政府财政政策和货币政策对 IS-LM 模型的影响。

如图 5-10 所示,当政府实行扩张性的财政政策(比如扩大政府支出或减税等)时,IS 曲线会向右水平移动,LM 曲线保持不变,那么均衡点就会由 E 点变动到 E' 点,均衡收入和利率都上升。同样可以说明,如果政府实行紧缩性的财政政策,IS 曲线会向左水平移动,收入和利率就会下降。

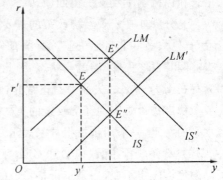

图 5-10　财政政策和货币政策对经济均衡的影响

当政府实行扩张性的货币政策(比如增发货币)时,LM 曲线会向右水平移动,IS 曲线保

持不变,那么均衡点就会由 E 点变动到 E'' 点,均衡收入提高,而利率会下降。如果政府实行紧缩性的货币政策,LM 曲线会向左水平移动,均衡收入下降,而利率则会提高。

如果政府同时实行扩张性的财政政策和货币政策,IS 曲线和 LM 曲线会同时向右移动,那么新的均衡点则由 IS 曲线和 LM 曲线如何同时移动而定。如果 IS 曲线向右上移动 LM 曲线同时向右下移动,则可能出现收入增加而利率不变的情况。

通过以上的分析可知,政府无需对经济进行干预,产品市场和货币市场的双重均衡可以自动实现。但是,自动实现均衡时的收入水平并不一定是充分就业的国民收入水平,有可能会小于充分就业的国民收入水平。因此,政府可以根据经济的运行状况而采取不同的财政政策或货币政策来调节经济,使国民收入达到充分就业水平。这正是我们建立 IS-LM 模型的很重要的目的,即分析财政政策和货币政策是如何影响经济的。

第四节 宏观经济政策及其实践

在第三节里,从产品市场和货币市场的双重均衡中构建了 IS-LM 模型,这一模型是分析宏观经济政策效果的简便工具。这一节将在介绍宏观经济政策目标的基础上,运用前面得到的 IS-LM 模型来分析宏观经济政策的调控,研究各种宏观经济政策的组合使用,讨论宏观经济政策的时滞问题,并观察中国的宏观经济政策实践。

一、宏观经济政策概述

宏观经济政策指的是政府为了使宏观经济运行达到一定目标,政府有意识、有计划地运用一定的政策工具调节、控制宏观经济的运行的指导原则和措施。政府可以运用宏观经济政策,来影响宏观经济运行中的一些变量,进而影响经济运行,以达到一定的政策目标。

(一)宏观经济政策目标

从各国的实践来看,国家宏观调控的政策目标一般包括充分就业、稳定物价、促进经济增长和保持国际收支平衡四项。

充分就业是宏观经济政策的首要目标。按照凯恩斯的解释,失业一般分为三类:摩擦失业、自愿失业和非自愿失业。所谓充分就业就是指消除了"非自愿失业",失业仅限于"摩擦失业"和"自愿失业"的就业状态,因此充分就业不是百分之百就业。大多数西方经济学家认为存在 $4\%\sim6\%$ 的失业率是正常的,此时社会经济处于充分就业状态。

稳定物价是宏观经济政策的第二个目标。物价稳定是指整个经济中所有商品的价格总水平的稳定,一般用价格指数来表示一般价格水平的变化。价格指数主要有消费物价指数(CPI)、批发物价指数(PPI)和 GDP 平减指数(GDP deflator)三种。价格稳定不是指每种商品的价格固定不变,而是指价格指数的相对稳定,即不出现通货膨胀。稳定物价成为宏观经济政策的目标,是由于通货膨胀对经济有不良影响。各国的实践表明,通货膨胀也无法完全消除。保持在一个社会可承受的水平,如 $1\%\sim3\%$ 的轻微的通货膨胀是基本正常的经济现象。

促进经济增长是宏观经济政策的第三个目标。经济增长通常用 GDP 和人均 GDP 的年均增长率来衡量。经济增长不仅是经济总量的增长,还包括人均产量和人均收入的持续和稳定地增长。经济增长是社会财富增加、人民生活提高的表现,因此促进经济增长成为政府重要的宏观经济政策目标。

保持国际收支平衡也是一国宏观经济政策重要目标之一。在现代开放性经济中,国际收支至关重要。一国的国际收支不平衡,无论是赤字还是盈余,对一国经济的稳定发展都是不利的;国际收支的失衡必然会对国内经济形成冲击,从而影响其他宏观经济目标的实现。因此,如何平衡国际收支、稳定汇率也成为政府宏观经济政策追求的目标。

从长期来看,这四个宏观经济政策目标是相互促进的。要实现既定的经济政策目标,政府运用的各种政策手段,必须相互配合,协调一致。但是在短期中,这几个目标并不总是一致的。经济增长会促进就业,但同时会引起物价水平的上涨。因此经济增长、充分就业与价格稳定之间就存在着两难选择。经济政策目标之间的相互矛盾与冲突给制定宏观经济政策带来一定的困难。因此,政府在制定经济目标和经济政策时,不能追求单一目标,而应该综合考虑各种因素而进行整体性的考虑和安排。

(二)宏观经济政策的内容

宏观经济政策主要包括以下主要内容。

(1) 财政政策 政府通过控制政府收入和支出来影响总需求,以调节经济。增加政府支出或减少税收称为扩张性的财政政策,该政策用于刺激总需求和经济增长;反之,减少政府支出或增加税收称为紧缩性的财政政策,该政策用于抑制总需求和经济过热。

(2) 货币政策 政府通过调整再贴现率、公开市场业务和变动法定准备金率等货币政策来调整整个经济的货币供应量,进而影响利率,通过利率的变动来对总需求产生影响。同财政政策一样,货币政策也有扩张性的和紧缩性的区别。增加货币供给的政策是扩张性的货币政策;反之,减少货币供给的政策是紧缩性的货币政策。

(3) 对外经济政策 在开放经济中,政府为保持国际收支的平衡,有必要采取一些对国际贸易、金融和投资鼓励或限制的经济政策,主要包括汇率政策、利率政策及资本流动控制政策等内容。

(4) 供给管理政策 主要包括促进经济长期增长的政策。例如,促进人力资本的形成,鼓励技术创新,资源和环境保护政策,以及短期中减低企业成本和负担的政策,这些是最近二三十年宏观经济政策的新内容。

财政政策和货币政策是总需求管理和宏观经济政策的两大主要工具,本节主要论述这两大政策工具是如何调节总需求的。

二、财政政策及其效果

(一)财政政策的调控效应

财政政策是政府变动收入和支出以影响总需求进而影响就业和国民收入。财政政策的作用和效果可以通过上一节中的 *IS-LM* 模型进行分析。如图 5-11 所示,如果 *LM* 曲线不变,政府实行扩张性的财政政策,会使 *IS* 曲线向右上方移动,它和 *LM* 曲线相交所形成的均衡利率和收入都高于原来的利率和收入；如果实行紧缩性财政政策，则会使 IS 曲线向左下方移动，使利率和收入都下降。

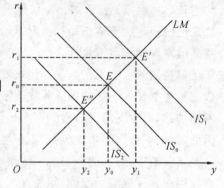

图 5-11 财政政策的调控效应

（二）IS、LM 曲线的斜率对财政政策效应的影响

从 IS-LM 模型看，财政政策效应的大小是指政府收支变化（包括变动税收、政府购买和转移支付等）使 IS 曲线变动对国民收入变动的影响。从 IS-LM 图形看，这种影响的大小，随 IS 曲线和 LM 曲线的斜率不同而不同。

在 LM 曲线不变时，IS 曲线斜率的绝对值越大，即 IS 曲线越陡峭，则移动 IS 曲线时收入变化就越大，即财政政策效应越大。反之，IS 曲线斜率的绝对值越小，即 IS 曲线越平坦，则 IS 曲线移动时收入变化就越小，即财政政策效应越小。如图 5-12(a)和(b)所示。

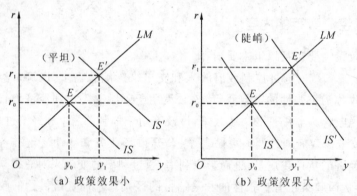

（a）政策效果小   （b）政策效果大

图 5-12 IS 曲线的不同斜率对财政政策的影响

在 IS 曲线的斜率不变时，LM 曲线斜率越大，即 LM 曲线越陡，则 IS 曲线移动时，收入变动就越小，即财政政策效应就越小；反之，LM 曲线斜率越小，LM 曲线越平坦，则财政政策效应就越大，如图 5-13 所示。

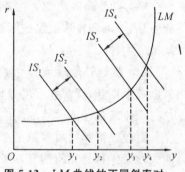

图 5-13 LM 曲线的不同斜率对财政政策的影响

在 IS-LM 模型中，如果 LM 越平坦或 IS 越陡峭，则说明财政政策效果越强。现在考虑一种极端情况：IS 曲线为垂直线而 LM 曲线为水平线的情况，则财政政策将完全有效，而货币政策将完全无效。这种情况被称为凯恩斯主义的极端情况，如图 5-14(a)所示。这种情况之所以称凯恩斯极端，是因为凯恩斯认为当利率较低，而投资对利率反应不很灵敏时，只有财政政策才能对克服萧条、增加就业和收入产生效果，货币政策效果很小。实际上，在 LM 曲线为水平线时即是的凯恩斯区域。在凯恩斯区域中，即使 IS 曲线不垂直而向右下方倾斜，财政政策也将十分有效，如图 5-14(b)所示。

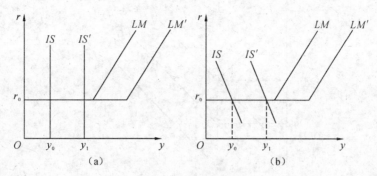

图 5-14 凯恩斯极端

(三)财政政策的自动稳定器

　　政府的财政收支及其变动会直接或间接地影响宏观经济的运行,政府可以主动地采取一些财政政策来调节经济;但现代的财政制度与财政政策本身就具有自动稳定经济的功能,可以自动地调节经济。自动的财政政策即自动稳定器,亦称内在稳定器,是指经济系统本身存在的一种会减少各种干扰对国民收入造成冲击的机制,能够在经济繁荣时自动抑制通胀,在经济衰退时自动减轻萧条,无需政府采取任何行动。当经济发生波动时,财政制度的内在稳定器就会自动发挥作用,调节社会总需求水平,减轻以致消除经济波动。

　　当经济衰退时,失业率增加,国民产出水平下降,个人收入减少,在税率不变的情况下,政府税收会自动减少;同时失业增加,符合救济条件的人数增多,政府的失业救济和其他社会福利开支就会相应增加。一方面政府税收会自动减少,政府支出增加,财政制度自动地实行了扩张性的财政政策,从而可起到抑制衰退的作用。反之,当经济繁荣时,失业率下降,人们收入增加,税收会随个人收入增加而自动增加;失业人数减少,失业救济和其他福利费支出也会自然减少。一方面政府税收会自动增加,政府支出自动减少,财政制度则自动地实行了紧缩性的财政政策,从而可抑制经济过热。另外,农产品价格维持制度也可以发挥自动调节经济的作用。经济萧条时,国民收入下降,农产品价格下降,政府根据农产品价格维持制度,按支持价格收购农产品,可使农民收入和消费维持在一定水平上。经济繁荣时,国民收入水平上升,农产品价格上升,这时政府减少对农产品的收购并抛售农产品,限制农产品价格上升,也就抑制农民收入的增长,从而也就减少了总需求的增加量。总之,政府税收和转移支付的自动变化、农产品价格维持制度对宏观经济活动都能起到稳定作用。

三、货币政策及其效果

(一)货币政策的调控效应

　　货币政策是中央银行通过银行体系变动货币供给量来调节总需求的政策。货币政策的作用和效应同样可以通过 *IS-LM* 模型进行分析。如图 5-15 所示,如果 *IS* 曲线保持不变,政府实行扩张性的货币政策,会使 *LM* 曲线向右下方移动,它和 *IS* 曲线相交所形成的均衡利率低于原来的利率,而收入则高于原来的收入;而实行紧缩性货币政策,则会使 *LM* 曲线向左上方移动,使利率上升,收入减少。

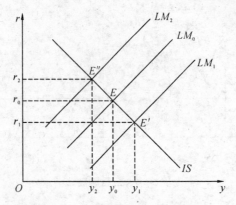

图 5-15 货币政策的调控效应

(二)IS、LM 曲线的斜率对货币政策效应的影响

从 IS-LM 模型看,货币政策效应的大小是指变动货币供给量使 LM 曲线移动对国民收入变动的影响。货币政策效应的大小,同样随 IS 曲线和 LM 曲线斜率的不同而不同。

在 LM 曲线不变时,IS 曲线斜率的绝对值越大,即 IS 曲线越陡峭,则移动 LM 曲线时收入变化就越小,即货币政策效应越小;反之,IS 曲线斜率的绝对值越小,即 IS 曲线越平坦,则 LM 曲线移动时收入变化就越大,即货币政策效应越大,如图 5-16 所示。

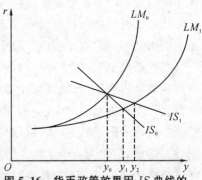

图 5-16 货币政策效果因 IS 曲线的斜率而异

在 IS 曲线的斜率不变时,LM 曲线斜率越大,即 LM 曲线曲线越陡,则 LM 曲线移动时,收入变动就越小,即财政政策效应就越大;反之,LM 曲线斜率越小,LM 曲线越平坦,则财政政策效应就越小,如图 5-17 所示。

根据以上分析,在 IS-LM 模型中,如果 IS 越平坦或 LM 越陡峭,则货币政策效果越强。与凯恩斯极端情况相反,我们考虑另外一种极端情况:IS 曲线为水平线,而 LM 曲线为垂直线。这种情况称为古典主义的极端情况,对此财政政策就完全无效,而货币政策将十分有效。

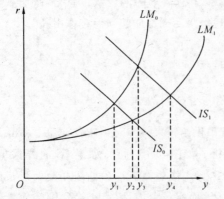

图 5-17 货币政策效果因 LM 曲线的斜率而异

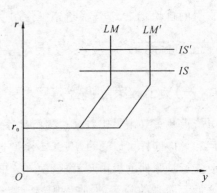

图 5-18 古典主义极端情况

(三)货币政策的传导机制

货币政策传导机制是指中央银行根据货币政策目标,运用货币政策工具,通过金融机构的经营活动和金融市场传导至企业和居民,对其生产、投资和消费等行为产生影响的过程。

凯恩斯主义的传导机制理论强调利率对投资进而对总需求产生的影响。该理论认为,应把利率作为货币政策的控制目标,通过运用货币政策工具调整利率水平,以实现无通胀的充分就业和经济增长。假定最初货币市场是均衡的,为了防止需求不足,政府增加货币供给。那么,一方面货币市场上就会出现货币供给大于需求的现象,这样会引起实际利率的下降。利率的下降就会刺激厂商增加投资,投资的增加又会通过乘数作用使总支出和总收入增加,这样一来总收入的增加又增加了货币的交易需求。另一方面,利率的下降还引起货币投机需求的增加。货币的交易需求和投机需求都增加最终使得货币的总需求也增加,这种货币需求的增加一直要持续到与货币的总供给相当为止,货币市场又重新回到均衡状态。但是,这一过程结束时经济中的总收入增加了,利率下降了。这一过程可简单表述如下

$$m\uparrow \to r\downarrow \left\{ \begin{matrix} I\uparrow \to y\uparrow \to L_1\uparrow \\ L_2\uparrow \end{matrix} \right\} \to L\uparrow \to L=m$$

因此,货币市场向新的均衡转化过程中,利率起着重要的作用;同时,在这一过程中货币也会引起实际经济的变化。也就是说,货币供给变动首先引起利率的变动,利率变动又引起投资的变动,进而引起总需求和总收入的增加,从而实现了对经济进行宏观调控的目的。货币供给变化对总产出的影响过程为

$$m\uparrow \to r\downarrow \to I\uparrow \to y\uparrow$$

按照这一传导机制,货币政策就可以起到调节经济的作用。当经济出现衰退时,政府应当增加货币供给以降低利率水平,促进投资支出的增加,从而扩大总需求;反之,当经济过热时,政府应当减少货币供给以提高利率水平,减少投资支出,从而降低总需求。

四、宏观经济调控政策的组合

(一)组合的政策效应

根据上面的分析我们知道,如果经济处于萧条状态,政府既可以用扩张性的财政政策,也可以用扩张性的货币政策,还可以把两者结合起来一起使用。使用各种经济政策,最后都可能使经济的总产出达到理想的状态,但最终的利率水平是不一样的,如图 5-19 所示。

假定经济起初处于图中的 E 点,收入为 y_0,利率为 r_0,而充分就业的收入为 y'。为克服萧条,达到充分就业,政府可实行扩张性财政政策将 IS 曲线右移到 IS',也可实行扩张性货币政策将 LM 曲线右移到 LM'。采用这

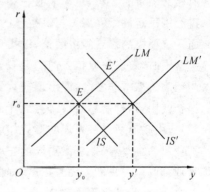

图 5-19　财政政策和货币政策的混合使用

两种政策虽都可以使收入达到 y',但会使利率大幅度上升或下降。如果既想使收入增加到 y',又不使利率变动,则可混合使用扩张性财政政策和货币政策的办法。如图中所示,为了

将收入从 y_0 提高到 y'，可实行扩张性财政政策，使产出水平上升，但为了使利率不由于产出上升而上升，可相应地实行扩张性货币政策，增加货币供应量，使利率保持原有水平。

财政政策和货币政策可有多种混合，这种混合的政策效应，有的是可预计的，有的则是不确定的。例如图 5-19 中 IS 曲线和 LM 曲线移动幅度相同，因而产出增加时利率也不变。若财政政策影响大于货币政策，IS 曲线右移距离越过 LM 曲线右移距离，则利率就会上升；反之，则会下降。可见，这两种政策结合使用时对利率的影响是不确定的。各种政策混合使用的效应被总结在表 5-2 中。

表 5-2　财政政策和货币政策混合使用的效应

混 合 政 策	产 出	利 率	使 用 时 机
1 扩张性财政政策和紧缩性货币政策	不确定	上 升	经济萧条但又不太严重时
2 扩张性财政政策和扩张性货币政策	增 加	不确定	经济严重萧条时
3 紧缩性财政政策和紧缩性货币政策	减 少	不确定	严重通货膨胀时
4 紧缩性财政政策和扩张性货币政策	不确定	下 降	出现通货膨胀但又不太严重时

（二）政策组合的选用

政府和中央银行可以根据具体情况和不同目标，选择不同的政策组合。当经济萧条但又不太严重时，可采用第 1 种组合，用扩张性财政政策刺激总需求，又用紧缩性货币政策控制通货膨胀；当经济严重萧条时，可用第 2 种组合，用扩张性财政政策增加总需求，用扩张性货币政策降低利率；当经济发生严重通货膨胀时，可采用第 3 种组合，用紧缩性货币政策来提高利率，降低总需求水平，又用紧缩性财政政策，以防止利率过分提高；当经济中出现通货膨胀但又不太严重时，可用第 4 种组合，用紧缩性财政政策压缩总需求，又用扩张性货币政策降低利率，以免财政过度紧缩而引起衰退。

五、相机抉择的财政政策和货币政策

仅靠财政体制的内在稳定器，调节经济的作用是十分有限的，因此要确保经济稳定，政府就必须审时度势，主动采取一些措施，运用财政政策和货币政策来扩大或减少总需求，促进经济稳定健康发展。相机抉择的财政政策和货币政策就是指政府根据对经济情况的预测而采取积极的宏观经济政策，以实现经济的既定目标。当政府认为总需求非常低，即出现经济衰退时，政府采取扩张性的财政政策或货币政策或两者组合使用，以刺激总需求。反之，当认为总需求非常高，即出现通货膨胀时，政府应采取紧缩性的财政政策或货币政策或两者组合使用，以抑制总需求。究竟什么时候采取扩张性财政政策、什么时候采取紧缩性财政政策，应由政府对经济发展的形势加以分析权衡，斟酌使用。当总需求小于总供给产生衰退和失业时，政府应采取刺激需求的扩张性措施，当总需求大于总供给产生通货膨胀时，政府应采取抑制总需求的紧缩性措施，即要"逆经济风向行事"。例如，1964 年美国通过减税，实现了充分就业，并且物价稳定。1965 年以后由于越南战争、经济过热，为了遏制通货膨胀，美国政府采取了增加税收的措施。

六、宏观经济调控政策的时滞

无论是财政政策还是货币政策，从决定到实施，再到政策完全发挥效果都需要一定的时间,所以政府的宏观经济政策往往不能立即取得效果。从政策的决定到政策的效果充分发挥出来这之间的时间差,被称为宏观经济政策的时滞。根据时滞的性质,可以将宏观经济政策的时滞分为内部时滞(inside lag)和外部时滞(outside lag)。内部时滞是指经济冲击与对这种冲击做出反应的政策行动之间的时间差。即从经济扰动出现,到认识到这种扰动,并决定采取相应的措施,再到经济政策的实施之间的时间。外部时滞是指从政策措施实施后到其发挥作用之间的时间差。财政政策和货币政策的实施程序和传导机制不同,因而它们的时滞也不尽相同。一般说来,财政政策的内部时滞较长而外部时滞较短;相反,货币政策内部时滞较短而外部时滞较长。财政政策的决策与实施过程比较复杂,需要经过一定的立法程序,还要经过议会的反复讨论和修改。政策决定后还要行政部门制定实施细则,并组织实施,因此财政政策的内部时滞比较长。财政政策的外部时滞主要取决于乘数过程所需的时间,一般来说约为 6 个月。货币政策的内在时滞相对于财政政策短得多,因为货币政策由中央银行独立实施,决策过程相对简单。货币政策的外部时滞比较复杂。货币供应量的变化到总产量的变动的时间差一般是 1~2 个月;但对通货膨胀的影响时间较长,这一时滞大约要 2 年。宏观经济政策的时滞使得稳定经济变得更加困难。有人甚至认为,由于时滞的存在使得成功的稳定政策几乎是不可能的。宏观经济政策的时滞要求决策者要更为谨慎。

七、中国的宏观经济政策实践

改革开放以来,中国逐步向市场经济过渡,经济高速增长,但也很不稳定,中国政府也采取了相应的宏观经济政策来调节经济,并取得了积极的成果。我们根据改革开放 30 年来 GDP 的实际增长率和通货膨胀率的数据可以绘成图 5-20。

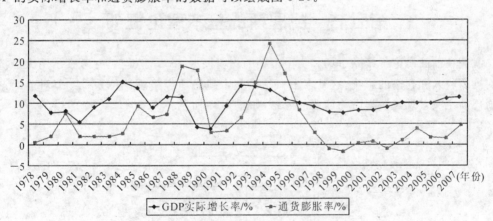

图 5-20　改革开放以来我国经济周期波动

从图中我们可以直观地看到四个明显的经济周期的波动,列于表 5-3。

表 5-3　改革开放以来我国四个经济周期的波动

周 期 次 数	周 期 期 间	周 期 长 度	收 缩 阶 段	扩 张 阶 段
第一个周期(Ⅰ)	1978—1983 年	6 年	1978—1980 年(3 年)	1981—1983 年(3 年)
第二个周期(Ⅱ)	1984—1987 年	4 年	1984—1985 年(2 年)	1986—1987 年(2 年)
第三个周期(Ⅲ)	1988—1992 年	5 年	1988—1989 年(2 年)	1990—1992 年(3 年)
第四个周期(Ⅳ)	1993—2008 年	16 年	1993—2001 年(9 年)	2002—2008 年(7 年)
第五个周期(Ⅴ)	2009 年	—	—	—

在过去的三十年里,为了防止经济的过度波动,保持经济的稳定发展,中国政府先后进行了六次宏观调控,其时期分别为:① 1979—1981 年;② 1985—1986 年;③ 1989—1991 年;④ 1993 年下半年—1996 年;⑤ 1998—2001 年;⑥ 2003 下半年以后。其中有 5 次实行的都是紧缩性调控,只有 1998—2001 年的调控实行的是扩张性政策。

下面我们简要介绍一下近十几年来中国的宏观经济政策实践。从 1993 年到 1994 年,中国的通货膨胀率上升到来两位数,中央政府从 1993 年下半年开始采取适度从紧的财政政策,一直持续到 1996 年。经过连续几年的调控,经济过热得到了有效控制,成功实现了经济的“软着陆”。由于持续实施从紧的财政政策,中国经济甚至出现了通货紧缩、国内有效需求不足等问题。到 1997 年亚洲金融危机爆发,中国的出口又面临较大的困难。因此从 1998 年开始,中国又实施了以扩大国债投资为重点的积极的财政政策。在税收上逐步提高出口退税率,鼓励出口;鼓励扩大国内固定资产投资和技术创新,免征和降低有助于个人消费的多种税种等。在财政支出上,增加中央基本建设支出和财政贴息支出,大幅度增加社会保障支出,提高国家机关和事业单位职工工资,增加对教育和科技的投入等。中国的货币政策实际上是从 1995 年以后才逐步开始的,1995 年以前中国人民银行并没有在法律上明确中央银行的地位,因而不具备严格意义上的货币政策。1998 年以后,针对国内有效需求不足和通货紧缩,中央银行实行了较为宽松的货币政策,取消对商业银行贷款规模的限制,降低法定准备金率以刺激投资,以扩大总需求。随着经济的回复,2003 年下半年以来,中央政府又逐步实施了稳健的财政政策和货币政策,以抑制经济的过热,取得了良好的效果。当然,中国宏观经济调控政策实践的时间还不是很长,在实施过程中也存在许多问题,但是只要按照市场经济的基本规律行事,中国宏观经济政策就会更加成熟。

第五节　凯恩斯的基本理论框架

我们在前面讨论了产品市场和货币市场的均衡模型 *IS-LM* 模型,并考察了两大经济政策对均衡收入和利率的影响,这基本上概括了整个凯恩斯经济理论体系。本节对前面论述的凯恩斯主义宏观经济学做一简要的总结,如图 5-21 所示。

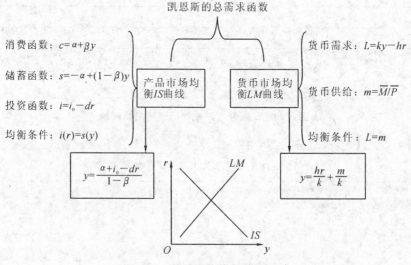

图 5-21　凯恩斯的基本理论框架

图 5-21综合表达了凯恩斯的基本理论框架,概括了凯恩斯经济理论的主要内容,它包括两大主要的市场:产品市场和货币市场。产品市场的均衡是储蓄和投资相等;货币市场的均衡是货币需求和供给相等。这两个市场同时均衡,决定了均衡的实际收入和利率。实际上,产品市场和货币市场的均衡仅仅描述了整个社会的总需求方面。关于总供给和总需求的有关理论我们在后面的章节中再详细讨论。

凯恩斯经济理论实际上就是用含有几个方程的数学模型来描述整个社会的总需求。这个数学模型综合如下。

$$
\left.
\begin{array}{l}
\text{储蓄函数：} s=-\alpha+(1-\beta)y \ ① \\
\text{投资函数：} i=i_0-dr \qquad\quad ② \\
\text{均衡条件：} i(r)=s(y) \qquad\ ③
\end{array}
\right\} \Longrightarrow y=\frac{\alpha+i_0-dr}{1-\beta}
$$

$$
\left.
\begin{array}{l}
\text{货币需求：} L=ky-hr \qquad ④ \\
\text{货币供给：} m=\overline{M}/\overline{P} \qquad\quad ⑤ \\
\text{均衡条件：} L=m \qquad\qquad ⑥
\end{array}
\right\} \Longrightarrow y=\frac{hr}{k}+\frac{m}{k}
$$

由方程①、②、③可求得 IS 曲线为

$$y=\frac{\alpha+i_0-dr}{1-\beta}$$

由方程④、⑤、⑥可求得 LM 曲线为

$$y=\frac{hr}{k}+\frac{m}{k}$$

求解 IS 和 LM 的联立方程,可求得产品市场和货币市场同时均衡时的收入与利率,分别为

$$y'=\frac{(\alpha+i_0)h+md}{h(1-\beta)+kd}$$

$$r'=\frac{(\alpha+i_0)-m(1-\beta)}{h(1-\beta)+kd}$$

■ **教学案例**

中国积极的财政政策

1998 年亚洲许多国家发生金融危机,经济遭受重创。由泰铢贬值开始,不少亚洲国家货币纷纷贬值。我国政府从维持亚洲地区经济稳定的大局出发,坚持人民币不贬值。这就必然影响我国出口,因为周边国家货币贬值而我国货币不贬值,必然会影响我国出口商品在国际市场上的竞争力。

再从当时国家经济形势看,几年来为治理通货膨胀而实行的财政政策和货币政策已显现出适度从紧的效应,如市场低迷、物价下跌、内需严重不足等。

内需和外需不足,怎么办? 中共中央和国务院敏锐地把握了国际、国内经济形势的变化,针对国际经济环境严峻和国内有效需求不足的困难局面,果断地把宏观调控的重点从实行适度从紧的财政政策和货币政策转为实施积极的财政政策和稳健的货币政策。

积极的财政政策,在国际上更通行的说法是扩张性的财政政策,按当时财政部长项怀诚的解释,国人可能不太适应扩张性的说法,故换以积极的财政政策的提法。

这种积极的财政政策主要内容就是通过发行国债,支持国家的重大基础设施建设,以此

来拉动经济的增长。我国始终坚持经常性的预算不计划赤字,建设性预算部分地突破年初确定的规模。在银行存款增加较多、物资供应充裕、物价持续负增长、利率水平较低的条件下,发行国债搞建设既可以利用闲置生产能力,拉动经济增长,又可以减轻银行利息负担,也不会引发通货膨胀,可谓一举多得。1998 年实施积极的财政政策当年就增发国债 1 000 亿元,国债投资带动了上万亿元的基础设施建设,由此拉动 GDP 增长了 2.5 个百分点。这为克服亚洲金融危机影响,推动经济增长立下了汗马功劳,中国也成为当年亚洲地区唯一保持经济较高增长速度的国家。

为了保持经济增长,从 1999 年到 2001 年,我国每年增发国债都在 500 亿元以上。南水北调、西电东输、西部大开发等跨世纪工程也得以启动,这对增强中国经济增长后劲有十分重大的意义。不仅如此,中国积极财政政策在过去的 6 年间,平均每年增加就业岗位 120 万~160万个,6 年共增加就业 700 万~1 000 万人,为促进社会稳定也作出了重大贡献。

当然,积极的财政政策也带来一些负面影响。自从实施积极财政政策以来,我国预算赤字也就一直处于较快上升之中,从 1997 年底的 1 131 亿元,到 2003 年底增至 3 198 亿元,增长近两倍。财政赤字占 GDP 的比重即赤字率已由 2003 年底的 1.2% 上升到 2002 年的 3%,达到了国际普遍认同的债券警戒线水平。

2003 年下半年起,我国经济形势开始发生显著变化。如果说原来地方政府、企业投资积极性不高,从而需要中央政府推行积极财政政策的话,那么到 2002 年下半年开始,我国许多地区已显现出一股投资过猛的热浪。这股投资热潮的结构不尽合理,其中钢铁、水泥、电解铝和高档房地产投资增长特别快。这些行业的投资中,中央政府所占的比例很小,主要是地方政府和企业进行的投资。例如,投资于钢铁的资金有 76.1% 是企业自筹,财政资金仅占很小的比例。这一方面表明,前几年所实施的积极财政政策不仅已使整个国民经济走出了通货紧缩,而且对整个社会的投资环境和投资氛围已产生了催化作用;另一方面表明,积极财政政策在我国这一特定历史阶段该完成的历史任务已经完成。不仅如此,从 1998 年到 2002 年底、2003 年初期间,我国民营资本已有长足发展,全社会的固定资产投资应当逐步由企业特别是民营企业自己去进行。如果继续实施积极财政政策,扩大中央投资,大规模发行国债,则势必对民间投资产生挤出和抑制作用,因为财政投资一般不盈利,或者回收期限长,因此只能靠增加税收来偿还国债。在这种背景下,财政部审时度势,做出了要将积极财政政策向中性货币政策的及时转变。中性财政政策意味着财政投资扩张的力度将减弱,适度紧缩财政资金所支持的项目,同时对国债使用的结构和方向进行调整,由拉动投资需求转变为刺激消费需求,由拉动制造业转向拉动第一产业,尤其是农林和环境生态方面。当然,为保证在建工程完工,积极财政政策淡出也需要一个过程。

(资料来源:高鸿业:《西方经济学学习与教学手册》,211-213,北京,中国人民大学出版社,2005.)

案例讨论:

中国是如何运用财政政策调整经济的? 分析相机抉择的财政政策的优点和缺点。

■ **关键概念**

IS 曲线	IS curve
LM 曲线	LM curve
凯恩斯区域	Keynes's area

古典区域	classical area
IS-LM 模型	*IS-LM* model
失业	unemployment
凯恩斯极端	Keynesianism extreme
相机抉择	discretionary
内在稳定器	built-in stablizers
自动稳定器	automatic stablizers
内部时滞	inside lag
外部时滞	outside lag
政策的混合使用	monetary-fiscal policy mix
政策时滞	action lag
消费物价指数(CPI)	consumption price index
国际收支平衡	balance of international payment
货币政策传导机制	conductive mechannism of monetary policy

■ 复习思考

1.*IS* 曲线是如何得出的? 试用两种方法推导 *IS* 曲线。

2.哪些因素会影响的 *LM* 曲线斜率? 并分析哪些因素会导致 *LM* 曲线的移动?

3.简述 *IS-LM* 模型的主要内容,并用模型说明经济是如何实现自我调整的。

4.宏观经济政策主要有哪些目标? 它们之间是相一致的吗? 试说明理由。

5.试分析 *IS*、*LM* 曲线的斜率是如何影响财政政策和货币政策的效果的。

6.财政政策的自动稳定器是指什么? 货币政策是如何影响经济的?

7.试分析两种经济政策的混合使用的效果,并解释相机抉择的宏观经济政策是如何应对经济波动的。

8.什么是宏观经济政策的时滞? 它对宏观经济政策调整经济的过程有何影响?

9.简述凯恩斯宏观经济体系的主要内容。

10.根据 *IS-LM* 模型,在下列情况下利率、收入、消费和投资会发生什么变动?

a.中央银行增加货币供给;

b.政府增加政府购买;

c.政府增加税收;

d.政府等量地增加政府购买和税收。

■ 单元实训

1.考虑一个如下的经济体

(1) 消费函数是:$C=200+0.75(Y-T)$,投资函数是:$I=200-25r$,政府购买和税收都是 100,针对这一经济体,求出 *IS* 曲线方程并画出 *IS* 曲线。

(2) 货币需求函数是:$(M/P)d=Y-100r$,货币供给是 1 000,物价水平 *P* 是 2,针对这一经济体,求出 *LM* 曲线方程并画出 *LM* 曲线。

(3) 求出均衡的利率 *r* 和收入水平 *Y*。

(4) 假定政府购买从 100 增加到 150,*IS* 曲线会移动多少? 新的均衡利率和收入水平是多少?

（5）假设货币供给从 1 000 增加到 1 200，LM 曲线会移动多少? 新的均衡利率和收入水平是多少?

（6）使用货币和财政政策的初始值，假设物价水平从 2 上升到 4，会发生什么变化? 新的均衡利率和收入水平是多少?

2.设计一种政策组合，能够让国民收入增加而利率不变。

3.设计一种政策组合，能够让利率下降而国民收入增加。

第六章 *AD - AS* 模型

课前导读

刘伟：内需不足是中国经济进入衰退的主因

2009 年 2 月 5 日，由国家统计局中国经济景气监测中心主办的"把脉中国经济高层研讨会"在京举行。以下为北京大学经济学院院长、北京大学金融与产业发展研究中心理事长刘伟的发言摘要。

这一次中国经济的下滑，内因是主要的，美国经济衰退只是一个导火索，中国内需不足是中国经济进入衰退的主因。内需不足主要是消费需求不足，消费需求中最重要的是农村居民消费不足，而不是城市居民的消费不足。

农民消费不足主要是由于农民收入增长相对较慢，要使农民在城市化过程当中得好处实现收入增长，来拉动农民消费需求、拉动经济增长，这是一个长期性的问题。因此，宏观调控措施能不能更多地考虑一下供求之间的内在联系，在这个逻辑基础上刺激需求，同时活跃供给。"供给自动创造需求。"只要是创新的、好的产品，就会有需求。为此，要有创新的产品、产业结构、产业组织、产品开发和市场组织等。

我们的产业组织和产业结构调整很多是反周期的，比如教育、医疗。第三产业、服务业的提出就是为解决生产过剩的问题，恰恰是此时人民生活提高改善需要的，能不能加大推出力度。

宏观调控中除了拉动需求之外，可以在供给方面采取一些办法，这样可以使"扩大需求"接受市场的约束，避免盲目。

（资料来源：和讯网 2009 年 2 月 6 日。）

第一节　总需求函数与 *AD* 曲线

一、总需求函数或 *AD* 曲线的推导

总需求是经济社会对产品和劳务的需求总量，这一需求总量通常以产出水平来表示。总需求由消费需求、投资需求、政府需求和国外需求构成。在不考虑国外需求的情况下，经济社会的总需求是指价格、收入和其他经济变量在既定条件下，家庭部门、企业部门和政府

将要支出的量。

总需求函数被定义为产量（收入）和价格水平之间的关系。它表示在某个特定的价格水平下，经济社会需要多高水平的收入。总需求函数的几何表示被称为总需求曲线。

如本教材前部分阐述，在 IS-LM 模型中，一般假定价格不变，即在价格固定不变时，IS 曲线和 LM 曲线的交点决定均衡的收入或产出水平；接下来，将通过 IS-LM 模型来推导总需求曲线，如图 6-1 所示。

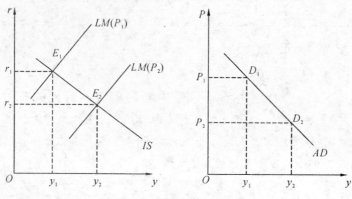

图 6-1　总需求曲线的推导

图 6-1 分两个部分，左图为 IS-LM 模型，右图表示价格水平和需求总量之间的关系，即总需求曲线。当价格 P 取值为 P_1 时，此时 LM 曲线具体表现为 $LM(P_1)$，与 IS 曲线相交于 E_1 点，E_1 点表示的国民收入和利率分别是 y_1 和 r_1。将 P_1 和 y_1 标识在右图中，这样得到总需求曲线上的一个点 D_1。现在假设价格 P 由 P_1 下降为 P_2，根据货币需求函数可知，在名义货币供给不变的情况下，LM 曲线会下降。假定此时 LM 曲线变化为 $LM(P_2)$，它与 IS 曲线相交于 E_2 点，E_2 点表示的国民收入和利率分别是 y_2 和 r_2。同样将 P_2 和 y_2 标识在右图中，得到总需求曲线上的另一个点 D_2。如此按照同样的程序，可以得到更多的关于 P 和 y 的组合，用光滑的曲线连接这些点便得到总需求曲线 AD。

二、AD 曲线及其经济含义

从上述总需求曲线的推导中可以看到，总需求曲线表示社会的需求总量和价格水平之间的相反方向关系，即总需求曲线是向右下方倾斜的，表示价格水平越高，需求总量越小；反之，价格水平越低，需求总量越大。

为什么价格水平与物品和劳务总需求量之间负相关？在前面我们图示了这种负相关，下面我们可以用财富效应、利率效应以及净出口效应来进一步解释这种负相关关系。

1. 财富效应

价格水平下降增加了人们持有货币余额（包括现金和存款）的真实购买力，因而使得以货币方式持有的财富的购买力增加了。此外，像提供固定利率的债券这样的金融资产，其真实价值也会随着价格下降而增加。由于价格下降导致以真实购买力表示的财富增加，人们变得更富有了，因此消费支出会增加；反之，价格水平提高，使一定数量货币的财富购买力下降，人们感到变"穷"了，因此，消费支出会减少。价格水平变动引起收入和财富真实购买力反向变动，从而导致消费水平反向变动，这一关系称为财富效应。英国经济学家庇古

(Arthur Pigou)强调了这一效应,因而财富效应有时又称为庇古效应。

2.利率效应

价格水平上升,人们需要更多的货币从事交易,因而使人们的货币交易需求上升,在货币供给既定的情况下,货币需求上升导致利率上升。利率上升提高了厂商投资成本,从而抑制了投资需求;另外,利率上升意味着消费信贷成本上升,也会导致居民消费需求下降。投资需求、消费需求下降,因而总支出水平和收入水平下降。反之,物价下降则货币交易需求和利率下降,厂商投资需求、居民消费需求上升,总支出水平和收入水平上升。价格水平变动引起货币交易量需求和利率变动,从而导致投资需求反向变动,这一关系称为利率效应。英国经济学家凯恩斯强调了这一效应,因而利率效应有时称为凯恩斯效应。

3.净出口效应

无论是在固定汇率制度还是浮动汇率制度下,价格水平变动都会对净出口需求产生反向影响。在固定汇率制度下,物价水平上升使国内产品与进口产品相比变得更昂贵,从而使得进口增加、出口下降,进而净出口下降并且总需求减少;物价水平下降使国内产品与进口产品相比变得较为便宜,从而使得进口下降、出口增加,进而净出口上升并且总需求增加。在浮动汇率制下,物价水平上升使得利率上升,因为套利动机驱使资本流入增加,本币升值压力增加;本币升值使得国内产品与国外产品相比变得昂贵,结果进口增加、出口下降,导致净出口下降和总需求减少。反之,物价下降使利率下降,资本流出增加对本币产生贬值压力;货币贬值使国内产品与国外产品相比变得便宜,结果进口减少、出口增加,导致净出口上升和总需求增加。总之,价格水平变动导致国内产品与进口产品相对价格变化,进而使净出口需求产生反向变动。美国经济学家蒙代尔(Robert Mundell)和弗莱明(Marcus Fleming)强调了这一效应。因而净出口效应有时又称蒙代尔-弗莱明的净出口效应。

以上三个效应,说明了总需求曲线向右下倾斜的原因。

三、*AD* 曲线的水平移动

在其他条件不变的情况下,总需求曲线告诉我们价格水平和实际总需求之间的关系。如果价格水平变化而对家庭、公司和政府消费意愿的其他所有变量均不改变,那么经济会沿着固定的总需求曲线上下滑动。但是,任何一个影响家庭、公司和政府消费意愿的变量发生变化,那么总需求曲线本身就会水平移动,如图 6-2 所示。

能够引起总需求曲线移动的变量分为以下三类。

一是政府政策的变化。政府的货币政策和财政政策的变化都会移动总需求曲线。货币政策包括利率的改变,财政政策包括政府购买和税收的改变,甚至包括战争。更低的利率使得企业和家庭借款的成本降低。低成本会增加借款消费和投资,从而使总需求曲线向右移动。而更高的利率会使总需求曲线向左移动。政府购买作为总需求构成的组成部分,它的增加使总需求曲线向右移动,它的减少使总需求曲线向左移动。个人所得税以及转移支付将直接影响家庭可支配收入,进而影响消费需求使得总需求曲线移动。所得税上升或转移支付减少将降低可支配收入,总需求曲线向左移动;反之,所得税下降或转移支付上升将降低可支配收入,总需求曲线向右移动。商业税收直接改变的是企业投资支出的收益率。商业税收的增加使得总需求曲线向左移动,而商业税收的减少使得总需求曲线向右移动。

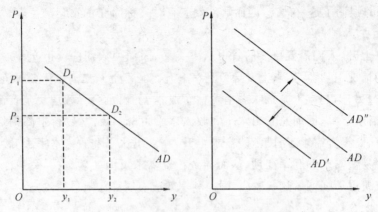

图 6-2 总需求曲线上的滑动及该曲线移动

二是家庭和企业预期的变化。如果家庭对于未来的收入有乐观的预期，会增加当前消费，从而使总需求曲线向右移动；如果对未来收入有悲观预期，则当前消费下降，总需求曲线向左移动。对于企业，如果认为未来经济状况会转好、产品销售会增加，则扩大投资增加产品供应能力，总需求曲线向右移动；反之，如果认为未来经济会恶化、产品销售会下降，则减少当前投资，总需求曲线向左移动。

三是对外贸易的变化。如果国外家庭和公司减少对国内产品的购买，而国内家庭和公司增加对国外产品的购买，净出口会减少从而使总需求曲线向左移动。

第二节 总供给函数与 AS 曲线

一、总供给曲线的推导

总供给是经济社会所提供的总产量（或总产出），即经济社会的基本资源用于生产时可能有的产量。这里所说的基本资源主要包括劳动量 N、资本量 K 以及技术状态 T。

这三个影响供给量的因素可以用总生产函数来描述。总生产函数可以写成

$$Y = F(N, K, T) \tag{6.1}$$

用文字表述为，供给量由劳动量、资本量以及技术状态决定。当劳动量、资本量和技术状态越大时，供给量越大；另一方面因为"边际报酬递减规律"，总产出按递减的比率增加。

然而在任何一个既定的时间内，资本量和技术状态都是固定的，这取决于过去所做的决策。人口总量也是固定的，但是劳动量并不是固定的，它取决于人们和企业所做出的劳动供求决策，如对闲暇效用的评价和工资水平等。

当一个经济社会在现有激励条件下所有愿意工作的人都参加了生产时所达到的就业量是理想的就业量，经济学中称之为充分就业量或潜在就业量，此时的产量称之为充分就业的产量或潜在的产量。用生产函数表示就是

$$Y' = F(N', \overline{K}, \overline{T}) \tag{6.2}$$

式中，y' 表示潜在产量，N' 表示潜在就业量。因为潜在就业量不受价格等宏观经济变量的影响，所以潜在产量也不受价格水平等变量的影响。当一个社会的生产达到潜在产量时，意味

着该经济社会比较充分地利用了现有的经济资源。需要说明的是,潜在就业量并不是固定不变的,它随人口的增长而稳定增长,随着社会观念的改变而改变,随着就业意愿的改变而改变。

由上所述,在一定时期和一定条件下,总供给主要是由就业水平决定的,所以对供给的分析离不开就业水平决定的分析,即劳动市场分析。下面对完全竞争的劳动市场加以说明。

由微观经济学知识可知,如果劳动市场是竞争性的,则企业只能接受既定的市场工资和其产品的市场价格,则企业将会选择一个就业水平,使得劳动的边际产品等于实际工资,因为只有在这一就业水平,企业实现其利润最大化。这里实际工资等于货币工资 W 除以价格水平 P,即 W/P。

由于劳动的边际产品随着劳动投入的增加而降低,所以劳动的需求函数是实际工资的减函数。用 N_d 表示劳动需求量,则劳动需求函数用公式表示为

$$N_d = N_d(W/P) \tag{6.3}$$

实际工资低时,劳动的需求量大;实际工资高时,劳动的需求量小。即劳动需求曲线具有负斜率,如图 6-3 所示。

与劳动的需求相似,劳动的供给是实际工资的增函数。用 N_s 表示劳动供给量,则劳动供给函数用公式表示为

$$N_s = N_s(W/P) \tag{6.4}$$

实际工资低时,劳动的供给量小;实际工资高时,劳动的供给量大。劳动供给曲线一般具有正斜率,如图6-3所示。

如果工资 W 和价格 P 都是可以调整的,那么实际工资 W/P 也是可以调整的。劳动市场的均衡就由劳动的需求曲线和劳动的供给曲线的交点来决定。均衡点上企业所需劳动量恰好等于社会所提供劳动量。如果实际工资太高,则劳动供过于求,经济社会不能为所有愿意工作者提供足够的职位,在价格和工资具有伸缩性的情况下,

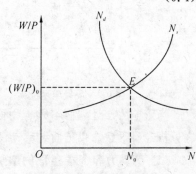

图 6-3 劳动市场均衡

实际工资会下降,从而一方面抑制劳动者的劳动供给,另一方面刺激企业的劳动需求。随着实际工资的不断调整,劳动的供求数量也不断进行调整,直到使劳动市场达到供求相等的均衡状态为止。

总之,在价格 P 和工资 W 具有完全伸缩性的完全竞争的经济中,劳动市场的均衡条件是

$$N_s(W/P) = N_d(W/P) \tag{6.5}$$

劳动市场的均衡一方面决定了均衡的实际工资,另一面决定了均衡的就业量。

二、AS 曲线的经济含义

总供给函数是以函数形式刻画总产量与一般价格水平之间关系的。引入几何图形,在以价格水平为纵轴,总产量为横轴的坐标系中,总供给函数就表现为总供给曲线。总供给曲线是向右上方倾斜的,如图 6-4 所示。

向右上方倾斜的原因在于,短期内随着价格水平的提高,企业愿意提供的商品和服务也会增加。企业之所以会随着价格水平的上升而增加商品和服务的提供主要是因为随着最终产品和服务价格上升时,投入的生产要素如劳动者工资、自然原料价格等却增加得比较慢。当最终产品和服务价格的上升快于投入品的价格时,利润会增加。总供给曲线向右上方倾斜的另一个原因是,当价格水平上升或者下降时,一些公司调整价格比较慢。当价格水平上升的时候,提高产品价格比较慢的企业会发现自己的销售增加很多,因此会增加生产;当价格水平下降时,降低产品价格比较慢的企业会发现自己的销售减少很多,因此会减少生产。

当物价水平上升,而货币工资率和其他资源价格保持不变时,实际 GDP 供给量增加,沿着供给曲线变动,但不改变总供给,即总供给曲线不变。如图 6-5 所示,当物价水平从 P_1 变化到 P_2 时,而其他条件均不变化,则收入水平由 Y_1 变化为 Y_2。

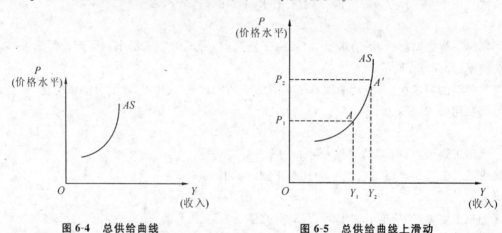

图 6-4　总供给曲线　　　　　　　　　图 6-5　总供给曲线上滑动

当影响生产计划而不影响物价水平的因素变动时总供给变动,即总供给曲线变化。现在分析几种导致总供给曲线移动的因素。

(1)劳动力和资本存量的增加。当一个经济社会拥有更多的劳动力资源和资本存量时,每一个经济细胞——企业会在每一个价格水平上雇佣更多的资源,包括劳动和资本,从而产出增加,综合的影响是总供给曲线向右移动。

(2)技术创新。技术革命的发生使劳动力和资本的生产力提升,这意味着企业在原有的劳动力和资本投入上得到更多的产出。这样的技术创新降低经济社会的生产成本,因此经济社会可以在任何一个价格水平上生产更多,因此总供给曲线向右移动。

(3)对未来价格预期的改变。当企业和工人都相信在未来的时间内价格水平会上升,他们会相应改变产品价格和工资,以保持自身利益。当经济社会中每一个决策者都做同样的调整时;总供给曲线相应向左移动相同幅度。

(4)没有预料到的生产要素价格变化。例如,石油价格的突然上升导致企业成本的上升,从而企业只能以更高的价格来卖出相同的水平的产品,进而使总供给曲线向左移动。像这样一个没有预料到的造成总供给曲线向左移动的事件叫做不利供给冲击。

(5)自然和人为的灾祸。总供给曲线最急剧的变动产生于天灾人祸。例如,地震或战争会极大地破坏经济、社会的供给能力,使得总供给曲线向左方移动。

总之,经济中生产方面的变动都会引起总供给曲线的移动,图 6-6 展示了这些因素给总供给曲线带来的变化。

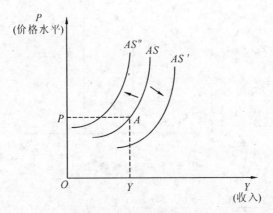

图 6-6　总供给曲线的移动

三、不同学派对 *AS* 曲线形状的争议

不同学派对总供给曲线有不同的观点,按照货币工资 *W* 和价格 *P* 进行调整所要求的时间长短,宏观经济学将总产出与价格水平之间的关系分为两种:古典总供给曲线和凯恩斯总供给曲线。

(一)古典总供给曲线

古典学派认为总供给曲线是垂直的,也即无论在什么价格水平,供应的产品数量都是一样的。古典总供给曲线之所以是垂直的,是基于这样的一个假定,劳动力市场总是处于充分就业的均衡状态。一旦全部劳动力都就业了,即使价格水平上升也不会令产量高于现有水平。正是因为不存在为生产额外产量而可资利用的额外劳动力,故而总供给曲线垂直于与充分就业相对应的产量水平 Y_f,如图 6-7 所示。

隐含在垂直曲线背后的劳动力市场均衡假定可以由名义工资的瞬时调整来说明。例如,假定经济处于均衡状态,现在总需求曲线向右移动。在现行价格水平上,对产品的需求增加了,厂商为了获取更多利益,需要雇佣更多的劳动力投入生产领域。然而因为已经达到充分就业状态,经济社会中没有可以利用的劳动力资源了,故此只有提升工资水平争相抢夺人力资源,与此同时为维持自身利益也提高产品价格,不变的是总产出水平。

不能忽视的是,随着技术创新的不断发展,生产效率不断得到改善,潜在的产出水平会随着时间的推移而不断增长,表现为垂直的总供给曲线是不断向右移动。如图 6-7 所示,因为技术进步,生产效率提高,同样的投入得到的产出由 Y_f 变化为 Y'_f,而总供给曲线由 *AS* 线变化为 *AS'* 线。然而,此时尽管潜在的总供给曲线逐步发生变动,但这种变动是不取决于价格水平的,并且在一个较短的时间范围内,潜在产出能力的增长是非常有限的。故此一般情况下,以一条垂直于充分就业产出的直线表示长期的总供给曲线,而不担心该垂线的移动。

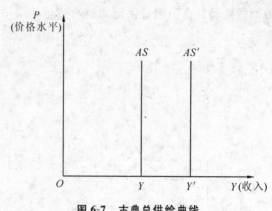

图 6-7　古典总供给曲线

（二）凯恩斯总供给曲线

凯恩斯总供给曲线是水平的，如图 6-8 中曲线 P_0E_0 所示。表明厂商在现有价格水平上，愿意供给所需要的任何数量的产品。凯恩斯总供给曲线的现实基础是 20 世纪初期的大萧条。由于存在大量的失业与资本的闲置，厂商可以以现行的工资获取足够多的劳动力投入到生产领域。因而厂商的平均成本被认为是不随产出的变化而改变的，于是他们愿意以现行的价格水平满足经济社会对产品的需求。不过，现代观念对此的解释是：当需求变动时厂商不愿意立即改变价格和工资，但会增加或减少产量，这样总供给曲线在短期内仍是平坦的。

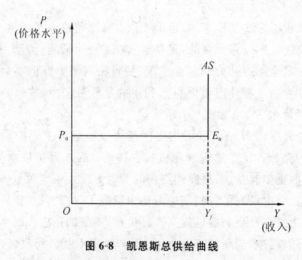

图 6-8　凯恩斯总供给曲线

第三节　总需求与总供给的均衡

一、宏观经济的均衡与物价水平的决定：AD-AS 模型

前面已经分别讨论了总需求和总供给，现在将两者结合起来构成总供给——总需求模型，即 AD-AS 模型，来解释经济波动和物价水平的变化。为了达到这一目的，我们对每一

种时间框架的总供给和总需求联系起来,得到长期均衡和短期均衡。长期均衡是经济向一种方向运动的状态,短期均衡是当经济围绕潜在产出波动时的正常状态。

(一)短期宏观经济均衡

总需求曲线表示在每种物价水平下的实际 GDP 需求量,而短期总供给曲线说明的是在每种物价水平的实际供给量。当实际 GDP 需求量等于实际 GDP 供给量时就实现了短期宏观经济均衡。这也就是说,短期均衡在 AD 曲线与 SAS 曲线的交点,如图 6-9 所示。

如果物价水平高于均衡水平,实际 GDP 需求小于实际总供给,故而有企业无法卖出自己的全部产品,如不愿意存货增加,只能一方面减少生产,另一方面降低价格,直至所有的企业全部能卖出所有的产品。如果物价水平低于均衡水平,实际总需求大于总供给,企业的当期生产无法满足经济、社会的需求只能一方面存货减少,另一方面企业增加生产并提高价格。物价水平和产出水平一直上升至能满足所有的需求为止。

(二)长期宏观经济均衡

当实际 GDP 等于潜在 GDP,即经济处于长期总供给曲线上时,就实现了长期宏观经济均衡,如图 6-10 所示。

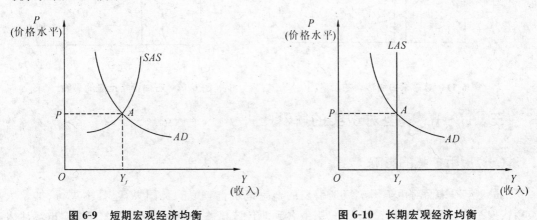

图 6-9　短期宏观经济均衡　　　　图 6-10　长期宏观经济均衡

二、宏观经济均衡的变动

(一)总需求曲线移动的后果

下面以图 6-11 来说明总需求曲线移动的后果。在这一特定时期,总需求曲线和总供给曲线相较于均衡点 A,该点上实现了充分就业,其产量和价格分别为 Y_f 和 P。当总需求增加时,总需求曲线向右上方移动到 AD',新均衡点为 A',对应的产量和价格分别为 Y' 和 P',两者均高于潜在就业时水平,表明经济处于高涨状态。同样,当总需求减少时,总需求曲线向左下方移动到 AD'',新均衡点为 A'',对应的产量和价格分别为 Y'' 和 P'',两者均低于潜在就业时水平,表明经济处于萧条状态。

(二)总供给曲线移动的后果

下面以图 6-12 来说明总需求曲线移动的后果。

在这一特定时期,总需求曲线和总供给曲线相较于均衡点 A,在该点上实现了充分就业,其产量和价格分别为 Y_f 和 P。当某种原因导致原材料或燃料价格上升,如战争、特大自然灾害等,总供给曲线向左上方移动到 AS',新均衡点为 A',对应的产量和价格分别为 Y' 和 P',价格高于潜在就业时水平,而产量低于充分就业时水平,这表明经济处于滞涨状态。同样,某种原因导致原材料或燃料价格下降,如新技术的发明等,总供给曲线向右下方移动到 AS'',新均衡点为 A'',对应的产量和价格分别为 Y'' 如 P'',价格低于潜在就业时水平,而产量高于充分就业时水平。

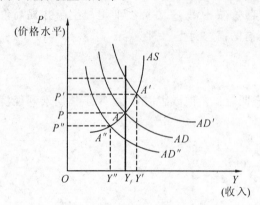 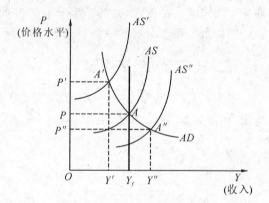

图 6-11　总需求曲线移动的后果　　　　图 6-12　石油价格上涨的影响

三、AD-AS 模型对现实的解释

(一)货币扩张的影响

2008 年以来面对由美国次级债引发的金融危机,美联储、英国央行、日本央行、加拿大央行、瑞士央行等各国货币当局均已采取各种非传统措施来刺激经济,要么直接向市场注入流动性,要么直接向企业购买债券、商业票据等。在扩张的货币政策影响下,联邦基金利率从 5.25% 下调到 0~0.25% 的"目标区间";欧洲央行将主导利率由 4.25% 减至 2%;英国央行的基准利率由 5.75% 减至 1%;中国央行将基准利率从 4.14% 减至 2.52%,加拿大、瑞典、韩国、澳大利亚等国也大幅下调基准利率。目前许多国家的利率水平已处于历史最低位。

现在我们基于总需求-总供给模型分析扩张货币政策的影响:扩张性货币政策使得名义货币供给水平由 M 增加到 M'。假设起始状态 A 的产出处于潜在产出水平 Y_f,价格水平为 P,如图 6-13 所示。现在因为扩张的货币政策对于给定的价格水平下,名义货币供给增加导致实际货币供给量增加,从而导致投资的成本下降,进而投资上升,这样总需求曲线向右上方移动至 AD',此时价格水平为 P'、产出为 Y',均高于原价格水平、产出水平,即表明经济处于高涨状态。

随着时间的推移,价格预期的调整开始发挥作用。通过观察工人或工会发现价格水平上升了,会要求更高的名义工资,从而进一步推动价格上升,然而这样带来的人力资源、原材料等成本的上升使得厂商的生产成本上升,所以厂商调整生产规模降低雇佣,从而总供给曲线向左上方移动,均衡产出水平向潜在产出水平靠拢,最后在潜在产出水平实现均衡,此时价格水平为 P''。

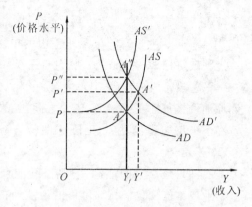

图 6-13　扩张性货币政策的影响

(二)石油价格的影响

1979 年第二次石油危机,原油价格首次突破 20 美元/桶;1980 年,原油价格首次突破 30 美元/桶;1981 年初,国际原油价格最高达到 39 美元/桶;随后,国际油价逐波滑落,从此展开了一轮长达 20 年的油价稳定期。

1983—2003 年初,20 年油价一直徘徊在 30 美元之下。1986 年,国际原油价格曾一度跌落至 10 美元/桶上方;1986 年初—1999 年初,国际原油价格基本上稳定在 20 美元/桶之下运行,只是在 1990 年 9—10 月间,油价出现过瞬间暴涨,并首次突破 40 美元/桶,但两个月后很快又滑落至 20 美元/桶之下;1998 年底 1999 年初,国际原油价格曾一度跌至 10 美元/桶以下。2000 年,国际原油价格曾短时间内冲至 30 美元/桶上方,但很快又跌落至 20 美元/桶之下。

2003 年以后石油价格步入一个全新的快速上升通道:2003 年初,国际原油价格再次突破 30 美元/桶;2004 年 9 月,受伊拉克战争影响,国际原油价格再次突破 40 美元/桶,之后继续上涨,并首次突破 50 美元;2005 年 6 月,国际原油价格首次突破 60 美元/桶;2005 年 8 月,美国遭遇"卡特里"飓风,国际原油价格首次突破 70 美元/桶;2007 年 9 月 12 日,国际原油价格首次突破 80 美元/桶。

2007 年 10 月 18 日,国际原油价格首次突破 90 美元/桶,并在年底直逼 100 美元/桶。2008 年第一个交易日,纽约商品交易所 2 月份交货的轻质原油期货价格在电子交易中达到每桶 100.09 美元,这一价格刷新了 2007 年创出的每桶 99.29 美元的国际原油期货盘中最高记录,首破 100 美元。2008 年 3 月 12 日(美国时间),纽约商品交易所 4 月交货的轻质原油期货价格收于每桶 109.92 美元,盘中一度达到每桶 110.20 美元的历史新高,首破 110 美元。

2008 年 5 月 5 日,国际市场油价大幅上涨,其中纽约商品交易所 6 月份交货的轻质原油期货价格每桶上涨 3.65 美元,收于 119.97 美元,盘中创下每桶 120.36 美元的历史新高,首破 120 美元。2008 年 5 月 20 日(美国时间),纽约商品交易所 6 月份交货的轻质原油期货价格上涨 2.02 美元,收于 129.07 美元,再度创新 1983 年以来原油期货交易的最高纪录,当天盘中最高达 130.47 美元,首破 130 美元大关。

2008 年 6 月 6 日(美国时间),纽约商品交易所 7 月份交货的轻质原油期货价格每桶上涨 10.75 美元,收于每桶 138.54 美元。在盘后电子交易中,纽约油价一度达到创记录的 139.12 美元,直逼 140 美元。2008 年 7 月 11 日见到最高 148.6 美元/桶。

从 2008 年 7 月中旬开始,美元汇率的上升以及由美国金融危机引发全球经济增长忧虑对石油需求的负面影响增强,尤其是美国及其他发达国家石油需求的大幅下降,使国际油价大幅震荡下跌。9月中旬以后的时间里,国际金融危机的加剧,导致油价下跌并屡屡破位。12月18日,因对全球石油需求下滑的担忧超过石油输出国组织提振市场举措的影响,原油一度跌破每桶36美元,当日收盘价跌至40美元/桶下方。

一些投行机构预计2009年第一、第二季度国际原油价格每桶在45~55美元之间,如果全球经济在下半年能逐步复苏,国际原油价格有望回升至70美元/桶。

石油是最重要的能源,它的变化直接影响相关行业成本的变化。石油价格的上涨使得相关行业成本增加,进而使社会总成本增加,总供给曲线向上移动。它对于总需求的影响稍复杂:对于以石油为原料或燃料的企业可能引起企业调整投资计划,只要这些企业认为石油价格的上涨是持续的,那么长远考虑则会寻找替代原料或燃料,或者更新高效率设备。因为这样涉及的周期比较长,所以一般情况下假定总需求曲线不动。

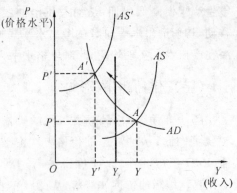

图 6-14 石油价格上涨的影响

分析思路如图6-14所示:AD是总需求曲线,AS是总供给曲线,两者交点A决定产量或收入为Y,价格水平为P。现在因为石油价格的上升,所以供给曲线向左上方移动到AS'新交点决定新产出和新价格水平为Y'和P'。该产量低于原产量,但价格水平高于原价格水平,这种情况表明经济处于滞涨状态,即经济停滞与通货膨胀并存。

■ **教学案例**

2003年继续实施积极财政政策

财政部部长项怀诚日前表示,根据对2003年财政经济形势的分析判断和中央经济工作会议确定的经济发展预期目标,今年继续实施积极财政政策。

一是配合有关部门调整优化国债资金的投向和结构。国债资金首先保证在建项目的扫尾,确保重大项目的投入和建设,重点向农村倾斜、向结构调整倾斜、向中西部特别是西部地区倾斜、向生态环境建设倾斜,并严格控制除西部开发项目外的新开工项目,坚决制止低水平重复建设和过度超前建设,保证工程质量。

二是加强国债资金管理,提高资金使用效益。规范国债资金拨付使用程序,扩大国债资金实行国库集中支付范围,全面推行追踪问效管理,强化国债资金使用的监督检查。

三是注意积极财政政策与其他宏观调控政策的协调配合,扩大政策实施效果。将实施积极财政政策、扩大投资需求同扩大就业、改善人民生活、促进消费结合起来,将扩大政府投资与鼓励和引导社会投资、利用外资结合起来,将财政支持经济发展与防范财政风险结合起来,加快培育和完善经济增长的内在机制。

今年我国所发行的长期建设国债将重点投向五个方面:(1)确保重大项目的投入和建设;(2)改善农村生产生活条件,增加农民收入;(3)促进技术进步和企业技术改造,增强经济发展的后劲;(4)继续为加快西部地区经济发展创造条件;(5)加快实施退耕还林,促进可持续发展。

(资料来源:金融时报,2003-03-07。)

国债投资放缓财政政策关注结构

2004 年财政对"三农"、就业、社会保障、教科文卫等将加大投入,仍体现积极财政政策特点,但变拉动投资为拉动消费,结构调整明显。财政部官员透露,今年确定的长期建设国债发行规模将不会削减,但为了解决投资过热问题,长期建设国债的使用将尽量向后延缓,同时,财政预算中已确定的建设性支出也将放缓。

此前,在上海举行的"全球扶贫大会"上,财政部部长金人庆提出,财政政策将转向中性。对于如何理解"中性财政政策",这位官员表示,简单的理解就是"扩张的力度不是那么大了,开始实行正常的、稳健的政策"。

中性财政政策意味着投资扩张力度的减弱,体现在不再开工新项目。为保证在建工程完工,不会削减今年的长期建设国债规模,但在建国债项目进度放缓,会适当控制政府投资的节奏。

中国社科院财贸所研究员何振一认为,探讨积极财政政策的"淡出"没有多少实际意义,因为财政政策终究是要有所作为的。如果在宏观调控中既不调节热,也不调节冷,这显然不可能。比如,现在财政通过税收减免和直接补贴增加农民收入的政策,"这就不是中性财政政策"。

(资料来源:财经时报,2004-06-07。)

从积极财政政策到中性财政政策

持续了近 6 年的积极财政政策在今年 5 月底有了称呼的改变——由"积极"转向"中性"。这一称谓的改变,表面上看是一种政策的风向转变,但与去年底以来一直强调的宏观经济局部过热的大形势结合起来,则说明不仅是一项政策的转变,更是经济形势上的一种转变。

在许多经济学家看来,当前财政政策在提法上由"积极"向"中性"的转变,不过是个形式称呼的改变,而事实上,这种积极财政政策的淡出已经早有动作。从货币信贷的紧缩,到产业政策重心的调整,以及资金流向的严格审批等等,都表明中央在财政政策这一工具的运用上已经充分考虑到了其"作为性"。总量控制在一定程度上不增长,这本身就是一种淡出,正如每年将银行信贷保持在一个稳定的比例,其实就是在收缩银根,因为从发展的角度看,一个持续的发展阶段肯定是一个有着持续增长比例的过程。

从这次财政政策的转变来看,其必然性也是客观存在的。首先,不可忽视的现实是,近年来,在积极财政政策的带动下,我国一些地区的基建项目(如机场布点)过于稠密,一些机场建成后不能得到充分利用;沿海、沿江新建、扩建大型深水泊位码头成风,吞吐能力严重闲置;一些经济还比较落后的地方花费巨额资金修建了高速公路,但车辆通过率很低,甚至在今后一个较长时期内也不会得到充分利用。其他一般性竞争领域里诸如钢铁、水泥、电解铝、电力行业等的重复建设更是有目共睹。

财政政策在转向上更注重结构性的调整,财政支出的方向将趋于更加合理。财政政策将从许多不需要其"越位"干预的地方退出,而更多地流向财政政策应"到位"而"未到位"的方向。从一般的市场经济的"公共财政"原则来看,应当收缩财政的生产建设型投资,主要提供公共产品与服务,如社会基础教育、公共基础设施,并促进公平分配,维护经济及社会稳定、保证政权建设、国家安全等。但在现实国情中,关键性的生产建设项目支出仍然是财政支出的重头戏。

从长远来看,财政的经济建设职能则要慢慢淡出,其占财政总支出的比例需要进一步降低,对一些大型项目,市场竞争的门槛可以放得更低一点。从今年1至4月来看,虽然财政收入比去年同期有大幅上升,但1月至4月全国基本建设支出比去年同期减少了11%,财政部官员表示正在把预算中已经确定的建设性支出往后推,从而将全国基本建设支出控制在预算范围之内。

(资料来源:中国经济时报,2004-06-22。)

案例讨论:

(1) 中国积极财政政策选择和运用的依据是什么?

(2) 积极财政政策淡出的依据是什么?

(3) 在这一时期,中国积极财政政策中财政投资为何以基础设施为重点?

(4) 中国这一次调控中积极财政政策包含哪些内容?对经济有何影响?

(5) 国债最终是要由税收来偿还的,税收来自纳税人,所以有人说,"国债是把纳税人的钱从左口袋拿到了右口袋,因而多借一些也无妨"。因为先前发行的国债要用后来的税收偿还,所以又有人说,"国债是父辈花子孙的钱,因而是不公平的"。如何评价国债发行对经济的影响,确定合理的国债规模?如何评价国债的代际公平问题?

(6) 政府的投资支持和政策支持对促进欠发达地区的发展是必要的,我国国债资金也坚持了向中西部倾斜的方针。值得讨论的是,这种支持是否可能一直持续下去并保持较大的力度?中西部地区发展是否主要依赖中央政府的支持?如何寻求和培育市场对投资中西部地区的激励和持久动力?

1993年海南房地产泡沫?

海南的房地产曾炙手可热,然而,在造就了一批富翁之后,一些企业和个人被牢牢地套在了海南的房地产上,而且这一套就是好几年。房地产,已成了许多海南人试图回避却怎么也回避不了的敏感话题。

1998年年底,朱总理考察海南时指示中央有关部委和海南省政府,要认真处置海南积压房地产,并将海南作为全国解决积压房地产的试点。经过大半年的酝酿,1999年7月14日,由海南省委省政府与国务院有关部门及国有商业银行,共同形成的《处置海南积压房地产试点方案》已经国务院正式批准,10月,海南省又出台了《关于处置积压房地产流通有关问题的通知》,正有步骤地开始确权登记等有关事宜。这些方案的出台,会不会使遗留了多年而且在这之前毫无解决希望的难题破解,海南的房地产是否能够真正解套,为人们所关注。

上百亿资金在有限的土地上沉淀

1988年建省前后,一些国内外客商前往海南投资开发房地产。香港南洋银行和海南珠江实业(600684,股吧)公司在海口市兴建的28层的南洋大厦和龙珠大厦,以其高度和气度,的确让当时的海南人大开眼界,人们也为海南的发展前景怦然心动。

似乎是海南经济特区命中合该有舛,海南建省后不久就出现了1989年的政治风波,房地产也随着人们对这个新的经济特区的前途被看淡而开始受到冷落,房价一度跌到1 000元一平方米左右。但海南的历史并没有因为有人对它看淡而停止发展,邓小平南巡谈话发表前的 1991 年,海口市的房地产便开始升温,金贸区的高楼和海甸岛的别墅,都在短期得到了回报,只不过还没有引起人们足够的重视,正所谓春江水暖鸭先知,1992 年 4 月 13 日,《海南日报》刊出一篇报道:海南广厦房地产开发有限公司在海口市中心龙华路投资兴建的 25 层财盛大厦,刚建首层就被争购一空。这无疑是一个信号,海南的房地产价格将会大幅上扬。事实也证明,海南的房地产价格的确开始飙升了——仅仅只有一年的时间,1991 年 6 月前还是 1000 多元一平方米的公寓楼,到 1992 年 6 月已可卖到两三千元一平方米了,别墅也由 2000 多元涨到了五六千元一平方米,金贸区内的珠江广场、世界贸易中心的商品房价格更是曾一度突破 10000 元。与此相呼应的是,土地使用权的出让价格也大幅提高,有的地方仅过一年价格竟由十几万元一亩涨高到 600 多万元一亩。在海口和三亚等有限的区域内,房地产的价格几乎是打着滚往上翻,只要是持有与房地产沾边的文件,哪怕还没见着具体的土地和图纸,隔不隔夜都可发财。"要挣钱,到海南;要发财,炒楼花",成为了一些生意人的经典。于是乎,在巨大的利润的吸引下,不到 60 万人的小小海口,集中了全国各地的房地产公司;于是乎,一个全国人口最少的省,商品房的销售额却在全国各省市中居第三位,增长幅度居全国第一;于是乎,海南尤其是海口市的经济以惊人的速度发展,破天荒地高达 83% 多,连续两年的财政收入都比上年翻了一番,而在财政收入总额中房地产的收入又占 70%。

据统计,1992 年 1—9 月,商品房新开工面积 294 万平方米,超过海南建省办特区三年多来住宅施工面积的总和,比 1991 年同比增长 1 倍多,商品房销售额 76 449 万元,是 1991 年的近 4 倍,在短短的一年多的时间里,有 4 000 多家房地产公司投资了 58 亿元资金,在海口市的有限范围内开发房地产面积达 800 万平方米。另据统计,在 1992 年和 1993 年里,投资海南房地产业开发的资金占社会固定投资的三分之一强,海口市房地产业的投资更是差不多占了当年固定资产投入的一半,国内外的投资高达 87 亿多元。房地产业成为地方财政收入的主要来源,1992 年海南全省财政收入的 40% 是直接或间接地由房地产而来,而在海口市则更是高达 60% 以上,这些为海口市的基础建设奠定了基础,并由此带动了商业、服务业、建筑业等产业的发展。

眼看着房地产价格一个劲地往上窜,很少有人意识到,在轰轰烈烈的买卖中,真正买来用于居住和商务活动的只有 30% 左右,而 70% 是投机者囤积起来进行炒作的。而且炒房地产尤其是炒楼花的投机活动更是达到了疯狂的地步,预售的房子还在图纸上,就已经被炒来炒去,几易其主。由于 70% 的买卖都不是作为最终消费的房地产交易,于是最后也便有了与一场击鼓传花的游戏一样的结局:当鼓声嘎然而止,价格一个劲地往上窜的房地产忽然间由抢手货变成了烫手的山芋——1993 年下半年,就如同海南这个热带岛屿天太热往往会出现兜头浇来的对流雨一样,随着国家加强对宏观经济调控的力度,海南的房地产热突然来了个大刹车:大量资金沉淀了,一大批被套牢的人和企业叫苦不迭,悔之不及。

房地产热骤然降温,经济发展的泡沫陡散,房地产就只留下热带海岛一个个曾让人冲动让人憧憬的梦幻,春梦霎时了无痕,良辰美景都付与了断壁残垣。据 1998 年底初步统计,海南建省 10 年间,商品房开发建设规模达 3 669 万平方米,其中竣工 1 686 万平方米,在建 144 万平方米,停建 1 135 万平方米,报建未开工 704 万平方米;累计销售 974 万平方米,未销售 703 万平方米。也就是说,竣工的商品房只占开发建设总规模的 46%,而这些已竣工的商品房又有将近一半的商品房没能卖出去。竣工的情况尚且如此,更遑论那属于开发建设而在建的 4%、停建的 31% 和干脆就没有开工的 19%。另一项统计数据表明,1991 年至 1996 年,全省新增农业建设用地 42 307 公顷,其中项目已建成竣工的 7 345 公顷,项目已开工且投资超过总投资额 25% 的有 16 129 公顷,闲置土地 18 834 公顷。

如今的海南,到处都能见到房地产热留下的阴影,也能见到一些独特的现象。在海口市的大街上,尤其是新开发的金融贸易区和海甸岛东部开发区,花巨资圈来的地变成了渔塘和附近居民的菜地。买了土地没有开工的,开了工而没有竣工的,竣了工而没有搞内外装修的,装修了而没有卖出去和租出去的,几乎是只要留意一些就能够发现。不仅如此,有的房主还只得花钱请人住,自己交物业管理、水电费等费用。也有的干脆就不管了,于是,再度打开房间时,曾经是宠物的狗哇猫呀,都已成了一堆毛屑……在海口市空置的高档别墅往进了进城找工作的农民,有的农民还在别墅里喂起猪来……

问题还不仅仅局限于房地产,随着海南房地产热的迅速降温,相当一批公司被套牢在海南的土地上,而且各行各业部受到冲击,首当其冲的便是金融部门。据中国人民银行初步调查统计,截至 1998 年底,海南房地产占压四大专业银行的金融资产累计达 406.57 亿元,且多数已成不良资产。企业间的纠纷也频发不绝,截至 1999 年 6 月,在全省积压的房地产中,被法院查封的土地就有近 3 万亩,房地产面积 41 万平方米。这些,都严重地影响了海南经济的发展。于是,一些重点工程和生产资金严重短缺,社会经济发展速度滞缓,由当年的全国第一,一下子滑落到 1995 年的全国倒数第一。

案例讨论:

试搜集相关材料,结合所学知识,分析 1993 年海南房地产市场泡沫破灭的原因及其影响。

■ 关键概念

总需求曲线	aggregate demand curve
短期总供给曲线	short-run aggregate supply curve
短期宏观经济均衡	short-run macroeconomic equilibrium
长期总供给曲线	long-run aggregate supply curve
长期宏观经济均衡	long-run macroeconomic equilibrium
潜在产出	potential output
古典总供给曲线	classical aggregate supply curve
凯恩斯主义总供给曲线	Keynesian aggregate supply curve

■ 复习思考

1. 宏观经济中短期均衡和长期均衡是什么含义?在什么情况下两者达到一致,在什么情况下两者又会偏离?

2. 假定中央银行 A 和中央银行 B 有不同的目标偏好。中央银行 A 关注价格水平的稳定,而中央银行 B 则关注如何使产出和就业水平保持在自然率的水平上。现假定经济面临不同的外生冲击因素:① 外国收入减少;② 石油价格上升;请讨论中央银行 A 和中央银行 B 在不同的目标偏好下会有如何不同的政策选择。

3. 解释短期总供给曲线向上倾斜的原因。

4. 为什么说超充分就业均衡对宏观经济来说并不是一件好事情?

5. 政策制定者在面临由于总供给波动而引起的滞胀后,为了使经济回到长期均衡,通常有两种选择,试问有哪两种选择,以及这两种选择的利与弊。

6. 试解释总需求曲线向下倾斜的原因。

7. 中央银行减少货币供应量在短期和长期内分别会对经济产生什么影响?

8. 用 AS-AD 模型分析通货膨胀、经济萧条、滞胀的形成,说明应采取的政策手段,并图示政策效果。

9. 用 IS-LM 模型推导 AD 曲线,并说明总需求曲线斜率为负的原因。

10. 作图讨论总需求变化对产出的影响,并分析凯恩斯需求管理政策的有效性。

■ 单元实训

1. 假设某一三部门经济中,消费函数为 $C=200+0.75Y$,投资函数为 $I=200-50r$,政府购买 $G=100$,交易性货币需求为 $L_1=Y$,投机性货币需求为 $L_2=-100r$,名义货币供给为 60 000,总供给函数为 $Y_s=1\,000+2P/3$,潜在国民收入 $Y_f=2\,000$,试分析经济处于什么样的状态。

2. 中新网北京 10 月 27 日电(记者 齐彬)十届全国人大常委会第十八次会议今天下午高票表决通过关于修改个人所得税法的决定,修改后的个人所得税法自 2006 年 1 月 1 日起施行。

此次个人所得税法,在两处进行了修改。其中第六条第一款第一项修改为:"工资、薪金所得,以每个月收入额减除费用 1 600 元后的余额,为应纳税所得额。"同时,对"个人所得税税率表"的附注作相应修改。这即意味着个人所得税的起征点正式由现行的 800 元,提高至 1 600 元。

附:个人所得税税率表(工资、薪金所得适用)。

级数	全月应纳税所得额	税率(%)
1	不超过 500 元	5
2	超过 500 元至 2 000 元的部分	10
3	超过 2 000 元至 5 000 元的部分	15
4	超过 5 000 元至 20 000 元的部分	20
5	超过 20 000 元至 40 000 元的部分	25
6	超过 40 000 元至 60 000 元的部分	30
7	超过 60 000 元至 80 000 元的部分	35
8	超过 80 000 元至 100 000 元的部分	40
9	超过 100 000 元的部分	45

试用简单国民收入决定模型、IS-LM 模型以及 AD-AS 模型分析其经济影响。

第七章 | 经济增长理论

课前导读

世行预测中国 2010 年 GDP 增长 8.7%

世界银行 11 月 4 日发布研究报告称,由于大规模的财政和货币刺激政策支持了中国经济的复苏,预计今年中国 GDP 增速将达到 8.4%,2010 年有望进一步提升至 8.7%。

世界银行在《中国经济季报》中表示,由于政府刺激规模大于预期,中国 GDP 今年保八将有望实现,预计第四季度 GDP 环比增长 6.8%,2009 年全年的 GDP 同比增速预计将为 8.4%。

世界银行中国首席经济学家韩伟森表示,2010 年中国经济增长有望继续强劲,但结构将发生变化。

报告指出,全球经济活动目前重新开始扩张,从 2009 年底开始,中国出口形势的好转将扭转净出口对 GDP 增长负贡献的局面。世行预计,中国今年货物和服务的出口同比下降 12.4%,2010 年将达到 9.9% 的正增长,净出口对增长的贡献将由今年的 -4.4% 上升到 2010 年的 0.3%。同时,由于新房开工迅速反弹,房地产投资对经济增长的贡献必将高于 2009 年。

另外,报告预测政府刺激措施对增长的影响明年将会大大减弱,而部分制造业的投资可能会继续处于国内外产能过剩的压力之下。与此同时,由于居民收入增长放缓,加上明年通胀水平"转正"将压制居民实际购买力,2010 年消费增长将面临一定困难。

报告还认为,产能过剩预计也会使通胀压力保持在低水平。预计明年进出口将以大体相同的速度增长,而贸易条件可能会有所恶化,因此经常账户盈余可能进一步下降。

世界银行 4 日同时发布《东亚与太平洋地区经济半年报》,预计东亚发展中国家在 2009 年的实际 GDP 增长将会从 2008 年的 8% 放缓至 6.7%,比起 1997—1998 年亚洲金融危机后的放缓幅度要小得多。

世行东亚与太平洋地区首席经济学家维克拉姆·尼赫鲁认为,东亚地区经济复苏要早一些,这主要是东亚经济发展继续受到了中国的强烈影响。如果不考虑中国的话,东亚地区其他国家的复苏活力就会逊色不少。

从 2009 年全年来看,世行预计柬埔寨、马来西亚将会出现产能收缩,蒙古和一些太平洋岛国将会零增长。即使在印尼和越南稳定增长的情况下,2009年东亚地区(不包括中国在内)的增速预计将低于南亚和中东非,仅快于撒哈拉以南的非洲。世行估算,这场危机的后果是使2010年东亚地区的贫困人口多了1 400万。

世行还指出,东亚各经济体已经注意到过早撤出刺激措施的风险,但单靠财政和货币政策不能长期维持内需,如果发达国家特别是美国复苏乏力,这些国家的刺激政策效果将十分有限。

尼赫鲁指出,要保证东亚发展中国家经济增长,取决于东亚能否进一步推动区域一体化,通过改善货物贸易便利化,并将自由贸易政策推广至服务业,普及新技术和创新,提高产品在全球生产网络中的附加价值链。(记者卢铮)

(资料来源:《中国证券报》2009年11月05日。)

经济增长是宏观经济学的一个重要议题,在对经济增长的研究中,经济学家提出了很多理论模型,从不同角度拓宽了人们的思路和视野。在这些模型中,美国麻省理工学院索洛的新古典模型最具代表性,他本人也正是因为对经济增长的研究而获得了1987年的诺贝尔经济学奖。本章主要以"索洛增长模型"(Solow growth model)为基础展开对经济增长的理论分析。

第一节 对经济增长的一般认识

一、基本概念

(一)经济增长的定义与衡量

经济学家对经济增长的定义有不同的看法,最常见的有两种相互联系的定义。一种定义认为,经济增长是指一个经济体所生产的物质产品和劳务总量在一个相当长的时期内持续地增长;另一种定义则认为,经济增长是指按人口平均计算的实际产出,即人均实际产出的持续增加。

这两种定义对于不同的问题具有各自的适用性。如果要研究一国经济实力的变化,那么实际总产出的增长就具有重要性;如果要研究人民生活和经济发展水平的提高,那么人均实际产出的增长无疑具有决定意义。

在这里,如果不加特殊说明,经济增长就是指总产出的增长。经济增长率 g 可表示为

$$g = \frac{Y_t - Y_{t-1}}{Y_{t-1}} \tag{7.1}$$

式中:g 表示经济增长率;Y_t 表示第 t 期的国民生产总值;Y_{t-1} 表示前一期的国民生产总值。这一关系还可以简单地表示为

$$g = \frac{\Delta Y}{Y} \tag{7.2}$$

式中:Y 表示基期的国民生产总值;ΔY 表示国民生产总值与基期相比的增量。

(二)经济增长与经济发展

经济增长(economic growth)和经济发展(economic development)是两个容易混淆的概念,实际上两者是有区别的。"经济增长"是指实际国民产出或人均实际国民产出的持续增长,"经济发展"的含义比较广泛,指的是由于经济增长所引起的包含收入增长、经济结构转变等在内的一切经济、社会方面发生的综合变化。当然,这两个概念所反映的过程是相互联系、密不可分的。

二、影响经济增长的因素

(一)丹尼森对经济增长因素的分析

美国经济学家丹尼森(E. F. Dennison)将经济增长因素分为两大类:生产要素供给的增长和生产要素生产率的提高。生产要素包括劳动、资本和土地等,其中土地可以看做是不变的。而要素生产率的提高是产量和投入量的比率,也就是单位投入量的产出量的提高。

具体而言,丹尼森将经济增长的因素归结为七个,分别是:就业人数与其年龄性别构成;包括非全日制工人工时在内的总工作时数;就业人员的受教育程度;资本存量规模;资源配置效率;规模经济;知识的进展。

其中前四项为要素供给的增长,后三项为要素生产率的提高。丹尼森所谓的知识,范围极广,不但包括技术知识,还包括管理知识及采用新知识而产生的新结构。这种知识可能是通过有关机构组织的研究获得的,也可能是由个人研究得出的,甚至还可能是从简单的观察和经验中获得的知识。

丹尼森按每项因素对经济增长所作的贡献将经济增长率分配到每个因素上面去,结果发现知识进展是最重要的增长因素。

(二)库兹涅茨对经济增长因素的分析

库兹涅茨对经济增长因素的分析是运用统计分析的方法,通过对国民生产总值及其组成部分长期估量与分析,并进行各国经济增长的比较,从其差异中探索影响经济增长的因素。库兹涅茨在一系列关于经济增长的著作中提出的经济增长的因素主要是知识存量的增加、劳动生产率的提高和制度结构方面的变化。

1. 知识存量的增长

库兹涅茨认为,随着社会的发展和进步,人类社会迅速增加了技术知识和社会知识的存量,当这种存量被利用的时候,它就成为经济总量高速增长和制度结构迅速变化的源泉。但知识本身不是直接生产力,由知识转化为现实的生产力要经过科学发现、发明、革新和改良等一系列环节。除此之外,还需要有一系列的中介因素,比如说,对物质资本改造和劳动力训练进行大量投资,企业家克服一系列从未遇到过的障碍的能力,知识的使用者对技术是否适合运用的准确判断等。在这些中介因素的作用下,经过一系列知识的转化过程,知识最终会变为现实的生产力。

2. 生产率的提高

库兹涅茨认为,现代经济增长的特征之一是人均产值的高增长率。为了弄清什么是导致人均产值高增长率,他对劳动投入和资本投入对经济增长的贡献进行了长期分析。他得出的结论是:以人均产值高增长率为主要特征的现代经济增长的主要原因是劳动生产率的提高。

3.经济结构的变化

库兹涅茨认为一国在经济增长过程中会发生极其迅速的经济结构转变。从行业来看,先从农业活动转向非农业活动,后又从工业活动转移到服务性行业。从生产单位的平均规模来看,是从家庭企业或独资企业发展到全国性,甚至跨国性的大公司。反过来,制度和结构的因素又对经济增长有着十分重大的影响,是现代经济增长必不可少的条件。重视制度和结构对经济增长的贡献是库兹涅茨与丹尼森最大的不同之处。

(三)各种因素对经济增长贡献的估算

明确了经济增长的各种因素后,就要从量上分析各种因素对经济增长所作的贡献。不同的经济学家所采用的方法不尽相同,但总的思路是一致的,即将经济增长看做是各种增长因素的函数,并将经济增长率分配到各个因素上去。

下面,我们采用丹尼森的分类,把经济增长因素简化为三个,即劳动、资本供给的增加和要素生产率的提高,用美国经济学家索洛的经济增长模型来说明怎样估算各因素对经济增长所起作用的大小。

根据索洛模型,经济增长率可表示为

$$\frac{\Delta Y}{Y} = \alpha \frac{\Delta K}{K} + (1-\alpha)\frac{\Delta L}{L} + \frac{\Delta A}{A} \tag{7.3}$$

式中:$\frac{\Delta Y}{Y}$为经济增长率;α、$1-\alpha$分别为资本和劳动产出在国民总产值中的比重;$\frac{\Delta K}{K}$、$\frac{\Delta L}{L}$分别为资本和劳动供给的增长率;$\frac{\Delta A}{A}$是剩余,为要素生产率提高即技术进步带来的经济增长率。

假设根据资料,某国$\alpha=0.25$,$1-\alpha=0.75$,那么资本供给增长1%可以使该国的经济增长0.25%,劳动供给增长1%可以使该国的经济增长0.75%。

美国经济学家约翰·肯德里克(J. Kendirich)在实际测算一些国家长期生产要素投入和产出的增加时,发现生产要素投入增加率一般大大高于投入的增加。他把实际增长与根据生产要素增长率预测的增长之间的差额称为剩余。剩余是除劳动和资本以外一切产出增长的源泉导致的结果,根据丹尼森的理论,也就是要素生产率即技术因素的结果。

假设上例中,该国总的经济增长率为3%,资本供给增长和劳动供给增长各为1%,那么要素生产率提高给经济增长带来的贡献为:$\frac{\Delta A}{A}=3\%-0.25\%-0.75\%=2\%$。

第二节　新古典增长理论

宏观经济学发展历程里有两个时期对经济增长理论进行了富有成效的研究:第一个时期是20世纪50年代后期和整个60年代;第二个时期是20世纪80年代后期与90年代初

期。第一个时期的研究产生了新古典增长理论;第二个时期的研究产生了内生增长理论。本节考察新古典增长理论,下一节论述内生增长理论。

一、基本索洛模型

(一)基本假设

索洛模型(Solow growth model)是为了说明在一个经济体中,资本存量的增长、劳动力的增长及技术进步如何影响一国物品与劳务的总产出。对它的考察首先从其中的供给和需求如何决定资本积累开始。为了简单起见,首先让劳动力和技术保持不变,以后再改变这些假定。这样的假定不会影响结论的正确性。

1.索洛模型在供给方面的假定

生产函数为

$$Y = F(K, L) \tag{7.4}$$

索洛模型采用的生产函数是新古典生产函数,而这正是索洛模型被称为新古典增长理论主要代表的原因。新古典的生产函数表明,产出取决于资本存量和劳动力,技术因素隐含在函数 F 的形式中。

新古典生产函数的基本特征是劳动和资本两种要素之间可以平滑替代,即函数 F 有连续的一阶和二阶导数。并且满足以下性质。

(1)各要素的边际产出大于零且递减,即

$$\frac{\partial F}{\partial K} > 0, \frac{\partial^2 F}{\partial K^2} < 0$$

$$\frac{\partial F}{\partial L} > 0, \frac{\partial^2 F}{\partial L^2} < 0 \tag{7.5}$$

(2)规模报酬不变,也就是说生产函数满足一次齐次性,即

$$\lambda Y = F(\lambda K, \lambda L) \tag{7.6}$$

对于任意的正数 λ,上述公式都成立。

(3)资本(或劳动)趋向于 0 时,资本(或劳动)的边际产出趋向于无穷大;资本(或劳动)趋向于无穷大时,资本(或劳动)的边际产出趋向于 0。

为了分析更简单,可以把索洛模型中的变量都表示成人均的形式,只要用 $\lambda = 1/L$,并用小写字母表示人均数量,则索洛的生产函数就是

$$y = F(k, l) = f(k) \tag{7.7}$$

即人均产出值和人均资本有关,是人均资本的函数,如图 7-1 所示。

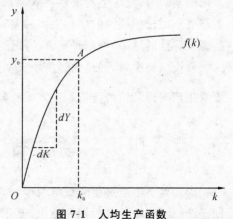

2.索洛模型在需求方面的假定

索洛模型的需求分为消费和投资两部分,即人均产出分为人均消费和人均投资,均衡时有:

$$y = c + i \tag{7.8}$$

图 7-1 人均生产函数

模型中的消费取决于：$c=(1-s)y$，其中 s 是该经济的储蓄率，$0 \leqslant s \leqslant 1$。

在此基础上，我们有

$$y=(1-s)y+i \tag{7.9}$$
$$i=sy \tag{7.10}$$

即：一个经济的人均投资等于人均储蓄，这是产品市场均衡的要求。

（二）资本积累和稳态

由于人均产出只与人均资本有关，现在讨论一个经济的资本存量的变化是如何影响经济增长的。

1. 影响资本存量变化的因素

投资（I）＋折旧（D）

（1）投资　投资越多，资本存量越大。那么投资是如何决定的？

① 投资取决于人均资本存量。由于人均投资是每个劳动力产出的一定比例，即把生产函数带入上述方程，投资就变成了人均资本的函数：

$$i=sf(k) \tag{7.11}$$

同时，由于投资又是影响资本存量的两个因素之一，而且是主要因素，因此，在储蓄率一定的条件下，资本存量和投资之间实际上存在着一种动态循环的影响和决定关系。

② 投资取决于储蓄率。储蓄率越高，则在资本存量和产出水平一定的条件下，投资水平越高。而且，由于投资和消费之间存在替代关系，一定条件下，投资越多，则消费越少。这可以通过图7-2来反映。

图7-2中，两条曲线的垂直距离代表人均消费水平，即

$$c=f(k)-sf(k)$$

（2）折旧　折旧是资本存量随着使用和时间的变化而损耗和减少的资本量。为了简单起见，假定一个经济中所有的资本都以一个固定的比例 δ 减少，把 δ 称为平均折旧率，则每年折旧掉的资本数量就是 $D=\delta K$，每年折旧掉的人均资本数量就是 $d=\delta k$，也就是人均资本的函数。可以用图7-3说明。

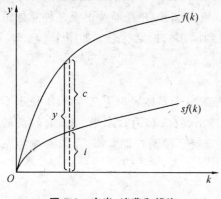

图7-2　产出、消费和投资

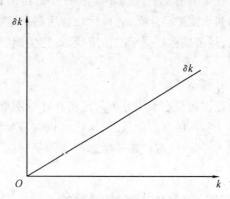

图7-3　折旧与人均资本量

由上述内容可见，折旧既取决于折旧率，也取决于人均资本存量。

当我们把影响资本存量的上述两个因素（投资和折旧）放在一起时，有

$$I = \Delta K + \delta K \qquad (7.12)$$

也就是说,一个社会新增投资可以分解为两部分:一部分构成资本存量的增量,另一部分用于替换现有资本的损耗。

将式(7.12)加以整理可得

$$I = (\frac{\Delta K}{K} + \delta)K \qquad (7.13)$$

式(7.13)又可写成人均形式

$$i = (\frac{\Delta k}{k} + \delta)k \qquad (7.14)$$

将式(7.14)代入宏观经济均衡方程(7.11)并加以整理,可得

$$\Delta k = sf(k) - \delta k \qquad (7.15)$$

2. 资本存量的稳态

根据上述公式,人均资本存量的变化等于人均投资 $i = sf(k)$ 减去现有资本的人均折旧,在储蓄率和折旧率一定的情况下,资本存量的变化只取决于资本存量本身和生产函数的形式。对此可以通过图 7-4 来说明。

从图中可以看出以下几点。① 人均资本存量越高人均投资越大,同时人均折旧也越大。② 人均资本存量的净变化可能大于 0 也可能小于 0,这取决于在当前人均资本存量水平上人均投资和人均折旧的相对大小。③ 在储蓄率、折旧率一定的情况下,而生产函数具有边际产出递减的性质时,一定存在唯一的满足新增投资正好与折旧相同的点,此时 $\Delta k = 0$,人均资本存量会保持稳态水平。即在 k' 点。此时,式(7.15)可写成

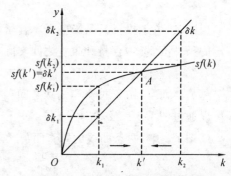

图 7-4 投资、折旧与稳态

$$sf(k') = \delta k' \qquad (7.16)$$

也就是说,当一个经济处在稳态时,新增投资恰好等于折旧。

在索洛模型中,稳定状态是一个经济的长期均衡,而且具有一种真正的稳定性。不管经济的初始水平是什么,它最后总会达到稳定状态的资本水平,并且即使由于某种意外情况的冲击,经济偏离了原来的稳定状态,它也能够回复到原来的稳定状态。如图 7-4 的 k_1、k_2 点所示。

3. 稳态的意义

经济的稳态水平对一国经济具有特别重要的意义,主要体现以下三点。① 稳态不仅对应一个特殊的资本存量水平,而且也对应特定的产出、收入和消费水平。② 有较高的资本稳态水平,一定有较高的稳态产出水平。③ 通过政策手段调控储蓄率,可以影响稳态的产出水平。

(三)储蓄率对稳态的影响

索洛模型表明:如果一个经济的储蓄率上升,这个经济稳定状态的人均资本存量和人均产出水平等都会上升。如果一个经济的储蓄率下降,那么就会出现相反的变化,即这个经济

稳定状态的人均资本存量和人均产出水平等都下降。储蓄率是一个经济中稳态资本存量的关键决定因素,如图 7-5 所示。

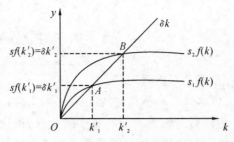

图 7-5　储蓄率变化对稳态的影响

　　储蓄率对一个经济稳定状态的影响,说明了储蓄率的高低对经济增长速度的一方面影响。因为较高的储蓄率意味着较高的稳定状态,那么当一个经济的当前资本存量水平较低时,就意味着与稳定状态可能存在更大的差距,这样经济增长就会有较大的空间和速度。但较高的储蓄率导致较快的增长仅仅是暂时的。因为在长期中只要经济达到它的稳态,那么它就不会再继续增长。如果一个经济保持较高的储蓄率,它会保持较大的资本存量和较高的产出水平,但无法保持较高的增长率,甚至无法保持增长。在模型的假设下,理论上除非储蓄率不断提高,否则人均意义上的经济增长是不可能长期持续的。

(四)资本积累的黄金律

　　上面分析了储蓄率和稳态资本存量及收入之间的关系,现在进一步讨论什么是最优的资本积累水平这个问题。

　　首先假设政策制定者可以把储蓄率调控到任意水平。因此通过调控储蓄率,政策制定者可以得到任意资本存量的稳定状态。那么政策制定者会选择资本存量水平多高的稳定状态呢? 是否资本存量水平越高越好呢?

1. 黄金律

　　首先可以肯定的是,资本数量和产出不是人们追求的根本目标,人们进行经济活动要实现的根本目标是长期的消费福利,即他们在长期中能够消费的产品和服务的数量。由于高产出很可能是以高储蓄、高投资为代价实现的,而高储蓄则会减少当前消费的数量,因此高产出有可能不仅不能导致更多的消费,反而会降低消费,因此消费福利与产出并不完全一致。

　　因此,一个以人们的福利为根本目标的政策制定者,应该以尽可能提高人们的长期消费总水平为制定政策和选择稳定状态的标准。也就是说,一个好的政策制定者应该选择长期消费水平最高的稳定状态。长期消费总水平最高的稳定状态被称为资本积累的"黄金律水平"(golden rule level),记为 k'_g。

　　那么一个经济的黄金律稳态水平在哪里呢? 怎么能判断出一个经济的稳定状态是否正好是黄金律水平呢? 要得到这些问题的答案,必须先知道一个经济稳定状态的人均消费水平是由什么决定的,然后才能知道怎样的稳定状态是使消费最大化的。

　　为了找到稳定状态人均消费,可以从 $y=c+i$ 开始,把此式写为

$$c = y - i \qquad (7.17)$$

或

$$c = f(k) - i \qquad (7.18)$$

由于稳态的人均产出为 $f(k')$，稳态投资等于折旧 $\delta k'$，因此，稳态的人均消费为

$$c' = f(k') - \delta k' \qquad (7.19)$$

即稳定状态的消费是稳态产出和稳态折旧之差。

式(7.19)表明稳定状态资本水平的提高，对稳定状态的人均消费有两种对立的影响，它通过使产出增加提高消费，但同时又因为须要有更多的产出去替代折旧掉的资本而使消费减少，而最终稳定状态的消费究竟是提高了还是降低了则要看两者力度的相对大小。

图 7-6 反映了稳定状态消费水平与稳定状态产出和稳定状态折旧之间的关系。该图表明存在一个资本积累水平，能够使得 $f(k')$ 和 $\delta k'$ 之间的距离，也就是稳定状态消费水平最大化。这个稳定状态资本存量水平当然就是前面定义的黄金律水平 k'_g。

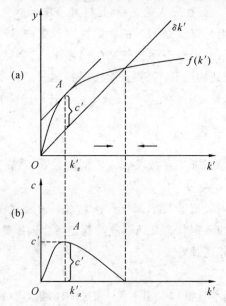

图 7-6　资本积累的黄金律水平

如果资本存量低于黄金律水平，在图 7-6 中表现为稳态生产函数曲线的斜率大于折旧线的斜率，从而当资本存量增加时，等于消费的两条线之间的距离倾向于上升。这时候促使稳定状态资本水平上升是有益的，能够提高稳定状态的消费水平。

相反，如果资本存量高于黄金律水平，表现为稳态生产函数曲线的斜率小于折旧线的斜率，此时，降低资本的稳态水平反而能提高消费的稳态水平。因此，只有资本存量等于黄金律水平，也就是稳态生产函数曲线和折旧线的斜率相同，稳态水平的消费达到最大时，整个经济才处于黄金律稳定状态。

我们知道，人均生产函数曲线的斜率代表资本的边际产量 MPK，而折旧线的斜率是折旧率 δ。因此，长期消费水平达到最到化，也就是黄金律稳态水平的基本条件是

$$MP_K = \delta \qquad (7.20)$$

即在资本的黄金律水平上，资本的边际生产力等于折旧率。

须要注意的是，虽然一个经济会自动收敛于一个稳定状态，但并不会自动收敛到一个黄金律的稳定状态。事实上，要让一个经济有黄金律的稳定状态，则要通过对储蓄率的选择，使稳定状态的资本存量水平正好是黄金率水平。图 7-7 就说明了只要选择储蓄率使储蓄曲线与折旧线相交于黄金律稳态资本存量，那么该经济的稳定状态一定是黄金律稳定状态。如果储蓄率高于这个水平，则稳态资本存量就会太高；如果储蓄率低于此水平，则稳态资本存量又会偏低，都不能实现长期消费的最大化。

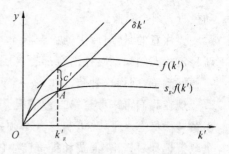

图 7-7　通过储蓄率选择黄金律稳态

2. 黄金律稳态过程

上面我们假定政策制定者通过改变储蓄率就能实现黄金律稳态经济的目标，但实际情况可能并不这样简单。当政策制定者确定一个经济的稳态目标时，这个经济可能已经处在一个非黄金律的稳态，这时政策制定者要达到黄金律目标就必须进行稳态水平的调整，而这种调整很可能会对消费、投资等发生冲击，进而影响到政策的选择。

我们可以考虑两种情况：第一种是经济的初始稳态资本存量高于黄金律水平；第二种是低于黄金律水平。在这两种情况中，稳态水平的调整分别会对投资、消费等造成不同的影响。

我们先来看第一种情况。如图7-8所示，横轴表示时间 t，纵轴则表示产出、消费和投资。我们假定一个经济体一开始处在稳定状态，产出 y、消费 c 和投资 i 都处在稳态水平，但稳态的资本存量大于黄金律水平。如果政策制定者决定采取降低储蓄率的政策从一般稳态过渡到黄金律稳态，那么，这个政策对产出、消费和投资分别会有什么影响呢？

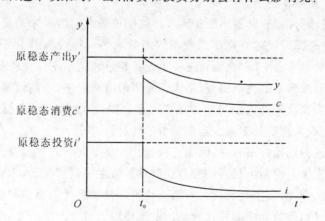

图 7-8　资本过多时降低储蓄率的影响

在图 7-8 中，我们假定政策制定者在时间 t_0 采取降低储蓄率的措施，于是投资会马上下降而消费会立刻上升。由于在初始稳定状态投资和折旧是相等的，所以投资现在就会小于折旧，这意味着经济不再处于稳定状态，资本存量会不断减少以达到新的稳态。当资本存量逐步减少时，产出、消费和投资都会逐步下降，这种变动将一直持续到新的稳态形成才会停止。我们假定的这个新的稳态也就是黄金律水平的稳态。我们看到，新的黄金律稳态水平与旧稳态水平相比，消费 c 增加（因为黄金律稳态的定义就是消费水平最高的稳态），产出 y

和投资 i 则会降低。

要注意的是,与原来的稳定状态相比,不仅在新的稳定状态消费增加了,而且沿着通向新稳定状态的整个路径消费都提高了。当资本存量超过黄金律水平时,降低储蓄率显然是一种好政策,因为这种政策在每一个时点上都增加了消费。

现在我们再来考察第二种情况。我们仍然假定一个稳态经济体,但稳态的资本存量小于黄金律稳态水平,政策制定者必须提高储蓄率才能过渡到黄金律稳态。图 7-9 表明了这个政策选择对产出、消费和投资产生的影响。

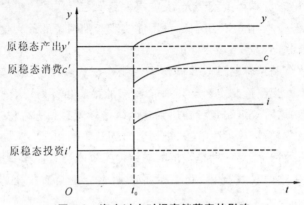

图 7-9　资本过少时提高储蓄率的影响

在图 7-9 中,在 t_0 时刻提高储蓄率会立即引起投资的增加和消费的下降,因此,投资会高于折旧,从而导致资本存量的不断增长。随着资本存量的持续增长,产出、消费和投资都会相应逐步增加,最终达到新的黄金律稳态水平。由于初始稳态低于黄金律,储蓄的增加最终使消费水平高于初始水平。

与第一种情况不同的是,储蓄率的提高虽然能够提高人们的未来消费,但是并不能保证在整个调整过程中一国居民始终能享受较高的消费水平。我们从图中可以看到,在这一过程的开始阶段,消费水平会下降,然后再逐步上升并超过原来水平。也就是说,从长期来看,高储蓄、高投资会形成未来的高产出,提高人们未来的消费水平;但高储蓄、高投资是以牺牲当前消费为代价的,又会降低人们当前的消费水平。因此,在第二种情况下,政策制定者如果选择黄金律稳态政策就要付出减少当前消费的代价。

实际上,做出这种选择并不容易,因为这种选择涉及不同代人的利益。当前消费与当代人的利益相关,而未来消费与后代人的利益相联系。而在一般情况下,人们往往会更多地考虑自己眼前的利益,因此,以牺牲当代人利益为代价来换取后代人更多利益的政策很难得到大多数当代人的认同,政策制定者往往会陷入两难境地。

在现实生活中,第一种情况比较少见,更为常见的是第二种情况,因为稳态资本存量高于黄金律水平时要求消费在国民收入中最初只占较小的比重,这并不符合大部分国家的实际情况。因此,一国在经济发展过程中大多面临着提高储蓄率而不是降低储蓄率的政策选择。

二、考虑人口增长与技术进步的索洛模型

基本的索洛模型表明,高储蓄和高投资是能提高一个经济体的稳定状态资本和产出水

平的,在原来资本水平较低(低于黄金律稳态水平)时也能够提高长期中的消费,并能够在该经济达到新的稳定状态之前的阶段中,促进经济增长,但资本积累本身却不能解释为何能有持续的经济增长。因为在储蓄率及其他条件不变的情况下,投资和产出最终都会逼近一个稳定状态,不再发生变化。

因此,要解释持续的经济增长就必须对索洛模型加以扩展。扩展索洛模型以解释持续经济增长的方法是将基本的索洛模型中没有考虑的两个因素,即人口增长(也意味着劳动力增加)和技术进步引进模型。

(一)人口增长

首先我们分析一下人口的增长对一个经济的稳态有什么影响。为了回答这个问题,首先分析一下人口的增长与投资和折旧一起是如何影响人均资本积累的。正如早已知道的,投资会提高资本存量,而折旧则会减少它。现在有第三种力量也对人均资本产生影响,那就是人口或劳动力数量的增长,它会导致人均资本的下降。

我们仍然用小写字母代表人均数量,因此 $y=Y/L$ 代表人均产出,而 $k=K/L$ 表示人均资本,但现在必须记住,这个劳动力数量 L 不再是固定不变的,而是不断增长的。因此,现在人均资本的变化率 $\Delta k/k$ 为

$$\frac{\Delta k}{k}=\frac{\Delta K}{K}-\frac{\Delta L}{L} \qquad (7.21)$$

即人均资本增长率为资本存量增长率 $\Delta K/K$ 减去人口(劳动力)增长率 $\Delta L/L$[①]。用 n 表示人口增长率 $\Delta L/L$,资本存量增长率可表示为

$$\frac{\Delta K}{K}=\frac{\Delta k}{k}+n \qquad (7.22)$$

将式(7.22)代入式(7.13)并加以整理,可得

$$i=\Delta k+(\delta+n)k \qquad (7.23)$$

即人均投资由 Δk 和 $(\delta+n)k$ 两项构成。我们可以把 $(\delta+n)k$ 项看做是一种"平衡投资",即在存在折旧和人口增长的情况下,为了保持人均资本不变必须追加的投资。平衡投资包括对现有资本的折旧 δk 的弥补,还包括给新劳动力配备资本的投资,必需的数量是 nk,即 n 个新劳动力每人 k 单位资本。这样,在我们引进人口增长因素后,一个社会新增投资的一部分构成资本存量的增量,另一部分为平衡投资。

将式(7.23)代入方程(7.11)并加以整理可得

$$\Delta k=sf(k)-(\delta+n)k \qquad (7.24)$$

式(7.24)表明新投资、折旧和人口增长是如何影响人均资本存量的。新投资会提高 Δk,折旧和人口增长的作用相似,都会降低 Δk,只不过折旧是通过资本的损耗降低 Δk,而人口增长则是通过资本存量被更多人口摊薄而降低 Δk。以前的人均资本变化公式是这个方程在人口不变,即 $n=0$ 情况下的特例。

---

① 式(7.21)的推导过程如下:对人均资本使用量 $k=K/L$ 两边取对数可得 $\ln k=\ln K-\ln L$,将上式对时间 t 求导则有:$\frac{dk/dt}{k}=\frac{dK/dt}{K}-\frac{dL/dt}{L}$,令 $dX/dt=\Delta X$,可得,$\frac{\Delta k}{k}=\frac{\Delta K}{K}-\frac{\Delta L}{L}$。

我们可以通过图 7-10 来说明这种包括了人口增长因素的稳定状态。

可以看出,如果人均资本存量 k 小于 k'(在 k' 左边),新增人均投资 i 大于平衡投资,因而 k 会上升,y 也会相应的增加;如果 k 大于 k'(在 k' 右边),人均投资 i 小于平衡投资,k 就会下降,y 也会相应的减少;当 k 正好等于稳态水平时,新增人均投资 i 对人均资本存量的正效应,正好与人均折旧和人口增长的负效应相抵消,k 将保持不变,也就是 $\Delta k=0$。即

$$sf(k')=(\delta+n)k' \tag{7.25}$$

因此,一旦经济处于稳态,投资只有两个目的,一部分置换折旧掉的资本;其余的给新劳动力提供稳态水平的人均资本。

人口增长在三个方面改变了基本的索洛模型。

首先,它使得我们距离对持续增长的解释接近了一些。因为在有人口增长的稳态,虽然人均资本和产出不变,但由于劳动力的数量以速率 n 增长,因此总资本和总产出也会以速率 n 增长,人口增长虽然不能解释生活水平意义上的持续增长,因为稳态人均产出没有变化,但至少能解释在总产出意义上的持续增长。

其次,把人口增长引进索洛模型为我们提供了关于为什么有些国家富裕而另一些国家则很贫穷的一种解释。我们用图 7-11 来加以说明。如果假设两个国家在经济各方面的条件基本相同,但两国的人口增长率分别为 n_1 和 n_2,且 $n_1 < n_2$。那么这两个国家的稳定状态人均资本将是不同的。很明显有较高人口增长率的国家的稳定状态人均资本较低,人口增长率较高国家的稳定状态人均产出也较低。就是说,在其他条件都相同的情况下,长期中人口增长率较高的国家的人均 GDP 水平较低,从而生活水平也会较低。这就说明人口增长率的不同很可能是不同国家富裕程度差别的重要原因。

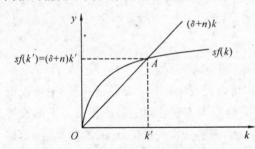 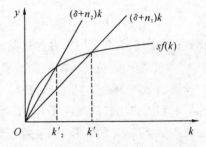

图 7-10 通过储蓄率选择黄金律稳态　　　图 7-11 不同的人口增长率与稳态

最后,引进人口增长率会改变资本积累黄金律水平。我们把引进人口增长因素的稳态资本水平 k' 和稳态投资 $(\delta+n)k'$ 代入式(7.17),可以得到有人口增长的稳态消费为

$$c'=f(k')-(\delta+n)k' \tag{7.26}$$

因此,能够使稳态人均消费最大化的稳态人均资本水平 k' 必须满足下式:

$$MP_k=\delta+n \tag{7.27}$$

也就是说,在黄金率稳定状态,资本的边际产出应该等于折旧率加上人口增长率。

(二)技术进步

到目前为止,一直是在仅有资本和劳动两种投入要素,以及生产技术和劳动效率因素不变的前提下进行讨论的。事实上,这与现实情况之间显然是有差距的,而且排斥技术进步也

使得无法解释人均意义上的持续经济增长。现在把技术进步因素结合进索洛模型。

为了说明技术进步在经济增长中的作用,我们要重新考虑生产函数。一般来讲,如果技术进步发生,它会通过影响劳动和资本投入使用效率对产出发生影响。为了分析方便,假定技术进步仅仅影响劳动的使用效率,而不影响资本的使用效率。这样,可以定义体现技术进步的"有效劳动"(effective labor,表示为 E)为

$$E = TL$$

式中 T 表示技术进步变量,反映了一个经济因生产技术改进和劳动者技能提高而导致的劳动效率提高。我们用有效劳动 E 取代上述新古典生产函数的 L,就能得到反映有效劳动的生产函数:

$$Y = F(K, E) \tag{7.28}$$

式(7.28)也称为有效生产函数。有效生产函数同样具备前面关于生产函数的所有性质,不同的是,生产技术进步体现在有效劳动这一因素中。

有了有效劳动的概念,对人均概念也要重新进行定义。仍然用小写字母标示人均数量,但现在的"人"已经不是一般意义上的劳动 L,而是包含技术进步的有效劳动 E,因此,我们把 $k = K/E$ 称为有效人均资本,$y = Y/E$ 称为有效人均产出,等等。按照生产函数的性质,有效人均生产函数仍然可以写成

$$y = f(k) \tag{7.29}$$

即有效人均生产函数是有效人均资本存量的函数。式(7.29)在形式上和原先的人均生产函数没什么差别,但内容已经发生了根本的变化。原来的人均生产函数的 k 和 y 则可以看做劳动效率 E 不变且等于 1 时的特例。有效人均资本变化率 $\Delta k/k$ 可表达为

$$\frac{\Delta k}{k} = \frac{\Delta K}{K} - \frac{\Delta E}{E}$$

或

$$\frac{\Delta k}{k} = \frac{\Delta K}{K} - \frac{\Delta L}{L} - \frac{\Delta T}{T}$$

即有效人均资本增长率为资本增长率 $\Delta K/K$ 减去人口增长率 $\Delta L/L$ 和劳动生产率增长率 $\Delta T/T$。劳动生产率增长率实际上反映了技术进步的速率,可用 g 来表示。因此,有效人均投资与有效人均资本存量应该有如下的关系

$$i = \Delta k + (\delta + n + g)k \tag{7.30}$$

可见,与式(7.23)相比,平衡投资项中多了一个劳动生产率增长率 g。由于劳动效率提高,每个劳动力使用的机器设备数量也会相应增加,因此,现在的平衡投资不仅包括对现有资本折旧量 δk 的补偿和为新增劳动力配备资本的投资 nk,还包括劳动生产率提高后对每个劳动力新增资本的投资 gk。这样看来,技术进步对投资的作用和人口增长相似。

有了有效劳动与人均资本、投资与产出的关系,就可以分析技术进步对稳态的影响了。用与分析人口增长同样的方法,将式(7.30)代入式(7.11),可得

$$\Delta k = sf(k) - (\delta + n + g)k \tag{7.31}$$

我们用图 7-12 来描述有技术进步的稳定状态。图 7-12 表明在有技术进步时经济同样存在一个资本水平 k',在此处资本存量具有稳定性,即这个经济体的稳定状态,该稳定状态同样代表经济的长期均衡。从表面上看,图 7-12 与没有技术进步的图 7-10 之间的差别,只

是平衡投资线中多了一个因素 gk，但实际上两者有本质的差别。在图 7-12 中，资本和产出都是有效劳动意义上的人均数量，而不是原来的人均数量。有效人均产出 $y=Y/E$ 的增长率可表达为

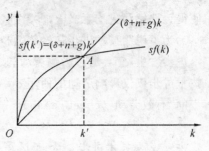

图 7-12　有技术进步的稳定状态

$$\frac{\Delta y}{y}=\frac{\Delta Y}{Y}-\frac{\Delta L}{L}-\frac{\Delta T}{T} \qquad (7.32)$$

经济一旦达到稳态，有效人均资本的增长率等于零，有效人均产出增长率也等于零（$\Delta y=0$)，因此，式(7.29)的稳态形式为

$$\frac{\Delta Y}{Y}=n+g$$

或

$$\frac{\Delta Y}{Y}-\frac{\Delta L}{L}=g \qquad (7.33)$$

式中，$\frac{\Delta Y}{Y}$ 表示总产出增长率，即经济增长率；$\frac{\Delta Y}{Y}-\frac{\Delta L}{L}$ 表示人均产出增长率。因此，式(7.27)表明，在稳定状态，虽然有效人均资本 $k=K/E$ 和有效人均产出 $y=Y/E$ 都不变，但总产出 Y 和人均产出 Y/L 却分别以 $n+g$ 和 g 的速率增长。现在，索洛模型终于使我们看到了现实生活中经常发生的人均意义上的持续增长，由于提高储蓄率只能实现到达稳态之前的短期增长，而人口增长不是人均意义上的持续增长。因此，只有技术进步是一个经济长期持续增长的源泉，它能推动人均产出和生活水平的不断上升。

引进技术进步因素同样会改变黄金律稳态的公式。资本积累的黄金律水平现在是最大化的有效人均消费水平 $c=C/E$。很容易证明有效人均消费的稳态水平为

$$c'=f(k')-(\delta+n+g)k' \qquad (7.34)$$

因此，稳态有效人均消费实现最大化的条件是

$$MP_K=\delta+n+g$$

或

$$MP_K-\delta=n+g \qquad (7.35)$$

式中，$MP_K-\delta$ 表示资本的边际净产出或边际净收益率。也就是说，在资本积累的黄金律水平，资本的边际净产出 $MP_K-\delta$ 应该等于实际总产出的增长率 $n+g$。由于现实经济既有人口的增长，也有技术进步，因此式(7.35)也是判断各个国家的资本存量高于还是低于黄金律稳态水平的更加现实的标准。

第三节　内生增长模型

按照索洛增长理论，一国经济增长的源泉可以归纳为三个方面，即资本投入、劳动投入及技术进步。对一国经济来讲，资本和劳动投入的数量都有具体的内容，我们也比较容易得到有关数据；而技术进步却是一个比较含糊的概念，它仅仅反映了要素与产出之间的一种关系，找到相关的数据十分困难。那么，一个自然而然的问题是：应该怎样来测算技术进步这

个指标,以及它在经济增长中的作用呢?

为了充分理解增长的过程,人们须要超越新古典增长理论,并建立解释技术进步的模型,这种使增长率内生化的理论探索被称为内生增长理论。下面就简要介绍这一领域的情况。

一、基本模型

为了说明内生增长理论的思想,先从一个很简单的生产函数开始,即

$$Y = AK$$

式中,Y 表示产出,K 表示资本存量,而 A 表示一个常量,它衡量一单位资本所生产的产出量。要注意的是,这个生产函数并没有反映出资本边际收益递减的性质。无论资本量为多少,额外一单位资本生产 A 单位的额外产出,不存在资本边际收益递减是这个模型和新古典增长模型的关键区别。

与前面一样,仍假设收入中的一个比例 s 用于储蓄和投资,因此,经济中的资本积累由下式描述

$$\Delta K = sY - \delta K$$

这一式子表明,资本存量的变动(ΔK)等于投资(sY)减去折旧(δK)。将这一关系式与生产函数 $Y = AK$ 结合在一起,进行一些运算之后可得

$$\frac{\Delta Y}{Y} = \frac{\Delta K}{K} = sA - \delta \tag{7.36}$$

这一公式表明,决定产出增长率 $\Delta Y/Y$ 的是什么。要注意的是,只要 $sA > \delta$,即使没有外生技术进步的假设,经济的收入也一直增长。

因此,生产函数的简单变动就可以从根本上改变对经济增长的说明。在新古典增长理论中,储蓄引致了经济的暂时增长,但资本边际收益递减最终使经济达到增长只取决于外生技术进步的稳定状态。与此相比,在这种内生增长模型中,储蓄和投资会引起长期增长。

现在的问题是,放弃资本边际收益递减的假设合理吗?回答取决于人们如何解释生产函数 $Y = AK$ 中的变量 K。如果 K 只包括通常意义下的经济中的厂房与设备存量,那么,假设资本边际收益递减就是自然而然的。

但是,内生增长理论的支持者认为,如果对 K 作出更广义的解释,资本边际收益不变(而不是边际收益递减)的假设就更合理。一些西方学者认为,知识是经济生产中的一种重要投入——无论是用它来生产物品与劳务,还是用它来提供的新知识。如果把知识看做为一种资本,与通常意义下的资本相比,假设知识表现出收益递减的性质就不太合理了。实际上,过去几百年来科学与技术创新增长的速度使一些西方学者认为,存在着知识收益递增。如果接受知识是一种资本的观点,那么,假设资本边际收益不变的内生增长模型就更合理地描述了长期经济增长。

上述被称为 AK 模型的内生增长模型提供了一条内生化稳态增长率的途径,即如果可以被累积的生产要素有固定报酬,那么稳态增长率将被这些要素的积累率所影响。从关系式(7.36)知,储蓄率 s 越高,产出增长率也将越高。我们由此模型可进一步得知,那些能永久提高投资率的政府政策会使经济增长率不断地提高。

二、两部门模型

内生增长理论研究的一个思路是努力建立不止一个生产部门的模型，以便对支配技术进步的力量提供更好的描述。下面就来介绍一下沿着这种思路的一个简单例子。

假定经济有两个部门，分别称为制造业企业和研究性大学。企业生产物品与劳务，这些物品与劳务用于消费和物质资本投资。大学生产被称为"知识"的生产要素，然后这两个部分免费利用知识。企业和大学的生产函数及资本积累方程描述了该经济，即

制造业企业的生产函数

$$Y = F[K, (1-u)EN]$$

研究性大学的生产函数

$$\Delta E = g(u)E$$

资本积累方程

$$\Delta K = sY - \delta K$$

其中，u 是在大学的劳动力的比例，相应地，$(1-u)$ 是在企业的劳动力比例，E 为知识存量，$g(u)$ 为表明知识增长如何取决于大学的劳动力比例的函数。一般地，假设企业的生产函数是规模收益不变的，即如果资本存量 K 和所谓有效工人的数量，即 $(1-u)EN$ 翻一番，那么，物品与劳务产出 Y 也翻一番。

如果使物质资本 K 和知识 E 都翻一番，根据以上关系式和假定可知，这时经济中两个部门的产出也都翻一番。因此，与前面的 AK 模型一样，这个模型也可以在不假设生产函数中有外生变动的情况下引起长期增长。在这里，长期增长是内生地产生的，因为大学的知识创造不会放慢。

有趣的是，这个模型也与新古典增长模型类似。如果在大学的劳动力比例 u 是不变的，那么，知识存量 E 就按不变的比率 $g(u)$ 增长。这在本质上是与新古典增长理论中关于技术进步的说明是一样的。而且，这个模型的其余部分，包括企业的生产函数和资本积累方程也与新古典增长模型相同。因此，对任何一个既定的 u 值，这种内生增长模型也和新古典增长模型一样发挥作用。

第四节 促进增长的政策

一、储蓄率政策

储蓄率在增长理论中占有极其重要的地位。在索洛模型中，通过储蓄率的调整不仅可以影响和决定一个经济的稳态资本存量和产出水平，而且还可以实现一个经济的黄金律稳态消费水平。如果一国的目标是长期消费最大化，那么就可根据黄金律稳态的标准来判断该国现行的储蓄率是偏高还是偏低，从而制定相应的政策。具体方法就是：首先测定资本的边际产量和折旧率，两者之差 $MP_K - \delta$ 就是资本的边际净产出，然后计算人口和生产力增长率，再将边际净产出与人口和生产力增长率之和 $n+g$ 进行比较。如果

$$MP_K - \delta > n+g$$

那么说明储蓄率低于黄金律稳态水平的要求,应该提高储蓄率。反过来,如果

$$MP_K - \delta < n + g$$

那么说明储蓄率过高了,应该降低储蓄率。

根据第二次世界大战以后美国的有关统计数据估算,美国资本每年的边际产出大约为12%,年折旧率为4%,因此资本的年边际净产出率$MP_K - \delta$为8%,而年平均实际经济增长率,即$n + g$,为3%。资本的净收益率大大超过人口和生产力增长率,说明美国的储蓄率远远低于黄金律水平的要求,因此,美国政府仍然需要运用提高储蓄率的手段来促进本国的经济增长。

一国通过政策提高国民储蓄率,有两个主要途径:一个是增加公共储蓄,二是鼓励私人储蓄。公共储蓄就是政府收入和支出之间的差额。如果政府支出小于收入,就会出现财政盈余,这就是公共储蓄。公共储蓄会促进私人投资,降低债务负担。而如果政府支出大于收入,就会出现预算赤字,这是负的储蓄。预算赤字会挤出私人投资,增加债务负担。公共储蓄是由国家政策直接控制的,因此理论上更容易调控,但实际上它也受到各种利益集团和其他因素的影响和制约,政府往往会力不从心。

须要指出的是,按照索洛模型,通过提高储蓄率的方法促进经济增长,效果只能是短期的,长期中由于经济最终会进入一个稳态,高储蓄率政策导致的经济增长是不可能长久的。在内生增长模型中,储蓄率虽然是内生变量,但问题的关键仍然在于生产函数的性质,而不在于储蓄率本身。如果一国储蓄和投资不把物质资本与人力资本、知识结合起来,那么不管资本积累水平有多高,边际报酬递减规律迟早会发生作用,经济最终只能在一个低水平上重复。也就是说,如果没有人力资本开发和知识的积累,储蓄率再高,也不会成为经济增长的内生因素。

二、人力资本政策

人力资本是指体现在个人身上的可以得到收益的价值。通常我们所指的投资活动具有两个特点:一是支付一定成本;二是在一定时期内能产生收益。教育、培训和其他投资活动一样,也是在当期支付费用,在未来获得更高收入。通过支付教育、培训费用,开发个人潜在的能力,个人在未来能以更高的工资形式得到报酬,因此,人们通过教育、培训等方式提高赚钱能力的过程也叫做人力资本投资。

表面上看,人力资本投资与物质资本投资一样,都是以较少的当前成本换取较多的未来收益,但两者却有本质的不同。物质资本的投资并不影响要素的生产力,其边际收益是不断减少的;而人力资本的投资能提高要素生产力,在不增加物质资本的情况下提高资本的收益。因此,在经济增长过程中,人力资本与技术进步的作用类似,对要素产生了一种"增大"作用。发展文化教育事业、改善医疗卫生条件等有利于人力资本开发的活动,应该在一个国家的促进生产力政策中占有十分重要的地位。

作为一国生产力增长的动力,还有一个极为重要的人力资本,那就是"企业家才能"(entrepreneurial skill)。所谓企业家才能是指企业家所拥有的在组织管理方面的能力,承担一定风险的勇气,以及不断创新的进取心等。具备企业家才能的人"敢为天下先"能开创一个全新的企业;也能"化腐朽为神奇",使一个倒闭企业起死回生。更为重要的是,他们能将经

济上有价值的发明和创造投入商业生产或经营,从而带来整个社会生产力的提高。美国经济学家熊彼特(Joseph Schumpeter)甚至认为,经济发展的动力来自于少数富有 冒险精神、勇于创造革新的企业家的创新活动。

但是,究竟如何开发企业家的才能,政府在其中到底能起到什么作用,却是一个颇有争议的问题。可以肯定的一点是,企业家的才能不完全是天生的,须要经过一定的培养和具备一定条件才能形成。也许,政府所能做的事情就是提供这样的条件和环境。

三、技术进步政策

索洛模型表明,人均收入的持续增长来自技术进步。虽然索洛模型没有解释技术进步,在一定程度上无法理解技术进步的决定作用,但许多公共政策的目的仍在于鼓励技术进步。

例如,专利制度给新产品发明者以暂时的垄断权力。当一个人或一个企业发明了一种新产品,发明者可以申请专利。如果认定该产品的确是原创性的,政府就授予专利,专利给予发明者在规定年限内排他性地生产该产品的权力。通过允许发明者从其发明中获得利润,尽管只是暂时的,但专利制度提高了个人和企业从事研究的积极性。类似的例子还有税收法规为进行研究和开发的企业提供税收减免。

政府在改善技术增长方面能起作用的一个重要领域是教育。在美国,州和地方政府提供了对小学、中学和大学的支持中的大部分。一支高素质的研究与开发团队是改善技术进步的一个关键因素。

美国政府长期以来在创造和传播技术知识方面发挥着作用。美国政府很早就资助耕作方法研究,并建议农民如何最好地利用自己的土地。近年来,美国政府通过空军和国家航空航天局支持空间研究,同时,像国家科学基金这样的政府机构持续直接资助大学的基础研究。

四、完善基础设施的政策

研究表明,完善的基础设施对一国生产力的提高有正面作用。基础设施包括高速公路、铁路、桥梁、机场等物质运输系统,也包括电话、电信、互联网等信息传递系统。高效的基础设施能节约运输成本和信息传递成本,提高要素生产效率。一般来讲,基础设施是公共产品,它的建设和完善是由政府或政府指定的部门来完成的,属于公共决策的一部分。由于基础设施建设关系到一国的生产力水平,因此很多人都主张,政府应该把投资基础设施作为一个促进生产力增长的长期政策目标。但是,政府公共决策有一个效率问题,因为衡量公共资本的边际收益率要比私人资本困难得多。政府在公共产品方面应该投资多少,怎样投资,常常是很难得到确定的答案或共识的。有人担心,有些基础设施项目的投资并不是出于经济目的,而是出于某种政治目的。

■ **教学案例**

海南省产业政策、海南省产业结构变化与海南省经济发展

一、海南产业政策演变的经验和教训

(一)建省前后的以经贸为龙头的产业政策

1984 年中央出过一个《加快海南岛开发建设问题讨论纪要》:"海南行政区可以根据需

要,批准进口工农业生产资料,用于生产建设;可以使用地方留成外汇,进口若干海南市场短缺的消费品。"不过,这个《纪要》又明文规定"上列进出口物资和商品只限于海南行政区内使用和销售,不得向行政区外转销。"

由于当时的海南地区滥用了这一政策,发生了著名的"汽车事件",而使海南的发展受到了不利的影响。

海南建省之初产业发展的两个方案:

一个是 1988 年 5 月,由中日专家合作编制的《海南岛综合开发规划》;

一个是由著名经济学家刘国光主持的中国社会科学院海南调研组制订的《海南经济发展战略研究报告》。

这两个方案对海南当时的经济发展和产业结构调整产生了影响。由于受到 1989 年学潮风波的影响,海南经济的发展和产业结构调整都没能继续贯彻下去。

(二)短暂的以房地产业为龙头的产业政策

从 1992 年起,房地产业不知不觉地成为海南产业中名副其实的"老大"。

房地产业成为地方财政收入的主要来源,1992 年海南全省财政收入的 40% 是直接或间接地由房地产而来,而在海口市则更是高达 60% 以上。

1993 年下半年,随着国家加强对宏观经济调控的力度,海南的房地产泡沫破灭。过度投机给海南的地产和金融业造成了几乎致命的打击。

(三)以旅游业为龙头的产业政策

1993 年 7 月,海南省第二次党代会提出:加快现代化建设步伐,必须优化产业结构。海南产业发展的基本方针是以旅游业为龙头,超前发展第三产业。

1994 年 2 月,海南省委二届二次全体会议再次肯定了关于优化产业结构,强化基础设施建设,以旅游业为龙头大力发展第三产业的思路。

旅游业的发展须要依靠丰富的旅游资源和优良的设施服务,要靠全社会其他行业的支持,在当时经济基础薄弱的情况下,旅游业很难发挥出龙头作用。

(四)"一省两地,三足鼎立"的产业政策

1996 年 2 月 10 日,在省一届人大四次会议上通过了《海南省国民经济和社会发展"九五"计划和 2010 年远景目标纲要》,正式将海南产业政策表述为:

"努力把海南建设成为中国的新兴工业省、中国热带高效农业基地和中国度假休闲旅游胜地。新兴工业、热带农业和旅游业将成为我省三足鼎立的产业基石,实现兴岛富民"。

(五)"三不双大"的产业政策

2003 年 12 月,"大企业进入、大项目带动"在全省经济工作会议上首次被提升到战略高度,并明确了重点任务。

2004 年 8 月,《关于加快海南省新型工业发展的指导意见》出台。正式提出,加快我省工业化进程,加快发展新型工业。同时提出实施大公司进入、大项目带动战略,加快工业重点项目建设。

2006 年 12 月,卫留成书记在全省经济工作会议上再次重申:"始终坚持不污染环境、不破坏资源、不搞低水平重复建设的'三不'原则,全面实施'大企业进入、大项目带动'战略,集中布局,严格控制污染,决不以牺牲环境和资源为代价。"

"三不双大"被称为不同于"珠江模式"、"苏南模式"、"温州模式"的"海南模式"。

二、海南建省以来产业结构的变化趋势

1988年海南建省办特区,在房地产和金融热的带动下,海南1992年GDP增速曾高达50.78%,这是海南经济最热的时候。但巨大的经济泡沫也随之产生。从1993年起,经济泡沫破灭,经济增长率也快速向下滑落,1997年降至5.21%。

2003年以后,海南经济又开始好转,先是出现恢复性增长,然后发展为较快的稳定增长。到2006年,共有105个投资1亿元以上的大项目在琼落户,一批支撑海南长远发展的支柱产业正在形成。海南GDP首次突破1 000亿元,财政收入首次突破100亿元大关。从海南产业结构变化来看,则呈现如下趋势。

第一,第一产业的产值比重大,但已开始稳步下降。在建省初期海南第一产业的比例曾高达50%,从1992以来基本稳定在30%～40%之间。

第二,第二产业的产出比重小,但已有所上升。海南第二产业的比例一直以来徘徊在19%～26%之间的低位,1993年达到最高点25.69%以后处于下降状态,但从2000年开始又开始回升。第二产业的比例偏低已成为海南产业结构的一个显著的特征。

第三,第三产业比重的起伏较大。海南建省初期第三产业曾经历了一个较快发展的过程,从1988年的31%很快增长到1992年的将近50%,但从1992年以后又处于下降状态,在40%的上下起伏。

如何认识海南产业结构的如上特征呢? 我们认为必须把它和全国或世界其他地区进一步比较才能正确认识。

第一,海南的第一产业比重不仅远高于台湾,而且也高于全国。台湾在20世纪50年代第一产业比重也曾高达30%以上,但以后迅速下降,到20世纪80年代已低于10%,2000年以后更是降到了2%以下。全国的情况来看,1988年以来第一产业都在30%以下,而且呈现出稳定和降低趋势。

第二,海南产业间的产出结构类型和台湾与全国也不同。海南三类产业结构从1991年以前的"一、三、二"演进为1991年以后的"三、一、二";全国的三类产业结构表现为稳定的"二、三、一";台湾三类产业结构在1960年以前为"三、一、二",1960年以后演变为"三、二、一"结构,20世纪60年代中后期以后,台湾和全国产业的结构演进不构成了一个不同,就是台湾表现出了明显的第二产业快速下降,第三产业快速上升的趋势。这些特征和海南构成了很大的不同。

第三,海南产业结构呈现出明显的工业"短腿"特征。由于多方面原因,海南丰富的工业资源没有得到很好的利用和开发,工业发展步伐较为缓慢,工业基础薄弱,工业化率很低,始终是整个经济发展的"短腿"。2005年海南工业增加值仅占GDP的19.1%,明显低于世界34%的平均水平和全国46%的平均水平。这是海南产业结构的明显特征。

(资料来源:节选自李仁君《打造具有海南特色的产业发展的调研报告》。)

案例讨论:

1. 试结合所学内容,评价海南发展战略。

2. 试结合所学内容,对海南经济发展提出自己的建议。

■ **关键概念**

经济增长   economic growth

经济发展   economic development

经济增长的黄金律 golden rules of economic growth

内生增长   endogeneous growth

■ **复习思考**

1. 在索洛模型中,储蓄率是如何影响稳定状态收入水平,以及稳定状态增长率的?

2. 什么是资本积累的黄金律? 长期消费总水平最大化的条件是什么?

3. 如果一个国家的经济政策目标是最大化长期消费水平,那么该国政策如何根据实现黄金律稳定状态的标准来判断储蓄的高低?

4. 结合图形说明黄金稳态的形成过程。

5. 结合图形说明考虑人口增长和不考虑人口增长,对索洛模型有什么影响?

6. 索洛模型存在哪些不足?

7. 应用索洛模型分析,人口增长对人均收入有何影响?

■ **单元实训**

一、单项选择题

1. 下列情况中不是人均生产函数特征的是( )。

A. 随着人均资本存量增加,人均产量也增加

B. 对于每一个既定的人均生产函数来说,技术状态是不变的

C. 随着资本存量增加,人均生产函数向上移动

D. 收益递减规律适用于人均生产函数

2. 资本条件是( )。

A. 当资本趋向于零时,资本的边际产出趋向于无穷大

B. 当劳动趋向于无穷大时,劳动的边际产出趋向于零

C. 当资本(劳动)趋向于无穷大时,资本(劳动)的边际产出趋向于无穷大

D. A 和 B 两项

3. 存在人口增长与技术进步条件下,资本稳态的条件是( )。

A. $sf(k)=\delta k$ B. $\delta f(k)=sk$

C. $sf(k)=(\delta+n)k$ D. $sf(k)=(\delta+n+g)k$

4. 在人口增长与技术进步不变条件下实现黄金律水平的条件是( )。

A. $MPK=\delta$ B. $MPK=\delta+n$ C. $MPK=\delta+n+g$ D. $MPK=\delta+g/n$

5. 资本稳态取决于( )。

A. 储蓄率   B. 折旧率

C. 人口增长率和技术进步增长率   D. 以上各项

二、判断题

1. 人均生产函数说明了人均产量与人均劳动投入量之间的关系。   ( )

2. 如果一国增加人均资本量,它就可以沿着人均生产函数提高自己的人均产量。

                     ( )

3.一国储蓄率越高,其经济增长速度就越高。 （　　）

4.当资本存量的稳定状态使长期总消费水平达到最高时,这时的稳定状态为黄金律水平。 （　　）

5.根据索洛模型,当一国人口增长比较高时,其经济增长比较快,其人均收入水平也比较高。 （　　）

6.新古典经济增长模型认为,从长期看,由于市场的作用,经济总会趋向于充分就业的均衡增长。 （　　）

7.索洛模型认为技术不变时,提高储蓄率可以实现长期持续的高增长率。 （　　）

8.索洛模型认为只有技术进步是一个经济社会长期持续增长的源泉,能够推动产生和生活水平的不断上升。 （　　）

9.在索洛模型中,人口的增加会导致总产出的增加。 （　　）

三、计算题

1.设一个国家的总量生产函数是:$y=(k)1/2$,其中 y 和 k 分别指人均产出和人均资本。计算:

（1）如果储蓄率为 28%,人口增长率为 1%,技术进步速率 2%,折旧率为 4%,该稳定状态的产出是多少?

（2）如果储蓄率下降到 10%,而人口增长率上升到 4%,其他不变,那么该国新的稳定状态产出是多少?

（3）在条件（1）的情况下,确定黄金律稳态时的储蓄率是多少?

2.在索洛模型中,设生产函数为 $y=f(k)=2k-0.5k^2$,人均储蓄率为 30%,平均折旧率为 1%,人口增长率为 2%,求:

（1）使经济均衡增长（稳态）时的 k 值。

（2）黄金律状态下所要求的人均资本量。

第八章 | 通货膨胀

课前导读

国家统计局:当前无通货膨胀 但存在预期

国务院新闻办于 10 月 22 日上午举行新闻发布会,请国家统计局新闻发言人、国民经济综合统计司司长李晓超介绍今年前三季度国民经济运行情况,并答记者问。中国网进行了现场直播。

瑞士《新苏黎世报》记者:我们看到现在价格指数的环比成增长的势头,考虑到消费不断扩大的趋势,您怎样评价通货膨胀对于我们可能造成的压力?

国家统计局新闻发言人李晓超:从今年价格的走势来看,尽管同比还呈现出下降,但是从 7 月份 CPI 的环比出现持平之后,8 月份、9 月份环比都出现了上涨,PPI 环比连续出现了 7 个月的上涨。应该说,当前不存在通货膨胀的问题。

CPI 1—7 月份同比下降 1.2%,1—8 月份下降 1.2%,1—9 月份下降 1.1%。工业品出厂价格今年以来也一直在下降,从月度来看 7 月份的 PPI 下降 8.2%,8 月份下降 7.9%,9 月份下降 7%。所以,从当前的现实来看,不存在通货膨胀的问题。

当然,我们也要看到无论是 CPI 还是 PPI,环比都出现了上涨,存在着通胀的预期,对通胀预期要给以高度关注。

(资料来源:腾讯财经 http://finance.qq.com/a/20091022/003474.html。)

第一节　通货膨胀概述

一、通货膨胀的含义及其衡量

(一)通货膨胀的含义

"通货膨胀"这一词语据说起源于美国。1775 年,为筹集战争经费,美国大陆议会除征收租税和募集公债外,还大量发行货币来支付战争开支;1775 年新发行的大陆货币数量接近 600 万美元;到 1779 年发行的货币数量增加到 102 500 万美元。大量货币的发行,引起物价上涨,到战争结束时,按大陆美元衡量的黄金价格比几年前上升了 100 多倍。

经济学界对通货膨胀的解释并不完全一致,通常是这样解释的:通货膨胀是物价水平普遍而持续的上升。例如,弗里德曼说:"物价普遍的上涨就叫做通货膨胀";而萨缪尔森则说:"通货膨胀的意思是物品和生产要素的价格普遍上升的时期——面包、汽车、理发的价格上升,工资、租金等也都上升。"

在理解通货膨胀时应注意以下几点。

(1)通货膨胀现象指的是商品、劳务价格的上涨,即实体经济中资产价格的上涨,而不是指虚拟经济中资产价格的上涨,如股票、债券等有价证券价格的上涨并不包括在通货膨胀范畴之中。

(2)通货膨胀是指物价水平持续上涨的现象。所谓物价水平,并不是个别或某几种物品的价格,而是指一般物价水平或总物价水平。一般物价水平上升,必然是货币的一般购买力下降,即货币价值降低。因此,通货膨胀通常是同通货贬值联系在一起的;同时通货膨胀是指物价水平不断上涨的一种非稳定状态,而不是指一般物价达到了高水平而趋于稳定的状态。在通货膨胀引起的物价总水平持续上升期间,个别物价有可能是下降的。

(3)物价必须是上涨相当的幅度,才能判定发生通货膨胀;但究竟以百分之几才算相当的幅度,这里并没有一个绝对的标准,要根据各国不同的具体情况而定。

(4)通货膨胀并不一定表现为较高的价格。通货膨胀的一般表现形式虽然是消费品的物价指数上升,但是这种情况仅仅在价格能随市场力量的作用而自由变动时才是这样。当政府人为地控制价格时(如各国在战争期间对价格的管制,计划经济时政府定价等),物价水平上升虽然可以被人为地控制,但通货膨胀的压力可能依然存在。

(二)衡量通货膨胀的指标

通货膨胀一般是直接以价格指数的上涨幅度作为其衡量指标。

物价指数是表明某些商品的价格从一个时期到下一时期变动程度的指数。物价指数一般不是简单的算术平均数,而是加权平均数,即根据某种商品在总支出中所占的比例来确定其价格的加权数的大小。计算物价指数的一般公式是

$$物价指数 = \frac{\sum P_t q_t}{\sum P_0 q_t} \times 100\%$$

式中,P_0、P_t 表示基期和本期的价格水平,q_t 表示本期商品量。

根据计算物价指数时所包括的商品品种的不同,主要有三种以下物价指数。

(1)消费物价指数(缩写为CPI),又称零售物价指数或生活费用指数,是衡量各个时期居民个人消费的商品和劳务零售价格变化的指标,它建立在典型化的城市消费者日常生活中所购买的食品、衣服、住宿、燃料、交通、医疗、教育及其他商品的价格基础之上。每种商品的价格根据在总消费支出中的相对重要性而被设定一个固定的权重,它能较迅速地反映影响居民消费的物价趋势。

(2)批发物价指数(缩写为PPI),也称生产者物价指数,是衡量各个时期生产资料(即资本品)与消费资料(即消费品)批发价格变化的指标。

(3)国内生产总值折算指数(缩写为GPI),是衡量各个时期一切商品与劳务价格变化的指标。这一指数的特点在于范围较为广泛,除了私人部门的消费外,还包括公共部门的消

费、生产资料和资本、进出口商品与劳务等价格在内,因此能较准确地反映整体物价水平的趋势。

这三种指数都能基本相同地反映出通货膨胀率的变动趋势,所以可以用其中的任何一种来测度总物价水平上升的幅度或通货膨胀率,但由于各种指数所包括的范围不同,所以其数值并不相同。消费物价指数与人民生活水平关系最密切,因此一般都用消费物价指数来衡量通货膨胀。

(三)通货膨胀的分类

经济学家们根据不同的标准来对通货膨胀进行分类。

1. 按通货膨胀的严重程度分类

按照通货膨胀的严重程度,可以将其分为以下四类。

(1) 爬行的通货膨胀,又称温和的通货膨胀,其特点是通货膨胀率较低而且比较稳定。爬行的通货膨胀的年通货膨胀率常为一位数(10%以下),价格上涨缓慢而且可以预见;此时,物价相对比较稳定,人们对货币比较信任。目前许多国家都存在着这种温和的通货膨胀,甚至有人还认为这种缓慢而逐步上升的价格对经济和收入的增长有积极的刺激作用。

(2) 加速的通货膨胀,又称奔腾的通货膨胀,其特点是通货膨胀率较高(一般在两位数以上),而且还在不断加剧。一旦奔腾式的通货膨胀形成并稳定下来,便会出现严重的经济扭曲。一般地说,大多数经济合同都会用某种价格指数或某种外币加以指数化;同时,由于货币贬值非常迅速,人们仅在手中保留最低限度的货币以便应付日常交易所需,金融市场逐渐消亡,资本逃向国外。

(3) 超速通货膨胀,又称恶性通货膨胀,其特点是通货膨胀率非常高(一般在三位数以上),以致物价水平完全失去了控制。这种通货膨胀会引起金融体系的完全崩溃,甚至政权的更迭。例如第一次世界大战后,在通货膨胀下的德国,一个小偷去别人家里偷东西,看见一个筐里边装满了钱,他把钱倒了出来,只把筐拿走了;德国街头的一些儿童在用大捆大捆的纸币马克玩堆积木的游戏;一位家庭主妇正在煮饭,她不去买煤,而是烧那些可以用来买煤的纸币。

(4) 受抑制的通货膨胀,又称隐蔽的通货膨胀。这种通货膨胀是指经济中存在着通货膨胀的压力,但由于政府实施了严格的价格管制,通货膨胀并没有发生。一旦解除价格管制,就会发生较严重的通货膨胀。例如,我国在 1992 至 1993 年,由于市场经济改革,国家全面放开了对过去凭票证购买、限额供应的商品的限制,允许其以溢价形式,根据市场的供求关系来自由定价,结果导致在 1993 年国内的通货膨胀率达到 13.2%,1994 年更高达 21.7%。

2. 按对价格影响的差别分类

按照对价格影响的差别分类,可以将其分为以下两类。

(1) 平衡的通货膨胀,即每种商品的价格都按照相同的比例上升,各种产品和生产要素的相对价格不变。这里所指的商品价格包括产品和生产要素的价格,如工资、租金和利率等。这种通货膨胀对经济的影响只限于现金形式的货币,使持有现金的人会受到损失,所以人们都不愿意持有现金形式的货币。

（2）非平衡的通货膨胀，即每种商品价格上升的比例不完全相同，各种产品和生产要素的相对价格会发生变化。例如，甲商品价格的上涨幅度大于乙商品价格的上涨幅度，或者利率上升的比例大于工资上升的比例等。在现实经济中，通货膨胀大都属于非平衡的通货膨胀。

3. 按人们的预料程度分类

按照人们的预料程度分类，可以将其分为以下两类。

（1）未预期到的通货膨胀，是指价格水平的上升幅度完全在人们的意料之外，或者人们根本没有想到价格上涨的问题。例如，国际市场原料价格的突然上涨所引起的国内价格的上升，或者在长时期内价格不变的情况下突然出现的价格上涨。

（2）预期到的通货膨胀，是指通货膨胀完全在人们的意料之中，从而可以采取某些措施来抵消通货膨胀的影响。例如，当某一国家的物价水平年复一年地按 2% 的速度上升时，该国居民便会预期到物价水平将会按照同一比例继续上升，因此该国居民在日常生活中进行经济核算时会把物价的这一上升的比例考虑在内。由于每个人都把 2% 的物价上涨考虑在内，所以每个人所索取的价格在每一时期中都要上升 2%。每种商品的价格上涨 2%，劳动者所要求的工资、厂商的利率都会以相同的速度上涨，因此预料之中的通货膨胀具有自我维持的特点，有点像物理学上的运动中的物体的惯性。由于这种特点，预期到的通货膨胀有时又被称为惯性的通货膨胀。

4. 按引起通货膨胀的原因分类

按照引起通货膨胀的原因分类，可以将其分为以下四类。

（1）需求拉上型通货膨胀，是指社会总需求过度增长以致大大超过总供给所引起的通货膨胀。

（2）成本推动型通货膨胀，是指因社会供给方面商品与劳务成本的提高而引起的一般物价水平持续上涨的现象。

（3）供求混合推进型通货膨胀，是指由于需求拉上和成本推进两个方面的因素相互作用而引起的通货膨胀。

（4）结构性通货膨胀，是指由于社会、经济结构方面的因素发生了变动，所引起的一般物价水平的上涨现象。

第二节　通货膨胀的成因

通货膨胀是一种世界性现象。不同的国家在不同的时期里都出现过不同程度的通货膨胀。这里所介绍的通货膨胀理论是用以分析西方发达国家的通货膨胀的，其中主要有需求拉上型通货膨胀理论、成本推动通货膨胀理论和结构性通货膨胀理论。

一、需求拉上型通货膨胀

这里是从总需求的角度来分析通货膨胀的原因，认为通货膨胀的原因在于总需求过度增长、总供给不足，即"太多的货币追逐较少的货物"，或者是"因为物品与劳务的需求超过按照现行价格可得到的供给，所以一般物价水平便上涨。"总之，就是总需求大于总供给所引起的通货膨胀。对于引起总需求过大的原因又有以下两种解释。

1. 凯恩斯主义的解释

按照凯恩斯主义的解释,他强调实际因素对总需求的影响。凯恩斯认为,当经济中实现了充分就业时,表明资源已经得到了充分利用。如果总需求仍然增加,就会由于总需求过度地存在而引起通货膨胀。可以用膨胀性缺口这一概念来说明这种通货膨胀产生的原因。膨胀性缺口是指实际总需求大于充分就业总需求时两者之间的差额,如图 8-1 所示。这种解释的缺陷在于其假定通货膨胀在经济达到充分就业以后才能发生,因此无法解释通货膨胀与高失业率并存的现象。

在图 8-1 中,纵轴 P 代表一般价格水平,横轴 Y 代表总产量(国民收入)。AD 表示总需求曲线,AS 表示总供给曲线。总供给曲线起初呈水平状,而后向右上

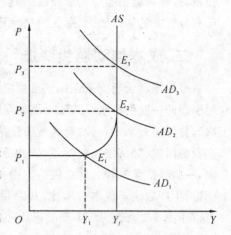

图 8-1 需求拉上的通货膨胀

方倾斜,到达充分就业状态时呈竖直线。这表示当总产量较低时,总需求的增加不会引起价格水平的上涨。在图中,产量从零增加到 Y_1 时价格水平始终稳定。总需求曲线 AD_1 与总供给曲线 AS 的交点 E_1,决定的价格水平为 P_1,总产量水平为 Y_1。当总产量达到 Y_1 以后,继续增加总需求就会引起价格水平上涨。图中表现为总供给曲线 AS 向右上方倾斜,随着产出提高,价格水平逐渐上涨。总需求曲线 AD_2 与总供给曲线 AS 的交点 E_2 决定的价格水平为 P_2,总产量为 Y_f(充分就业时的产出水平),总产量达到最大,即为充分就业的产量,整个社会的经济资源已经得到充分利用。在达到充分就业的产量 Y_f 以后,如果总需求继续增加,总供给就不再增加,因而总供给曲线 AS 成为一条垂直于水平轴的垂线,这时总需求的增加只会引起价格水平的上涨。例如,图中总需求曲线从 AD_2 提高到 AD_3 时,它同总供给曲线的交点 E_3 所决定的总产量仍然为 Y_f,但是价格水平已经从 P_2 上涨到 P_3。这就是需求拉上型通货膨胀,图中 E_2F 即为价格水平在 P_2 时的膨胀性缺口。

2. 货币主义的解释

按照古老的货币数量说,货币数量乘以货币的流通速度等于一个经济社会中参加交易的商品乘上它们的物价水平:$MV=PY$。在一个经济社会中,右边等式中的商品总量 Y 短期内是由经济社会的资源、劳动生产率等实物因素所决定的,它恒等于充分就业时的产量。左边等式中的货币流通速度 V 取决于该经济社会中的支付习惯等因素,因而 V 也是一个不易变动的量。因此,价格水平 P 就必然直接取决于该经济社会中的货币数量 M;换句话说,当货币数量的增加直接表现为物价水平同等程度的上涨。

与凯恩斯主义观点不同,货币主义认为实际因素即使对总需求有影响但是不重要,由实际因素所引起的通货膨胀不可能是持久的;通货膨胀永远是一个货币现象,引起总需求过度的根本原因是货币的过量发行。美国经济学家 M. 弗里德曼认为:"通货膨胀是发生在货币量增加的速度超过了产量增加速度的情况下,而且每单位产品所配给的货币量增加得愈快,通货膨胀的发展就愈快。"

如果货币当局执行放松银根、降低利率的货币政策,家庭就会减少储蓄,增加更多的当

期消费。因为他们相信储蓄将会使他们的末期收入减少；企业更愿意从银行获得贷款，增加投资，这些都会引起总需求曲线向右移动，如果这时经济运行在总供给的垂直部分，即接近于充分就业的生产能力，那么价格水平就会上升，正像图 8-1 中所示的那样。

二、成本推动通货膨胀

成本推动通货膨胀也称供给型通货膨胀，是指因社会供给方面商品与劳务成本的提高而引起的一般物价水平持续上涨的现象。成本推动通货膨胀理论是在 20 世纪 50 年代末期兴起并传播开来的一种"新通货膨胀论"。当时西方主要发达国家普遍出现了通货膨胀与生产资源闲置、经济增长缓慢并存的"滞胀"现象。凯恩斯学派的过度需求论无法解释这种现象，一些经济学家转而从总供给方面去寻找通货膨胀产生的原因。供给就是生产，根据生产函数，生产取决于成本。因此，从总供给的角度看，引起通货膨胀的原因在于成本的增加。可以用图 8-2 来说明成本推动通货膨胀。

在图 8-2 中，假设总需求是既定的，不发生变动，变动只出现在供给方面。当总供给曲线为 AS_1 时，这一总供给曲线与总需求曲线 AD 的交点 E_1 决定的总产量为 Y_1，价格水平为 P_1；当总供给曲线由于成本提高而移动到 AS_2 时，总供给曲线与总需求曲线的交点 E_2 决定的总产量为 Y_2，价格水平为 P_2。这时，总产量比以前下降，而价格水平比以前上升了。

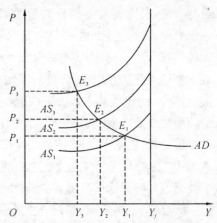

图 8-2　成本推动通货膨胀

根据引起成本增加的因素的不同，成本推动通货膨胀可以分为以下几种。

（1）工资推动型通货膨胀。不完全竞争的劳动力市场造成的过高工资会导致一般价格水平的上涨。按照西方学者的解释，在完全竞争的劳动力市场上，工资率完全取决于劳动力的供给和需求，工资的提高不会导致通货膨胀；而在不完全竞争的劳动力市场上，由于强大的工会组织的存在，工资不再是竞争的工资，而是工会和雇主集体议价的工资，或者因为工资调整的刚性，有可能导致工资的增长率超过劳动生产率的增长率，工资的提高就导致产品单位成本的提高，从而导致一般价格水平的上涨，这就是所谓工资推动通货膨胀。例如，有着强大工会的美国本土汽车行业，2006 年通用汽车员工每小时薪水为 73 美元，福特和克莱斯勒也都超过 70 美元，而丰田、本田、日产设在美国的工厂的员工每小时薪水为 48 美元。

工资的增加往往是从个别部门开始的，但由于各部门之间工资的攀比行为，个别部门工资的增加往往会导致整个社会的工资水平上升，从而引起普遍的通货膨胀。另外，西方学者进而认为，工资提高与价格上涨之间存在着因果关系，即工资提高会导致产品单位成本的上升。企业为维持盈利水平，势必会提高产品价格，这便是由工资提高所引发的物价上涨；物价上涨后，工会又会进一步要求提高工资，从而再度引起价格上涨；如此循环往复，形成所谓工资-价格的螺旋上升现象。

（2）利润推动型通货膨胀。利润推动型通货膨胀是指垄断企业和寡头企业利用市场势力谋取过高利润所导致的一般价格水平的上涨。西方学者认为,就像不完全竞争的劳动力市场是工资推动型通货膨胀的前提一样,不完全竞争的产品市场是利润推动型通货膨胀的前提。在完全竞争的产品市场上,价格完全决定于商品的供求,任何企业都不能通过控制产量来改变市场价格。而在不完全竞争的产品市场上,垄断企业和寡头企业为了追求更大的利润,可以操纵价格,把产品价格定得很高,致使价格上涨的速度超过成本增加的速度,其差额就是利润的增加,这种利润的增加使物价上升,形成通货膨胀。

经济学家认为,工资推动和利润推动实际上都是操纵价格的上升,其根源在于经济中的垄断,即工会的垄断形成工资推动,厂商的垄断引起利润推动。

(3)进口成本推动的通货膨胀。进口成本推动的通货膨胀是指在开放经济中,由于进口的原材料价格上升而引起的通货膨胀。在这种情况下,一国的通货膨胀通过国际贸易渠道而影响到其他国家。例如,在20世纪70年代中期有大量石油储藏的国家作为欧佩克成员走到一起(欧佩克是一个企图防止竞争并减少生产以提高价格的卖者集团),从1973年到1975年的几年里石油价格几乎翻了一番。石油价格的攀升使得世界石油进口国都经历了同时出现的通货膨胀和衰退;在美国,按CPI衡量的通货膨胀率几十年来第一次超过了10%。在70年代末期欧佩克国家再一次限制石油的生产以提高价格,从1978年到1981年的几年里石油价格又翻了一番多,结果导致美国每年的通货膨胀率又上升到10%以上。1986年欧佩克成员之间爆发了争执,成员国违背限制石油生产的协议。结果,世界原油市场上的价格下降了一半左右。石油价格的这种下降减少了美国企业的成本,结果美国经济迅速增长,通货膨胀率达到了多年来的最低水平。

与这种通货膨胀相对应的是出口型通货膨胀,即由于出口迅速增加导致生产部门成本增加,国内产品供给不足,引起通货膨胀。

三、供求混合推进通货膨胀

有些西方经济学家反对把通货膨胀的原因区别为需求拉上或成本推进这两种类型。认为在实际经济中很难区分某次通货膨胀是由需求拉上还是由成本推进而引起的。事实上,通货膨胀过程往往同时包括了这两个方面的因素,即所谓"拉中有推,推中有拉"。如果通货膨胀最初是由需求拉动开始的,即过度需求的存在引起物价上升,但物价上升将促使工会要求增加工资,从而供给成本的增加又引起了成本推进的通货膨胀。如果通货膨胀是由成本推进开始的,即成本增加引起物价上升。这时如果没有总需求的相应增加,工资上升最终会减少生产、增加失业,从而使成本推进引起的通货膨胀停止。只有在成本推进的同时又有总需求的增加,这种通货膨胀才能持续下去。

可以用图8-3来说明供求混合推进的通货膨胀。

在图8-3中,经济初始时在均衡点E,当总需求曲线由AD_0移动到AD_1,会使原来物价水平上出现超额需求EA,结果物价上涨到P_1,这是由需求拉动引起的通货膨胀。但如果仅仅需求拉动,由于价格上升,总需求下降会最终结束通货膨胀。换言之,这种通货膨胀不会持续下去。只有需求拉动后,价格上涨导致工资-价格螺旋形上升,价格上升引起工资提高,使得总供给曲线上移到AS_2,较高的工资同时意味着更多的收入,从而带来更多的消费,总需求也由AD_1增加为AD_2,新的价格水平P_1下,总需求AD_2与总供给AS_2之间仍存在超

额需求 E_1A_1,上述过程再次重复,这样通货膨胀将具有不断循环下去的趋势。

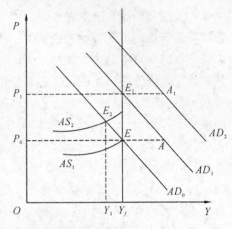

图 8-3 供求混合推进的通货膨胀

四、结构性通货膨胀理论

这种理论从各生产部门之间劳动生产率的差异、劳动市场的结构特征和各生产部门之间收入水平的赶超速度等角度分析了由于经济结构特点而引起通货膨胀的过程。

假定 A、B 分别为生产率提高快慢不同的两个部门,二者的产量相等。部门 A 的生产增长率$(\Delta Y/Y)_A$ 为 5%,工资增长率$(\Delta w/w)_A$ 也为 5%。这时全社会的一般价格水平不会因为部门 A 的工资提高而上涨。但是,当部门 B 的生产增长率$(\Delta Y/Y)_B$ 是 2%,而工资增长率$(\Delta w/w)_B$ 因向部门 A 看齐也达到 5%时,超过了生产的增长率。

当两个部门在经济中的比重相同时,全社会平均的生产增长率是

$$[(\Delta Y/Y)_A+(\Delta Y/Y)_B]=(5\%+2\%)\div 2=3.5\%$$

而全社会平均的工资增长率为

$$[(\Delta w/w)_A+(\Delta w/w)_B]=5\%$$

这样,全社会工资增长率超过生产增长率 1.5%,工资增长率超过生产增长率的百分比就是价格上涨率或通货膨胀率。上述说明同样适用于在工资问题上渐趋衰落的部门向正在迅速发展的部门看齐、非开放部门向开放部门看齐的情况。

另外,劳动力市场结构特征也会引起通货膨胀。劳动力市场的特点是失业与空位并存,即一方面有人没工作,另一方面又存在着有工作却无人做。这种情况是由于劳动力市场技术结构、地区结构、性别结构这些特征造成的劳动力不能迅速流动而引起的。在这种情况下,由于工资能上不能下的刚性,有失业存在,工资不能下降;有空位存在,则工资上升,这样工资总水平的提高就会导致通货膨胀。

第三节 通货膨胀对经济的影响

考察通货膨胀的经济效应,也就是要弄清楚通货膨胀对经济的影响。我们知道通货膨胀是一个到处扩散其影响的经济过程,每一个消费者和参与经济活动中的所有经济单位以及政府都在某种程度上受到它的影响。

均衡通货膨胀时所有商品的价格,包括各种产品和各种生产要素都是按同一比例变动的,价格总水平的变动不会使任何人受到损害,也不会使任何人得到好处。意料之中的通货膨胀由于人们可以完全预期,在这种情况下,人们将会采取保护自己的措施,即在缔结工资和贷款契约时,已经把通货膨胀率考虑在内,从而使工资、利率和租金都按和各种商品价格相同的比例增长,以便将通货膨胀对收入和财富的再分配的影响降低到最小程度。当然在短期,通货膨胀对实际收入和财富的再分配效应还是存在的。这是由于发生通货膨胀时,有

一部分工人还在执行以前的工资合同，有一些贷款的名义利率还没有包括预期的通货膨胀率，这使得这部分工人的工资赶不上物价的上涨，部分债权人蒙受了通货膨胀损失。

然而，现实中的通货膨胀通常是不均衡的，而且人们对通货膨胀的预期也常常与实际情况不符。因此，通货膨胀总会造成某些影响。一般说来，其影响主要体现在以下几个方面。

一、通货膨胀对收入和财富分配的影响

通货膨胀对收入和财富起着重新分配的作用。一般地讲，对财富和收入的分配效应表现在以下四个方面。

(1) 在债务人与债权人之间，通货膨胀将有利于债务人而不利于债权人和持有货币的人。这是因为，在通货膨胀时期，货币资产或者其收益的名义值保持不变，而非货币资产的名义值会随着物价水平的上升而上升。所以，货币资产在通货膨胀时期不能保值，而非货币资产在通货膨胀时期能够保值。例如，在1988年我国面临高通货膨胀时期，中国农业银行一年以上至三年贷款利率为9.9%，官方公布的通货膨胀率为18.5%，在发生通货膨胀时靠固定利率贷款收入的银行由于还款时的实际金额下降而受损，而靠固定利率借款的人由于通货膨胀使借款的代价降低而受益，从而导致产生企业想方设法多贷款并囤积存货的现象。

(2) 在雇主与工人之间。如果发生不可预期的通货膨胀下降，由于签订工资协议已经将现有通货膨胀考虑在内，工人将受益，而雇主则受损。反之，在不可预期的通货膨胀升高情况下，工资不能迅速地根据通货膨胀率来调整，从而就在名义工资不变或略有增长的情况下使实际工资下降，通货膨胀则有利于雇主而不利于工人。实际工资的下降就会使利润增加，而利润的增加是有利于刺激投资的，这也是一些经济学家主张以通货膨胀来刺激经济发展的理由。

(3) 在政府与公众之间，通货膨胀将有利于政府而不利于公众。第一，政府是净的债务人；也就是说，政府是大债务人，居民是债权人。于是，在通货膨胀时期，财富从债权人向债务人转移，亦即从居民手中转移到政府手中。第二，通货膨胀还会使政府在累进制的税收制度中受益。因为在不可预期的通货膨胀之下，名义工资总会有所增加（尽管并不一定能保持原有的实际工资水平），而所得税是根据名义收入来征收的，而且个人所得税往往实行累进所得税（即收入越高，税率越高）制度，这使得他们当中的一些人名义上成为高收入者，进入纳税阶层，另一些人则进入较高的纳税级别。这就使得实际收入的更大比重以税收的形式转移到政府手中。由此可见，在通货膨胀时期，政府支配的资源增加，而公众支配的资源减少，因此通货膨胀有一种和政府增加税收相同的效果。这就是所谓的通货膨胀税的含义。通货膨胀税的存在，不利于储蓄的增加，也影响了私人与企业投资的积极性。

(4) 固定收入获得者受损，变动收入获得者受益。享受固定退休收入，救济金的人群会因为通货膨胀使得实际收入减少，生活水平下降；相对来说，变动收入获取者，特别是行业工会力量强大的行业，因为工资合同订有随物价调整条款，或者新合同订立时会得到工资大幅度的增长，他们可能会因为通货膨胀受益。除此之外，如果产品价格比资源价格上升得快，获得利润的企业主也能从通货膨胀中获利。

二、通货膨胀的产出效应

实际上，国民经济的产出水平是随着价格水平的变化而变化的。不同的通货膨胀会对

经济产生不同的影响。

第一种情况:随着通货膨胀出现,产出增加,这就是需求拉上通货膨胀的刺激,促进了产出水平的提高。一般说,在短期内,由于意料之外的需求拉上的通货膨胀会使产品价格的上涨快于货币工资率的上涨,实际工资率会有所降低,从而促使企业增雇工人、扩大产量以谋取利润,使就业和国民产出增加。西方许多经济学家长期以来坚持这样的看法,即认为温和的或爬引的需求拉上的通货膨胀将刺激产出的扩大和就业的增加。例如,对于一个失业工人来说,如果他只有在通货膨胀条件下才能得到就业机会,显然这是受益于通货膨胀。但工人们不会长期容忍货币工资率滞后于产品价格上涨的情况。一旦工人工资与物价变动的"时差"消失后,企业就会停止扩大产量,通货膨胀促使就业和产出增加的效果就会消失,因此,通货膨胀对就业和国民产出的影响只能是暂时的。并且工人们会对通货膨胀进行预测,采取措施防止工资增长滞后于价格上涨的情况。如果通货膨胀是人们预料之中的,就不会对就业和国民产出水平产生直接的、实质性的影响。

第二种情况:成本推进通货膨胀引致失业。这里讲的是由通货膨胀引起产出与就业的下降。假定在原总需求水平下,经济实现了充分就业和物价稳定。如果发生成本推进通货膨胀,则原来总需求所能购买的实际产品的数量将会减少。那就是说,当成本推进的压力抬高物价水平时,一个已知的总需求只能在市场上支持一个较小的产出。美国20世纪70年代的情况就证实了这一点。1973年末,石油输出国组织把石油价格翻了两番,成本推动通货膨胀的后果使1973—1975年的物价水平迅速上升;与此同时,美国失业率从1973年的不到5%上升到1975年的8.5%。

三、通货膨胀的资源配置效应

通货膨胀是由价格水平普遍、持续上涨引起的,通货膨胀期间的价格是"病态的",既难以反映生产成本的变化,也不是社会真实需求状况变动的体现,这就造成商品的相对价格变动既频繁也不合理。当通货膨胀扭曲了相对价格时,消费者决策也被扭曲了,市场也就不能把资源配置到最好的用途中去,从而导致资源的非合理配置。

"菜单成本"与"皮鞋成本"都是通货膨胀引起的无谓损失。

通货膨胀期间,企业原材料等的价格不断上升会逼迫企业也要不断地调整自己产品的价格,也就是增加了企业不断变动价格的成本,即菜单成本。菜单成本包括印刷新清单和目录的成本、把这些新价格表和目录送给中间商和顾客的成本、为新价格做广告的成本、决定新价格的成本。如出租汽车公司要经常修改计价器;商店要频繁地更改商品价格标签;饭店要经常耐心地解释为何又涨价了;供需双方要常常联系、沟通和谈判等。这无疑是一种资源浪费。

在通货膨胀时期,人们为减少货币贬值所带来的损失,将尽可能减少货币尤其是本币现金的持有量。通常的做法是更频繁地存取款(将收入尽可能放在有息的储蓄账户上,尽可能少地以现金形式持有,尽管这时的实际利率也许为负)、更多地将货币转化为实物或兑换成外币等,这些做法都需要花费时间、精力及其他成本。这些为减少货币持有量而耗费的成本成为通货膨胀的"皮鞋成本"。

通货膨胀还会带来不确定性。通货膨胀率越高,不确定性也随着增大。因此,同不发生通货膨胀的时期相比,在通货膨胀时期,经济资源更多地被用于预期方面;与此同时,人们也不愿意签订长期的合同,结果使得经济中交易费用上升。这都会给社会的产出水平带来不利的影响。另外,在发生通货膨胀时,人们会尽量减少货币的持有。因此,家庭和厂商都会在资产管理和物物交易等方面浪费比较多的经济资源。这会对社会的产出水平带来不利的影响。

第四节 通货膨胀的治理

西方经济学界对通货膨胀的定义、类型、原因和影响等方面的看法是多种多样的,但是,在反通货膨胀和对通货膨胀所采取的措施方面,经济学家的观点是基本一致的。其主要的观点和措施有以下几个方面。

一、需求管理

需求管理是指国家运用财政、货币等政策调节社会总需求,使之和总供给相适应,以实现充分就业和经济增长目标的政策措施。根据凯恩斯的收入均衡分析和有效需求原理,真正的通货膨胀只有达到充分就业以后、总需求超过总供给时才会发生。要消除通货膨胀,国家应采取紧缩性政策和措施,具体的措施包括紧缩的货币政策和财政政策,这也是几乎所有国家用来治理通货膨胀的传统方法或常规措施,这种方法主要针对需求拉上的通货膨胀。

(1)紧缩性财政政策。财政政策包括税收和支出两方面,紧缩性财政政策就是增加税收、减少政府支出。根据凯恩斯主义的观点,增加税收能够压缩社会总需求,如提高销售税就会减少对商品的需求。减少政府支出也能够压缩社会总需求,削减政府的购买和政府的转移支付,一方面减少了政府的开支,另一方面也减少了居民的可支配收入,即减少了消费需求,这些措施都会使社会的总需求减少,从而帮助消除通货膨胀,阻止一般物价水平的上涨。

(2)紧缩性货币政策。通货膨胀表现为货币供应量增长过快,货币贬值,一般物价水平上涨。要消除通货膨胀,必须实行紧缩性货币政策。中央银行采取措施减少银行储备金,从而减少银行的货币供应量并提高利率,压缩信贷规模和数量,压低收入水平、投资水平和物价水平,为实现这一目标可以采用公开市场业务、提高贴现率和提高法定准备金率。货币学派认为,通货膨胀纯粹是一种货币现象,要控制通货膨胀,实现经济稳定,最根本的措施是严格控制货币供应的增长速度,使之与经济增长率一致。为此,货币学派提出了"单一规则"的货币政策,即中央银行应把货币供应增长率保持在某一水平上。中央银行只要使货币供给的增长维持一个固定比率即可,这个比率必须能够保证价格水平在长期中是稳定的。如果实际产出以每年3%的速度增长,货币供给也按3%的速度增长,并且货币流通速度不变,那么价格水平就会稳定。如果实际产出每年增长3%,而技术的进步使货币流通速度每年提高1%,那么货币当局就应该保证货币供给的增长稳定在每年2%。

实行紧缩性的宏观经济政策如降低通货膨胀,会以很大的经济衰退为代价。经济学家把每降低1%的通货膨胀率带来的实际GDP损失的比例称为"牺牲率"。

二、供给管理

20 世纪 70 年代后,针对成本推进的通货膨胀,劳动力市场结构对失业的影响等,西方学者提出了供给管理政策。他们认为,发展生产、增加有效供给也是控制物价上涨和反通货膨胀的对策。

供给管理是要通过对总供给的调节,来达到一定的政策目标。供给即生产,在短期内影响供给的主要是生产成本,特别是生产成本中的工资成本。在长期中影响供给的主要因素是生产能力,即经济潜力的增长。因此,供给管理包括:控制工资与物价的收入政策,指数化政策,改善劳动力市场状况的人力政策,以及促进经济增长的增长政策。

1. 收入政策

收入政策是通过控制工资与物价来制止通货膨胀的政策,控制的重点是工资,故称收入政策。

以管制工资为主要内容的收入政策是从工资推动通货膨胀的理论出发的。西方经济学家认为,由于工资的"过度"提高,货币政策和财政政策的作用被破坏了,正是工会的过度垄断威胁着物价的稳定,企业的垄断和寡头垄断对通货膨胀来说,其重要性是微不足道的,并且是比较容易对付的。因此,实施收入政策,其最终目的就在于"打算发动一种直接攻势,从而可能使通货膨胀与失业之间短期相互交替或两面为难的处境基本好转"。加尔布雷斯就是实施工资物价管制的积极支持者,他一再声称:对工资物价"不实行管制,你就无法截断工资物价的螺旋上升;没有管制,我们就要有大量悲惨的失业与极其严重的经济衰退去战胜通货膨胀"。

第二次世界大战后,许多发达国家都实行过收入政策。收入政策的主要内容有以下几点。

(1)确立工资-物价指导线,即由政府根据长期劳动生产率增长趋势确定工资和物价的增长标准,要求把工资-物价增长率限制在全社会劳动生产率平均增长幅度以内。工会和企业要根据这一指导线来确定工资增长率,企业也要根据这一规定确定物价上涨率。指导线的实施,原则上不要求对基层谈判机构进行任何直接干预,即只能通过说服而不能由法律强制执行。

(2)实行工资-物价管制,即由政府强制地控制工资和物价,甚至完全冻结工资和价格。这是作用最猛烈的一种收入政策,一般在特殊时期(例如战争时期)和通货膨胀比较严重时采取这一强制性措施。例如,美国尼克松政府为了控制当时的通货膨胀,就曾宣布工资与物价冻结 3 个月。

这种措施在短期内可以有效地控制通货膨胀,但它破坏了市场机制的正常作用,在长期中不仅不能制止通货膨胀,反而还会引起资源配置失调,给经济带来更大的困难,因此,一般不宜采用这一措施。

(3)企业和工会达成工资-物价协议。限制工资收入对企业有利而对工人不利,限制物价对工人有利而对企业不利。有时企业与工会自愿达成某种工资和物价水平的协议,共同遵守,互相制约。

(4)实施以税收为基础的收入政策,即政府以税收为手段来限制工资增长。具体做法是：政府规定货币工资增长率，即工资指导线，以税收为手段来付诸实施。如果企业的工资增长率保持在政府规定的限度以内，则以减税作为奖励；如果企业的工资增长率超出政府规定的界限，则课以重税作为惩罚。例如，当政府的目标是使工资增长率从 6％ 下降到 4％ 时，政府可将 4％ 的增长率作为标谁。对平均工资增长率高于 4％ 的企业按高税率征税；对平均工资增长率低于 4％ 的企业按较低的税率征税，或适当减免税收。

通常认为，收入政策不适用于需求拉上的通货膨胀。例如，在需求过度时存在通货膨胀缺口的情况下，如果实行工资、物价管制，只能在管制实行之时对工资和物价的上涨起到暂时的抑制作用。一旦取消管制，则工资和物价将会更快地上涨，进而抵消通货膨胀暂时受到抑制的好处，而且工资和物价管制的副作用很大，不能长久施行。因此，在存在通货膨胀缺口时，收入政策只能延迟通货膨胀，而不能消除通货膨胀。

至于收入政策对抑制成本推进的通货膨胀和克服通货膨胀惯性的作用则看法不一。有些经济学家认为收入政策有助于抑制工资推进的通货膨胀，例如在实行以税收为基础的收入政策时，就可以促进企业抑制工人提高工资的要求。还有许多经济学家认为，收入政策特别有助于克服预期或惯性的通货膨胀，认为利用收入政策可使通货膨胀率降低，一旦人们习惯了较低的通货膨胀率，就可能预期未来的通货膨胀率仍会保持在较低的水平。此时即使取消了对工资、物价的管制，预期通货膨胀率也不会升高，从而可实现抑制持续性通货膨胀的目标。但也有经济学家持相反的看法，认为如果人们预计到政府将要实行收入政策，他们就会力图赶在收入政策实施之前先行提高工资和价格。而在收入政策取消时，取消政策措施本身就会使人们产生对通货膨胀加速的预期。由于没有充分的实际经验做证实，上述争论仍然在继续。

2. 指数化政策

指数化是一种能对工资、物价以及各种合约因价格水平变化而遭受的损失予以部分或全部补偿的机制。通货膨胀会引起收入分配的变动，使一些人受害，另一些人受益，从而对经济产生不利的影响。指数化就是为了消除这种不利影响，以对付通货膨胀的政策。它的具体作法分为两种：一种为 100％ 的指数化，即工资按物价上升的比例增长，当物价上升 5％ 时，工资也上升同一比例；另一种为部分指数化，即工资上涨的比例仅为物价上涨的一个部分。例如，物价上涨 10％，而工资却仅上升 5％。

在国际经济环境和国际收支状况恶化时，往往会诱发或加剧国内的通货膨胀。在反通货膨胀过程中，正确运用对外经济管理政策，如国际贸易、国际收支和外汇政策来改善对外经济贸易和国际收支状况，也是反通货膨胀的对策之一。实行浮动汇率政策可以根据国际贸易情况和外汇市场的供求变化，来调整本国货币与外币的比价。在本国货币贬值和外国货币升值后，出口商品用外国货币表示的价格要降低，进口商品以本国货币表示的价格要上升，这样就会刺激国外需求和本国出口，终将通过贸易顺差的增加来减少国际收支赤字，改善本国的国际收支状况。这样的汇率变动后，能抑制国内需求，减少进口供给，对通货膨胀必然有抑制作用。如果在相对固定汇率的情况下，情况又有所不同了。

总之，政府在制定和实施反通货膨胀政策的过程中，不能单纯地运用某一种经济政策，而应当注意各种经济政策的配合和协调，同时还必须运用各种行政的、政治的、法律的和教育的手段来配合以保证反通货膨胀政策的实施。

■ 教学案例

通货紧缩的国际比较与分析

（一）通货紧缩的一般理论

通货紧缩是指一般价格水平的持续下降。从这一定义出发，一般价格水平在一至两个季度内的下降属于通货紧缩的范畴。

但这样的通货紧缩往往是商业周期的伴生现象，或者是宏观紧缩政策的必然产物，不会引发严重的经济社会后果。我们应该引起足够重视的是，那种虽然温和但却会持续较长时间的通货紧缩，这样的通货紧缩会导致经济衰退和社会福利状况的恶化，而且容易使经济陷入债务-通货紧缩螺旋和零名义利率约束，给宏观调控带来挑战。

通货紧缩的成因，主要存在以下三种观点。

一是有效需求不足论。该理论认为通货紧缩源于有效需求的不足。有效需求不足是消费需求和投资需求不足的结果。消费需求不足是因为边际消费倾向递减，而投资需求不足则是因为资本边际效率递减和流动性偏好。在标准的总需求和总供给模型中，总需求曲线和总供给曲线的交点决定了均衡的物价总水平和均衡的产出水平。如果经济遇到需求冲击，总需求曲线就会向左移动，导致均衡产出和物价总水平的下降（即通货紧缩）。

二是货币主义的观点。该理论认为，通货紧缩源于货币供应量的过度收缩。货币主义者的观点是以货币数量论为基础的。货币数量论可以用公式表示为：其中，是货币供应量，是货币流通速度，是价格水平，是实际产出。在长期中，实际产出是由真实因素决定的，货币流通速度是一个稳定的函数，因此，货币供应量的变动必然导致价格水平的一对一的变动。基于此，货币供应量的过度收缩必然成为通货紧缩发生的根本原因。

三是克鲁格曼的通货紧缩观点。该观点认为，通货紧缩是经济处于流动性陷阱时，价格机制强制实现经济均衡的必然结果。在流动性陷阱下，短期利率降至很低，甚至为零，人们愿意选择储蓄，而不愿投资和消费，储蓄和投资之间存在缺口。由于名义利率不能为负，经济均衡所需的负的真实利率难以实现，利率机制对经济活动的调节作用失效。此时，当前物价水平下降（即通货紧缩），就成为促使人们增加消费，减少储蓄，从而消除储蓄和投资缺口，恢复经济均衡的唯一途径。

（二）通货紧缩的国际比较与分析

该部分分析了具有典型意义的三次通货紧缩：首先是造成资本主义世界深刻而持久震荡和调整的 1929—1933 年的美国大萧条，被冠之以"失去的十年"；其次是时至今日仍使日本经济深陷泥沼的 1992—2002 年的日本通货紧缩；以及上世纪末给我国经济带来极大负面影响的 1998—2002 年的通货紧缩。对这三次通货紧缩的影响、成因和政策应对的比较分析，有助于我们加深对通货紧缩内在机理的理解，也有助于我们判断当前我国通货紧缩风险，增强货币政策决策的前瞻性。

1. 1929—1933 年美国大萧条

1929—1933 年，美国国民生产总值下降 29%，消费者价格指数下降近 25%，股市暴跌近 85%，失业率从 3% 升至近 25%，实际利率维持在 8% 左右。

关于美国大萧条的成因，凯恩斯认为投资需求下降是 20 世纪 30 年代增长崩溃的根源。弗里德曼和施瓦茨则认为，美联储防止银行破产努力的失败和 1930 年底至 1933 年货币存量的下降是导致大萧条的政策根源。

为摆脱大萧条,1933年3月4日罗斯福总统开始实行一系列的举措:兴建大规模公共工程;颁布一系列旨在挽救银行业的立法,如《1933年银行法》、《格拉斯-斯蒂格尔法》等;颁布《农业调整法》和《全国工业复兴法》,扶持工、农业发展;颁布《社会保障法》,建立社会保障制度等。

2.1992—2002年日本"失去的十年"

1992—2002年被称为日本"失去的十年"。期间,日本名义GDP增长率不到1%,从1994年第三季度之后每个季度(除自1997年第二季度之后的四个季度外),GDP平减指数均为负增长,日经指数下跌近78%,失业率从2.1%上升到5.4%,实际利率维持在3%以上。

1991年泡沫经济的破灭是造成日本"失去的十年"的根本原因。"广场协议"之后日元兑美元持续升值,经济结构僵化导致生产能力严重过剩,不良资产攀升造成银行惜贷等也是重要原因。日本政府的政策失误,包括20世纪90年代初未及时处理巨额银行不良资产,1997年过早实行财政紧缩政策以及2000年8月过早结束零利率政策,起到了推波助澜的作用。

日本政府采取多种措施应对通缩:实施高达130万亿日元的财政刺激方案;实行零利率和数量宽松货币政策;对日元贬值采取听之任之的态度;集中出台一批关于银行业危机管理的金融法案,全面清理主要银行不良资产等。

3.1998—2002年我国通货紧缩

1998—2002年,我国GDP年均增长率从1990—1997年的6.8%下降到3.6%,M2环比平均增速从1990—1997年的21.5%下降到8.8%;CPI增速有10个季度为负,增速最快的2000年第一季度仅环比增长1.3%。

导致该时期通货紧缩的因素如下:一是结构因素导致国内供给相对过剩,需求转变导致某些供给缺位、重复建设加剧产能过剩等;二是体制因素导致国内需求不足,失衡的收入分配格局和滞后的社会保障制度削弱了人们的购买能力和意愿;三是亚洲金融危机后外部需求的低迷。

面对通货紧缩,我国政府积极应对:一是从1998年下半年开始,采取发行建设国债、减税等扩张性财政政策;二是央行在1996年以后连续八次降息,从1998年起取消对国有商业银行的贷款限额控制。

(三)美国、日本和中国治理通货紧缩的启示

(1)大规模财政刺激是应对通货紧缩的必然选择。大规模公共工程的兴建对美国经济走出大萧条起到了决定性作用。1998年下半年开始,我国一系列扩张性财政政策的实施对走出通货紧缩发挥了至关重要的作用。

(2)宽松的货币环境和健康的金融体系是反通货紧缩的重要保证。大萧条初期,美联储对一些银行的倒闭不闻不问,对货币供应量急剧缩减只采取非常有限的措施,最终导致了通货紧缩的发生。日本在"失去的十年"中实行零利率和数量宽松货币政策,但由于金融机构的惜贷未能起到刺激经济景气的预期效果。

(3)正确判断宏观经济形势,避免政策失误是治理通货紧缩的关键环节。日本政府的

政策失误可谓前车之鉴。1997年,日本政府误将稍见起色的经济形势看做经济已经走出景气低谷的标志,过早提出财政重整计划,从而使日本经济从1997年开始急剧恶化。2000年8月,日本央行在通货紧缩压力依然很大时过早结束零利率政策,上调政策利率,又一次将经济复苏势头扼杀在萌芽状态。

(来源:金融时报,http://business.sohu.com/20090713/n265172267.shtml。)

案例讨论:

1. 通货紧缩对经济会产生哪些影响?

2. 引起通货紧缩的原因有哪些?

3. 治理通货紧缩应该从哪些方面着手?

4. 结合中国当前形势,谈谈中国目前面临的是通货紧缩还是通货膨胀问题。

■ 关键概念

通货膨胀	inflation
消费物价指数	consumer price index(CPI)
需求拉上型通货膨胀	demand-pull inflation
成本推动型通货膨胀	cost-push inflation
供求混合推进型通货膨胀	demand and supply push inflation
结构性通货膨胀	structural inflation
菜单成本	menu cost
收入政策	income policy
指数化政策	indexation policy

■ 复习思考

1. 通货膨胀情况下,征收从量税和从价税对纳税人有什么影响?

2. 需求拉上型通货膨胀与成本推进型通货膨胀有何区别? 螺旋式通货膨胀是如何形成的?

3. 我国国有企业改制以来,企业自主决定工资分配方案,国家仍然要求的工资总额增长幅度低于企业经济效益的增长幅度、职工平均工资增长幅度低于企业职工人均实现税利增长幅度的原因是什么?

4. 通货膨胀被预期到或没有被预期到有什么不同? 为什么在现代经济中通货膨胀不可避免?

5. 什么是菜单成本? 什么是皮鞋成本? 通货膨胀对整个经济的运行有什么负面作用?

6. 反通货膨胀的政策措施有哪些?

第九章 | 失 业

课前导读

"十元店"里的浮躁和勇气

历经几番找工,今年 3 月 6 日,胡良奎入住深圳宝安北路人才市场附近的一家每天只需 10 元住宿费的"十元店"。在那里,他才真正意识到自己和其他一些大学生正在陷入找工"新盲流"中。

他应聘的十几家广告公司和营销公司几乎都不给底薪只给提成,远没有他在合肥放弃的那份工作理想。他认为大学生就业价格的这种"贱卖",与来深圳、广州找工的大学生太多有关。人才市场和"十元店"附近到处都是背着包、拿着地图、脸色沉重的大学生,他住在一个挤了 14 人的小房间里,空气中弥漫着脚臭味。整栋"十元店"旧楼里,聚集了几百名来深圳找工作的应届大学生。

一天中午,找工失意的胡良奎在"十元店"旁吃快餐时,看到一个漂亮女孩坐在对面一个劲儿地喝免费汤。胡良奎从旁人那里得知这是一位找工作的大学生,现在没钱吃饭。胡良奎给她买了份快餐,结果女孩看着快餐就扒,痛哭失声。

女孩是成都某高校的应届专科生,父母已为她找了一份教师的工作。但她不满意,就辞工来深圳找梦想。结果工作没找到,手机又被偷,身无分文。胡良奎劝她回家,"既然有跨出一步的勇气,为什么就没有退回一步的勇气呢?"可她始终摇着头。

"这事儿对我触动挺大,我发现不少大学生,包括我,来南方都是很盲目的。"于是胡良奎回到了在佛山打工的父母身边。"现在先在鞋厂做几个月,等五、六月份回学校拿学位证时,我就辞工。这也是为了磨磨身上的浮躁气吧。"身处逆境的胡良奎还是想得很从容。

但广州南方人才市场附近的"十元店"里,不少从外地赶来的大学生并没有胡良奎那样的从容与洒脱。

"十元店"里的应届生赵某,西安一所金融学院经济学本科毕业,是河南商丘农村的孩子。他说自己已在一家没有底薪只有提成的融资公司跑了一个多月,但还没拉到一单业务。"还想撑一个月,如果还没业务,那我真就弹尽粮绝了,只能先回学校再说。"他的大学 4 年是靠父亲刨地撑下来的,自己还申请了 1 万元的助学贷款。他这些天一直睡不好,同班 28 人才签掉 4 人,并且找到工作的都不如意,"找不到工作,我无脸见江东父老啊"。

上海浦东新区最繁华的陆家嘴地段,也汇聚了100多名和广州、深圳"十元店"里相似的外地大学生。他们住在一幢破旧大楼第12层的简陋房间里,名称更时髦些,叫"求职村"。他们入住短则几天,长则一两年。吃3块钱一份的蛋炒饭,住15元一天的架子床,早出晚归,出门光鲜,归来垢面。几十人共用一台热水器,甚至栖身门板之上……

3月31日夜,1205房间的年轻人各怀心事。从内蒙古结伴而来的包头财经学院的两位同学,蜷缩在架子床上蒙被而睡。两人甚至连简历还没做好,就冒失地来闯上海滩。这是他俩继天津后的第二站,给自己限期一个月。事后记者知道,当天他们按照报纸的招聘启事去徐汇区一家公司应聘,结果没找到,却晃到徐汇公园抽了半天烟。

同一房间里的徐州师范大学应届生任志杰,入沪4天来找到的最好一份工作是服装销售,底薪1 000元外加提成。而去年毕业于燕山大学国际金融系大专班的宋国明,工作从天津找到上海,一个月薪千元以上的工作都没找到,几番在"十元店"里搬进搬出。

3月30日中午12时,钱财耗尽的宋国明将再次离开"驿站"。记者去送他,他一直低着头走路。在火车站的候车大厅里,他想起了在上海最后悔的一件事,当时有家公司愿给他一个月900块钱,包住,他没去,"在上海长时间找不着工作,人会疼的"。

陈示富,毕业于山东工商学院,整整在1204房间住了一个月,面试24次,参加13场招聘会,简历递出不计其数,结局还是空手而归。

在宋国明离开的那个晚上,陈示富喝醉了,躺在花圃里满怀哲理地说了一句:"这城市与我有关吗?"记者捶了他两拳,说,再喊两声吧。这山东汉子竟真扯开嗓子喊了起来……然后扭过头,倏地起身,头也不回地朝"求职村"走去。

(资源来源:摘自傅剑锋、沈颖、朱红军、向郢,大学生求职困境调查:宁做都市新盲流也不去西部,《南方周末》2006年04月06。)

第一节 失业的测量

一个社会的全部人口可以分为两个部分:一部分是劳动力人数,另一部分则是不计入劳动力人数的其他人口数。

劳动力人数是在法定年龄范围内(如男性在16～50岁,女性在16～45岁)、有劳动能力、正在工作或正在积极寻找工作的人口。年龄在法定范围之外(16岁以下或45岁(女)、50岁(男)以上的人口)、全日制学生、家务劳动者和退休者,以及身体不适合参加工作的人、由于某种原因不愿工作或不积极寻找工作者不计入劳动力人数。

劳动力人数包括就业者和失业者。就业者是指正在从事某种有报酬的工作者,以及有工作而正在休假者或罢工者。失业者是计入劳动力人数,他们是有工作能力并且正在寻找工作却还没有工作的人。

衡量失业的指标有两个:失业人数和失业率。失业人数是全部失业者的绝对人数。失业率指的是失业人数占全部劳动力人数的比率。

$$失业率 = \frac{失业人数}{劳动力总数} \times 100\%$$

失业率在某些方面可以更好地表现一个社会的失业程度的严重与否。

在计算失业人数和失业率时,各个国家在具体的统计方法上有所不同:有的国家是根据失业者登记和失业保险金的发放情况来统计失业人数的,并相应地计算失业率;有的国家是根据官方统计,有的国家则是政府机构通过抽样调查来估算失业人数和失业率的。

各个国家在失业统计的具体规定和具体处理技术上也有所不同。例如,目前中国官方统计公布的失业人数和失业率是劳动和社会保障部门通过失业登记系统的行政记录进行统计的,所以被称为城镇登记失业率。登记失业人员是指非农业户口,年龄男性在16~50岁,女性在16~45岁,无业而要求就业、并在当地就业服务机构进行了求职登记的人员。具体的失业统计数字见表9-1。

表 9-1　中国城镇登记失业率　　　　　　　　　　　　　　　　　%

年份	2000	2001	2002	2003	2004	2005	2006	2007	2008
失业率	3.4	3.6	4.0	4.3	4.2	4.3	4.1	4.0	4.2

(数据来源:官方历年公告。)

中国国内目前的就业统计调查对象主要有两类,即以单位为调查对象的就业统计和以住户为调查对象的就业统计。以单位为对象的就业统计,汇总出来的实际上只是单位使用的正规就业的劳动力数量,并未包括大量存在的各类非正规就业人员(临时工)。

第二节　失业的类型

一、摩擦性失业

摩擦性失业是在劳动力正常流动过程中产生的失业。这里所谓的劳动力流动过程包括工人退休、年轻人进入劳动力市场的新、老交替过程,以及人们由于某种原因放弃原来的工作或被解雇寻找新工作的过程。无论是年轻人刚进入劳动力市场,还是原来有工作的人要变换工作,都须要花费一定时间寻找工作,在此期间这部分人就处于失业状态。这种失业即摩擦性失业。

产生摩擦性失业的主要原因有:工人有不同的偏好和能力,工作有不同的性质,找工作者和工作岗位的信息交流并不是完美的,因此寻找工作的人和拥有工作空位的雇主发现对方都需要一定的时间来相互了解,寻找一份合适的工作需要一定时间。我国每年大量民工跨地区流动找工作期间的短暂失业,刚毕业几年的大学生或研究生的辞职、跳槽到找到新工作期间都属于摩擦性失业。

摩擦性失业在任何时候都是存在的。摩擦性失业量的大小取决于劳动力流动性的大小和寻找工作所需要的时间。劳动力流动量越大越频繁、寻找工作所需要的时间越长,则摩擦性失业量就越大。劳动力流动性的大小在很大程度上是由制度性因素、社会文化因素和劳动力的结构决定的;寻找工作所需要的时间则主要取决于获得有关工作信息的难易程度和速度,以及失业的代价和失业者承受这种代价的能力。工作机会与工人可获得性的信息传播越快,可以使工人与企业匹配得也越快。例如,互联网就有助于便利寻找工作,并减少摩擦性失业。此外,公共政策也会起作用。如果政策可以减少失业工人寻找新工作所需要的时间,这就可以降低失业率。

二、结构性失业

结构性失业是指由于经济结构的变动,劳动力供给和需求在职业、技能、产业、地区分布等方面的不适应所引起的失业。其显著特点是职位空缺与失业并存,一方面存在着大量失业劳动者,另一方面一些新行业的工作岗位空缺,找不到适合的劳动者。结构性失业并不是劳动力需求不足,其根源在于劳动力的供给结构不能适应劳动力需求结构的变动,是由于一段时期内劳动力难以改变的技术结构、地区结构、职业结构不能适应经济结构的变动。

经济产业的每一次变动都要求劳动力的供应能迅速适应这种变动,但劳动力市场的结构特征却与社会对劳动力的需求不相吻合。例如,当某些产业部门走向衰退时,这些部门对劳动力的需求就减少,从而引起这些部门中工人的失业;与此同时,某些新兴产业部门所需要的具有特殊技能的劳动力却供不应求,产生了许多职位空缺。同样,在某些产业走向衰落的地区存在大量失业者的同时,另一些新兴产业地区却可能出现劳动力供不应求,许多职位空缺无人去就的情况。例如,钢铁工业的自动化导致大批工人失业;20 世纪 90 年代上海在进行纺织业产业结构调整中,累计有几百万纺织工人失业;广东省需要大量的熟练劳动力,社会却没有多少符合要求的技术工人提供,从而出现民工荒等。结构性失业的特点往往是失业与工作职位同时并存,即一方面有活无人干,另一方面有人无活干。

结构性失业量的大小取决于转移成本的高低。劳动力在各个部门之间的转移和流动需要成本,如重新接受职业培训、再教育等。转移成本越高,花费的时间越长,结构性失业就越严重。转移成本的高低取决于两方面的因素:① 不同产业部门之间的差异程度,部门之间的差异程度越大,劳动力转移所需的成本就越高;② 劳动力的初始人力资本及培训机制,劳动力的初始人力资本较高,就比较容易接受新技能的培训,培训机制越完善,转移成本就越低。

结构性失业与摩擦性失业既有区别又有联系。二者的共同点是每有一个失业者,就有一个职位空缺。不同的是,在纯粹的摩擦性失业情况下,劳动力供给的结构与对劳动力的需求结构是相吻合的,每个寻找工作者,都有一个适合他的职位空缺,只是寻找者尚未找到这个空缺。在结构性失业的情况下,劳动力的供给结构与劳动力的需求结构是不相适应的,寻找工作者不可能找到与自己的技能、职业或居住地区相符合的工作。

三、周期性失业

周期性失业又称为总需求不足的失业,是由于总需求不足而引起的短期失业,它一般出现在经济周期的萧条阶段。这种失业与经济中周期性波动是一致的。在衰退和谷底阶段,如果经济社会的总需求小于总供给,企业生产出来的产品不能销售出去或不能全部销售出去,企业就会减少生产甚至停止生产,也就是对劳动的需求会减少,从而造成大量失业。在这里，可以运用 AD-AS 模型来加以说明。

如图 9-1 所示，当总需求用 AD_0 曲线来表示时，它与 SAS 曲线相交于 E 点，这时的均衡收入为 Y_0，小于充分就业时的国民收入 Y'，说明社会资源和劳动力没有得到充分利用，这时未达到充分就业，即存在周期性失业，从而导致收入未达到 Y'。这时的总需求小于未达到充分就业产出（Y'）所要求的总需求（AD_1 曲线代表）。

周期性失业与摩擦性失业和结构性失业的根本区别在于，后两者即使在劳动力市场均衡的状态下也会存在，而周期性失业则是劳动力需求不足引起的失业，存在周期性失业的劳动

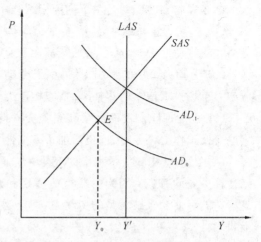

图 9-1　AD-DS 模型中暗含的失业

力市场必然处于非均衡状态，一些人愿意工作却无业可就，周期性失业的原因主要是整体经济水平的衰退；由于它是可以避免的，因而周期性失业也是人们最不想看见的。20 世纪 30 年代大萧条时期的失业就基本属于周期性失业。

四、充分就业

所谓充分就业，是指一国经济的现实失业率等于自然失业率的状态。摩擦性失业、结构性失业和自愿性失业都是难以避免的，与经济、社会的总需求水平，与经济运行周期无关。因此，它们也被统称为自然失业。自然失业与总劳动力的比率就是自然失业率。自然失业率一般被认为是经济、社会所难以消除的，因而自然失业率是一个国家能够长期持续存在的最低失业率。

充分就业并非人人都有工作。这是由于在市场经济中，劳动力的供给与需求双方都有自由选择的权利，经济中有些造成失业的原因（如劳动力的流动等）是难以克服的，劳动市场不总是十分完善的，仍存在摩擦性失业、结构性失业和自愿性失业。自愿性失业指的是劳动者由于受各方面因素的影响，不愿意接受现行的劳动报酬和劳动条件而造成的失业。

充分就业不仅意味着一个国家劳动力资源的充分利用，而且意味着一个国家所有经济资源的充分利用。当实际失业率等于自然失业率时，经济处于长期均衡状态，所有经济资源都得到了充分利用，经济处于平稳运行中。如果实际失业率高于自然失业率，则失业显得过多，将可能引发严重的经济和社会问题；如果实际失业率低于自然失业率，则意味着社会经济资源被超负荷地利用，经济处于通货膨胀状态中。工人加班加点，生产设备过度使用，那些自愿失业者也在高工资引诱下和高物价、高生活费用的逼迫下参与工作，一些摩擦性失业和结构性失业也被非正常地压缩。这种状态不可能长久地持续。

自然失业率的高低，取决于劳动市场的完善程度、经济状况等各种因素。自然失业率由各国政府根据实际情况确定，各国在各个时期确定的自然失业率都不尽相同。第二次世界大战以后，自然失业率有不断上升的趋势。美国 20 世纪 60 年代的自然失业率约为 4%，70 年代上升到 4.9%，80 年代初期上升到 6%，90 年代初期为 5.5% 左右。

自然失业率的变动是由下列因素综合作用的结果。

(1) 劳动力结构的变化：在全部劳动力中，如果流动性较大的青年的比重提高，则会使劳动力的流动率上升，从而增加摩擦性失业，提高自然失业率；反之，则减少。

(2) 劳动力市场的组织因素：如果劳动力市场的中介机构增多，并更有效率，则会改进劳动力市场供求信息的传播，降低摩擦性失业和自然失业率。

(3) 失业保险制度的深化和完善会支持失业者延长寻找工作的时间，并为一些人更频繁地变换工作提供保障，这也增加了摩擦性失业甚至自愿性失业。

(4) 经济结构和技术水平的变化一方面促进了结构性失业的增加，另一方向也促进了结构性失业的减少。因为一些行业萎缩和衰落的同时，另一些新的行业总在崛起和发展。这些新的行业会吸纳大量的劳动力，甚至会为一些因经济结构调整而失业的人重新得到就业机会。

(5) 员工技术培训的加强有助于降低结构性失业，进而降低自然失业率。

第三节 对失业的解释

一、岗位空缺与失业

新兴行业的兴起和传统行业的日渐衰落是产业结构演进中的必然规律。这使得失业群体的行业分布呈现不均匀特征。一方面，新兴行业的失业发生率相对较低，传统行业和夕阳行业的失业发生率相对较高；另一方面，夕阳行业中游离出来的失业者在向新兴行业的转移过程中遭遇到知识、技能方面的强大障碍。西方国家一方面是大规模失业，另一方面是高新技术人员的需求增加。许多失业者不能适应高新技术的岗位。西方国家能够大规模地吸纳就业人员的传统制造业，如冶金、服装、化工、机械、电子、汽车制造等，因竞争、环保、结构升级等原因而迅速外移或处于不景气状态，而增长较快的知识密集型产业，如高新技术产业等，需要的是知识性和技术性专业人才，一般劳动者难以胜任。因此，总是存在着岗位空缺和失业并存。

工人有不同的偏好和能力，工作有不同的性质，找工作者和工作岗位的信息交流并不是完善的，劳动力在地区间的流动也有成本，因此寻找一份合适的工作需要一定时间。实际上，由于不同的工作要求不同的技能并支付不同的工资，工人可能会离职，以便有更多的时间来寻找一份新的更好的工作。

二、职业搜寻模型

职业搜寻理论是信息经济学等理论在失业问题领域的运用，主要有以下基本假设。

(1) 劳动力市场的信息是不完全的，劳动力需要在市场上搜寻他所需要的信息。

(2) 劳动力的这种信息搜寻主要围绕着以下目的展开：什么样的职业和企业需要他这样的人？他应该就职于何种职业和企业以使自己的报酬最高？因而这种信息搜寻也就是职业搜寻。

(3) 信息搜寻或职业搜寻是要花费成本的，这里的成本包括货币、时间、精力等。

（4）在劳动力市场上，每个职业、每个企业的单位劳动报酬是不一样的，寻职者的搜寻时间越长，信息就越充分，找到单位劳动报酬更高的工作的可能性就越大。当然，理想的单位劳动报酬以相近条件下的平均水平为参照值，而搜寻时间的长度受到寻职者生活费用压力和劳动市场非预期性变化的制约，因此搜寻时间不会无限地延续。

（5）劳动者离职去寻找新的工作比在原岗位上边工作边寻找新的工作更有效率，因而失业是寻找更高报酬的工作的一种必需代价，或者说是寻找更高工资的一种必需投资。

劳动力的寻职可通过多种方式进行，如在市场中介机构登记、发布求职广告、通过熟人及朋友介绍、查阅和收集招工信息、直接向企业询问和自荐等。虽然寻职时间越长，获得较高报酬工作的机会就越大，但职业搜寻的预期边际收益是随着寻职时间的增加而总体上呈递减之势的。因为，一般来说，职业搜寻总是从最稀罕的职业或企业开始，随着搜寻时间的递进，会转向希望越来越小的职业或企业。

寻职所带来的边际成本会随着搜寻时间的增加而不断递增。这是因为，开始常常是在自己较为熟悉和了解的行业、企业中进行，或者在自己附近区域中进行；然后越来越转向自己不熟悉或陌生的行业、企业，或越来越偏远、交通越来越不方便的区域；而且承担的心理压力愈来愈大，心理挫折感愈来愈强。

从经济学意义上来说，理性的寻职者会在搜寻的边际收益等于边际成本时，中止他的寻职。劳动者在搜寻工作期间所处的失业状态一般可被视作自愿性失业或摩擦性失业。

在职业搜寻的分析框架中，失业保险和失业救济降低了寻职者的寻职成本及边际成本，因为失业保险和失业救济增加了寻职者的可支配收入，从而对于寻职者来说，边际搜寻成本相应地下降；而且，可支配收入有所增加后，寻职者还可运用更有效率的寻职手段。因此，失业保险和救济使自愿性失业或摩擦性失业的时间拉长了，增加了自愿性失业。这种现象也可解释为，由于有了失业保险和失业救济，失业者并不急于寻找新的工作，或者对新工作的工资要求更高，还有些失业者干脆宁愿呆在家里不工作。由此可见，失业保险和失业救济虽然减轻了失业者的痛苦，有助于维护社会公平，但同时也增加了失业。

来自美国的证据表明，享受失业保险的期限每增加一周，领取失业保险者的平均失业期长度就增加 0.16 至 0.2 周。

三、最低工资法

最低工资立法的目的是保证所有的工人都有一适当的收入下线，世界上大多数国家都有这样的立法。对于大多数劳动者而言，最低工资法的意义不大或没有意义，因为他们的工资水平远远高于规定的最低工资。最低工资法对于缺乏技能的青年就业者及一些接近退休年龄的就业者则是有意义的。如就我国而言，对于那些进城打工者是有意义的。

最低工资法规定了企业要为其雇员支付的工资的法定最低水平。当政府禁止工资下降到均衡水平时，就造成了工资刚性。最低工资法对劳动力技能缺乏而又工作经验不足者影响甚大，他们的边际生产率往往很低，最低工资法使他们的工资提高到均衡水平之上，结果是企业会减少他们所需求的工人。

我们可以用图 9-2 劳动市场均衡模型来说明。如果工资具有完全伸缩性，实际工资的调整可以使愿意工作的劳动者数量和企业雇用的劳动者数量相等。但是，最低工资法使得工资的调整不再具有伸缩性，当实际工资停滞在市场出清的水平之上时，劳动供给量将大于劳动需求量。AB 就是这种由于实际工资下降所造成的失业。

在没有最低工资法的时候，劳动需求曲线与劳动供给曲线分别由 N_D 和 N_S 来代表时，均衡实际工资水平为 W_0，就业量为 N'。一旦政府规定最低工资标准为 W_1 时，愿意工作的劳动量为 N_2，这时的劳动需求量 N_1，即就业量仅为 N_1，从而有 N_1N_2 之间失业。

最低工资的规定使得工资无法下降到供求均衡水平，从而使得企业会减少对弱势劳动力的需求和雇用。美国学者研究表明，最低工资增加对青、少年的工作机

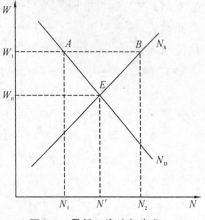

图 9-2　最低工资法与失业

会有负作用，最低工资提高 10%，青、少年失业率增加幅度从 0 到 3% 不等，还有的研究认为影响低于 0.75%。这也就是说，最低工资法对弱势劳动力的失业有负面影响，但影响不大。

四、效率工资理论

微观经济学中曾讨论过效率工资问题，效率工资是指高于市场工资率，使企业员工勤奋工作的工资。一旦企业员工不努力工作，因偷懒而被解雇，则偷懒的成本就会相当高。因为他在别的企业工作，就不对能获得这样高的工资，只能得到市场工资。但如果大多数企业或所有企业都采用效率工资，就会导致市场工资高于原来的市场均衡工资，从而使得劳动力市场对劳动力的需求将低于劳动力供给，产生失业现象。

（1）怠工模型　在传统的竞争范式中，所有工人都接受市场出清工资，不存在失业现象。如果工人偷懒或逃避责任，最坏的结果是被解雇。然而工人可以迅速地在其他企业找到工作，他实际上并未因这种行为不端而受到惩罚。为了消除怠工，企业将向工人支付高于出清市场的工资。假如工人磨洋工被发现，其代价就是被解雇，效率工资提高了工人被解雇的成本。当所有厂商都采取这种高工资的办法阻遏工人怠工、提高劳动生产率时，平均工资就会上升，就业率下降。因为一旦被解雇，他将不再能迅速地重新获得就业。失业构成了工人努力工作的动力。此外，失业工人也不能通过低工资报价获得工作。

（2）劳动力转换模型　劳动的流动对企业来说，是有成本的，其直接成本表现为企业的正常建制被打乱，监督、管理、雇佣和培训费用的增加；其间接成本是新旧工人的交替过程降低了企业的生产率。为了降低成本、提高生产率、减少流动性，企业就须要提高工人的工资。在没有失业率的情况下，所有企业都支付相同的工资，转换率较高。通过提高工资，一个企业可以降低其工人的流动性。然而，一旦所有企业都试图这样做时，整个社会工人的流动性将会再次上升。最后，在均衡状态下与高于市场出清水平的工资相联系，非自愿失业率上升了；工人流动性随之降到较低的水平，劳动市场达到均衡。

（3）逆向选择模型　逆向选择模型假定工人是异质的，他们的能力是有差异的（如潜在的生产能力、可培训的能力、在一个企业中的预期工作时间等）；工人的生产率取决于他们的能力。当然，在相同的工资水平上，企业愿意雇佣那些最具有生产能力、最易于培训、最不可能离职的工人。企业通过提高工资吸引更有能力的求职者，而摒弃那些要求低工资的求职

者,新的雇员进入企业后,企业设计自我选择机制引导雇员显示他的真实能力,在了解新雇员能力的基础上,作出解雇或续聘的决策,保证高工资、高效率。

当所有企业都作出逆向选择时,在职工人的工资则远远高于劳动市场出清时的水平。因此,失业率会提高,并且在在职工人中也存在工资差别。在不利的自然状态下,厂商对工人的需求降低。但他也不会削减所有人的工资,因为当他这样做时,最好的雇员最有可能离去。

假设所支付的高工资能使生产率提高得更多的话,通过支付给工人高于劳动市场出清时的工资,能够获取更多的利润。20世纪初,亨利·福特曾经坚持这样的理念,取得了巨大的成功。现阶段中国许多外资企业采取的也是这种办法。

五、内部人-外部人模型

所谓内部人是指已经就业的劳动者,外部人是指劳动力市场上的失业者。内部人-外部人理论认为,在劳动力市场上,一部分权利是掌握在雇员手中的。工资水平既不是由劳动力的边际产品决定的,也不是由厂商单方面决定的。对企业来说,用失业工人来替换在业工人是要花成本的,这种成本被称之为劳动力的转换成本。只有工人与企业合作减少转换规模,企业才能节约劳动力转换成本。因此,内部人和外部人与企业在工资问题上的谈判能力及谈判地位是不一样的。内部人要求较高的工资,企业可能会接受;外部人只要求较低一些的工资,企业可能也不会雇佣他们。

因为对于企业来说,雇佣与解雇都须要耗费成本的,这些成本是企业在雇佣与解雇工人过程中发生的各种费用。工人成为进入者需要企业花费招工宣传、搜寻与甄别、签订契约等成本,进入者成为内部者需要企业花费培训成本;如果他们被解职,那么将导致全部雇佣与解雇成本发生;譬如,解雇内部人须要根据原先的合同条款作出某些赔偿或补偿;工会组织常常会反对解雇工人等。内部人已经积累了一定的特定专业技能和生产经验,已经熟悉了工作环境,而要使外部人替代内部人必须投入大量的培训成本。

同时,工会就工资水平与企业谈判时,只代表内部人的利益而不考虑外部人的利益。这样,工会和企业出于内部人与外部人转换成本的考虑的双重作用,使得内部人的高工资要求也往往得到满足,失业者愿意接受比现行工资水平低的工资却依然得不到雇佣。

第四节 失业与通货膨胀的关系

一、菲利普斯曲线及其变化

1958年,菲利普斯研究了1861—1957年英国失业率和货币工资增长率之间的关系,发现货币工资增长率和失业率之间存在一种负相关的关系,这就是最初的或原始的菲利普斯曲线的含义。并据此以横轴表示失业率(u),以纵轴表示货币工资增长率($\Delta w/w$),画出了一条曲线,该曲线是向下倾斜的。这表示,失业率与货币工资增长率之间存在负相关关系:失业率越低,货币工资增长率越高;失业率越高,货币工资增长率越低,如下图9-3所示。

1960年,萨缪尔森和索洛发表文章指出,工资是成本的主要构成部分,从而也是产品价格的主要构成部分,并且与总成本之间存在相当稳定的比例关系。因此失业率与货币工资上涨率之间的关系可以改造为价格平均水平上涨率与失业率之间稳定的非线性逆向变动关系,以便作为一个政策工具来使用。由于价格平均水平上涨率是衡量通货膨胀率的主要指标,这样,可以用通货膨胀率代替货币工资增长率,作为菲利普斯曲线的纵轴,用菲利普斯曲线表示通货膨胀率与失业率之间的关系。这样菲利普斯曲线描述的那种关系便延伸为失业率与通货膨胀率之间的替代关系:失业率高时,通货膨胀率就低;通货膨胀率高时,失业率就低。

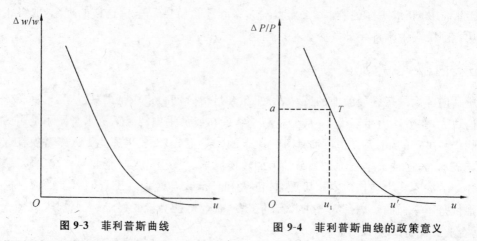

图9-3　菲利普斯曲线　　　　　　　图9-4　菲利普斯曲线的政策意义

　　菲利普斯曲线提供的失业率与通货膨胀率之间的关系为实施政府干预、进行总需求管理提供了一份可供选择的菜单。它意味着可以用较高的通货膨胀率为代价,来降低失业率或实现充分就业;而要降低通货膨胀率和稳定物价,就要以较高的失业率为代价。例如,当经济处于9-4中的 T 点,此时失业率为 u_1,为取得零通货膨胀率,就必须容忍失业率 u';如果想把失业率降到 u' 以下,政府必须接受大于0的通货膨胀率;反之亦然。它表示失业与通货膨胀是能够并存的,并且要降低通货膨胀率,就必须以失业率的提高为代价;要降低失业率,就必须以通货膨胀率的上升为代价。至于代价的大小,则取决于菲利普斯曲线的斜率。如果菲利普斯曲线比较平坦,那么要降低通货膨胀率,就必须以失业率的较大提高为代价,而要降低失业率,则只需以通货膨胀率的较小提高为代价;如果菲利普斯曲比较陡峭,那么要降低通货膨胀率,只需以失业率的较小提高为代价,而要降低失业率,则必须以通货膨胀率的较大提高为代价。

二、菲利普斯曲线的移动

　　20世纪70年代中后期,西方国家出现了严重的"滞涨",即高失业与高通货膨胀并存的局面。菲利普斯曲线反映的替代关系消失了。菲利普斯曲线本身发生了向上的移动。即相对于某一水平的失业率,会有一个更高的通货膨胀率与之相伴随;同样,在通货膨胀率一定时,也会有更高的失业率与之相伴随。

　　为什么菲利普斯曲线向右上方移动呢?弗里德曼认为,工人在工资谈判中注重的是实际工资而不是名义工资。如果通货膨胀率连年上升,特别是政府利用菲利普斯曲线进行相机抉择,用高通货膨胀率换取低失业率的话,就会形成一种通货膨胀预期。如果通货膨胀已被预期到了,工人就会要求提高货币工资以避免生活水平受通货膨胀侵蚀。

如图 9-5 所示,假设开始时经济处于菲利普斯曲线 cc 与横轴的交点上,即通货膨胀为零,失业率处于自然失业率时,政府想把失业率降到 u_1,通货膨胀会沿着菲利普斯曲线 cc 上移动达到 a,经过一段时间,工人发现实际工资水平因为物价的上涨并没有增加,工人工作兴趣减少,对应于工资增长率和通货膨胀率 a,失业率回到了 u',这意味着菲利普斯曲线由 cc 上移到了 dd,由于工资调整总是滞后于物价,当政府再次试图将失业率降到 u_1 时,通货膨胀率达到 b,经过一段时间,工人再次发现实际工资水平因为物价的上涨并没有增加,菲利普斯曲线再次回到 u',意味着菲利普斯曲线由 dd 上移到了 ee,形成更高的通货膨胀率与失业率存在交替关系。即长期中,并不存在失业率与通货膨胀率之间的替代关系,菲利普斯曲线长期最终演变成为一条垂直线。

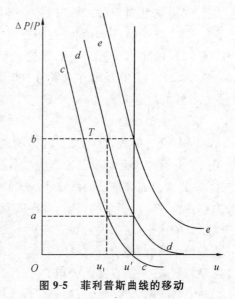

图 9-5　菲利普斯曲线的移动

上述理论具有重要的政策含义:政府只能在短期内,工人没有预期到的通货膨胀情况下,才能以较高的通货膨胀率为代价使失业率降低;从长期看,这种政策只能使通货膨胀加速,而不能使失业率长久地保持在较低失业率的水平上。

第五节　失业的治理

一、失业对社会的影响

严重的失业既是一个经济问题,又是一个社会问题。之所以说失业是一个经济问题,是因为它浪费了有价值的资源。说它是一个重大的社会问题,是因为失业工人由于收入剧减而承担了极大的痛苦。在严重失业时期,这种痛苦会蔓延开来,影响人们的情绪和家庭生活。

1. 失业对经济的影响

从经济方面看,失业会直接造成资源浪费,带来经济上的损失。劳动力是重要的生产要素,失业或劳动力的闲置本身就是资源的浪费。劳动力资源具有其自身特点:本期可使用的劳动力资源不能延至下期使用,本期可利用的劳动力的闲置就是这部分资源的永久性浪费。失业者的技能会随失业时间的拖长而丧失。每个劳动者身上都体现有某种人力资本,这种人力资本会随着劳动者的"闲置"而贬值;随着时间的推移,工人的生产率水平可能会低于他们的保留工资。在劳动者失业的同时,生产设备及其他经济资源也常常大量闲置。由于生产性资源的闲置,造成生产能力开工不足,从而直接减少了社会产品,降低了国民产出水平。在高失业时期,这种浪费是巨大的。

失业率的变动与国民产出的波动存在高度相关关系。根据美国经济学家奥肯的研究,实际 GDP 每相对于潜在 GDP(指充分就业的 GDP,即一国国民经济达到充分就业时的总产量)下降 2.5 个百分点,则失业率提高 1 个百分点;或者,实际 GDP 的增长速度每快于潜在 GDP 增长速度 2.5 个百分点,则失业率将下降 1 个百分点。这就是著名的"奥肯定律"。这意味着,如果 GDP 从潜在水平的 100％下降到潜在水平的 97.5％,失业率就会上升 1％,比如从 6％上升至 7％。

2.失业的社会影响

从社会方面看,虽然失业的影响无法用货币单位表示,但这种影响却可能是非常巨大的。失业会使失业者及其家庭的收入及消费水平下降,特别是在没有失业保险制度的情况下,失业者只能靠自己的积蓄和亲朋的帮助维持生存,其悲惨情况可想而知。失业本身会对失业者心理产生不利的影响,对再度就业感到希望渺茫。长期失业者逐渐将生活调整到一个较低的水平,这个生活水平与失业保险救济金相适应。长期寻求工作而不得,重新工作的机会较少,他们的沮丧情绪增加,寻找动力减弱。在发达的市场经济国家,由于实行了失业保险制度,在一定程度上缓和了失业的社会影响,但仍不能抵消失业对失业者的损害及对社会的不利影响。失业给人的心理造成巨大的创伤。根据心理学家的研究,被解雇所造成的心理冲击相当于死去一个最亲密的亲友,由于生活水平的下降和心理上的冲击,会使失业者早衰、早亡。

3.失业的政治影响

由于失业对社会经济具有重大影响,因而它在政治上也具有重要性。当失业率较低时,政府会得到人们的信任,执政者会得到更多人的拥护;当失业率较高时,政府和执政者会受到人们的指责。因此,失业问题还直接关系到政治的稳定与否。任何政府都必须关注失业问题,政府在制定任何一项宏观经济政策时,都必须考虑其对失业的影响。

二、失业的治理

(一)对摩擦性失业的治理

产生摩擦性失业的主要原因是:劳动力市场是不断变动的,信息不是很完全的。在这两个条件的约束下,劳动力的流动就需要一定的时间,因而摩擦性失业就不可避免。

对于摩擦性失业,只能降低其程度而不可能完全消除。根据摩擦性失业的这种情况,可以通过缩短选择工作的时间来减少摩擦性失业。工作机会与工人可获得性的信息传播越快,信息可以使工人与企业匹配得也越快。例如,可以通过增设职业介绍所、青年就业服务机构、召开大型的各类人才招聘会及互联网招聘,以更多的途径传播有关就业的信息,达到减少摩擦性失业的目的。

(二)对结构性失业的治理

大多数国家都把保持一定的经济增长速度作为追求的目标之一。因为经济增长可以增强一个国家的综合国力并提高人民的生活水平,经济增长的过程必然伴随着经济结构的变化,而经济结构的变化又会导致结构性失业。所以,我们必须辩证地看待结构性失业。一般来说,有以下两种方法来减少结构性失业。

(1)试图阻止或至少是减缓导致结构性失业的经济结构的变化。

几个世纪以来,许多国家的政府和工会采取过这个政策。这些抑制经济结构调整的政策,比如抑制以机械替代劳动力的政策可能在短期内有助于减少失业,但从长期看,会降低受保护工业的竞争能力,从而无力与外国竞争者相抗衡,最终加重结构性失业。

(2)接受伴随经济增长的经济结构的变化,并设计出使经济更适应这种变化的政策。

结构性失业的主要原因是劳动力不能适应经济结构变化后的工作,故针对容易失业的劳动者群体,包括青年人、妇女、低技能劳动者及缺乏劳动经验的人等,首先通过加强职业培训来降低他们的失业率。例如,欧洲的学徒制度因为能使青年人接受在职培训而受到广泛的赞誉,该制度不仅为青年人提供了工作,而且使他们成为长期颇具生产力的人。其次,可以帮助劳动力迁移,使劳动力很容易在不同的工作与地域之间流动,以此来降低结构性失业。最后,谨慎实施最低工资法。因为实行最低工资法会引起某些特殊劳动力的失业。如一个体力较弱、技能较低的人,或者头一次参加工作的年轻人,可能愿意接受工资水平低于法定最低工资的工作,企业也愿意以较低的工资水平雇用这个人,但由于有最低工资法的限制,这些人就只能失业。

(三)对周期性失业的治理

周期性失业是由于"有效需求"不足引起的。解决周期性失业问题,主要是通过充分利用资源,加快经济增长。

对于这种失业,需要国家积极干预经济,设法刺激"有效需求",并以实现充分就业为目的,就能够实现充分就业。重要措施有:① 刺激私人投资,扩大经济总量,在此基础上,要强调投资的就业效应,为个人消费的扩大创造条件;② 促进国家投资。现在人们一般认为,可以通过扩张性的财政政策或货币政策来刺激总需求,以消除由于总需求不足而造成的周期性失业。

■ **教学案例**

广东的招工难问题

资料显示,我国现有技术工人 7 000 万人,其中高级工只占 3.5%,即使是全国最大工业基地的上海,高级技工的比例也不足 7%,与发达国家高级工占 40%的水平相差甚远。而现有的技工大多年事已高,大多数青年工人的技术水平达不到规定标准,技术工人紧缺已经成为影响我国经济发展的一个重要因素。找工作难变成了招工人难,不仅广东,福建、浙江、江苏等地都出现了不同程度的民工荒,甚至西部有些农业大县也工人紧缺。工厂里的机器停转,落满灰尘,大量的岗位无人问津。为了招到人,企业都急得像热锅上的蚂蚁。可是,和企业截然相反的是,招聘会上的很多打工者却难以找到合适的工作。据《南方日报》报道,广东省劳动力市场仍是供大于求,就业难与个别企业招工难并存,"有人没事干"和"有事没人干"同在;而且表示,广东省的确缺少一些高级管理人员和高级技工,但是从来不缺少普通民工。

(资源来源:http://www.govyi.com/gongwenxiezuo/fwzj/200608/83341.html。)

案例讨论:

结合本章,谈谈你是如何看待这个现象的。

■ 关键概念

摩擦性失业	frictional unemployment
结构性失业	structural unemployment
周期性失业	cyclical unemployment
职业搜寻模型	job-searching model
最低工资法	minimum wage law
奥肯定理	Okun's law
效率工资理论	efficiency wage theory
内部人-外部人模型	insider-outsider model

■ 复习思考

1. 列举厂商降低工资与不降低工资的理由。进行比较,说明你赞成什么样的观点。

2. 内部人与外部人理论预言,一个企业不能实现双重工资,但在我国的许多企业中,所谓正式工与临时工存在着待遇上的差别,实际上实行双重工资,试分析其原因。

3. 你认为许多进城农民工可以找到工作,而一些长期居住和生活在城市的人却失业在家的原因是什么?

4. 根据你的观察,一个人失业持续时间有多长将会丧失找工作的动力,6 个月、12 个月还是 18 个月。试说出原因。

5. 失业的几种类型,你认为我国现阶段主要面临的可能是哪种?

第十章 经济周期

课前导读

樊纲称中国经济波动很大程度上是因为自身调整

2009 年 7 月 1 日,新华社环球杂志社在京举办主题为"危机中的变局:新兴国家、新兴产业、新兴市场"环球国际(2009 夏季)论坛。中国改革基金 会国民经济研究所所长、中国国际经济交流中心首席研究员樊纲在会上指出,中国经济波动很大程度上不是因为世界金融危机,而是中国自己在进行调整:

……从全球经济波动的角度,会出现商业周期的角度,谁都不会脱钩,谁都会受到影响。每一个新兴市场国家和发达国家,都有着千丝万缕的经济联系。

而且这次的经济危机是世界上的核心国家,核心市场引发的危机,谁都躲不开。但是如果边缘国家有了危机,核心国家不太受到影响应该还是可能的,但是这次是核心国家,而且是发美元的国家经济出了问题,当然世界上没有人能够脱钩。但是从长期、发展的角度看,发展中国家、新兴市场国家,一旦走上了发展的道路,他的发展的速度、他的经济变化的情况和发达国家当然是有差别的。我们必须有这样的增长,才能够追上去,否则就没有发展。

……一些发展中国家,一些新兴市场国家也是大国经济。大国经济增长的主要动力和源泉是国内市场,而不是国际市场。这对于中国的问题特别容易产生混淆,外贸总额是总产值,GDP 是增加值,总产值的外贸在 GDP 的增加值只有 14% 左右,而中国国内的投资需求是非常重要的。所以从这一点上就没有看到中国经济本身增长的逻辑,本身波动的逻辑,这和世界其他国家是有不一样的地方的。

……我下面要讲的就是中国这次经济波动很大程度上不是因为世界金融危机,而是中国自己在进行调整。中国经济从 2004 年、2005 年进入经济过热的趋势,政府就采取了一系列的宏观经济调控政策,这些政策 2005 年、2006 年、2007 年也不断加大了力度,但是当时由于经济当中存在的若干重大的抵消因素,这些政策见效了,但是效果被抵消了。

……2007 年 10 月份股市泡沫破裂,2007 年 9 月底楼市泡沫破灭,加上次贷危机,中国外贸出口的需求已经开始放缓,因此我们就可以看到中国经济调整是从 2007 年 4 季度开始,GDP 连续下降,这是我们自己开始进行调整。

中国采取各种宏观措施把原来过热的经济进行了调整。正是因为中国采取了这种措施,因此泡沫不像其他国家那么大,调整起来相对就容易一点,比如说中国房地产市场,因为比较及时地采取了措施,因此只是在若干大的城市泡沫比较大,全国二、三线的城市基本没有起来,正是因为这样,复苏相对也就比较容易,这就是我们今年看到的,经过一年多的调整和政策的作用,复苏已经开始出现了。

金融海啸爆发了以后,中国政府采取了比较迅速的调整,而且刺激的力度也很大。我们今年的财政赤字是 9 500 亿人民币,扣除每年正常的还本付息的国债发行之外,也相当于将近 3% 的 GDP。

去年实际上是有顺差的,今年虽有 3% 的逆差,但足以支撑中国经济在下滑期间能够保持一定的增长速度,希望今年的政府投资的作用能够开始 消化一部分存货,开始消化一部分过剩生产能力。这不是马上能够消化完的,但是已经开始消化了,进程已经开始了,希望到了明年企业部门的投资就开始可以恢复了,而且明年房地产投资一定可以开始恢复,今年的房地产投资可能是历史最低的,因为去年新开工的楼盘很少,今年新增加的楼盘开始恢复了,明年的投资可能比较大,中国的出口可能也会出现明显的增长。明年还需要政府财政政策一定的支持,以确保经济回升的趋势能够持续下去。

从目前来看,我个人对于中国经济的情况是相对乐观的,因为我们的政策过去有自己的独立性,不是完全依靠世界市场的,不是依靠美国市场的,我们有自己的市场,有自己有独立性的政策,我们自己主动地采取了防止过热的这些措施。然后在这次的调整当中就相对比较及时,如果吸取历史上其他国家的经验教训,特别是财政的支出计划能够在一定时间里面,支撑总需求的增长,我相信中国经济目前的复苏趋势已经形成了,而且是能够持续下去的。中国经济能够率先复苏,不一定能够对全世界的经济起太大的作用,但是我国经济和其他的新兴市场经济加在一起,应该是在全世界经济趋于稳定过程当中起到了重要作用的。

(资料来源:新浪财经 2009 年 07 月 07 日。)

第一节　经济周期概述

自从 1825 年英国爆发了世界上第一次以生产过剩为特征的经济危机以来,世界经济增长过程中繁荣与萧条交替出现的现象成为经济学家们重点关注的宏观经济现象。他们通过搜集大量统计资料来分析经济发展中周期性波动的规律与特征,并探讨引起经济周期波动的内在原因。但是,在凯恩斯主义宏观经济学产生之前,传统的经济周期理论是作为一个独立的研究领域而存在,各种理论之间缺乏内在的联系。尽管凯恩斯在其 1936 年出版的《通论》中并没有提供一个系统的经济周期理论,但他的国民收入决定理论却为现代经济周期理论奠定了基础。

在此之后的很多经济学家以凯恩斯主义宏观经济理论为基础,将凯恩斯的经济波动思想进行动态化,形成了现代经济周期理论。

在市场经济条件下,企业家们越来越多地关心经济走势,也就是"经济大气候"的变化。一个企业生产经营状况的好坏,既要受到内部条件的影响,又要受到外部宏观经济环境和市场环境的影响。一个企业,无力决定它的外部环境,但可以通过内部条件的改善,来积极适应外部环境的变化,充分利用外部环境,并在一定范围内,改变自己的小环境,以增强自身活力,扩大市场占有率。因此,作为企业家对经济周期波动必须了解、把握,并能制定相应的对策来适应周期的波动,否则将在波动中丧失生机。

一、经济周期的定义与特征

经济周期(business cycle)也称商业周期、商业循环、景气循环,它是指经济运行中周期性出现的经济扩张与经济紧缩交替更迭、循环往复的一种现象。是国民总产出、总收入和总就业的波动。

对于什么是经济周期,尽管西方经济学家有过多种不同的定义,但是目前为众多西方经济学家所接受的是美国经济学家 W. 米契尔(W. Mitchell)和 A. 伯恩斯(A. Burns)在 1946 年《衡量经济周期》一书中给经济周期下的经典性定义:

经济周期是在主要按商业企业来组织活动的国家的总体经济活动中所看到的一种波动:一个周期由几乎同时在许多经济活动中所发生的扩张,随之而来的同样普遍的衰退、收缩和与下一个周期的扩张阶段相连的复苏所组成;这种变化的顺序反复出现,但并不是定时的;经济周期的持续时间在一年以上到十年或十二年;它们不再分为具有接近自己的振幅的类似特征的更短周期。[①]

这个定义受到经济学界的公认,并被美国研究经济周期的权威机构——国民经济研究所——作为确定经济周期顶峰与谷底的标准。

从这个定义中可以看出,经济周期具有以下特征。

(1)现代经济社会中出现周期性的经济波动是必然的。定义中所说的"主要按商业企业来组织活动的国家"是指由市场机制配置资源的国家;只要是由市场机制配置资源的国家,不论是资本主义社会还是社会主义社会,必然会有周期性的经济波动。

(2)经济周期是总体经济活动中所发生的经济波动。这种波动是一种全局性的波动,而不是局部性的波动。发生在一个或几个经济部门的波动不能算作经济周期,只有同时发生于几乎所有经济部门的周期性的经济波动才能称为经济周期。由于国民收入是衡量整个经济状况的基本指标,所以经济周期就表现为国民收入的波动,进而通过这种波动引起失业率、物价水平、利率和对外贸易等方面的波动。

(3)一个经济周期可以分为扩张(也称为繁荣期或高涨期)、衰退、萧条和复苏四个阶段。扩张是国民经济活动高于正常水平的一个阶段,这时经济处于扩张或向上阶段,是经济以较高速度增长的阶段,这一阶段的最高点称为顶峰。萧条是国民经济活动低于正常水平的一个阶段,这时经济处于收缩或向下的阶段,经济增长比较缓慢甚至负增长,这一阶段的最低点称为谷底。繁荣与萧条是经济周期的两个主要阶段,而衰退是由繁荣期向萧条期过

---

① 转引自叶航. 宏观经济学教程. 杭州:浙江大学出版社,2005:184.

渡的阶段,复苏期是由萧条期向繁荣期过渡的阶段。
经济连续通过这四个阶段就完成一个经济周期。在
经济的不同阶段,国民收入水平、失业水平、物价水
平、工业生产情况、社会产品销售情况和贷款利率等
经济指标的变化情况是不同的,可以根据这些指标
的变化来判断经济处于经济周期的哪个阶段。下面
通过图 10-1 来说明各个阶段的特点。

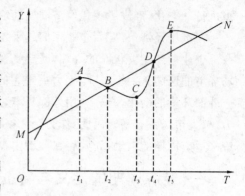

图 10-1　经济周期的阶段划分

在图 10-1 中,横轴 T 代表时间,纵轴 Y 代表国
民收入,代表总体经济活动情况。MN 代表正常的
经济活动水平或经济的长期增长趋势。在 t_1 阶段
和 t_5 阶段,经济活动水平处于 A 点和 E 点,这时经济活动处于非常高的水平,达到顶峰;在
t_3 阶段经济活动处于 C 点,这时经济活动处于很低的水平,达到谷底;在 A、C 之间的区域又
划分为两个阶段,$t_1 \sim t_2$,即从 A 到 B 的阶段,经济从顶峰回落到正常水平,通常称为衰退阶
段;$t_2 \sim t_3$,即从 B 到 C 的阶段,经济从正常水平进一步向谷底滑落,通常称为萧条阶段。在
C、E 之间的区域也划分为两个阶段,$t_3 \sim t_4$,即从 C 到 D 的阶段,经济从谷底逐步恢复到正
常水平,通常称为复苏阶段;$t_4 \sim t_5$,即从 D 到 E 的阶段,经济从正常水平进一步高涨,向顶
峰扩张,通常称为繁荣阶段。

(4) 经济周期在经济活动中反复出现,但是每一次的时间长短是不一致的。经济周期
不是一种有规律的、可预期的或反复出现的现象,它的时间有随机性,在很大程度上是难以
预测的;但是在每一个周期中,经济波动又是有一定规律的,每个阶段都有自己的特征。

二、经济周期的类型

在研究经济周期时,经济学家们通过对长期统计资料的研究,根据经济周期时间长短的
不同而将其划分为不同类型。

1. 基钦周期

基钦周期(Kitchin cycle)也称为短周期。英国统计学家 J. 基钦(Joseph Kitchin)详细研
究了 1890—1922 年间英国与美国的物价、银行结算和利率等资料,于 1923 年发表了《经济
因素中的周期与趋势》一文。作者提出经济周期实际包括主要周期与次要周期两种:主要周
期仅仅是两个或三个次要周期的总和;而次要周期是平均为 40 个月左右(一般 3～5 年)的
经济周期,熊彼特称之为短周期或基钦周期。A. 汉森根据统计资料计算出美国在 1807—
1937 年间共有 37 个这样的周期,其平均长度为 3.5 年。

2. 朱格拉周期

朱格拉周期(Juglar cycle)也称为中周期。在朱格拉之前,经济学家们都把危机作为一
种独立的现象,并认为引起这种危机的原因是战争、干旱、黄金流入、信贷与货币增长这类偶
然的或外生的因素。1860 年法国经济学家朱格拉(C. Clement Juglar)在其发表的《论法国、
英国和美国的商业危机及其发生周期》一书中首先提出危机或恐慌并不是一种独立的现象,
而是经济周期性波动的三个连续阶段(繁荣、危机、清算)中的一个。这三个阶段在经济活动
中反复地出现从而形成周期性现象。他对较长时间的工业周期进行了研究,并根据物价水

平、生产、就业人数等统计资料的变化规律,确定了经济中平均每一个经济周期为 9~10 年。熊彼特把这种周期称为中周期,或朱格拉周期。美国经济学家 A. 汉森则把这种周期称为"主要经济周期",并根据统计资料计算出美国在 1795—1937 年间共有 17 个这样的周期,其平均长度为 8.35 年。

3. 康德拉季耶夫周期

康德拉季耶夫周期(Kondratieff cycle)也称为长周期或长波。俄国著名经济学家康德拉季耶夫(NikoLai D. Kondratieff)在 1925 年发表的《经济生活中的长期波动》中根据法国、英国、美国、德国 100 多年内的批发价格水平、利率、工资和对外贸易、煤炭、生铁的产量与消费量等大量资料,认为经济中存在一种长度约为 50 年的经济循环,即长周期。

康德拉季耶夫把从 18 世纪 80 年代到 1920 年的时期分三个长周期:第一个长周期是 1789—1849 年,共 60 年,其中上升期约为 25 年,下降期约为 35 年;第二个长周期是 1849—1896 年,共 47 年,其中上升期约为 24 年,下降期约为 23 年;第三个长周期是 1890—1920 年,其上升期约为 24 年,下降期约为 23 年。

康德拉季耶夫还得出以下有关长波的五点结论。① 各个长波的上升与下降阶段中都有繁荣与萧条的交替,但在上升阶段繁荣年份多,而在下降阶段是萧条年份多。② 在长波的衰退期间农业往往出现明显的长期萧条。③ 在长波的衰退期间生产和交通运输中有许多重要发明,但只是在下一个长期高涨开始时才能得到大规模运用。④ 在长期高涨开始时,通常有黄金产量的增长,并由于有新国家,特别是殖民地国家的参与,世界市场有所扩大。⑤ 在长波的上升时期会发生战争和革命。

4. 库兹涅茨周期

库兹涅茨周期(Kuznets cycle)也是一种长周期。1930 年美国著名经济学家 S. 库兹涅茨(Simo S. Kuznets)在《生产和价格的长期变动》一文中分析了美国、英国、德国、法国和比利时 1866—1925 年 53 种商品的历史统计资料,认为在经济中存在着为期 15~20 年的长期波动。这种波动在美国的许多经济活动中尤其建筑业中特别明显,所以又称建筑业周期。他把 1873 年、1892 年和 1913 年作为这种周期的顶点,而 1878 年和 1896 年则作为谷底。

5. 熊彼特周期(Schumpeter cycle)

奥地利经济学家 J. 熊彼特(J. A. Schumpeter)在 1939 年对朱格拉周期、基钦周期和康德拉季耶夫周期进行了综合分析。熊彼特认为,每一个长周期包括 6 个中周期,每一个中周期包括三个短周期。短周期约为 40 个月,中周期为 9~10 年,长周期为 48~60 年。他以重大的创新为标志,划分三个长周期。第一个长周期从 18 世纪 80 年代到 1842 年,是产业革命时期;第二个长周期从 1842 年到 1897 年,是蒸汽和钢铁时期;第三个长周期从 1897 年以后,是电气、化学和汽车时期。在每个长周期中仍有中等创新所引起的波动,这就形成若干个中周期;在每个中周期中还有小创新所引起的波动,这就形成了若干个短周期。

三、经济周期的一般原因

经济周期理论从其根源而言,可以分为外生经济周期理论(exogenous business cycle theory)和内生经济周期理论(endogenous business cycle theory)两大类。外生经济周期理论用经济之外的因素,如太阳黑子、人口、新技术发明、其他偶然事件等来解释经济周期,这些外在的因素本身影响经济而并不受经济的影响;内生经济周期理论用经济之内的因素,如信用的扩张和收缩、投资过度、消费不足、心理等来解释经济周期,这些因素本身要受经济的影响,而又反过来影响经济,从而使经济周期成为一种在各种经济因素作用之下自发运动的过程。

1. 外生经济周期理论

外生经济周期理论认为,经济之外的因素的变动是经济周期的根源。比如,战争、革命、选举,石油价格、发现金矿、移民,新土地和新资源发现,科学突破和技术创新,甚至太阳黑子活动和气候,等等。

（1）太阳黑子理论。

英国经济学家杰文斯(W. S. Jevons)于 1875 年提出了太阳黑子理论,他认为太阳黑子的周期性变化是经济周期性波动的主要原因。

太阳黑子的周期性变化会导致气候的周期变化,这又会影响农业收成,农业收成的好坏又会影响整个经济。太阳黑子的出现是有规律的,大约每十年左右出现一次,因而经济周期大约也是每十年一次。具体来说,在太阳黑子频繁活动的时候农业减产,进而影响到工业、商业、工资、货币的购买力和投资等诸多方面,从而引起经济萧条;相反,当太阳黑子活动减少时,农业丰收,整个经济会达到繁荣。他们用中、长期中太阳黑子活动周期与经济周期基本吻合的资料来证明这种理论,这种理论把经济周期的根本原因归结为太阳黑子的活动,是典型的外生经济周期理论。

现代经济学家认为,太阳黑子对农业生产的影响是非常有限的,而农业生产对整个经济的影响更是有限的,因此,在现代工业社会中,这种理论没有多大的说服力。

（2）创新理论。

奥地利经济学家约瑟夫·A.熊彼特认为创新(innovation theory)是经济波动与发展的主要原因。熊彼特认为创新就是建立一种新的生产函数,是企业家对生产要素实行新的组合,即把一种从未有过的关于生产要素和生产条件的"新组合"引入生产流转过程中。那么如何才实现生产要素的新的结合呢? 有两条途径:一是进行技术创新,导致生产要素比例变化,如机器生产代替手工生产;二是进行制度创新,通过制度创新来激发生产要素更大的生产潜力,如实施员工持股计划或者实行年功工资制度等。

熊彼特认为生产要素新组合的出现会刺激经济的发展与繁荣。当新组合出现时,老的生产要素组合仍然在市场上存在。创新提高了生产效率,为创新者带来了盈利,引起其他企业仿效,从而形成创新浪潮。创新浪潮使银行信用扩张,对资本品的需求增加,引起经济繁荣;而一旦新组合的技术扩散被大多数企业获得,盈利机会终会消失,银行信用紧缩导致对资本品的需求减少,这就引起了经济衰退,直到另一次创新出现,经济再次繁荣。

熊彼特根据这种理论解释了长周期、中周期和短周期,他认为重大的技术创新(如蒸汽机、炼钢和汽车制造等)对经济增长有长期的影响,这些创新引起的繁荣时间长,繁荣之后衰退也长,从而所引起的经济周期就长,形成了长周期。中等创新所引起的经济繁荣及随之而来的衰退则形成了中周期,那些属于不很重要的小创新则只能引起短周期。

（3）政治性周期理论。

外因经济周期的一个主要例证就是政治性周期。政治性周期理论把经济周期性循环的原因归之为政府的周期性的决策(主要是为了循环性地解决通货膨胀和失业问题)。政治性周期的产生有三个基本条件:① 凯恩斯国民收入决定理论为政策制定者提供了刺激经济的工具。② 选民喜欢高经济增长、低失业以及低通货膨胀的时期。③ 政治家喜欢连选、连任。

假定全体选民只关心就业水平和通货膨胀率,且投票人是短视的。他们既不考虑政治家在位早期的宏观经济业绩,也不考虑下一年度经济可能的表现。那么,政府实施的就是保证其能够再次当选的政策。现有相当多的证据表明:西方国家选民是以执政党和民选总统提供低水平的失业和通货膨胀为基础来对他们进行评判的。一个追求选票数量最大化的政党可能遵循的一种策略就是采用短期宏观经济政策以改变失业率或国民收入增长率。如果对于宏观经济环境的变化各种数量指标比价格反应更为迅速,政府就可以操纵宏观经济杠杆以便减少短期失业,而通货膨胀的全部影响在稍后一段时间才会充分显现出来。无论是现任的政党还是反对党赢得了选举,他们都会在选举之后通过采用充分的通货紧缩政策把通货膨胀从经济中挤出去。

(4)实际经济周期理论。

实际经济周期的代表人物是芬恩·基德兰德(Finn E. Kydland)和爱德华·普雷斯科特(Edward C. Prescott)。实际经济周期理论认为,市场机制本身是完善的,在长期或短期中都可以自发地使经济实现充分就业的均衡。经济周期源于经济体系之外的一些真实因素的冲击,引起这种冲击的是一些实实在在的真实因素,这种冲击称为"外部冲击",如技术进步的冲击。市场经济无法预测这些因素的变动与出现,也无法自发地迅速作出反应,故而经济中发生周期性波动。这些冲击经济的因素不产生于经济体系之内,与市场机制无关。所以,真实经济周期理论是典型的外因论。

2. 内生经济周期理论

内生经济周期理论认为,经济的外部因素虽然对某些时期经济周期波动产生重要影响,但是经济周期的真正推动力并不在于外部,而是来自经济自身因素,外部因素只能延缓或加剧经济的波动。引起经济波动的内部因素包括利润推动力、利润过度资本化、心理因素、货币和信贷、非金融性过度投资以及消费不足等。

(1)纯货币理论。

纯货币理论主要由英国经济学家霍特里(R. Hawtrey)在1913至1933年的一系列著作中提出的。纯货币理论认为货币供应量和货币流通度直接决定了名义国民收入的波动,甚至极端地认为经济波动完全是由于银行体系交替地扩张和紧缩信用所造成的,尤其以短期利率起着重要的作用。现代货币主义者在分析经济的周期性波动时,几乎一脉相承地接受了霍特里的观点。

(2)投资过度理论。

投资过度理论把经济的周期性循环归因于投资过度。由于投资过多,与消费品生产相对比,资本品生产发展过快。资本品生产的过度发展促使经济进入繁荣阶段,但资本品过度生产从而导致的过剩又会促进经济进入萧条阶段。

(3)消费不足理论。

消费不足理论的出现较为久远。早期有西斯蒙第和马尔萨斯,近代则以霍布森为代表。该理论把经济的衰退归因于消费品的需求赶不上社会对消费品生产的增长。这种不足又根据源于国民收入分配不公所造成的过度储蓄。

（4）心理理论。

心理理论和投资过度理论是紧密相联的。该理论认为经济的循环周期取决于投资，投资大小主要取决于企业家对未来的预期。而预期却是一种心理现象，心理现象又具有不确定性的特点。因此，经济波动的最终原因取决于人们对未来的预期。当预期乐观时，增加投资，经济步入复苏与繁荣；当预期悲观时，减少投资，经济则陷入衰退与萧条。随着人们情绪的变化，经济也就周期性地发生波动。

第二节 乘数-加速数模型

乘数-加速原理相互作用的模型是凯恩斯主义者阿尔文·汉森（Alvin Hansen）和保罗·萨缪尔森（Paul A. Samuelson）提出来的，因此也称为"汉森-萨缪尔森模型"。凯恩斯主义认为引起经济周期的因素是总需求的变动，而在总需求中起决定作用的是投资。这种理论正是把乘数原理和加速原理结合起来说明投资如何自发地引起周期性经济波动。

一、加速原理

在前面我们已经介绍了乘数原理，说明了投资变动对收入变动的影响，但是在国民经济中投资与国民收入是相互影响的。乘数原理说明了投资变动对国民收入变动的影响，而加速原理则说明国民收入变动对投资变动的影响。它的实质是，对资本品的需求是一种引致需求（derived demand），对产出量需求的变化会导致对资本存量需求的变化，从而引致投资。因此，它的特点是强调（预期）需求的作用，而不强调投入的相对价格或利率的作用。

下面介绍收入的变动对投资的影响（即加速原理）以及二者相互作用导致国民收入周期性变化的原理（乘数-加速数模型）。

1.诱致投资与自发投资

投资分为自发性投资和诱致性投资。独立的、不受国民收入或消费变动制约的因素，比如人口、技术、资源、政府政策等外生因素的变动而引起的投资就是自发性投资；与此相对应的，由国民收入或消费的变动所引起的投资变化就是诱致性投资，它取决于收入水平，是由收入的增加所诱发出来的。

加速原理所研究的是假定自发投资不变时诱致投资的决定机制。

2.资本-产量比率与加速系数

一般而言，生产更多的产品需要更多的资本，进而需要用投资来扩大资本量。在一定的限度内，企业有可能用现有的资本通过集约使用来生产更多的产品，但是由于技术的影响，在任何时候总有一个最佳的资本-产量比率，这个比率在不同的行业以及不同的生产技术条件下差别很大。为了简化起见，通常假定这一比率保持不变。

资本-产量比率（v）是指生产一单位产量（Y）所需要的资本量（K），即

$$v = \frac{K}{Y} \tag{10.1}$$

注意，K 是存量而 Y 是流量，所以一般情况下，$v > 1$，假定 $v = 5$，就表明生产 100 单位的

产出 Y,需要有 500 单位的资本存量 K。

加速系数(α)是指增加一单位产量所需要增加的资本量,即

$$\alpha = \frac{\Delta K}{\Delta Y} \tag{10.2}$$

在技术不变的条件下,资本-产量比率与加速系数的值是相同的,所以在一般情况下两者可以通用。

3.加速原理的含义

为了从动态角度考察收入变动所引起的投资变动的关系,来说明加速原理,需要把投资分为重置投资和净投资。为简化起见,假定重置投资不变,技术条件不变,则 v、a 也不变。

式(10-1)经过变形可以得到

$$K = vY \tag{10.3}$$

引入时期的概念,则 $t-1$ 期的 K 和 Y 的关系为

$$K_{t-1} = vY_{t-1} \tag{10.4}$$

如果产量从 Y_{t-1} 变动到 Y_t,则资本存量也从 K_{t-1} 变动到 K_t,即

$$K_t = vY_t \tag{10.5}$$

于是资本存量增加量为 $K_t - K_{t-1}$,即需要投资支出净增加这么多,假设 I_t 是 t 时期的净投资,则有

$$I_t = K_t - K_{t-1} = vY_t - vY_{t-1} = v(Y_t - Y_{t-1}) \tag{10.6}$$

式(10.6)表明,投资等于收入变动额乘以加速系数。如果假定 $v=5$,收入增加 100 单位,则需增加投资 500 单位,即收入增加,净投资为正;反过来,如果收入减少 100 单位,则需减少 500 单位的投资,即收入减少,净投资为负。

由于总投资等于净投资加上重置投资,如果将重置投资视为折旧(D),则在式(10.6)的两边同时加上 t 时期的折旧 D_t,就可以得到 t 时期的总投资 I_g

$$I_g = v(Y_t - Y_{t-1}) + D_t \tag{10.7}$$

由式(10.6)或式(10.7)所表示的加速原理说明,如果加速数是大于 1 的常数,资本存量所需要的增加必须超过产量的增加。

为了更加直观地理解加速原理的含义,假设某消费品生产商的资本-产量之比为 5;开始时拥有 10 台寿命不等的设备,每年更换一台,其每台设备的重置价格为 500 万元。根据假定,可以用表 10-1 说明加速原理的作用过程。

表 10-1 加速原理举例   单位:百万元

阶段	年份	年产量	年产量的变化	资本存量	净投资	重置投资	总投资
(1)	1	10	0	50	0	5	5
	2	10	0	50	0	5	5
	3	12	2	60	10	5	15
(2)	4	14	2	70	10	5	15
	5	16	2	80	10	5	15
(3)	6	16	0	80	0	5	5
(4)	7	14	-2	70	-10	5	-5

仔细分析表 10-1,我们可以将企业产量变化分为以下四个阶段。

(1) 在第一阶段(1～2 年)里,生产维持原有生产规模不变,每年的销售额都是 1000 万元,除了每年用于资本存量折旧的 500 万元进行重置投资,没有新增的净投资,因此总投资也保持不变。

(2) 在第二阶段(3～5 年)里,假定生产逐年增加,每年增加 200 万,每年需增加净投资 1 000 万元,加上重置投资 500 万元,每年总投资为 1 500 万元。

(3) 在第三阶段(第 6 年)里,年产量没有增加,这时仅有 500 万元的重置投资,净投资为 0,总投资急剧减少。

(4) 在第四阶段(第 7 年)里,生产规模缩小,年产量减少,净投资相应地减少 1 000 万元,总投资减少 500 万元,从而使资本存量也减少。

根据上述分析,可以分析出加速原理具有以下含义。

(1) 引致投资不是预期收入的函数,而是预期收入增量的函数,即投资不是决定于预期收入的绝对量,而是取决于其变动量。

(2) 加速数的大小表示预期收入与投资变化幅度的比较。如果加速数大于 1,预期收入小幅度地变化会引起投资较大幅度地变化,如表 10-1 中第 3 年年销售额仅增加 200 万,净投资就需要增加 1000 万;表 10-1 中,第 3 年产量比第 2 年增加 20%,而总投资增加了 200%,这就是加速的含义。如果加速数小于 1,收入较大幅度地变化会引起投资较小幅度地变化。

(3) 要使投资增长率保持不变,收入必须按一定比率连续增长;如果预期收入增长率放慢,投资就会减少或停止。这意味着即使收入水平不下降,只要放慢增长速度,也可能引起投资衰退和整个经济衰退。

(4) 加速原理的作用是双向的,既包括加速增加,又包括加速减少。

(5) 加速原理发挥作用的前提是没有资本存量闲置。如果企业生产不足,设备闲置,那么收入增加时,即使扩大产量,一般只需动用闲置设备,而不必增加净投资,这样就不会有诱致投资和加速增长的可能。

二、乘数-加速数理论的基本思想

"加速原理"与"乘数论"所要说明的问题各不相同。乘数论是要说明投资的轻微变动何以会导致收入发生巨大的变动,而"加速原理"则要说明收入的轻微变动何以也会导致投资发生巨大的变动。但二者所说明的经济运动又是相互影响、相互补充的。凯恩斯主义正是利用所谓"加速数"和"乘数"的相互作用,来解释经济的周期性波动。

在经济中,投资、国内生产总值、消费相互影响、相互调节。如果政府支出为既定的(即政府不干预经济),只靠经济本身的力量自发调节,那么就会形成经济周期。经济周期中各阶段的出现,正是乘数与加速原理相互作用的结果;而在这种自发调节中,经济周期主要是由投资引起的。

乘数与加速原理相互作用引起经济周期的具体过程是,投资增加通过乘数效应引起国内生产总值的更大增加,国内生产总值的更大增加又通过加速效应引起投资的更大增加,这样经济就会出现繁荣。然而,国内生产总值达到一定水平后,由于社会需求与资源的限制无法再增加,这时就会由于加速原理的作用使投资减少,投资的减少又会由于乘数的作用使国内生产总值继续减少。这两者的共同作用又使经济进入衰退。衰退持续一定时期后由于固定资产更新，即大规模的机器设备更新又使投资增加，国内生产总值再增加，从而经济进入另一次繁荣。正是由于乘数与加速原理的共同作用，经济中就形成了由繁荣到衰退，又由衰退到繁荣的周期性运动。

乘数-加速原理表明国内生产总值的变化会通过加速数对投资产生加速作用，而投资的变化又会通过投资乘数使国内生产总值成倍变化，加速数和投资乘数的这种交替作用便导致国内生产总值周而复始地上下波动。

三、乘数-加速数模型

由萨缪尔森提出的乘数-加速数模型如下所示。

$$\begin{cases} Y_t = C_t + I_t + G_t & (10.8) \\ C_t = \beta Y_{t-1} \quad (0 < \beta < 1) & (10.9) \\ I = v(C_t - C_{t-1}) \quad (v > 0) & (10.10) \end{cases}$$

模型中，式(10.8)为产品市场均衡公式，即收入恒等式，假定政府购买 $G_t = G$（常数）；式(10.9)为简单消费函数，当期消费是上一期收入的线性函数；式(10.10)按照加速原理依赖于当期消费与上一期消费的改变量[①]，其中 v 为加速系数。将式(10.9)、式(10.10)代入式(10.8)，得

$$Y_t = \beta Y_{t-1} + v(C_t - C_{t-1}) + G_t \qquad (10.11)$$

在加速原理和乘数原理的结合中，如果 β、v、G_t 已知，就可以推算每一期的收入，从而可以说明加速原理和乘数原理的相互作用，解释经济波动，下面用具体的数据来说明，如表 10-2 所示。

假定，加速系数 $v=1$，边际消费倾向 $\beta=0.5$，政府购买 $G_t=1$ 亿元。假设不考虑第一期以前的情况，从上一期国民收入中来的本期消费为 0，诱致投资也为 0，因此第一期的国民收入总额就是第一期的政府购买（1 亿元）。

第二期政府支出仍然为 1 亿元，但是第一期国民收入为 1 亿元，第二期的诱致消费为 $C_2 = \beta Y_1 = 0.5$ 亿元，第二期的诱致投资 $I_2 = v(C_2 - C_1) = 0.5$ 亿元，因此第二期的国民收入 $Y_2 = C_2 + I_2 + G_2 = 2$ 亿元。

以此类推，可以计算出以后各期的国民收入。

表 10-2　乘数与加速数相互作用举例　　　　　　　　单位：亿元

时期	G_t	C_t	I_t	Y_t	经济变化趋势
1	1	0	0	1	—
2	1	0.5	0.5	2	复苏
3	1	1	0.5	2.5	繁荣
4	1	1.25	0.25	2.5	繁荣
5	1	1.25	0	2.25	衰退
6	1	1.125	−0.125	2	衰退

---

① 在上面关于加速原理的论述中，是把投资作为当期和上一期收入之差的函数论述的，由于在一般情况下，消费量与收入大致会保持一个固定的比例，所以加速原理也可以用当期消费与上一期消费的改变量来表示。

续表

时期	G_t	C_t	I_t	Y_t	经济变化趋势
7	1	1	−0.125	1.875	萧条
8	1	0.9375	−0.0625	1.875	萧条
9	1	0.9375	0	1.9375	复苏
10	1	0.96875	0.03125	2	复苏
11	1	1	0.03125	2.03125	繁荣
12	1	1.015625	0.015625	2.03125	繁荣
13	1	1.015625	0	2.015625	衰退
14	1	1.0078125	−0.0078125	2	衰退

在社会经济生活中,投资、收入和消费是相互影响、相互作用的。通过加速数,上升的收入和消费会诱致新的投资;同时通过乘数,投资又使国民收入进一步增长。假定政府支出为一个固定的量,即靠经济本身的力量来调节经济,就会自发形成经济周期,经济周期中的阶段正是乘数与加速数相互作用而形成的。以汉森和萨缪尔森为代表的一些经济学家认为只要政府干预经济,就可以减轻、甚至消除经济周期的波动,从而维持长期的经济稳定。一般而论,政府对经济波动的控制主要有以下三个环节。

(1)调节投资。经济的周期性波动往往是在自发投资不变的情况下发生的,因此如果政府及时变动政府支出或者采取影响私人投资的政策,就可以使经济的波动比较接近政府的意图,或者至少使政府能够容忍经济出现的波动。例如,在引致投资下降时,政府可以通过增加支出(如公共工程、社会福利等支出)或者采取鼓励私人投资(如减税、降低利息率等)政策,从而使现期投资不变或上升,以保持经济持续稳定地发展。

(2)影响加速系数。如果不考虑收益递减的问题,加速系数与资本-产量比率是一致的。因此,政府采取措施影响加速系数,就是影响资本-产量比率,从而能够提高投资效率,使经济保持向上的发展态势。例如,可以采取适当的措施提高劳动生产率,使得同样的投资能够增加更多的产量,从而对收入的增长产生积极的影响。

(3)影响边际消费倾向。这就是要通过采取和实施适当的政策,影响人们的消费在收入增量中的比例,从而影响下一期的收入。例如,当经济将要出现衰退时,政府就可以采取鼓励消费的政策,提高边际消费倾向,从而增加消费量使得引致投资增大,进而促进下一期收入的增多;如果政府一直保持按照这样的基调行事,那么经济也就始终具有不断扩张的趋势,并且能够有效地避免出现周期性的经济波动。

第三节 实际经济周期理论

实际经济周期(real business cycle)理论又称真实经济周期理论,产生于20世纪80年代初,其主要代表人物是2004年度诺贝尔经济学奖的两位得主。一位是挪威经济学家芬恩·基德兰德(Finn E. Kydland),另一位是美国经济学家爱德华·普雷斯科特(Edward C. Prescott)。这两位经济学家关于经济周期理论的观点是开创性的,他们认为产生经济周期波动的原因是来自外部的实际因素或实际的意外冲击。

一、作为波动源的技术冲击

在现实经济社会中,实体经济现实经济经常会受到各种意外因素的冲击,但真正引起研究经济周期理论的经济学家关注的冲击却也不多,下面罗列一些较受关注的冲击。

(1) 气候的变化。在现实中,像农业或者旅游等许多行业都是高度依赖于气候,雨量和光照都会影响这些部门的产出。因此,气候被看成是一个引起经济波动的潜在源泉;除此之外,像地震、洪灾、旱灾、异常气候、海啸等自然灾害也会引起经济波动。比如,气候的变化会改变水稻的生产函数,地震也是如此;2008 年汶川"5.12"大地震,据初略估计造成损失达到5 000 亿元。

(2) 能源价格的变化。这里主要是指石油价格的变化。例如,第一次石油危机就给西方国家的经济带来强烈的冲击,据统计美国的工业生产下降了 14%,日本下降了 20% 以上,所有工业化国家的生产力增长都明显放慢。1974 年的经济增长率,英国为 −0.5%,美国为−1.75%,日本为 −3.25%。

(3) 战争、政治动荡等都会扰乱经济的运行秩序,破坏经济结构。例如,1980 年 9 月 22日爆发、1988 年 8 月 20 日才结束的"两伊战争"前后历时 7 年又 11 个月,是 20 世纪最长的战争之一。在这场战争前,伊拉克的外汇盈余近 400 亿美元;战争结束时,它的外债是 800亿美元,其中 400 多亿是欠西方国家和前苏联的军火债,300 多亿是欠其他阿拉伯国家的贷款。战争中,伊拉克死亡 30 万人,伤 60 万人,直接损失(包括军费、战争破坏和经济损失)是3 500 亿美元。伊朗也欠外债 450 亿美元,死亡 70 万人,伤 110 多万人,仅德黑兰就有 20 万妇女失去丈夫,直接损失 3 000 亿美元。战争使两国经济的发展计划至少推迟 20～30 年。

(4) 政府干预。政府可以通过改变国有企业的行为而直接影响经济,也可以通过各种管制行为来间接地影响经济。不过,不合适的政府干预可能会破坏市场激励机制,改变经济主体的行为约束,从而使企业家转向寻租活动。税率、政府支出等的变动都会成为经济波动的潜在源泉。

(5) 技术冲击。真实世界的生产函数会随时间的变化而变化,投入要素质量的改变、新的管理方法、新产品的开发以及新的生产技术都会改变生产流程,提高全要素生产率;而有时候,生产设备发生损坏又会降低生产率等等这些波动所引发的冲击。例如,蒸汽机的发明引起第一次工业革命,使世界生产力的超乎人们意料的大发展,工厂制取代手工工场的巨变,带动着整个社会快速地演变。几十年下来,就使得以农业与乡村为主体的经济体制变成了以工业与城市为主体的经济体制,大规模地改变了人们的生活和国家的经济、社会状况。比如,新城市的兴起,旧城市的改观,人口由农村流向城市的大趋势,国家向城市化社会迈进的走向,工业产值远远超过农业产值的现象,等等。

虽然冲击的具体原因可以列出很长的单子,但是它们引起经济波动的途径是有限的,要么使人们的偏好发生变动,要么是可以利用的资源发生变化(例如,战争或瘟疫使人口减少、发现新的矿产资源等),或者改变生产技术状况,使投入(资本和劳动)转化为产出的能力发生变动(即生产函数的变动),进而引起经济波动。由于经济社会中最常见、最值得分析的外部冲击是技术的冲击,因此该理论有代表性的论文都把技术冲击作为波动源。

二、经济波动中的可能传导机制

尽管上述提到的这些冲击在每个经济体中都会或多或少的存在,但在正常情况下,任何一个初始的冲击都不可能大到足以用它自身的变化来解释整个经济的波动。因此,经济中一定存在着一种能随着时间的推移而把初始的冲击进行放大和传递的某种机制,最终形成整个经济的波动。实际经济周期理论者提出了以下一些机制,会将初始冲击进行放大和传递。

(1)劳动供给的跨期替代效应。实际经济周期理论认为,工资短暂变化的劳动供给具有较大弹性。人们更加关注自己总的劳动报酬,但并不在意什么时候提供劳动,即劳动具有跨期替代的性质。假如经济受到一个对生产率有负影响的初始冲击或干扰,那么像劳动等这些生产要素的边际产出自然将减少。劳动边际产出减少降低了消费者闲暇的机会成本,因而会导致他减少当前劳动供给,增加闲暇(等到将来工资上涨时再增加劳动供给),从而将有可能减少消费者的劳动供给,劳动投入的减少自然会放大初始冲击对产出的负影响;同时,因为消费者偏好平滑的消费路径,因此当其受到一个冲击后,会在一段时间里减少储蓄。这会导致未来投资和资本存量的减少,所以一个短期的冲击也许就会对未来产生影响。

(2)价格黏性。价格黏性指价格不能随着总需求的变动而迅速变化。比如,一个负向的生产冲击降低了劳动的边际产出,实际工资就不得不下调以平衡劳动的供给与需求。但是由于价格黏性的存在,这种调整就可能不发生或调整的速度非常慢,劳动市场不能及时出清,导致失业的增加。其结果是出现一个比初始冲击幅度更大的产出下降。同样的,如果商品市场也存在价格黏性,也会产生相同的效果。

(3)金融部门的低效率。有时候,一个较小的冲击可能会导致某个企业的破产,这会对那些借钱给这个企业的其他企业和银行产生影响,可能导致这些企业资金运转困难,产出下降,甚至破产,某些银行也可能受到牵连而破产。一旦银行破产,就会牵涉大量的债权人和债务人,从而产生更严重的影响。严重的经济衰退经常是由银行的破产、以及在破产过程中产生的放大效应而引发的。亚洲金融危机就是一个典型的例子。

三、经济波动的原理

实际经济周期理论认为,意外冲击是通过影响供给或某些传导机制来使经济产生波动,并且对经济的影响将是长期的。例如,技术进步使得投入(劳动和资本)转化为产出能力的提高,即通过对供给的冲击,导致经济波动(供给冲击对经济影响的机理可以用第五章第三节的理论来解释);并且技术冲击对供给的影响将是长期存在的,这种影响不会随着时间的推移而有所变化,除非发生新的技术冲击。

这些总供给冲击有引起有利作用、刺激经济繁荣的“正冲击”(或称“有利冲击”),以及引起不利作用、导致经济衰退的“负冲击”(或称“不利冲击”)。有利冲击有技术进步等,这种冲击刺激了投资需求;不利冲击有 20 世纪 70 年代的石油危机、“9.11”事件等,对供给有不利的影响。国内、外发生的各种事件都可以成为对经济大大小小的外部冲击,但其中最重要的是技术进步。在引起经济波动的外部冲击中,技术进步占 2/3 以上。值得注意的是,真实经济周期理论把政府宏观经济政策也作为引起经济波动的外部冲击之一。

外部冲击如何引起经济周期呢？我们以技术进步来说明。

假定经济处于正常的运行之中,这时出现了重大的技术突破(如网络的出现)。这种技术突破引起对新技术的投资迅速增加,这就带动了整个经济迅速地发展,引起经济繁荣。这种繁荣并不是对经济长期趋势的背离,而是经济能力本身的提高。新技术突破不会一个接一个,它具有随机性,从而使经济波动也呈现出随机性的特征。当某一次新技术突破引起的投资热潮过去之后,经济又趋于平静。这种平静也不是低于长期趋势,而是一种新的长期趋势。20 世纪 90 年代美国经济的繁荣与以后的衰退证明了这种理论。经济中这种大大小小的外部冲击无时不有,所以经济的波动也是正常的,并非由市场机制的不完善所引起的。

由于技术冲击可以是正向的,也可以是反向的。当生产技术进步时产量就会增加,经济趋于繁荣;当生产技术相对落伍时,产出就会减少,经济开始进入衰退。

宏观经济的持续波动可以是连续的单向技术冲击造成的,也可以是由一次性重大的技术冲击造成的。也许技术冲击起初只是作用于国民经济的某一部门,由于社会生产各部门之间的密切联系,也会引起整个宏观经济的波动。

四、货币中性和政府干预有害论

实际经济周期理论认为货币并不会对产出和就业等实际经济变量产生任何影响,是完全中性的。这一观点与理性预期学派的观点是一致的。

实际经济周期理论认为货币供给是一个内生变量,而不是外生变量。货币供给量是由产出决定的,产出的变化决定了货币量的供给变化。货币服务是银行部门提供的产出,其数量随着实际经济的发展水平而增减。实际经济部门的产出增加,就会增加对交易服务的货币需求,银行部门就会通过创造更多的货币来满足、迎合货币需求的增加。因此,货币的增加来自于实际经济本身对货币的内在需求,而不是外部货币政策的驱动。

实际经济周期理论坚持,既然货币供给量内生于经济系统本身,货币是中性的,那么货币当局刻意运用所谓货币政策干预经济,不但是完全没有必要的,而且可能反而对实际经济有害。经济波动是生产者和消费者面对技术冲击从而自我调整的一种最优反应,因此无需外界干预。

经济波动在很大程度上体现了经济活动基本趋势本身的波动,即经济周期不是对经济均衡的偏离,而是经济均衡本身发生了暂时波动。因此,政府花费大量成本,采取各种宏观经济政策措施试图稳定经济,不但是没有必要的,而且可能干扰经济系统对技术冲击的应有的合理反应,从而损害经济运行。

■ **教学案例**

亚洲金融危机的发展历程

亚洲金融危机首先起始于泰国。1997 年 2 月,以索罗斯为代表的投机家在 2~3 月份从泰国银行买入高达 150 亿美元的远期泰铢合约,并于 2~5 月间数次大量抛售泰铢,压低泰铢现货市场的汇率,引起泰国金融市场的动摇。5 月份起,国际投机者不断冲击泰铢,泰国政府在采取各种措施抵御无效、消耗了大量外汇储备后,被迫于 7 月 2 日宣布放弃主要钉住美元的汇率制度,泰铢随之大幅贬值。与此引发的金融危机像流感一样迅速传染到东南亚,紧接着迅速北上,矛头直指韩国和日本。10 月后,金融危机蔓延到韩国和日本,导致货币贬值、股市暴跌和大公司纷纷破产。泰铢、印尼盾、马来西亚林吉特、韩元对美元的汇率全年分别下跌 43.5%、57.5%、53.8%、48.3%；股市分别下跌 56.0%、52.4%、37.0%、42.2%。1998 年，亚洲金融危机继续蔓延和深化，并波及俄罗斯和拉美等国家和地区，引发全球汇市和股市的大波动和一些国家的政局动荡。

整个亚洲金融危机大体上可以分为三个阶段：1997 年 6 月至 12 月，1998 年 1 月至 1998 年 7 月，1998 年 8 月初到年底。

第一阶段：1997 年 6 月至 12 月

1997 年 7 月 2 日泰国宣布放弃固定汇率制，实行浮动汇率制，引发一场遍及东南亚的金融风暴。当天泰铢兑换美元的汇率下降了 17%，外汇及其他金融市场一片混乱。在泰铢波动的影响下，菲律宾比索、印度尼西亚盾、马来西亚林吉特相继成为国际炒家的攻击对象。8 月马来西亚放弃保卫林吉特的努力。一向坚挺的新加坡元也受到冲击。印尼虽是受"传染"最晚的国家，但受到的冲击最为严重。10 月下旬国际炒家移师国际金融中心香港，矛头直指香港联系汇率制。台湾当局突然弃守新台币汇率，一天贬值 3.46%，加大了对港币和香港股市的压力。10 月 23 日香港恒生指数大跌 1 211.47 点；28 日下跌 1 621.80 点，跌破 9 000 点大关。面对国际金融炒家的猛烈进攻，香港特区政府重申不会改变现行汇率制度，恒生指数上扬，再上万点大关。接着，11 月中旬东亚的韩国也爆发金融风暴，17 日韩元对美元的汇率跌至创纪录的 1008：1；21 日韩国政府不得不向国际货币基金组织求援，暂时控制了危机；但到了 12 月 13 日，韩元对美元的汇率又降至 1737.60：1。韩元危机也冲击了在韩国有大量投资的日本金融业。1997 年下半年日本的一系列银行和证券公司相继破产。东南亚金融风暴演变为亚洲金融危机。

第二阶段：1998 年 1 月至 1998 年 7 月

1998 年初，印尼金融风暴再起，面对有史以来最严重的经济衰退，国际货币基金组织为印尼制定的对策未能取得预期效果。2 月 11 日，印尼政府宣布将实行印尼盾与美元保持固定汇率的联系汇率制，以稳定印尼盾。此举遭到国际货币基金组织及美国、西欧的一致反对，国际货币基金组织扬言将撤回对印尼的援助。印尼陷入政治、经济大危机。2 月 16 日，印尼盾同美元比价跌破 10 000：1。受其影响，东南亚汇市再起波澜，新元、马币、泰铢、菲律宾比索等纷纷下跌。直到 4 月 8 日印尼同国际货币基金组织就一份新的经济改革方案达成协议，东南亚汇市才暂告平静。1997 年爆发的东南亚金融危机使得与之关系密切的日本经济陷入困境。日元汇率从 1997 年 6 月底的 115 日元兑 1 美元跌至 1998 年 4 月初的 133 日元兑 1 美元；五六月间，日元汇率一路下跌，一度接近 150 日元兑 1 美元的关口。随着日元的大幅贬值，国际金融形势更加不明朗，亚洲金融危机继续深化。

第三阶段：1998 年 8 月初至 1998 年年底

乘美国股市动荡、日元汇率持续下跌之际，国际炒家对香港发动新一轮进攻。恒生指数跌至 6600 多点。香港特区政府予以回击，金融管理局动用外汇基金进入股市和期货市场，吸纳国际炒家抛售的港币，将汇市稳定在 7.75 港元兑换 1 美元的水平上。一个月后，国际炒家损失惨重，无法再次实现把香港作为"超级提款机"的企图。国际炒家在香港失利的同时，在俄罗斯更遭惨败。俄罗斯中央银行 8 月 17 日宣布年内将卢布兑换美元汇率的浮动幅度扩大到 6.0～9.5：1，并推迟偿还外债及暂停国债券交易。9 月 2 日，卢布贬值 70%。这都使俄罗斯股市、汇市急剧下跌,引发金融危机乃至经济、政治危机。俄罗斯政策的突变,使得在俄罗斯股市投下巨额资金的国际炒家大伤元气,并带动了美欧国家股市、汇市的全面剧烈波动。到1998年底,俄罗斯经济仍没有摆脱困境。1999年,金融危机结束。

案例讨论:

1. 亚洲金融危机产生的直接和间接原因有哪些?

2. 亚洲金融危机给世界各国特别是中国带来哪些影响?

■ 关键概念

经济周期	business cycle
外生经济周期	exogenous businesscycle theory
内生经济周期理论	endogenous businesscycle theory
加速原理	acceleration principle
乘数论	multiplier theory
乘数-加速数模型	multiplier-accelerator model
实际经济周期	real business cycle
货币中性	monetary neutrality

■ 复习思考

1. 什么是经济周期? 如何分类?

2. 经济周期产生的原因有哪些?

3. 简述乘数-加速数模型的基本思想。

4. 简述实际经济周期理论的基本思想。

■ 单元实训

查阅相关资料,分析改革开放以来中国的经济周期。

第十一章 | 国际货币经济学基础

课前导读

英镑？美元？还是人民币？

经过 11 个小时的飞行，终于到了伦敦希思罗机场。摸摸口袋里的美元，想起从北京出发前几位同事有关该带什么钱去英国的讨论。有人建议到中国银行用人民币换英镑，有人主张带美元去伦敦换英镑，还有人说不如带着人民币信用卡或银联卡，直接在英国"刷卡"。英镑？美元？还是人民币？对采访 20 国集团金融峰会的中国记者来说，这是个小问题，但对各国政府官员、经济学家和经贸界人士来说，用哪种货币给产品计价、结算、储备，可是意义重大。

我们不妨先看看历史悠久但风华已逝的英镑。英镑的荣耀，得益于大英帝国不断扩张的版图、强大的经济实力和军事力量。在鼎盛时期的 1850 年，英国在世界工业总产值中占到 39%，在世界贸易中占到 21%。不过在两次世界大战的消耗下，"日不落帝国"无可避免地衰落和分崩离析了，英镑的主角地位不得不让位给挟第二次世界大战胜利余威而来的美元。当然，英镑并未从舞台消失。近些年来，以金融服务业为主的英国经济表现一直好于欧元区国家，更是让英镑可以坚守那份"光荣的孤立"。但眼下这场金融海啸，却让英国经济和英镑一起跌入深渊。也许保守而自傲的英国人，该重新考虑加入欧元区的选择了。

美元霸权的地位于 1944 年在美国新罕布什尔州的华盛顿山饭店正式确立。这个以美元与黄金挂钩、其他国家货币与美元挂钩为主要特征的国际货币体系被称为"布雷顿森林体系"。实事求是地讲，这一体系对于结束第二次世界大战造成的国际金融和贸易混乱、恢复世界经济增长起到了积极的作用。但没能解决不可克服的"特里芬难题"，即美国无法在为世界提供流动性的同时确保美元的稳定。最终，"布雷顿森林体系"于 1971 年随着美元与黄金脱钩而正式解体。但美元在全球的主导地位并没有改变。美元仍发挥着世界货币的职能，继续成为主要的国际支付手段和国际储备手段。但美元在全球的日益泛滥，特别是此次的国际金融危机，表明这种国际货币体系的内在缺陷愈演愈烈。

在这种情况下，国内有关"人民币国际化"问题的讨论更加热烈起来。不过，有关专家提醒说，人民币国际化虽然有包括获得铸币税、减少交易成本和汇率风险等种种好处，但也存在很多风险和代价。这些风险包括国内货币政策的制定和执行受到制约，防范热钱炒作的"防火墙"消失等。

正如快速发展的经济全球化一样,世界经济格局也在不断变化。也许在不太远的将来,英镑、美元、欧元、日元,都会让位于一个"世界货币"。

(资料来源:《国际金融报》2009 年 3 月 31 日第 04 版。)

在经济的全球联系日趋紧密的今天,即使你从来没有离开过中国,你也以实际行动参与了全球经济。你购买的电视机可能是日本品牌,但在马来西亚制造;你正在使用的手机可能产自芬兰;你乘坐的高速火车,采用的可能是法国或德国的技术;你读的经济学教科书,可能是美国人所著;你把钱存入银行,银行可能把钱借给在中国设厂的外企,生产的产品则销往欧洲。在漫长的人类历史中,人们从来没有像今天这样联系得如此紧密。

在前面的章节中我们假设经济处于封闭状态以简化分析。不过,这个世界上大多数的经济体都是开放的。正如前述,一个国家既从国外进口产品与劳务,又向国外出口产品与劳务,还在国际金融市场上借款与贷款。通过掌握国际货币经济学的基础知识,我们可以了解国际贸易和金融资本流动是如何影响宏观经济的。在本章第一节,我们学习国际收支的概念,集中考察一国如何记录其国际经济活动,以及如何理解国际收支平衡表。第二节介绍汇率的概念,指出汇率在国际经济活动中的重要意义,学习一种经典的汇率决定理论——购买力平价理论。在第三节中,我们追溯国际货币体系的创建过程,从全球视角来理解国际货币体系对国际经济活动的深刻影响。

第一节　国际收支

人们运用国际收支的概念和国际收支平衡表来从经济的角度去理解和记录开放经济下的产品、劳务和资本流动,这是本节要学习的内容。

一、国际收支与国际收支账户

国际收支(balance of payments)系统地记载在特定时期内(通常是一年)一国与世界其他国家的经济交易。一般来说,一国的国际交易既包括该国在进口、对外捐赠和海外投资时的对外支付,又包括出口,接受捐赠和外国人投资的对内支付。国际收支账户(也叫国际收支平衡表,balance-of-payments accounts,BOP)就是用来记录一国的这些国际间经济往来的账户。

须要注意的是,国际收支中涉及的一些国际交易可能并不涉及货币支付,比如在易货贸易中商品和商品直接交换,没有相应的货币支付;再比如国际捐赠中输出的商品和劳务没有获得相应的货币收入,但这些交易都应该计入国际收支账户中。

国际收支账户是国际收支按特定账户分类和复式记账原则表示出来的会计报表。根据复式记账的规则,每一笔国际交易都要同时记录在国际收支账户的借方和贷方。其中贷方项目以"＋"号表示,借方项目以"－"号表示。原则上说,贷方之和应该等于借方之和,账户净余额为零。

通常,国际收支的贷方项目反映外国对本国进行支付的交易,包括出口、流入本国的国外投资、获得的国外援助等。借方项目则反映本国对外国进行支付的交易,包括进口、本国对他国的投资,对外援助等。也就是说,贷方代表资产持有量的减少和负债的增加;借方代表资产持有量的增加和负债的减少。

二、国际收支平衡表的内容

国际收支项目众多,各国统计和编制方法也不尽相同。国际货币基金组织编制了《国际收支手册》作为范本,以求得各国的国际收支平衡表内容大体一致。目前,我国国际收支平衡表按《国际收支手册》第五版规定的各项原则编制,采用复式记账原则记录所有发生在我国内地居民(不包括港、澳、台地区)与非居民之间的经济交易。根据该版本,国际收支平衡表的主要内容包括以下账户。

(一)经常项目[①]

经常项目(current account)主要反映一国与他国之间实际资源的转移,是国际收支中最基本,最重要的项目。经常项目包括产品与服务贸易往来(goods and services)、收益(income)和经常转移(current transfers)三个项目。其中,贷方项目包括产品与服务的出口、海外投资中获得的收益、他国对本国的捐赠等,借方项目则包括产品与服务的进口、他国在本国投资中获得的收益、本国对他国的捐赠等。

(二)资本与金融项目

资本与金融项目(capital and financial account)反映的是国际资本流动,包括长期或短期[②]的资本流出和资本流入,是国际收支平衡表的第二大类项目。资本项目包括资本转移(capital transfers)和非生产、非金融资产的购入或出售(acquisition/disposal of nonproduced,nonfinancial assets),前者主要是投资捐赠和债务注销;后者主要是土地和无形资产(专利、版权、商标等)的购入或出售。金融项目包括直接投资(direct investment)、证券投资(portfolio investment)和其他投资(other investment)三个项目。其中,证券投资也称为间接投资,其他投资则包括了国际信贷、预付款等。

(三)储备资产(reserve assets)

储备资产包括货币黄金(monetary gold)、特别提款权(special drawing rights,SDR)、在基金组织的储备头寸(reserve position in the fund)、外汇(foreign exchange)和其他债权(other claims)。

特别提款权又被称为"纸黄金",是以国际货币基金组织为中心,利用国际金融合作的形式而创设的国际储备资产。它是国际货币基金组织按各会员国缴纳的份额,分配给会员国的一种记账单位,1970年正式由IMF发行,各会员国分配到的SDR可作为储备资产,用于弥补国际收支逆差,也可用于偿还IMF的贷款。

储备资产中的"外汇"习惯上也称为外汇储备。外汇储备是一个国家货币当局持有并可

---

① 《国际收支手册》中的account中文习惯上译为"项目"。当然,译为"账户"亦无不可。
② 这里,"长期"是指一年或一年以上到期的资产,短期是指一年以内到期的资产。

以随时兑换外国货币的资产。并非所有国家的货币都能充当储备资产,只有那些在国际货币体系中占有重要地位,且能自由兑换其他储备资产的货币才能充当国际储备资产。我国和世界其他国家在对外贸易与国际结算中经常使用的外汇储备主要有美元、欧元、日元、英镑等。我国外汇储备的主要来源是产品出口收入的外汇结售。

从国际收支平衡表的编制原则"复式记账法"来看,它应该是一个借方总额与贷方总额相抵之后总净值为零的报表。然而一国的国际收支会不可避免地出现净借方余额或净贷方余额,这个余额是统计资料的误差遗漏形成的。

造成统计资料误差遗漏的主要原因有以下三点。①统计资料本身不完整。这是由商品走私、以隐蔽形式进行的资本外逃等人为隐瞒原因形成的。②统计数据的重复计算和漏算。统计数据来自各行各业的统计报表,在汇总过程中不可避免地会出现重复计算或遗漏。③有的统计数字可能是估算的。

为使国际收支平衡表的借方总额与贷方总额相等,编表人员人为地在平衡表中设立"净差错与遗漏"项目,来抵消净的借方余额或净的贷方余额。若经常账户、资本账户、金融账户和储备与相关项目四个账户的贷方出现余额,在净差错与遗漏项下的借方列出与余额相等的数字;若四个账户的借方出现余额,则在净差错与遗漏项下的贷方列出与余额相等的数字。

三、国际收支账户记账实例

为了更好地掌握上述内容,我们下面假想一些国际间经济活动,通过把这些活动记入国际收支账户,来理解国际收支账户的记录方式。

记录时要注意,我们采用的是复式记账法,也就是说任何一笔交易都包含两个方面,对货币额要记录两次,一次记入借方,一次记入贷方;并且所有借方项目的总和必须等于贷方项目的总和。

假设本国为美国,下面假想六笔国际经济往来。

① 美国企业向英国出口价值150万美元的设备,这一出口行为导致该企业在英国的银行存款增加150万美元。

如前所述,出口意味着本国拥有的资源的减少和本国在外国资产的增加。本交易在国际收支账户中应记为

借:资本流出150万美元

  贷:商品出口150万美元

上述记法中,"资本流出"实际上隶属于国际收支平衡表中"资本与金融项目"下的"其他投资",所以这笔交易更准确的记录是

借:本国在外国银行的存款150美元

  贷:商品出口150万美元

② 一批美国游客前往欧洲旅游花销20万美元。

这是服务进口,同时意味着本国银行存款的减少。这笔交易可记为

借:服务进口20万美元

  贷:资本流出20万美元

③ 美国向某国无偿援助 80 万美元用于救灾,另外还提供了相当于 40 万美元的粮食和药品援助。

援助是经常项目往来条目,这笔交易记录为

借:经常转移 120 万美元

　　贷:官方储备 80 万美元

　　　　商品出口 40 万美元

④ 美国将价值 200 万美元的设备投入墨西哥,兴办合资企业。

该行为属于本国对外国的直接投资,因此记录为

借:直接投资 200 万美元

　　贷:商品出口 200 万美元

⑤ 美国企业在韩国投资所得利润 160 万美元。其中 80 万美元用于当地的再投资,50 万美元购买当地商品运回国内,30 万美元调回国内结售给政府以换取本国货币。

海外投资中获得的收益属于"经常项目"下的"收益",这笔交易可记为

借:商品进口 50 万美元

　　官方储备 30 万美元

　　直接投资 80 万美元

　　贷:对外投资利润收入 160 万美元

⑥ 德国居民在纽约证券交易所买入 40 万美元的普通股。纽约德国银行的美元结余减少。

买卖股票属于"金融项目"下的"证券投资",这笔交易记录为

借:其他投资 40 万美元

　　贷:证券投资 40 万美元

四、编制国际收支平衡表

假定以上六笔交易就是美国某年度的所有国际经济往来。以此为依据,我们可以编制该年度美国的国际收支平衡表,如表 11-1 所示。

表 11-1　美国某年度国际收支平衡表　　　　　　　　　　万美元

项　　目	借　　方	贷　　方
一、经常项目		
A. 货物和服务		
a. 货物	−50 ⑤	+150 ①+40 ③+200 ④
b. 服务	−20 ②	
B. 收益		+160 ⑤
C. 经常转移	−120 ③	
二、资本和金融项目		
A. 资本项目		
B. 金融项目		

续表

项　目	借　方	贷　方
1.直接投资	−200 ④ −80 ⑤	
2.证券投资		+40 ⑥
3.其他投资	−150 ① −40 ⑥	+20 ②
三、储备资产		
官方储备	−30 ⑤	+80 ③
四、净差错与遗漏		
合　计	0	0

表 11-1 是依据虚构的国际经济往来编制的国际收支平衡表。下面使用真实数据来对国际收支平衡表做一更为详细的分析,如表 11-2 所示。

表 11-2　2007 年中国国际收支平衡表 百万美元

项　目	差　额	贷　方	借　方
一、经常项目	371 833	1 467 882	1 096 049
A.货物和服务	307 477	1 342 206	1 034 729
a.货物	315 381	1 220 000	904 618
b.服务	−7 905	122 206	130 111
B.收益	25 688	83 030	57 342
C.经常转移	38 668	42 646	3 978
二、资本和金融项目	73 509	921 961	848 451
A.资本项目	3 099	3 315	216
B.金融项目	70 410	918 646	848 236
1.直接投资	121 418	151 554	30 135
2.证券投资	18 672	63 969	45 297
3.其他投资	−69 680	703 123	772 803
三、储备资产	−461 744	240	461 984
3.1.货币黄金	0	0	0
3.2.特别提款权	−79	0	79
3.3.在 IMF 的储备头寸	240	240	0
3.4.外汇	−461 905	0	461 905
3.5.其他债权	0	0	0
四、净误差与遗漏	16 402	16 402	0

(资料来源:国家外汇管理局国际收支分析小组,《2007 年中国国际收支报告》。)

表 11-2 是我国 2007 年国际收支平衡表。其项目内容我们已经熟悉了,要注意的是根据习惯,这里的贷方、借方数据前不用加符号。表中还有"差额"这一栏目,其值等于"贷方−借方",如为负值须标出。

先看商品与服务。2007 年,按国际收支统计口径,货物贸易出口 12 200 亿美元,进口 9 046亿美元,出口比进口多了 3 154 亿美元,这一差额被称为贸易余额或商品贸易差额。当这一差额是正数时,称为贸易收支盈余,习惯上也称为贸易顺差;当这一差额是负数时,称为贸易收支赤字,习惯上也称为贸易逆差。服务的进出口也存在差额,并且是进口比出口多 79 亿美元。货物贸易与服务贸易加总,得到的 3 075 亿美元称为商品与服务差额。

下面我们把收益和经常转移的差额考虑进去,将得到经常项目差额 3 718 亿美元。经常项目差额是一个很重要的指标,因为它从根本上反映了国民收入的来源与使用情况。商品和服务被生产出来用于出口,能够带来收入;投资海外获得的收益以及接受捐赠和援助也是一个收入来源。另一方面,本国居民和政府用收入去进口商品和服务,支付他国的投资收益,以及向海外捐赠或援助。表 11-2 中经常项目差额为正,说明我国 2007 年存在经常项目顺差。

理论上说,经常项目差额应该正好等于资本和金融项目差额加上储备资产差额,因为根据复式记账法,国际收支所有各项的贷方总额与借方总额加总后应该相等。当然由于存在统计误差,二者之间的差异体现在"净误差与遗漏"项目上。读者可以将表中二、三、四项目的净差额加总,看是否正好等于经常项目差额。

从这里也可以看出,单纯地说"国际收支盈余"或"国际收支赤字"是没有意义的。实际上国际收支账户应该永远是平衡的,即不存在盈余也不存在赤字。这种不精确的表达方式事实上可能是指"经常项目盈余"或"经常项目赤字",当然根据情况也可能指"贸易顺差"或"贸易逆差"。

第二节　外汇与汇率

在第一节里,我们考察了一个国家如何记录与其他国家的经济往来。既然这种经济往来发生在国与国之间,而各个国家都有自己的货币,那么交易时究竟应该用哪个国家的货币呢? 如果用其他国家的货币进行结算,又该如何把本国货币兑换为他国货币呢? 这些内容涉及外汇与汇率问题,将在这一节里进行介绍。

一、外汇

(一)外汇的概念

外汇的概念具有双重含义,即有动态和静态之分。外汇的动态概念,是指把一个国家的货币兑换成另外一个国家的货币,借以清偿国际间债权、债务关系的一种专门性的经营活动,是国际汇兑(foreign exchange)的简称。外汇的静态概念,是指以外国货币表示的可用于国际结算的支付手段。这种支付手段包括以外币表示的信用工具和有价证券,如银行存款、商业汇票、银行汇票、银行支票、外国政府库券及其长短期证券等。国际货币基金组织的解释为:外汇是货币行政当局(中央银行、货币管理机构、外汇平准基金组织和财政部)以银行存款、财政部国库券、长短期政府债券等形式保有的、在国际收支逆差时可以使用的债权。

按照我国 1996 年通过并于 1997 年 1 月修订的《外汇管理条例》规定:外汇,是指下列以外币表示的可以用作国际清偿的支付手段和资产：①外国货币，包括纸币、铸币；②外币支付凭证，包括票据、银行存款凭证、公司债券、股票等；③外币有价证券，包括政府债券、公司债券、股票等；④特别提款权、欧洲货币单位（欧元）；⑤其他外汇资产。人们通常所说的外汇，一般都是就其静态意义而言，就是外国货币或以外国货币表示的能用于国际结算的支付手段。

（二）外汇的种类

外汇分为以下几种。

（1）按照外汇进行兑换时的受限制程度，外汇可分为自由兑换外汇、有限自由兑换外汇和记账外汇。

自由兑换外汇，就是在国际结算中用得最多、在国际金融市场上可以自由买卖、在国际金融中可以用于偿清债权债务、并可以自由兑换其他国家货币的外汇，如美元、欧元、日元等。

有限自由兑换外汇，则是指未经货币发行国批准，不能自由兑换成其他货币或对第三国进行支付的外汇。国际货币基金组织规定凡对国际性经常往来的付款和资金转移有一定限制的货币均属于有限自由兑换货币。世界上有一大半的国家货币属于有限自由兑换货币。

记账外汇又称清算外汇或双边外汇，是指记账在双方指定银行账户上的外汇，不能兑换成其他货币，也不能对第三国进行支付。

（2）根据外汇的来源与用途不同，外汇可以分为贸易外汇、非贸易外汇和金融外汇。

贸易外汇也称实物贸易外汇，是指来源于或用于进、出口贸易的外汇，即由于国际间的商品流通所形成的一种国际支付手段。

非贸易外汇是指贸易外汇以外的一切外汇，即一切非来源于或用于进、出口贸易的外汇，如劳务外汇、侨汇和捐赠外汇等。

金融外汇属于一种金融资产外汇，如银行同业间买卖的外汇。资本在国家之间的转移，要以货币形态出现，或是间接投资，或是直接投资，都形成在国家之间流动的金融资产。

贸易外汇、非贸易外汇和金融外汇在本质上都是外汇，它们之间并不存在不可逾越的鸿沟，而是经常互相转化的。

（3）在我国外汇银行业务中，还经常要区分外汇现汇和现钞。

外币现钞是指外国钞票、铸币。外币现钞主要由境外携入。

外币现汇是指其实体在货币发行国本土银行的存款账户中的自由兑换外汇。外汇现汇主要由国外汇入，或由境外携入、寄入的外币票据，经银行托收，收妥后存入。

各种外汇的标的物，一般只有转化为货币发行国本土的银行的存款账户中的存款货币，即现汇后，才能进行实际上的对外国际结算。

（三）外汇的作用

外汇的作用主要有以下三点。

（1）促进国际间的经济、贸易的发展。用外汇清偿国际间的债权、债务，不仅能节省运送现金的费用、降低风险、缩短支付时间、加速资金周转，更重要的是运用这种信用工具，可以扩大国际信用交往,拓宽融资渠道,促进国际经贸的发展。

(2)调剂国际资金余缺。世界经济发展不平衡导致了资金配置不平衡。有的国家资金相对过剩,有的国家资金严重短缺,客观上存在着调剂资金余缺的必要。而外汇充当国际间的支付手段,通过国际信贷和投资途径,可以调剂资金余缺促进各国经济的均衡发展。

(3)外汇是一个国家国际储备的重要组成部分,也是清偿国际债务的主要支付手段。它跟国家黄金储备一样,作为国家储备资产,一旦国际收支发生逆差时可以用来清偿债务。

二、外汇市场

(一)外汇市场的概念

外汇市场是指经营外币和以外币计价的票据等有价证券买卖的市场。国际经济往来如贸易、投资、旅游等会产生货币收支关系。但各国货币不同,要想在国外支付,必须先以本国货币购买外币;另一方面,从国外收到外币支付凭证也必须兑换成本国货币才能在国内流通。这样就发生了本国货币与外国货币的兑换问题。外汇兑换,实际上就是外汇买卖。所有买卖外汇的商业银行、专营外汇业务的银行、外汇经纪人、进出口商,以及其他外汇供求者经营的一切外汇业务,组成一国的外汇市场。

(二)外汇市场的职能

外汇市场的职能主要表现在以下三个方面。

(1)实现购买力的国际转移。国际贸易和国际资金融通至少涉及两种货币,而不同的货币对不同的国家形成购买力,这就要求将本国货币兑换成外币来清理债权、债务关系,使购买行为得以实现。而这种兑换就是在外汇市场上进行的。外汇市场所提供的就是这种购买力转移交易得以顺利进行的经济机制,它的存在使各种潜在的外汇售出者和外汇购买者的意愿能联系起来。当外汇市场汇率变动使外汇供应量正好等于外汇需求量时,所有潜在的出售和购买愿望都得到了满足,外汇市场处于平衡状态之中。这样,外汇市场提供了一种购买力国际转移机制;同时由于发达的通信工具已将外汇市场在世界范围内联成一个整体,使得货币兑换和资金汇付能够在极短时间内完成,购买力的这种转移变得迅速和方便。

(2)提供资金融通。外汇市场向国际间的交易者提供了资金融通的便利。外汇的存贷款业务集中了各国的社会闲置资金,从而能够调剂余缺,加快资本周转。比如,外汇市场为国际贸易的顺利进行提供了保证,当进口商没有足够的现款提货时,出口商可以向进口商开出汇票,允许延期付款,同时以贴现票据的方式将汇票出售,拿回货款。外汇市场便利的资金融通功能也促进了国际借贷和国际投资活动的顺利进行。

(3)提供外汇保值和投机的机制。在以外汇计价成交的国际经济交易中,交易双方都面临着外汇风险。由于市场参与者对外汇风险的判断和偏好的不同,有的参与者宁可花费一定的成本来转移风险,而有的参与者则愿意承担风险以实现预期利润。由此产生了外汇保值和外汇投机两种行为。

世界上交易量大且有国际影响的外汇市场有伦敦、纽约、巴黎、法兰克福等。在这些市场上买卖的外汇主要有美元、欧元、英镑、日元和加元等十余种货币。1994年,中国外汇交易中心在上海成立,标志着全国统一的外汇交易网络形成。

三、汇率

(一)汇率的概念

汇率(foreign exchange rate)又称汇价,指一国货币兑换另一国货币的比率,或者说是以一种货币表示的另一种货币的价格。由于世界各国货币的名称不同,币值不一,所以一国货币对其他国家的货币要规定一个兑换率,即汇率。

确定两种不同货币之间的比价,先要确定用哪个国家的货币作为标准。是以外国货币表示本国货币的价格,还是以本国货币表示外国货币的价格,决定了汇率的标价方法。目前,国际上汇率的标价方法主要如下。

(1) 直接标价法(direct quotation)　是指以一定单位的外国货币为标准,来计算折合多少单位的本国货币。它就像把外国货币作为商品,标出买卖一单位外国货币应付或应收多少本国货币。包括中国在内的世界上绝大多数国家目前都采用直接标价法。例如,中国人民银行公布的当日美元汇率为 6.954,即表示一单位美元折合 6.954 单位的人民币。

在直接标价法下,如果一定单位的外币折合的本币数额多于前期,则说明外币币值上升(外币升值)或本币币值下跌(本币贬值),叫做外汇汇率上升;反之,如果要用比原来较少的本币即能兑换到同一数额的外币,这说明外币币值下跌(外币贬值)或本币币值上升(本币升值),叫做外汇汇率下跌,即外币的价值与汇率的涨跌成正比。或者说,本币标价额的增减"直接"地体现了外汇汇率的涨跌。

(2) 间接标价法(indirect quotation)　是以一定单位的本国货币为标准,来计算折合多少单位的外国货币。它就像把本国货币作为商品,标出买卖一单位本国货币应付或应收多少外国货币。目前,只有如美国等少数发达国家使用间接标价法。

在间接标价法下,如果一定数额的本币能兑换的外币数额比前期少,这表明外币币值上升,本币币值下降,即外汇汇率上升;反之,如果一定数额的本币能兑换的外币数额比前期多,则说明外币币值下降、本币币值上升,即外汇汇率下跌,即外币的价值和汇率的升跌成反比。

因为直接标价法和间接标价法所表示的汇率涨跌的含义正好相反,所以在说明某种货币汇率的高低涨跌时,必须明确采用哪种标价方法,以免混淆。

(3) 美元标价法　随着外汇交易全球化的发展,传统用于各国的直接标价法和间接标价法,已经很难适应国际外汇发展的需要,必须需要一种统一的汇率表现方式。目前,各国外汇市场上公布的外汇牌价均以美元为标准。美元以外的两种货币之间的汇率,必须通过各自货币与美元的比价进行套算得出。这种标价方式被称为"美元标价法"。

在美元标价法下,站在美元的立场上,所有其他货币的标价都是间接标价法;站在其他任何一种货币的立场上,该种货币的标价都是直接标价法。

(二)汇率的作用

汇率是各国货币兑换的比率,在一定程度上反映了各国经济情况的比较。汇率的变动能反作用于经济,对进口、出口、物价、资本流动和生产都会造成一定的影响。

1.汇率对进出口的影响

在直接标价法下,一般来说当外汇汇率上升时,能起到促进出口、抑制进口的作用。例如,一件中国生产的价值 100 元人民币的商品,如果美元对人民币汇率为 8,则这件商品在国际市场上的价格就是 12.5 美元。如果美元汇率涨到 10,也就是说美元升值,人民币贬值,则该商品在国际市场上的价格就是 10 美元,商品的价格降低,从而促进该商品的出口;同时,国际市场上美国或其他国家生产的价值 100 万美元的设备,折算成人民币则从 800 万元上升到了 1 000 万元,价格更加昂贵,抑制了进口。

反过来,如果美元贬值,人民币升值,对于出口显然是不利的,但是中国却可以以更便宜的价格进口能源和原材料,有利于弥补我国自然资源的不足。

2.汇率对物价的影响

汇率变动在影响进出口的同时也对物价发生影响。从进口消费品和原材料来看,本币升值能起到抑制物价的作用,导致进口商品国内价格的下降,从而降低物价总指数;从出口商品上看,本币升值能够抑制出口,在出口商品供给弹性较小的情况下,出口减少会使得出口商品转向国内市场而出现供给过剩的问题,从而抑制出口商品的国内价格并波及物价总水平。

3.汇率对资本流动的影响

汇率变动对长期资本流动影响较小,因为长期资本流动主要以利润和风险为转移,在利润有保证和风险较小的情况下不会出现大的波动。但短期资本流动常常受到较大的影响,如日元对美元升值,则会有国外资本流入日本,试图通过汇率波动获利。

当然,汇率作用程度的大小,因各国的经济体制、市场条件和市场运行机制,以及开放程度的不同而定。一国的市场调节机制发育得越充分,与国际市场的联系越密切,汇率作用才能发挥得越有效。

(三)汇率的分类

1.从制定汇率的角度来分

(1) 基本汇率(basic rate),通常选择一种国际经济交易中最常使用、在外汇储备中所占的比重最大的可自由兑换的关键货币作为主要对象,与本国货币对比,订出汇率,这种汇率就是基本汇率。目前作为关键货币的通常是美元,把本国货币对美元的汇率作为基准汇率。人民币基准汇率是由中国人民银行根据前一日银行间外汇市场上形成的美元对人民币的加权平均价,公布当日主要交易货币对人民币交易的基准汇率。

(2) 交叉汇率(cross rate),制定出基本汇率后,本币对其他外国货币的汇率就可以通过基本汇率加以套算,这样得出的汇率就是交叉汇率,又叫做套算汇率。

2.从汇率制度角度来分

(1) 固定汇率(fixed rate),指两国货币的汇率基本固定,汇率的波动幅度被限制在较小的范围内,各国中央银行有义务维持本币币值的基本稳定。

(2) 浮动汇率(floating rate),指一国货币当局不规定本国货币对其他货币的官方汇率,也无任何汇率波动幅度的上下限,本币由外汇市场的供求关系决定,自由涨落。外币供过于求时,外币贬值,本币升值,外汇汇率下跌;相反,外汇汇率上涨。本国货币当局仅在汇率出现过度波动时才干预市场。

浮动汇率按政府是否干预,又可分为自由浮动汇率(又称清洁浮动汇率)和管理浮动汇率(又称肮脏浮动汇率)。自由浮动汇率是指货币当局对外汇市场从不干预,汇率随市场供求变化。管理浮动汇率则是指货币当局通过各种措施和手段对外汇市场进行干预,以使汇率向有利于本国经济发展的方向变化。货币当局虽然干预外汇市场,但不捍卫任何确定的平价,干预的频率根据汇率目标而定。

在现实生活中,政府对本国货币的汇率不采取任何干预措施,完全采取自由浮动汇率的国家几乎没有。大部分国家实行的都是有管理的浮动汇率制度。

3. 从银行买卖外汇的角度考察

(1)买入汇率(buying rate)又叫做买入价,是指外汇银行向客户买进外汇时使用的价格。一般地,外币折合本币数较少的那个汇率是买入汇率,它表示买入一定数额的外汇需要付出多少本国货币。因其客户主要是出口商,卖出价常被称作"进口汇率"。

(2)卖出汇率(selling rate)又称外汇卖出价,是指银行向客户卖出外汇时所使用的汇率。一般地,外币折合本币数较多的那个汇率是卖出汇率,它表示银行卖出一定数额的外汇需要收回多少本国货币。因其客户主要是进口商,卖出价常被称作"进口汇率"。

买卖价之间的差额一般为 $1\% \sim 5\%$,这是外汇银行的手续费收益。

(3)中间汇率,即买入价与卖出价的平均数。媒体报导汇率消息时常用中间汇率。

4. 从外汇交易支付通知方式角度考察

(1)电汇汇率,是指银行卖出外汇后以电报为传递工具,通知其国外分行或代理行付款给受款人时所使用的一种汇率。电汇系国际资金转移中最为迅速的一种国际汇兑方式,能在一两天内支付款项,银行不能利用客户资金,因而电汇汇率最高。

(2)信汇汇率,是指在银行卖出外汇后用信函方式通知付款地银行转汇收款人时所使用的一种汇率。由于邮程需要时间较长,银行可在邮程期内利用客户的资金,故信汇汇率较电汇汇率低。

(3)票汇汇率,指银行在卖出外汇时,开立一张由其国外分支机构或代理行付款的汇票交给汇款人,由其自带或寄往国外取款时所使用的一种汇率。由于票汇汇率从卖出外汇到支付外汇有一段间隔时间,银行可以在这段时间内占用客户的资金,所以票汇汇率一般比电汇汇率低。

5. 从外汇交易交割期限长短考察

(1)即期汇率(spot rate),指即期外汇买卖的汇率,即外汇买卖成交后,买卖双方在当天或在两个营业日内进行交割所使用的汇率。即期汇率也就是现汇汇率,是由当场交货时货币的供求关系情况决定的。一般在外汇市场上挂牌的汇率,除特别标明远期汇率以外,一般指即期汇率。

(2)远期汇率(forward rate),是指在未来一定时期进行交割,而事先由买卖双方签订合同达成协议的汇率。到了交割日期,由协议双方按预订的汇率、金额进行交割。远期外汇买卖是一种预约性交易,是由于外汇购买者对外汇资金需求的时间不同,以及为了避免外汇风险而引进的。远期汇率以即期汇率为基础。

6.根据外汇管制情况的不同来划分

(1)官方汇率,是由一个国家的外汇管理机构制定公布的汇率。在实行严格外汇管制的国家,这种形式的汇率占据主导地位,而外汇管制比较松的国家,官方汇率只起中心汇率的作用。根据国际货币基金组织(IMF)的资料,目前成员国官方规定汇率分以下几种:①钉住某一种货币而规定的;②有限弹性地钉住某一种货币;③合作安排决定的;④根据一套指标进行调整的;⑤按管理浮动规定的;⑥按照独立浮动规定的。

(2)市场汇率,指在自由外汇市场上买卖外汇的实际汇率。它随外汇供求状况的变化而上下波动。政府要想对其汇率进行调节,就必须通过影响外汇市场进行干预。

(3)黑市汇率,指在外汇黑市市场上买卖外汇的汇率。在严格实行外汇管制的国家,外汇交易一律按官方汇率进行。一些持有外汇者以高于官方汇率的汇价在黑市市场上出售外汇,可换回更多的本国货币,而这是黑市外汇市场的外汇供给者;另有一些不能以官方汇率获得或获得不足够的外汇需求者便以高于官方汇率的价格从黑市外汇市场购买外汇,这是黑市外汇市场外汇的需求者。

(四)影响汇率波动的因素

在外汇市场上,汇率是由外汇的供求关系决定的。如果外国要进口本国的商品和服务,外国的进口商就必须用外币兑换本币,以便支付给本国出口商,这在外汇市场上就产生了对本币的需求和对外币的供给。反过来,如果本国要进口外国的商品和服务,本国的进口商就必须用本币兑换外币,以便支付给外国出口商,这在外汇市场上就产生了对外币的需求和对本币的供给。当这些需求和供给达到均衡时,就产生了均衡价格——汇率。

从外汇市场的角度来看,影响汇率波动的因素主要有以下这些。

(1)国际收支及外汇储备　国际收支状况对一国汇率的变动能产生直接的影响。国际收支中如果出口大于进口,资金流入,意味着国际市场对该国货币的需求增加,则本币会升值;反之,若进口大于出口,资金流出,则国际市场对该国货币的需求下降,本币会贬值。

(2)利率　利率作为一国借贷状况的基本反映,对汇率波动影响也很大。利率水平直接对国际的资本流动产生影响,高利率国家发生资本流入,低利率国家则发生资本外流,资本流动会造成外汇市场供求关系的变化,从而对外汇汇率的波动产生影响。一般而言,一国利率提高,将导致该国货币升值;反之,该国货币贬值。

(3)通货膨胀　一般而言,通货膨胀会导致本国货币汇率下跌,通货膨胀的缓解会使汇率上浮。通货膨胀影响本币的价值和购买力,会引发出口商品竞争力减弱、进口商品增加,还会在外汇市场中造成不利的心理影响,削弱本币在国际市场上的信用地位。这三方面的影响都会导致本币贬值。

(4)政治局势　一国及国际的政治局势的变化,都会对外汇市场产生影响。政治局势的变化一般包括政治冲突、军事冲突、选举和政权更迭等,这些政治因素对汇率的影响有时很大,但影响时限一般都很短。

(5)一国的经济增长速度　这是影响汇率波动的最基本的因素。根据凯恩斯学派的宏观经济理论,国民总产出的增长会引起国民收入和支出的增长。总收入增加会导致进口产品的需求扩张,继而扩大对外汇的需求,推动本币贬值。而总支出的增长意味着社会投资和消费的增加,有利于促进生产的发展,提高产品的国际竞争力,刺激出口增加外汇供给。所以从长期来看,经济增长会引起本币升值。由此看来,经济增长对汇率的影响是复杂的。

(6)人们的心理预期 这一因素在国际金融市场上表现得尤为突出。汇兑心理学认为外汇汇率是外汇供求双方对货币主观心理评价的集中体现。评价高,信心强,则货币升值。外汇市场中的短期汇率波动受人们心理预期的影响极大。

除此之外,影响汇率波动的因素还包括政府的货币及汇率政策、突发事件的影响、国际投机的冲击、经济数据的公布等。

(五)汇率的决定

汇率决定理论分析汇率受什么因素决定和影响,它随经济形势和西方经济学理论的发展而发展,为一国货币当局制定汇率政策提供理论依据。汇率决定理论主要有国际借贷理论、购买力平价理论、利率平价理论、国际收支论和资产市场论等。

1.浮动汇率制下的汇率决定

在自由浮动汇率制下,汇率由外汇市场上的供求关系决定。在外汇交易市场上存在着外汇供给和外汇需求两种力量。人们由于购买外国商品、在国外进行投资和投机活动或出于保值等动机而对外汇有需求。外汇需求随着外汇汇率的上升而减少,随着外汇汇率的下降而增加,因此外汇的需求曲线是向右下方倾斜的线,即图 11-1 中的 D 线。另一方面,出口商人、从国外抽回投资的经营者及在外汇市场上的投机者等,构成对外汇的供给,汇率的升高对供给方有利,故外汇的供给与外汇汇率同方向变动。在图 11-1 中,供给曲线 S 是向右上方倾斜的。在供求两种相反力量的相互作用下,汇率最终在供给曲线与需求曲线的交点处 E 点达到均衡,此时的汇率 e_0 是市场均衡汇率,均衡点的外汇交易量 Q_0 是市场均衡的交易量。

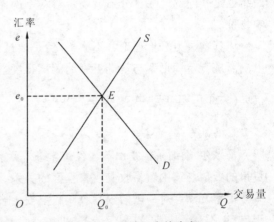

图 11-1 浮动汇率的决定

2.固定汇率制下的汇率决定

在固定汇率制下,本国货币与外国货币之间的交换比率由一国的货币当局(一般是中央银行)来决定。但是一国货币当局在决定本国货币与外国货币的交换比率时也不能随心所欲,而要有一定的依据,即要有一个平价或基准价。实行固定汇率制国家的政府在实际决定汇率时要考虑的因素很多,如本国经济实力、出口能力、吸引外资能力等,从理论上说汇率决定的依据主要是购买力平价理论。

购买力平价理论(theory of purchasing power parity,PPP)最初由英国经济学家桑顿在1802 年提出,其后成为李嘉图的古典经济理论的一个组成部分。1922 年,瑞典学者卡塞尔出版了《1914 年以后的货币和外汇》一书,系统地阐述了购买力平价理论。该理论认为,本国人需要外国货币是因为外国货币在其发行国有购买力,外国人需要本国货币是因为本国货币在本国有购买力。当人们按一定比率用本币购买外币时也就是购进了外币的购买力，因此两种货币间的汇率取决于两国货币各自所具有的购买力之比。

购买力平价理论的理论依据是"一价定律"。一价定律是指假设各国间贸易费用和关税为零，在完全自由贸易条件下，商人们在国际的商品套购活动会使各国商品价格趋于一致，这时尽管各国的商品标价不同，但不过是按照汇率把以一国货币标价的商品价格折算成以另一国货币标价的价格而已。

例如，如果一个玩具在英国卖 1 英镑，同样的玩具在美国卖 1.70 美元，则可以说英镑与美元的汇率为 1 英镑对 1.70 美元。

购买力平价理论主要以下几点缺陷。①该学说只考虑了可贸易商品，而没有考虑不可贸易商品，也忽视了贸易成本和贸易壁垒，更没有考虑人所生活的自然环境（如环保、绿化、基础设施完善程度），也没有考虑人所生活的社会环境（如制度、社会稳定程度、社会文明程度等）。②一般物价水平（物价指数）很难计算，其难点在于选择何种物价指数。比如，是居民消费价格指数 CPI，还是 GDP 平减指数，或者其他指数。即使指数选定了，如何选择样本商品也是个问题。③过分强调物价对汇率的作用，但这种作用不是绝对的，汇率变化也会影响物价。

尽管购买力平价理论并不完美，但是通过将它计算出的基础汇率与市场价之间比较，可以判断现行市场汇率与基础汇率的偏离程度，是预测长期汇率的重要依据。

（六）汇率变动的效应与"J 曲线"

1. 马歇尔-勒纳条件

马歇尔-勒纳条件是由英国经济学家马歇尔和美国经济学家 A. P. 勒纳揭示的关于一国货币的贬值与该国贸易收支改善程度的关系。

汇率变动会对一国的国际收支状况发生影响。一般来说外汇汇率上浮（本币贬值）有利于出口，不利于进口；有利于劳务输出，不利于劳务输入；有利于资本流入，不利于资本流出，因此有利于改善国际收支状况。外汇汇率下降（本币升值）情况则相反，一般会恶化国际收支。如果不考虑资本流动等其他因素，假设外汇供求只由贸易收支决定，那么一国贸易收支的状况就代表一国的国际收支状况。

一国货币相对于他国货币贬值，能否改善该国的贸易收支状况，要取决于贸易商品的需求和供给弹性，这里要考虑 四个弹性，即他国对该国出口商品的需求弹性、出口商品的供给弹性、进口商品的需求弹性及进口商品的供给弹性（指他国对贬值国出口的商品的供给弹性）。在假定一国非充分就业，因而拥有足够的闲置生产资源使出口商品的供给具有完全弹性的前提下，贬值效果便取决于需求弹性。

如果出口商品的需求弹性大于 1，出口商品数量的增长幅度大于出口商品的降价幅度，贸易收支就能够改善；如果出口商品的需求弹性小于 1，出口商品量的增长幅度小于出口商品降价的幅度，贸易收支就不能改善；如果出口商品的需求弹性等于零（需求曲线垂直于横轴），那么不管价格如何下降，出口量都不能增加，出口商品降价反而会减少外汇收入，从而恶化国际收支状况。

当进口商品的需求弹性大于 1 时，进口数量减少的幅度大于进口商品价格上涨的幅度，进口支出将减少,从而有利于贸易收支的改善;当进口商品的需求弹性小于 1 时,则进口商品数量减少的幅度小于进口商品价格上涨的幅度,进口支出将增加,从而不利于贸易收支的改善。

综合进出口商品两方面需求弹性的情况,可以得到一国货币贬值能够改善一国国际收支状况的"马歇尔-勒纳"条件

$$|\varepsilon_x + \varepsilon_m| > 1$$

式中,ε_x 为出口商品需求价格弹性,ε_m 为进口商品需求价格弹性。由于 ε_x、ε_m 都为负值,因此取绝对值形式。

举例来说,假设一国出口的需求弹性为 $-1/4$,即出口数量的增加率只有价格下降率的 $1/4$,如果出口价格下降 4%,出口数量仅增加 1%,结果出口总值将减少 3%。又假设进口商品的需求弹性为 $-3/4$,即外国价格上涨 4%,进口数量就会减少 3%,进口总值也减少 3%。由于这两种弹性之和的绝对值等于 1,进出口值按同一方向同一数量变动,贸易差额保持不变,即该国的贸易收支状况得不到改善。如果该绝对值大于 1,贸易收支可以改善;如果小于 1,贸易收支反而恶化。

工业发达国家的进、出口多是高弹性的工业制成品,所以在一般情况下货币贬值的作用较大;相反,发展中国家的进出口多是低弹性的商品,所以货币贬值的作用不大。这就是说,发展中国家只有改变进、出口的商品结构,由出口低弹性的初级产品转为出口高弹性的制成品,才能通过汇率的变化来改善国际收支的状况。

一般而言,出口商品价格下降会增加出口量,进口商品价格上升会减少进口量,但是进出口商品量增减的幅度会由于不同商品的需求弹性不同而不同。

2."J 曲线"

用货币贬值的方法来改善国际收支状况时,其效果具有时滞效应。所谓货币贬值的时滞效应是指当一国的货币当局采取本币贬值的措施时,相关实际部门贸易量的调整不会同步进行,调整需要一个过程。在贬值的初期,出口商品价格降低,但出口商品数量由于认识的时滞、决策的时滞、生产的时滞和交货的时滞等原因,不能立即同步增加,因此出口收入会因价格下降而减少;经过一段时间后,汇率贬值引起的出口商品价格降低使出口量大幅度上升,国际收支状况才会逐步改善。因此,反映由本币贬值引起的国际收支状况变化的曲线就呈现先下降后上升的形状,类似英文字母 J,故被称为"J 曲线"。

第三节　世界汇率制度演变

一、汇率制度

(一)汇率制度的概念

汇率制度(exchange rate system)又称汇率安排,是各国采用的确定本国货币与其他货币汇率的体系。汇率制度对各国汇率的决定有重大影响。回顾和了解汇率制度,可以使我们对国际金融市场上汇率的波动有更深刻的理解。

按照汇率变动幅度的大小,汇率制度可分为固定汇率制和浮动汇率制。固定汇率制(fixed exchange rate system)是指以本位货币本身或法定含金量为确定汇率的基准,汇率比较稳定的一种汇率制度。在不同的货币制度下具有不同的固定汇率制度。浮动汇率制(floating exchange rate system)是指一国不规定本币与外币的黄金平价和汇率上下波动的界限,货币当局也不再承担维持汇率波动界限的义务,汇率随外汇市场供求关系变化而自由上下浮动的一种汇率制度。该制度在历史上早就存在过,但真正流行是1972年以美元为中心的固定汇率制崩溃以后。

(二)汇率制度的内容

(1)确定汇率的原则和依据,例如,以货币本身的价值为依据,还是以法定代表的价值为依据等。

(2)维持与调整汇率的办法,例如,是采用公开法定升值或贬值的办法,还是采取任其浮动或官方有限度地干预的办法。

(3)管理汇率的法令、体制和政策等,例如,各国外汇管制中有关汇率及其适用范围的规定。

(4)制定、维持与管理汇率的机构,如外汇管理局、外汇平准基金委员会等。

二、世界汇率制度的演变

在国际金融史上,一共出现过三种汇率制度,即金本位体系下的固定汇率制、布雷顿森林体系下的固定汇率制和牙买加体系下的浮动汇率制。

(一)金本位制度下的固定汇率制度

1.金本位制的概念

金本位制(gold standard)是一种金属货币制度。在金本位制下,每单位的货币价值等同于若干重量的黄金(即货币含金量);当不同国家使用金本位时,国家之间的汇率由它们各自货币的含金量之比——金平价(gold parity)来决定。

英国早在1861年就通过金本位法案,以法律的形式规定黄金作为货币的本位;1862年开始铸造金币,货币单位为英磅。1865年,法国、比利时、瑞士三国组成拉丁货币同盟,发行了货币史上流通最久的金法郎,规定其含金量为0.903 225 8克纯金,这种国际间通用的金铸币,一直到20世纪30年代才停止流通。欧洲的其他国家也在19世纪后期实行金本位的货币制度。

在金本位体系下,只要两国货币的含金量不变,两国货币的汇率就保持稳定。当然,这种固定汇率也要受外汇供求、国际收支的影响,但是汇率的波动仅限于黄金输送点(gold point)。黄金输送点是指价波动而引起黄金从一国输出或输入的界限。汇率波动的最高界限是铸币平价加运金费用,即黄金输出点(gold export point);汇率波动的最低界限是铸币平价减运金费用,即黄金输入点(gold import point)。

一国国际收支发生逆差,外汇汇率上涨超过黄金输出点,将引起黄金外流、货币流通量减少、通货紧缩、物价下降,从而提高商品在国际市场上的竞争能力。输出增加,输入减少,导致国际收支恢复平衡;反之,当国际收支发生顺差时,外汇汇率下跌低于黄金输入点,将引起黄金流入,货币流通量增加,物价上涨,输出减少,输入增加,最后导致国际收支恢复平衡。由于黄金输送点和物价的机能作用,把汇率波动限制在有限的范围内,对汇率起到自动调节的作用,从而保持汇率的相对稳定。在第一次世界大战前的 35 年间,美国、英国、法国和德国等国家的汇率从未发生过升贬值波动。固定汇率制保障了国际贸易和信贷的安全,方便生产成本的核算,避免了国际投资的汇率风险,推动了国际贸易和国际投资的发展;但是,严格的固定汇率制使各国难以根据本国经济发展的需要执行有利的货币政策,经济增长受到较大制约。

2. 金本位的发展阶段

在历史上,曾有过三种形式的金本位制:金币本位制、金块本位制、金汇兑本位制。其中金币本位制是最典型的形式,就狭义来说,金本位制即金币本位制。

(1) 金币本位制

金币本位制(gold specie standard)是金本位货币制度的最早形式,亦称为古典的或纯粹的金本位制,盛行于 1880—1914 年间。自由铸造、自由兑换及黄金自由输出入是该货币制度的三大特点。在该制度下,各国政府以法律形式规定货币的含金量,两国货币含金量的对比即为决定汇率基础的铸币平价。黄金可以自由输出或输入国境,并在输出输入过程中对汇率起到自动调节作用。这种制度下的汇率,因铸币平价的作用和受黄金输送点的限制,波动幅度不大。

(2) 金块本位制

金块本位制(gold bullion standard)是一种以金块办理国际结算的变相金本位制,亦称金条本位制。在该制度下,由国家储存金块,作为储备;流通中各种货币与黄金的兑换关系受到限制,不再实行自由兑换,但在需要时,可按规定的限制数量以纸币向本国中央银行无限制兑换金块。可见,这种货币制度实际上是一种附有限制条件的金本位制。

(3) 金汇兑本位制

金汇兑本位制(gold exchange standard)是一种在金块本位制或金币本位制国家保持外汇,准许本国货币无限制地兑换外汇的金本位。在该制度下,国内只流通银行券,银行券不能兑换黄金,只能兑换实行金块或金本位制国家的货币,国际储备除黄金外,还有一定比重的外汇,外汇在国外才可兑换黄金,黄金是最后的支付手段。实行金汇兑本位制的国家,要使其货币与另一实行金块或金币本位制国家的货币保持固定比率,通过无限制地买卖外汇来维持本国货币币值的稳定。

金块本位制和金汇兑本位制这两种货币制度在 20 世纪 70 年代基本消失。

3. 金本位制的崩溃

第一次世界大战爆发后,各国纷纷停止黄金兑现,并禁止黄金出口,原有的汇率制度瓦解,金本位制遂陷入崩溃。大战结束后,世界货币体系重建的问题受到各国的普遍重视;但由于黄金供应不足和分配不均等原因,传统的金本位制很难得以恢复。金块本位制和金汇兑本位制逐渐取代了原本的金币本位制。

1929 年开始的世界性经济危机最终导致了金本位制的崩溃。1931 年由于欧陆金融危机首先使得德、奥两国的主要银行破产,德国政府最终放弃了金汇兑本位制,宣布禁止黄金输出,并实行外汇管制。1931 年 7 月,德、奥两国的金融危机涉及英国,各国纷纷向英国兑换黄金,掀起黄金抢购的浪潮。由于黄金的大量外流,英国也被迫于 1931 年 9 月停止实行金本位制,与英镑有联系的一些国家和地区也相继放弃金汇兑本位制。英国脱离金本位制后,开始贬值英镑,使国际金融压力转移至美国。1933 年,美国再次掀起货币危机的高潮,大批银行倒闭,大量黄金外流,美国政府不得不宣布银行暂时停业、停止银行券兑现、禁止黄金输出等措施,最后不得不也放弃了金本位制。以法国为首的"金集团"国家虽力图维持原有的货币体系,但在国际收支恶化、经济危机和英镑美元贬值的压力下,也最终于 1936 年放弃了金本位制。

国际金本位制崩溃的原因很多,但最重要的因素是金本位制据以存在的基本规则遭到破坏。①黄金生产量的增长幅度远远低于商品生产增长的幅度,黄金不能满足日益扩大的商品流通需要,这就极大地削弱了金铸币流通的基础。②黄金存量在各国的分配不平衡。1913 年末,美、英、德、法、俄五国占有世界黄金存量的 2/3。黄金存量大部分为少数强国所掌握,必然导致金币的自由铸造和自由流通受到破坏,削弱其他国家金币流通的基础。③第一次世界大战爆发后,各国争相采取外汇管制、限制黄金兑换与限制黄金出口等措施,这就取消了金本位制下"物价与金币流动机制"的自动调节作用。

(二)布雷顿森林体系下的固定汇率制度

布雷顿森林协定(bretton woods agreements)是第二次世界大战后以美元为中心的国际货币体系协议。布雷顿森林体系(bretton woods system)是该协议对各国就货币的兑换、国际收支的调节和国际储备资产的构成等问题共同作出的安排所确定的规则、采取的措施及相应的组织机构形式的总和。

在布雷顿森林体系以前两次世界大战之间的二十年中,国际货币体系分裂成几个相互竞争的货币集团,各国货币竞相贬值、动荡不安,以牺牲他人利益为代价,解决自身的国际收支和就业问题,呈现出无政府状态。20 世纪 30 年代世界经济危机和第二次世界大战后,各国的经济、政治实力发生了重大变化,德、意、日是战败国,国民经济破坏殆尽。英国经济在战争中遭到重创,实力大为削弱;相反,美国经济实力却急剧增长,并成为世界最大的债权国。从 1941 年 3 月 11 日到 1945 年 12 月 1 日,美国根据"租借法案"向盟国提供了价值 500 多亿美元的货物和劳务。黄金源源不断流入美国,美国的黄金储备从 1938 年的 145.1 亿美元增加到 1945 年的 200.8 亿美元,约占世界黄金储备的 59%,登上了资本主义世界盟主地位。美元的国际地位因其国际黄金储备的巨大实力而空前稳固。这就使建立一个以美元为支柱的有利于美国对外经济扩张的国际货币体系成为可能。

1944 年 7 月,在第二次世界大战即将胜利的前夕,战争中的四十五个同盟国在美国新罕布什尔州(New Hampshire)的布雷顿森林(Bretton Woods)召开了"联合和联盟国家国际货币金融会议",通过了以美国财长助理怀特提出的"怀特计划"为基础的《联合国家货币金融协议最后决议书》,以及《国际货币基金组织协定》和《国际复兴开发银行协定》两个附件,总称布雷顿森林协定,从此建立了金本位制崩溃后的人类第二个国际货币体系——布雷顿森林体系。布雷顿森林体系建立了国际货币合作机构(1945 年 12 月成立了"国际货币基金组织"和"国际复兴开发银行"又称"世界银行"),规定了各国必须遵守的汇率制度,以及解决各国国际收支不平衡的措施,从而确定了以美元为中心的国际货币体系。

布雷顿森林体系下的汇率制度,概括起来就是美元与黄金挂钩,其他货币与美元挂钩的"双挂钩"制度。具体内容是:美国公布美元的含金量,1美元的含金量为0.888 671克,美元与黄金的兑换比例为1盎司黄金=35美元。其他货币按各自的含金量与美元挂钩,确定其与美元的汇率。这就意味着其他国家货币都钉住美元,美元成了各国货币围绕的中心。各国货币对美元的汇率只能在平价上下各1%的限度内波动,1971年12月后调整为平价上下2.25%波动,超过这个限度,各国中央银行有义务在外汇市场上进行干预,以保持汇率的稳定。只有在一国的国际收支发生"根本性不平衡"时,才允许贬值或升值。各会员国如须变更平价,必须事先通知基金组织,如果变动的幅度在旧平价的10%以下,基金组织应无异议;若超过10%,须取得基金组织同意后才能变更。如果在基金组织反对的情况下,会员国擅自变更货币平价,基金组织有权停止该会员国向基金组织借款的权利。

综上所述,布雷顿森林体系下的固定汇率制,实质上是一种可调整的钉住汇率制,它兼有固定汇率与浮动汇率的特点,即在短期内汇率要保持稳定,这类似金本位制度下的固定汇率制;但它又允许在一国国际收支发生根本性不平衡时可以随时调整,这类似浮动汇率。

以美元为中心的布雷顿森林体系的建立,使国际货币金融关系又有了统一的标准和基础,结束了第二次世界大战前国际货币体系的混乱局面,并在相对稳定的情况下扩大了世界贸易。美国通过赠与、信贷、购买外国商品和劳务等形式,向世界散发了大量美元,客观上起到扩大世界购买力的作用;同时,固定汇率制在很大程度上消除了由于汇率波动而引起的动荡,在一定程度上稳定了主要国家的货币汇率,这有利于国际贸易的发展。基金组织要求成员国取消外汇管制,也有利于国际贸易和国际金融的发展,因为它可以使国际贸易和国际金融在实务中减少许多干扰或障碍。

布雷顿森林体系是以美元和黄金为基础的金汇兑本位制。它必须具备两个基本前提:一是美国国际收支能保持平衡;二是美国拥有绝对的黄金储备优势。但是进入20世纪60年代,随着资本主义体系危机的加深和政治、经济发展不平衡的加剧,各国经济实力对比发生了变化,美国经济实力相对减弱。1950年以后,除个别年度略有顺差外,其余各年度都是逆差,并且有逐年增加的趋势。至1971年,仅上半年,逆差就高达83亿美元。随着国际收支逆差的逐步增加,美国的黄金储备也日益减少。1949年,美国的黄金储备为246亿美元,占当时整个资本主义世界黄金储备总额的73.4%,这是战后的最高数字。此后,逐年减少,至1971年8月,尼克松宣布"新经济政策"时,美国的黄金储备只剩下102亿美元,而短期外债为520亿美元,黄金储备只相当于积欠外债的1/5。美元大量流出美国,导致"美元过剩",1973年底,游荡在各国金融市场上的"欧洲美元"就达1 000多亿。由于布雷顿森林体系前提的消失,体系本身发生了动摇,美元国际信用严重下降,各国争先向美国挤兑黄金,而美国的黄金储备已难于应付,这就导致了从1960年起,美元危机迭起,货币金融领域陷入日益混乱的局面。为此,美国于1971年宣布美元贬值和美元停兑黄金,布雷顿森林体系开始崩溃。到1973年2月,美元第二次贬值,欧洲国家及其他主要资本主义国家纷纷退出固定汇率制,固定汇率制彻底瓦解。美元停止兑换黄金和固定汇率制的垮台,标志着第二次世界大战后以美元为中心的货币体系的瓦解。

(三)牙买加体系

1. 牙买加体系(jamaica system)简介

布雷顿森林体系崩溃以后,国际金融秩序又复动荡,国际社会及各方人士也纷纷探析能否建立一种新的国际金融体系,提出了许多改革主张,如恢复金本位,恢复美元本位制,实行综合货币本位制及设立最适货币区等,但均未能取得实质性进展。国际货币基金组织(IMF)于 1972 年 7 月成立一个专门委员会,具体研究国际货币制度的改革问题,由十一个主要工业国家和九个发展中国家共同组成。委员会于 1974 年 6 月提出一份"国际货币体系改革纲要",对黄金、汇率、储备资产、国际收支的调节等问题提出了一些原则性的建议,为以后的货币改革奠定了基础。1976 年 1 月,国际货币基金组织理事会"国际货币制度临时委员会"在牙买加首都金斯敦举行会议,讨论国际货币基金协定的条款,经过激烈的争论,签订达成了"牙买加协议",同年 4 月国际货币基金组织理事会通过了《IMF 协定第二修正案》,从而形成了新的国际货币体系。

2. 牙买加协议的主要内容

(1)实行浮动汇率制度的改革。牙买加协议正式确认了浮动汇率制的合法化,承认固定汇率制与浮动汇率制并存的局面,成员国可自由选择汇率制度;同时 IMF 继续对各国货币汇率政策实行严格监督,并协调成员国的经济政策,促进金融稳定,缩小汇率波动范围。

(2)推行黄金非货币化。协议作出了逐步使黄金退出国际贷币的决定。并规定:废除黄金条款,取消黄金官价,成员国中央银行可按市价自由进行黄金交易;取消成员国相互之间,以及成员国与 IMF 之间须用黄金清算债权债务的规定,IMF 逐步处理其持有的黄金。

(3)增强特别提款权的作用。主要是提高特别提款权的国际储备地位,扩大其在 IMF 一般业务中的使用范围,并适时修订特别提款权的有关条款。

(4)增加成员国基金份额。成员国的基金份额从原来的 292 亿特别提款权增加至 390 亿特别提款权,增幅达 33.6%。

(5)扩大信贷额度,以增加对发展中国家的融资。

3. 牙买加体系的运行

(1)储备货币多元化。与布雷顿森林体系下国际储备结构单一、美元地位十分突出的情形相比,在牙买加体系下,国际储备呈现多元化局面,美元虽然仍是主导的国际货币,但美元地位明显削弱了,由美元垄断外汇储备的情形不复存在。西德马克(后来的德国马克)、日元随两国经济的恢复发展脱颖而出,成为重要的国际储备货币。目前,国际储备货币已日趋多元化,欧元成为与美元相抗衡的新的国际储备货币。

(2)汇率安排多样化。在牙买加体系下,浮动汇率制与固定汇率制并存。一般而言,发达工业国家多数采取单独浮动或联合浮动,但有的也采取钉住自选的货币篮子。对发展中国家而言,多数是钉住某种国际货币或货币篮子,单独浮动的很少。不同汇率制度各有优劣,浮动汇率制度可以为国内经济政策提供更大的活动空间与独立性,而固定汇率制则减少了本国企业可能面临的汇率风险,方便生产与核算。各国可根据自身的经济实力、开放程度、经济结构等一系列相关因素去权衡得失利弊。

(3)多种渠道调节国际收支。运用国内经济政策消除国际收支不平衡;运用汇率政策调节国际收支；IMF 及欧洲货币市场在国际融资中作用有所提高；国际协调能力加强，合力促进国际金融与经济的稳定与发展。

4. 牙买加体系的主要特征

牙买加体系主要具有以下特征。

（1）浮动汇率制度的广泛实行使各国政府有了解决国际收支不平衡的重要手段，即汇率变动手段。

（2）实行浮动汇率制度的国家大都是世界主要工业国，如美国、英国、德国和日本等国，其他大多数国家和地区仍然实行钉住的汇率制度，其货币大都钉住美元、日元、法国法郎等。各国采取不同的浮动形式，使国际货币体系变得复杂而难以控制。

（3）各国央行对汇率实行干预制度。

（4）特别提款权作为国际储备资产和记账单位的作用大大加强。

（5）美元仍然是重要的国际储备资产，而黄金作为储备资产的作用大大削减，各国货币价值也基本上与黄金脱钩。

5. 牙买加体系的优、缺点

在牙买加体系下，多元化的储备结构摆脱了布雷顿森林体系下各国货币间的僵硬关系，为国际经济提供了多种清偿货币，在较大程度上解决了储备货币供不应求的矛盾；多样化的汇率安排适应了多样化的、不同发展水平的各国经济，为各国维持经济发展与稳定提供了灵活性与独立性，同时有助于保持国内经济政策的连续性与稳定性；多种渠道并行，使国际收支的调节更为有效与及时。

但是，在多元化国际储备下缺乏统一和稳定的货币标准，这本身就可能造成国际金融的不稳定。多样化的汇率安排容易造成汇率大起大落、变动不定，其消极影响之一是增大了外汇风险，从而在一定程度上抑制了国际贸易与国际投资活动；对发展中国家而言，这种负面影响尤为突出。此外，虽然调节国际收支的手段增多，但各有其局限性，牙买加体系并没有消除全球性的国际收支失衡问题。

■ **教学案例**

外汇储备究竟为何物？到底应当减少外汇储备还是继续放任其增长？这称得上是延续至今的相当古老的经济命题。

一言以蔽之，外汇储备是一国经常项目赤字的表现，其中主要是由出口商品不能换回同样价值的进口商品而不得不进口相应数量的世界货币导致的。在中国以至整个亚洲的贸易历史上，为世界货币或白银而贸易的倾向十分明显，以至于忘记了贸易的本来目的是获得非货币财富的增长。然而，有着如此极端拜物教倾向的贸易有时会表现出对一国乃至世界经济巨大的破坏性。

历史证明，如果贸易不恰当地以获取某种世界货币为目的，在贸易带来眼前经济利益流入的同时，很有可能潜伏着巨大的风险。

历史上曾经爆发过以中国为中心并波及世界的"17 世纪危机"。据考证，为了满足对中国廉价商品的巨大需求，同时为了填补对中国贸易形成的经常项目逆差，在 17 世纪初叶或更早的一段时期内，以西班牙为首的中国贸易伙伴不断增加对中国的白银输出，最终导致中国的白银储备泛滥成灾，出现白银价格下跌，以及以白银计价的物价上涨。白银出口或转口贸易曾经为西班牙、葡萄牙、日本等国的经济景气作出重要贡献,但白银价格下跌后,这些国家的经济也陷入危机。

在镇压明末农民起义的过程中,中国的白银供给陷于中断。这还使得当时中国及世界出现了全面的经济危机。

以史为鉴,不断激增的外汇储备应当引起人们的高度警惕。这倒不是建议中国限制出口,而是应当鼓励进口,其中包括以人民币升值的方式扩大进口,由此实现中国经济的持续增长。

(资料来源:选自 2005 年 1 月 23 日《经济观察报》,作者清议。)

案例讨论:

1.外汇储备与经常项目的关系是怎样的?

2.查找资料,说明白银在 17 世纪时对世界贸易起到了什么重要作用。

3.你认为该如何处置我国不断增加的外汇储备?

■ 关键概念

国际收支	balance of payments
国际收支账户	balance-of-payments accounts,BOP
经常项目	current account
储备资产	reserve assets
外汇	foreign exchange
汇率	foreign exchange rate
直接标价法	direct quotation
间接标价法	indirect quotation
购买力平价理论	theory of purchasing power parity,PPP
汇率制度	exchange rate system
固定汇率制	fixed exchange rate system
浮动汇率制	floating exchange rate system
金本位制	gold standard
布雷顿森林体系	Bretton woods system
牙买加体系	Jamaica system

■ 复习思考

1.查阅我国最近一年的国际收支平衡表,简要分析其中的经常项目所反映的实体经济。

2.你认为影响汇率的最主要因素是什么?为什么?

3.列举使用购买力平价理论决定汇率的优缺点。

4.分析固定汇率和浮动汇率各自的优缺点。

5.简要复述汇率制度的发展历史,并说明今天的世界货币体系有哪些新特点。

第十二章 开放经济的宏观经济政策

课前导读

G20 峰会后全球各经济体推出新一轮经济刺激方案

在刚刚结束的二十国集团（G20）伦敦峰会上，各国领导人就 1.1 万亿美元的经济刺激计划达成一致意见。近期，全球各主要经济体纷纷推出新一轮的经济刺激方案或举措，希望借峰会的余热尽早摆脱困境，促使本经济体走上复苏的轨道。

美国：将推新刺激方案，告知通用做好破产准备

美国总统奥巴马 10 日在白宫与他的经济团队会面后表示，基于目前较低的利率，寻求地产抵押贷款再融资的民众开始增加，小企业融资状况也有所改善。他承诺，政府将在未来数周内公布新的刺激经济增长方案。

此外，美国财政部 13 日已经告诉陷入困境的通用汽车公司，在 6 月 1 日前为可能提出的破产做好各种必要准备。报导说，这项指示的目标是让通用汽车准备好快速破产。据悉，这家汽车制造商已经接受联邦政府 134 亿美元的援助款，且其经理人员坚持该公司的形象不应受到损害。

英国：将推汽车换购奖励，每车提供 2 000 英镑补助

英国政府 13 日宣布，将在未来几周作出决定，为每车提供 2 000 英镑的补助，以鼓励驾车人士购买电动汽车，作为推动绿色经济新举措的一部分。

据悉，这项政策中考虑的奖励对象是，将使用达一定年限的私家车换购为省油性能良好的新车或使用时间很短的次新车的消费者。预计外国厂商的汽车也会包含在优惠对象之列，因此在英国设厂的丰田、本田等日本厂商也有望受益。

德国：拟投 2 万亿设置"坏账银行"剥离不良资产

德国政府 13 日宣布，正研拟由政府出面担保，帮助银行另外成立"坏账银行"，将不良资产剥离，担保的规模预计达 2 000 亿欧元。

根据德国财政部的规划，陷入财务危机的银行可将手中握有的不良资产剥离出来，拨给各自成立的坏账银行，由于剩下的资产不需提列损失，银行从此可专心从事放款的业务。这些坏账银行可根据账面价值，继续持有这些问题债权和资产，如果到期后市价低于账面价值，将由政府的金融稳定基金出面承担损失。

日本：公布 1 500 亿美元经济刺激方案

日本首相麻生太郎 10 号发表电视讲话，公布了价值 1 500 亿美元的大型经

济对策方案,金额相当于日本 GDP 的 3%。但如果将减税、存款担保等措施考虑在内,日本政府新出台的这项经济对策方案总价值已达 57 万亿日元。日本政府先后多次出台经济刺激方案,总规模已高达 75 万亿日元。今年 3 月 27 日,日本国会批准了总额高达 88.5 万亿日元的 2009 财年政府预算,这是日本历史上金额最高的预算。目前,政府新出台的这项经济应对方案还需要在本月晚些时候提交国会审议。

韩国:出台购车减税措施,动员全民保就业

韩国政府 12 日宣布了一项"买新车废旧车"的购车优惠临时措施,减免 70% 的新车购置税以刺激国产汽车销售。免税上限为 250 万韩元(约合 12 860 元人民币),此举将有望使每辆新车售价最多下降 250 万韩元(约合 1863 美元)。尽管报道称该计划将在今年 5 月至 12 月之间实施,但消息发布之后,韩国最大汽车制造商现代汽车公司及其下属的起亚汽车公司股价 13 日双双上涨。

此外,韩国政府号召国民共同努力,尽量稳住就业机会,计划动用 35 亿美元,创造 55 万个职位,中小学要增雇更多临时教师。中小企业不解雇员工,却请员工休假或聘请临时工的话,可以获得租税抵减和部分薪资补贴。

(资料来源:中国新闻网,2009 年 04 月 14 日,作者杨威。)

在第二篇中,我们学习过封闭条件下的宏观经济理论。我们使用 IS-LM 模型和 AD-AS 模型对宏观经济进行分析。但正如上一章所介绍的,现代经济越来越紧密地把全球联系在一起,国际贸易以及外汇市场上货币的流动对一国整体经济都有着不可忽视的影响。在一个开放的经济体中,我们必须加入国际经济往来才能进行完整的宏观经济分析。显然,因为一国的宏观经济政策可能会跨越国界,使用货币政策和财政政策来实现诸如经济增长、稳定价格和提高就业等国内目标,在开放经济中比在封闭经济中更加困难和复杂。

在本章中,我们引入新的模型来对开放经济体展开分析。这一模型会在第一节进行介绍。由于政策分析的结果会随着汇率制度的不同而不同,也随着金融资本在国际流动的难易度不同而不同,所以我们在第二节中分几种情况来分析宏观经济政策的效果。在第三节中,我们考察开放经济中价格可以自由变化时的宏观经济政策效果。

第一节　蒙代尔-弗莱明模型

在前面学习过的 IS-LM 模型中,IS 曲线和 LM 曲线分别表示产品市场和货币市场的均衡。但是在开放条件下,仅仅研究产品市场和货币市场就不足以囊括整个经济,还要加入对外部门(外汇市场)。蒙代尔于 1963 年,弗莱明于 1962 年分别在论文中利用 IS-LM 模型,融入国际收支的均衡,研究了开放经济条件下内、外均衡的实现问题。该模型后来被称为蒙代尔-弗莱明模型。

模型假定短期内价格水平不变,对宏观经济进行一般均衡分析。它包括三个市场即产品市场、货币市场和外汇市场。在这里外汇市场的均衡不仅仅是经常项目的均衡,而是随着第二次世界大战后国际资本流动的增强,加入了资本项目的分析,其假定资本流动是国内和国外利差的函数。在均衡状态下,经常项目的盈余或赤字由资本项目的赤字或盈余来抵消,即模型不仅重视商品流动的作用,而且特别重视资本流动对政策搭配的影响,从而把开放经济的分析从实物领域扩展到金融领域。

下面我们简要介绍蒙代尔-弗莱明模型。首先介绍净出口函数与净资本流出函数,然后推导出 BP 曲线。在把 BP 曲线加入 IS-LM 模型之后,就得到了蒙代尔-弗莱明模型。

一、净出口函数与净资本流出函数

假定反映一国对外经济往来的经常项目仅由进出口组成,净出口(net export,缩写为NX)就是出口(export,缩写为 X)减去进口(import,缩写为 M)。净出口 NX 表示通过经常项目最终流到本国的收入,它是一国总收入的一部分,即第一篇中学过的 $Y=C+I+G+NX$ 中的 NX。

在汇率既定时,一国的收入越高,进口 M 越多;出口 X 则主要由外国实际收入决定,与本国收入水平无关。可以看出,一国的净出口 NX(即 $X-M$)是该国收入的减函数,即净出口函数可以表示为

$$NX=f(Y)$$

式中,NX 是收入 Y 的减函数。

国际收支平衡表中的资本项目仅涉及资产的买卖和资本的流动,因此,它不进入国民收入的核算,但却影响国际收支平衡。如果把国际经济交往中从本国流向外国的资本量与从外国流向本国的资本量的差额定义为资本项目差额或净资本流出,用 F 表示,那么,净资本流出 F 就是流向外国的本国资本量减去流向本国的外国资本量。净资本流出表示经过资本交易最终流出本国的资本。

影响资本流动的因素固然很多,但其中最重要的一个因素是利率。假定其他国家利率水平既定,则国内利率水平高时,别国资本为了追求高回报会进入本国,流入的资本多,流出的资本少,即净资本流出减少。所以,净资本流出是国内利率水平的减函数,即净资本流出函数可以表示为

$$F=F(r)$$

式中,F 是国内利率 r 的减函数。

二、BP 曲线

(一)BP 曲线的概念与推导

为了说明外汇市场的均衡,我们需要引入一条曲线——BP 曲线,它表示维持国际收支均衡的收入和利率水平的组合。我们把净出口与净资本流出的差额称为国际收支差额,用 BP 表示。国际收支差额可以表示为

$$BP=NX-F=f(Y)-F(r)$$

要注意的是,前面介绍过国际收支账户的借贷两方是永远相等(即平衡)的,经常项目差额应该正好等于资本和金融项目差额加上储备资产差额。在本章,我们用净出口近似地代替经常项目差额,用净资本流出近似地代替资本和金融项目差额,所以国际收支差额应该等

于储备资产差额。

当国际收支差额为零,即 $BP=0$ 时,称为国际收支平衡;当国际收支差额为正,即 $BP>0$ 时,称为国际收支顺差或国际收支盈余;当国际收支差额为负,即 $BP<0$ 时,称为国际收支逆差或国际收支赤字。这样我们可以把表示一国国际收支平衡的模型记为

$$\begin{cases} BP=NX-F=0 \\ NX=f(Y) \\ F=F(r) \end{cases}$$

根据该模型可以推出一条反映国际收支平衡条件下的国民收入与利率相互关系 BP 曲线,如图 12-1 所示。

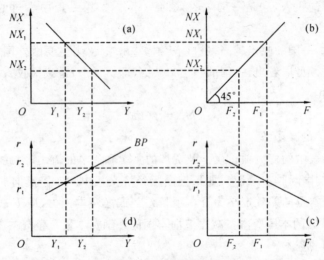

图 12-1　BP 曲线的图形推导

图 12-1 中,图(a)表示净出口函数曲线,NX 是收入 Y 的减函数。当收入从 Y_1 增加到 Y_2 时,进口增加,净出口从 NX_1 减少到 NX_2。图(b)表示国际收支平衡条件,当国际收支平衡时,$BP=NX-F=0$,因此,净出口的减少意味着净资本流出从 F_1 减少到 F_2。图(c)表示净资本流出曲线,F 是国内利率 r 的减函数。当 F_1 减少到 F_2 时,为了实现国际收支平衡,利率必须从 r_1 提高到 r_2 以减少资本外流。图(d)为 BP 曲线,它反映了从收入增加到利率提高的对应关系,也就是说,在 BP 曲线上,收入与利率是同方向增减的。

BP 曲线上各点都满足净出口等于净资本流出的国际收支平衡条件,而位于 BP 曲线左上方各点所描述的是净出口大于净资本流出的不平衡状态,即存在国际收支顺差($NX>F$)的不平衡状态;位于 BP 曲线右下方各点所描述的都是净出口小于净资本流出的不平衡状态,即存在国际收支赤字($NX<F$)的不平衡状态。

(二)BP 曲线的斜率

从图中可以看出,BP 曲线的斜率的绝对值取决于以下两个因素。

(1)边际进口倾向越大,BP 曲线的斜率越大。边际进口倾向在这里被定义为进口对本国收入的弹性。

(2)国际资本流入和流出对利率变动的反应越敏感,BP 曲线的斜率越小;反之则越大。

如果国际资本完全自由流动,则 BP 曲线的斜率为零(即 BP 曲线为一条平行于横轴的水平线)。在这种情况下,国内的利率总是等于世界利率水平。任何本国利率水平的轻微变化都足以带来大量的短期资本的流动,以致于国内利率水平将再次与世界利率相等。

如果国际资本完全不能流动,则 BP 曲线的斜率为无穷大(即 BP 曲线为一条垂直于横轴的垂直线)。这种情况表明两国间阻碍资本流动的力量非常大,以致国内利率水平变化再大都没有短期资本的流动。这时,对应着一定的出口和受管制的净资本流入只有唯一的一个收入水平使得国际收支平衡。

(三)BP 曲线位置的移动

净出口的变动与净资本流出的变动会导致 BP 曲线的移动。在收入不变条件下,净出口增加,为了保持国际收支平衡,净资本流出量也必须增加,从而要求利率降低。在既定的收入条件下,利率降低,意味着 BP 曲线右移。反之,净出口减少,则 BP 曲线左移。如果在利率既定条件下,净资本流出增加,为了保持国际收支平衡,净出口也必须增加,从而要求收入减少。在利率既定条件下,收入减少,意味着 BP 曲线左移。反之,若净资本流出减少,则 BP 曲线右移。

三、IS-LM-BP 模型

由于 IS-LM 模型没有涉及国际贸易和资本流动,因此它是对封闭式经济体系的阐述。如果加入国际收支均衡曲线(也就是 BP 曲线),则 IS-LM 模型就发展成了"IS-LM-BP"模型,也就是蒙代尔-弗莱明模型。它是分析开放经济条件下国内外经济均衡的一个重要的经济模型。

该模型考察产品市场、货币市场和外汇市场同时达到均衡时的情形,即产品的总需求与总供给、货币的总需求与总供给和外汇的总收入与总支出均达到平衡。如图12-2 所示,三个市场在 E 点同时达到均衡,均衡的收入水平为 Y',利率水平为 r'。

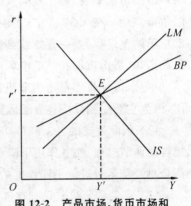

图 12-2 产品市场、货币市场和国际收支的同时均衡

第二节 不同汇率制度下的宏观经济政策效果

下面我们运用 IS-LM-BP 模型来对一国的宏观经济政策进行分析。这里要注意的是,不同的汇率制度会导致宏观经济政策的效果差异。因此我们将分固定汇率制度和浮动汇率制度两种情况来讨论。此外,本节中有一个重要假设,即价格是不变的。事实上 IS-LM 模型就是假定价格不变。关于价格变化的情况,我们在下一节中讨论。

一、固定汇率制度

当一国采取固定汇率制度时,央行有义务对外汇市场进行干预,以维持固定的汇率。央

行的干预过程是被动的,往往会对经济运行产生影响。

1.国际收支的自动调节机制

当一国的国际收支不平衡时,内生变量的变化会反作用于经济,使国际收支不平衡自动地得到一定程度的矫正。这是国际收支的自动调节机制。图12-3演示了当国际收支出现顺差时的自动调节过程。

经济最初处于 IS 曲线,LM 曲线和 BP 曲线的交点 E,产品市场、货币市场和外汇市场同时均衡,产出为 Y,利率为 r。假设国外的收入增加了,于是购买了更多的本国产品,出口的增加使得 IS 曲线右移至 IS_1,经济达到 E' 点;同时,本国净出口增加,从而 BP 曲线下移至 BP_1 的位置。

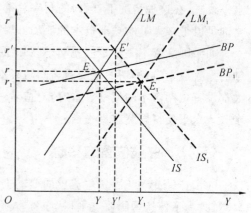

图 12-3 固定汇率制度下的自动调节机制

在 E' 点,经济内部均衡,但外部不均衡。E' 点处于 BP_1 上方,国际收支盈余。在这种情况下,外汇市场上对本币的需求增加,本币有升值的压力。在固定汇率制度下,央行必须维持本币的币值不变,因此要购入多余的外币。由于央行是用本币购入外币,这就扩大了本国的货币供给。在图12-3中,表现为 LM 曲线右移至 LM_1。这种由于固定汇率制度导致的自动货币调整过程,要一直持续到国际收支平衡为止。最终,IS_1、LM_1 和 BP_1 相交于 E_1 点,产品市场、货币市场和外汇市场再次同时均衡,且对应着一个比原来更高的出口水平。

不过,国际收支自动调节机制的正常运行具有很大的局限性,往往难以有效地发挥作用,因为它要受到以下各方面因素的影响和制约。

(1)国际收支的自动调节在纯粹的自由经济中的效果最好。政府的宏观经济政策会干扰自动调节过程,使其作用下降、扭曲或根本不起作用。而当今世界上几乎所有的国家政府都会对经济运行进行不同程度的干预。

(2)自动调节机制只有在进、出口商品的供给和需求弹性较大时,才能发挥其调节的功能。如果进、出口商品供给、需求弹性较小,就很难缩小进口、扩大出口,或扩大进口、减少出口,改变顺差或逆差状况。

(3)自动调节机制要求国内总需求和资本流动对利率升降有较敏感的反应。在当前的经济条件下,这些条件不可能完全满足,导致国际收支自动调节机制往往不能有效地发挥作用。因此,当国际收支不平衡时,各国政府往往根据各自的利益采取不同的经济政策,使国际收支恢复平衡。

2.固定汇率制度下的财政政策效果

在第二篇中,我们运用 IS-LM 模型分析过财政政策的效果。在开放经济体中,我们则使用 IS-LM-BP 模型来进行分析。下面我们来看扩张性的财政政策的作用效果。

我们将分三种情况进行讨论:资本完全自由流动,资本不完全自由流动,资本完全不能自由流动。资本完全自由流动的含义是,资本可以不受任何阻碍地、迅速地在国内、国外间流动,由于这里我们假设资本流动的目的是逐利(追求更高的利率),所以这种情况也可以说成短期资本流动对利率变动非常敏感。资本不完全自由流动,就是说短期资本流动对利率变动没有那么敏感,短期资本在国内外的移动虽然没有受到完全限制,但也不是完全自由的,即资本流动不足以消除本国利率与世界利率水平之间的所有差距。而资本完全不能自由流动意味着无论利率如何变动,都没有短期资本的流动。在这三种情况下,财政政策的效果有很大差异。

(1)资本完全流动。资本完全自由流动,意味着本国利率与世界利率保持完全的一致,BP 曲线为一条平行于横轴的水平线。本国利率偏离世界利率水平的任何轻微变动都会导致足够多的资本流动,并使得本国利率迅速恢复到世界利率水平。例如,本国货币供给的增加导致利率下降,于是金融投资者立即把他们的短期资本转移到国外,资本的向外流出和由此产生的国际收支赤字会减少本国央行持有的国际储备(因为要购买本国货币以维持固定汇率),从而紧缩货币供给,这一过程将持续到本国利率再次回到世界利率水平时为止。本国利率若高于世界利率则会刺激资本流入,带来国际收支盈余,国际储备增加,货币供给扩大,直到本国利率又回到世界利率水平为止。也就是说,两国之间的任何利差都会立即被两国间资本的移动所抵消。

在资本完全自由流动的情况下,财政政策的效果可以用图 12-4 来进行分析。

最初,经济在 E 点达到均衡,产出为 Y,利率为 r,且 r 等于世界利率 r_f。BP 曲线在资本完全自由流动条件下为水平直线。如果政府采取扩张性的财政政策,IS 曲线将会右移至 IS_1,与 LM 曲线在 E' 处相交。如果在封闭经济下,这里就是新的均衡点了。但在开放经济中,E' 点只能说达到了内部均衡,而不是内部和外部同时均衡。E' 点位于 BP 曲线的上方,国内利率高于世界利率,这就刺激了短期资本的流入,国际收支盈余。为了使本币维持固定汇率,央行要用本币购买市场上多余的外币,这就扩大了货币供给,利率随之下滑,直到回到世界利率水平为止,表现在图形上就是 LM 曲线右移至 LM_1。在 E_1 点,产品市场、货币市场和外汇市场再次达到均衡,利率与原来相比不变,而产出则增加到 Y_1。这样,在资本可以完全自由流动的条件下,扩张性的财政政策是完全有效的。

(2)资本不完全自由流动。资本不能完全自由流动时,BP 曲线向右上方倾斜。图 12-5 分析扩张性财政政策的效果。

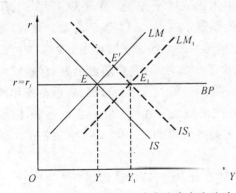

图 12-4　固定汇率制度,资本完全自由流动情况下的扩张性财政政策效果

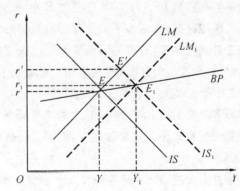

图 12-5　固定汇率制度,资本不完全自由流动情况下的扩张性财政政策效果(1)

最初,经济在 E 点达到均衡,产出为 Y,利率为 r。BP 曲线在资本不完全自由流动条件下向右上方倾斜。如果政府采取扩张性的财政政策,IS 曲线将会右移至 IS_1,与 LM 曲线在

E'处相交。在开放经济中,E'点位于 BP 曲线的上方,利率高于使外汇市场均衡的利率,这就刺激了短期资本的流入,国际收支盈余。为了使本币维持固定汇率,央行要用本币购买市场上多余的外币,这就扩大了货币供给,利率随之下滑,直到回到 BP 曲线上为止,表现在图形上就是 LM 曲线右移至 LM_1。在 E_1 点,产品市场、货币市场和外汇市场再次达到均衡,利率与原来相比变得更高,而产出则增加到 Y_1。显然,与资本可以完全自由流动的情况相比,资本不能完全自由流动时产出增加的幅度较小,其原因在于均衡点 E' 的利率水平 r' 高于最初均衡点 E 的利率水平 r,较高的利率水平对本国的投资产生了"挤出效应"。容易看出,BP 曲线越陡峭(也就是说资本的自由移动性越差),财政政策的效果就越差。

图 12-6 显示了另外一种情况,就是 BP 曲线的斜率更加陡峭,比 LM 曲线更陡。这种情况下扩张性财政政策的效果请读者自行进行分析。

(3) 资本完全不能自由流动。资本完全不能自由流动时,BP 曲线是一条垂直于横轴的垂直线。图 12-7 分析扩张性财政政策的效果。

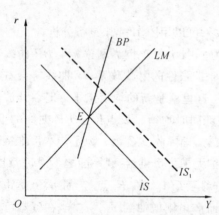

图 12-6 固定汇率制度,资本不完全自由流动情况下的扩张性财政政策效果(2)

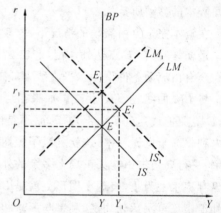

图 12-7 固定汇率制度,资本完全不能自由流动情况下的扩张性财政政策效果

最初,经济在 E 点达到均衡,产出为 Y,利率为 r。如果政府采取扩张性的财政政策,IS 曲线将会右移至 IS_1,与 LM 曲线在 E' 处相交,给本国收入水平和利率水平带来上升的压力。注意在这里,利率水平的上升并没有带来国际流动资本的进入。当经济开始扩张时,意愿的进口就增加了,进口他国商品需要他国货币,也就是对外汇的需求增加了。为了维持汇率稳定,央行要出售外汇,换回本国货币,因而就减少了货币供给,利率随之上升,直到回到 BP 线上为止,表现在图形上就是 LM 曲线左移至 LM_1。在 E_1 点,产品市场、货币市场和外汇市场再次达到均衡,利率与原来相比变得更高,而产出则没有发生变化。也就是说,财政政策完全没有效果。其原因在于,扩张性的财政政策提高了利率,挤出了同等数量的把本国的投资。

通过上面在固定汇率制度下对扩张性财政政策的分析,我们可以得到如下结论:在固定汇率制度下,如果资本可以流动,财政政策就可以有效地影响收入水平,并且,资本可流动的程度越高,财政政策就越有效。但如果资本不可以流动,财政政策就是完全无效的。很显然,对紧缩性财政政策也可以得出与此一致的结论。

3.固定汇率制度下的货币政策效果

和分析财政政策时一样,我们也分三种情况来讨论。

（1）资本完全流动。在资本完全自由流动的情况下,扩张性货币政策的效果可以用图12-8进行分析。

最初,经济在 E 点达到均衡,产出为 Y,利率为 r,且 r 等于世界利率 r_f。BP 曲线在资本完全自由流动条件下为水平直线。如果政府采取扩张性的货币政策,LM 曲线将会右移至 LM_1,与 IS 曲线在 E' 点处相交。如果在封闭经济下,这里就是新的均衡点了。但在开放经济中,E' 点只能说达到了内部均衡,而不是内部和外部同时均衡。E' 点位于 BP 曲线的下方,国内利率低于世界利率,这就刺激了短期资本的流出,国际收支赤字。为了使本币维持固定汇率,央行要抛售外币,回笼本币,这就相当于减少了货币供给,利率随之上升,直到回到世界利率水平为止,表现在图形上就是 LM_1 曲线又向左移回至 LM。在 E 点,产品市场、货币市场和外汇市场重新达到均衡,利率与原来相比不变,产出也没有变化。因此,在资本可以完全自由流动的条件下,扩张性的货币政策是完全无效的。

（2）资本不完全自由流动。资本不能完全自由流动时,BP 曲线向右上方倾斜。图12-9分析扩张性货币政策的效果。

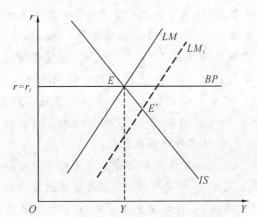

图 12-8　固定汇率制度,资本完全自由流动
情况下的扩张性货币政策效果

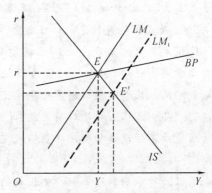

图 12-9　固定汇率制度,资本不完全自由流
动情况下的扩张性货币政策效果

最初,经济在 E 点达到均衡,产出为 Y,利率为 r。BP 曲线在资本不完全自由流动条件下向右上方倾斜。如果政府采取扩张性的货币政策,LM 曲线将会右移至 LM_1,与 IS 曲线在 E' 点处相交。在开放经济中,E' 点位于 BP 曲线的下方,利率低于使外汇市场均衡的利率,这就刺激了短期资本的流出,国际收支赤字。为了使本币维持固定汇率,央行要抛售外币,回笼本币,这就相当于减少了货币供给,利率随之上升,直到回到 BP 曲线上为止,表现在图形上就是 LM_1 曲线又向左移回至 LM。在 E 点,产品市场、货币市场和外汇市场重新达到均衡,利率水平与产出水平都没有发生变化。

（3）资本完全不能自由流动。资本完全不能自由流动时,BP 曲线是一条垂直于横轴的垂直线。图12-10分析扩张性货币政策的效果。

最初,经济在 E 点达到均衡,产出为 Y,利率为 r。如果政府采取扩张性的货币政策,LM 曲线将会右移至 LM_1,与 IS 曲线在 E' 点处相交,出现国际收支赤字。为了维持汇率稳定,央行要出售外汇,换回本国货币,因而就减少了货币供给,利率随之上升,直到回到BP曲线上为止,表现在图形上就是LM_1曲线又向左移回至LM。在E点,产品市场、货币市场和外汇市场重新达到均衡,利率与产出都没有发生变化。

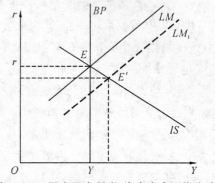

图 12-10　固定汇率制度,资本完全不能流动情况下的扩张性货币政策效果

通过上面在固定汇率制度下对扩张性财政政策的分析,我们可以得到如下结论:在固定汇率制度下,无论资本的流动程度如何,货币政策都是完全无效的,对收入水平没有任何影响。其原因在于,央行必须要维持固定汇率制度,结果就形成了一个自动调节机制。很显然,对紧缩性货币政策也可以得出一致的结论。

【补充阅读】

阿根廷的"货币局"汇率制度

20世纪80年代,阿根廷陷入了第二次世界大战以后最严重的外债危机,经济连年衰退,整个20世纪80年代GDP的年平均增长率为负数,国际收支承受着经常项目和资本项目的双重逆差压力,比索重新回到了大幅贬值的通道上。1981年的1美元可兑换7 000旧比索,1989年的1美元仅能兑换1 700旧比索,年平均贬值幅度高达412%。同时,一度得到控制的通货膨胀率又快速攀升,1989年,通货膨胀率高达3 000%。恶性通胀引起经济混乱,使公众对比索失去信心,加快了比索的贬值速度。比索大幅贬值又进一步加剧了通货膨胀。阿根廷最终陷入比索贬值与通货膨胀率交替上升的恶性循环之中。1991年,为了控制通货膨胀,恢复货币信用,阿根廷政府启动"兑换计划",开始实行货币局制度。

所谓货币局制度是指由法律明确规定本国(或地区)货币与某一外国可兑换货币保持固定汇率,并要求本国(或地区)货币的发行必须以一定(通常是百分之百)的该外国货币作为准备金保证。货币局制度是一种更极端的固定汇率制,在这种制度安排下,中央银行失去了货币发行的主动权,即货币供给量不再由中央银行决定,而是由可用做准备的外币数量决定。

1991年4月,阿根廷正式开始实施"兑换计划"。其基本内容为:比索以1：1的水平钉住美元,每发行一个比索都必须有一个美元的储备作为支持,并且可以自由兑换。中央银行不得为政府财政赤字融资,必须严格依据国家外汇和黄金储备发行货币,其国际储备在任何时候都不得低于基础货币总量。一般认为,"兑换计划"的实施标志着阿根廷货币局制度的建立。

在货币局制度下,由于中央银行不能充当政府和商业银行的"最后贷款人",因此,通过增加货币供应量来弥补财政赤字和商业银行亏损的闸门被关闭了,财政支出要受到税收规模和政府向公众借款能力的限制,政府扩张财政赤字的冲动得到了抑制,从而逐步恢复了货币信用,增强了公众持有本币的信心。因此,"兑换计划"在稳定经济,治理恶性通货膨胀方面取得了较大成功,1989年,阿根廷的通货膨胀率为5 000%,1994年降低到4%。1991—1998年,平均CDP增长率达到6%。较高的经济增长率和较低的通胀率,增强了国际投资者的信心,1991 年国外直接投资突破 20 亿美元,1996 年达到 42.85 亿美元,为当时的历史最高。同时,阿根廷又重新回到国际债券市场进行融资活动,1991—1996 年平均融资 84 亿美元。债务危机的逐渐缓解恢复了公众的信心,从 1994 年起储蓄率开始上升。并且,随着国际资本流入,从 1992 年起,阿根廷的国际收支逆差趋势得到扭转,1995 年,经常项目赤字占 GDP 比例被压缩至 5% 的安全线以下。

其实,阿根廷的"兑换计划"与香港所实行的典型的货币局制度并不完全相同。其"兑换计划"只是一种货币局制度的某些特征与中央银行的某些特征相混合的制度。

虽然实行货币局制度曾在一定程度上缓解了阿根廷的恶性通货膨胀,但同时也带来了新的矛盾和问题,这是由货币局制度自身的缺陷所决定的。

第一,货币局制度使汇率政策失去弹性。1991 年阿根廷以法律形式确定下比索与美元比价为 1:1 的货币局制度后,连续 11 年都未曾改变过,结果造成比索对美元的比价严重高估。1991—1994 年,阿根廷的通货膨胀率与过去相比虽然已经大为降低,但仍高于美国和其他西方主要国家,致使阿根廷比索累计升值 45%;1995—1998 年,因美元升值,与美元实行联系汇率的阿根廷比索相应升值了 15%;1999 年,巴西爆发金融危机,巴西货币贬值 40%,又使比索的实际有效汇率上升 10% 以上。比索持续严重高估扭曲了国内市场的相对价格,削弱了阿根廷的出口竞争力,造成阿根廷出口增长下降,经常项目逆差扩大。

第二,货币局制度使货币政策失去主动性。与美元挂钩的货币局制度使阿根廷利率和货币供应量等经济变量的变动严重受制于美联储的政策调整,削弱了阿根廷中央银行运用货币政策工具调节国民经济的能力。货币局制度还使阿根廷失去了货币发行的主动权,在一般情况下,货币供应量必须随着经济而相应增加,但是,由于货币局制度的限制,阿根廷中央银行要增加比索发行量,就必须相应增加美元的储备量,而美元储备量的增加又依赖于贸易盈余和美元流入。在阿根廷出口增长下降,贸易赤字持续扩大的情况下,中央银行不得不以提高比索利率的办法吸引外资流入。

第三,货币局制度使财政政策失去灵活性。在一般情况下,一国政府可以根据国民经济运行状况,决定采取紧缩性或扩张性的财政政策。但是,在货币局制度下,为了维持比索与美元之间的 1:1 的比价,阿根廷政府不得不长期实行紧缩性财政政策,从而增加经济衰退程度。经济衰退又使财政收入减少,财政赤字增加。为了弥补财政赤字,政府不得不大量举债。而由货币局制度导致的高利率政策,则进一步增加了政府的债务成本。

这样,严重的经济衰退、巨额的财政赤字、庞大的政府债务等因素结合在一起,增加了投资者对阿根廷的投资风险预期,从而导致比索利率进一步上升。阿根廷政府债券相对于美元国债的利差,在 1998 年以前基本上是在 300 个基点左右,但从 1999 年起均在 500 个基点以上。高成本负债的迅速增加使阿根廷政府陷入到严重的债务危机之中无力自拔。2001 年底,阿根廷政府不得不宣布暂停偿付外债。

第四,货币局制度增加了金融体系的脆弱性。货币局制度限制了中央银行作为最后贷款人的功能,使它在商业银行发生经营困难时无法及时救助。1994 年底至 1995 年 4 月,阿根廷发生了严重的银行危机,银行系统流失了大约 80 亿美元的存款,约占存款总额的 16%;中央银行损失了 50 亿美元的外汇储备,占外汇储备总额的 1/3。面对这一严峻形势,阿根廷中央银行却无力相助,结果造成大量商业银行破产倒闭。此外,在货币局制度下,发行基础货币虽然有相应的美元储备作保证,但是,这一基础货币经过商业银行的乘数作用后,流通中的现金和存款数额会大大超过中央银行所拥有的美元储备数量。在这种情况下,一旦居民对比索失去信心而大规模地将存款兑换成美元,整个金融体系将陷入全面危机之中。

正是由于人们担心比索与美元1∶1的比价难以为继,2001年,阿根廷曾多次出现了大规模挤提存款和兑换美元的金融风潮。2001年12月1日,阿根廷政府不得不下令严格限制取款,阻止资金外流。这一限制措施激起了社会公众的抗议活动,并引发了严重的社会政治动荡。2001年12月,阿根廷政府宣布暂停偿付所有公债的利息和本金。2002年1月,阿根廷议会通过了经济改革法案,决定放弃比索与美元1∶1的固定比价,实行比索贬值。由此,阿根廷实行了11年之久的不规范的货币局制度终于宣告结束。

(资料来源:节选自《中国经济时报》2004年10月14日,作者王宇。)

二、浮动汇率制度

在今天的世界上,大部分国家已经不再使用固定汇率制度,而是采取浮动汇率制。如果汇率可以自由调整,央行没有必要对外汇市场进行干预以维持固定汇率,那么央行就可以取得国内货币供给的控制权,并运用货币政策来达成宏观调控的目标。下面我们来考察浮动汇率制度下财政政策与货币政策的效果。

1. 汇率变动与 BP 曲线的移动

我们已经知道,经济一旦偏离了 BP 曲线上的收入水平和利率水平的组合,就会导致外汇市场上的不均衡。在固定汇率制度下,央行通过对外汇市场进行干预恢复市场均衡;而在浮动汇率制度下,汇率自身会进行调整,导致外汇市场重新达到均衡。

图 12-11 说明了这一过程。

经济中最初的外汇市场均衡在 BP 曲线处达到,此时的汇率为 e。假设经济移动到了 BP 曲线下方的任意一点,在这一点上,利率低于原先的均衡利率,国际收支出现赤字。在固定汇率制度下央行将不得不对外汇市场进行干预,然而在浮动汇率制度下,本币会贬值。本币一旦贬值,净出口会增加,国际收支的赤字状态得到改善,外汇市场终将重新达到均衡。但这时候的 BP 曲线不再是原先那一条,而是向右移动到了 BP_1 的位置,它意味着在本币贬值后,对于任何一个给定的收入水平都有一个更低的利率水平(低利率导致的净资本流出抵消了贬值导致的净出口增加);

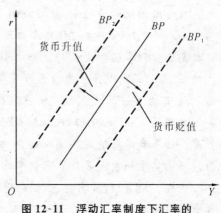

图 12-11 浮动汇率制度下汇率的变动与 BP 曲线的移动

反之,货币升值则与 BP 曲线的左移联系在一起。

因此,在固定汇率制度下,外汇市场的不均衡会导致央行的干预,从而带来货币供给水平的变化和 LM 曲线的移动;而在浮动汇率制度下,外汇市场的不均衡则导致汇率的变化和 BP 曲线的移动。认识到这两者的区别是非常重要的。

2. 浮动汇率制度下的财政政策效果

资本流动能力的强度仍然会对政策效果造成差异,所以我们还是分三种情况进行讨论。

（1）资本完全自由流动。浮动汇率制度下，资本完全自由流动时，扩张性的财政政策可以用图 12-12 来表示。

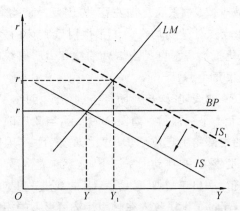

图 12-12　浮动汇率制度，资本完全自由流动时的扩张性财政政策效果

资本可以完全自由流动时，BP 曲线是一条平行于横轴的水平线，国内利率水平等于世界利率水平。这时候如果政府采用扩张性的财政政策，将使得 IS 曲线右移至 IS'，这会造成利率上升和产出增加，并在 Y_1 和 r_1 处达到新的内部均衡点。但此时外汇市场上出现国际收支盈余，大规模的资本流入，引发本币升值。而本币升值意味着本国商品的国际竞争力下降，即进口商品的价格下降、本国出口商品变得相对昂贵。市场对本国商品需求的减少和对进口商品需求的上升会使净出口额下降，从而使 IS 曲线从 IS_1 又向左移动。只要本国的利率水平仍高于世界利率水平，本币就将一直保持升值的趋势，直到 IS 曲线移回到最初的均衡位置时为止。最终，产出水平和利率水平没有发生变化。扩张性财政政策的结果只是导致了出口的减少和进口的增加，也就是改变了 GDP 和国际收支的构成结构。因此，在浮动汇率和资本完全自由流动条件下，财政政策完全没有效果。

（2）资本不能完全自由流动。当资本不能完全自由流动时，浮动汇率制度下的财政政策结果是可变的。它取决于 LM 曲线和 BP 曲线斜率的比较，如图 12-13 所示。

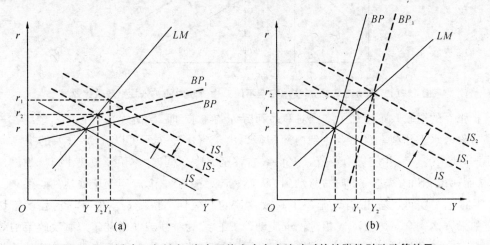

图 12-13　浮动汇率制度，资本不能完全自由流动时的扩张性财政政策效果

在图（a）中，假定 LM 曲线比 BP 曲线陡。当政府实施扩张性的财政政策，IS 曲线向右

移动到 IS_1,内部经济在 Y_1 和 r_1 处达到新均衡,这时的国际收支处于顺差状态,因此,在外汇市场上外汇供给大于外汇需求,本币将会升值,这会导致 BP 曲线向左移动到 BP_1。与此同时,本币升值使净出口减少,IS 曲线又会向左移动,因此经济均衡点不会在内部均衡点稳定下来,而是最终在 Y_2 和 r_2 点处达到均衡。扩张性财政政策的效应中有一部分被本币升值所导致的经常项目的恶化抵消了。可见当 LM 曲线比 BP 曲线陡时,扩张性财政政策的效果比在封闭经济时的效果要小。

相反,当 BP 曲线比 LM 曲线陡时,与封闭经济的情形相比,扩张性财政政策对实际收入的影响作用将会被放大而不是被抑制。如图(b)所示,当政府的扩张性财政政策使 IS 曲线向右移动到 IS_1 时,新的内部均衡点位于 BP 曲线的右下方,国际收支处于逆差状态,外汇市场上外汇需求大于外汇供给,在浮动汇率制下,这意味着本币币值将向下调整,BP 曲线向右移动。伴随着本币贬值、净出口增加,又会使 IS 曲线进一步向右移动到 IS_2,经济最终在 Y_2 和 r_2 点处达到均衡,超过了国民收入在封闭经济情形下的相应水平。

由此可见,在浮动汇率制下,开放经济的扩张性财政政策的效果有时低于封闭经济的财政政策效果,有时则高于封闭经济的财政政策效果,其结果依赖于 LM 曲线与 BP 曲线斜率的关系。

(3)资本完全不能自由流动。资本完全不能流动时,BP 曲线是一条垂直于横轴的垂直线。图 12-14 分析扩张性财政政策的效果。

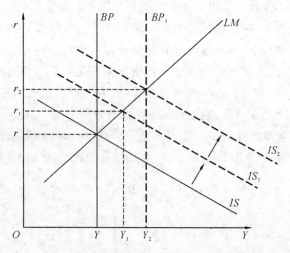

图 12-14 浮动汇率制度,资本完全不能自由流动时的扩张性财政政策效果

扩张性的财政政策增加了本国对商品和劳务的需求,即 IS 曲线右移至 IS_1,经济在一个更高的收入水平和利率水平上达到内部均衡。由于资本完全不可以流动,收入的提高就产生了国际收支赤字,并使货币贬值,BP 曲线右移至 BP_1。同时,本币贬值使出口增加进口减少,从而使得 IS 曲线进一步向右移动到 IS_2,经济最终在 Y_2 和 r_2 点交汇处达到均衡。

从以上分析可以看出,浮动汇率下财政政策的有效性与国际资本的可移动程度密切相关。如果资本完全不可流动或相对较难流动(BP 曲线为垂线或非常陡峭),财政政策的效果就较好,甚至比固定汇率制度下的财政政策效果还要好,因为本币贬值会带来额外的收入增加。不过,随着资本流动性的增强,财政政策的效果就越来越弱了。在资本自由流动的情况下,财政政策完全失效。

当今世界各国的联系越来越紧密,大多数国家也是采取浮动汇率制度,随着国际金融资本的流动越来越频繁,财政政策的效果较差。不过,浮动汇率制度下的货币政策却能够起到很好的效果。

3.浮动汇率制度下的货币政策效果

在浮动汇率制度下,货币政策的效果是显著的。扩张性的货币政策会导致 LM 曲线的移动,提高收入水平,降低利率。在开放的经济体中,这会导致本币的贬值,从而扩大出口,减少进口,最终导致均衡收入水平的提高和贸易顺差的扩大。

浮动汇率制度下,资本完全自由流动时,扩张性货币政策的效果可以用图 12-15 来表示。

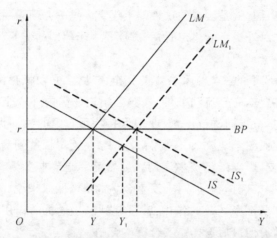

图 12-15　浮动汇率制度,资本完全自由流动时的扩张性货币政策效果

资本完全自由流动时,BP 曲线水平。扩张性的货币政策带来利率的降低,大量的资本迅速流出,本币贬值。本币贬值导致净出口大幅度大量增加,又抵消了资本的流出,刺激了国民收入的增加。货币政策完全有效。

资本不能完全自由流动的情况和资本完全不能自由流动的情况,分析起来与资本完全流动的情况类似,结论也相似,这里不再赘述。请读者自行画图分析。

国际资本流动的程度越高,货币政策就越有效。并且在浮动汇率下,货币政策会带来汇率的变动,而汇率的变动又会强化货币政策的作用。比如,扩张性的货币政策引起本币贬值,而本币贬值又扩大了出口,最终增加了收入,使货币政策更加有效。我们可以得出以下结论:浮动汇率制度下的货币政策比固定汇率制度下的货币政策更加有效。

三、三元悖论

从以上的分析可以看出,IS-LM-BP 模型的结论是,在没有资本流动的情况下,货币政策在固定汇率下是有效的,在浮动汇率下则更为有效;在资本不能完全自由流动的情况下,政策效果与没有资本流动时类似;而在资本完全自由流动情况下,货币政策在固定汇率时是完全无效的,但在浮动汇率下,则是有效的。由此得出了著名的"三元悖论"(the impossible trinity,也称为"蒙代尔三角"理论),即货币政策独立性、资本自由流动与汇率稳定这三个政策目标不可能同时达到。1999 年,美国经济学家保罗·克鲁格曼(Paul Krugman)根据上述原理画出了一个三角形(图 12-16),他称其为"永恒的三角形"(the eternal triangle),从而清晰地展示了"蒙代尔三角"的内在原理。

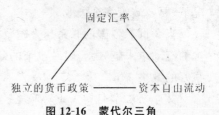

图 12-16 蒙代尔三角

根据蒙代尔的三元悖论,一国的经济目标有三种:①货币政策的独立性;②汇率的稳定性;③资本的完全流动性。这三者,一国只能三选其二,而不可能三者兼得。

(1)保持本国货币政策的独立性和汇率稳定,必须牺牲资本的完全流动性,实行资本管制。在金融危机的严重冲击下,在汇率贬值无效的情况下,唯一的选择是实行资本管制,实际上是政府以牺牲资本的完全流动性来维护汇率的稳定性和货币政策的独立性。大多数经济不发达的国家,比如中国,就是实行的这种政策组合。这一方面是由于这些国家需要相对稳定的汇率制度来维护对外经济的稳定,另一方面是由于他们的监管能力较弱,无法对自由流动的资本进行有效的管理。

(2)保持本国货币政策的独立性和资本的完全流动性,必须牺牲汇率的稳定性,实行浮动汇率制。这是由于在资本完全流动条件下,频繁出入的国内外资金带来了国际收支状况的不稳定,如果本国的货币当局进行干预,亦即保持货币政策的独立性,那么本币汇率必然会随着资金供求的变化而频繁地波动。利用汇率调节将汇率调整到真实反映经济现实的水平,可以改善进出口收支,影响国际资本流动。虽然汇率调节本身具有缺陷,但实行汇率浮动确实较好地解决了"三难选择"。但对于发生金融危机的国家来说,特别是发展中国家,信心危机的存在会大大削弱汇率调节的作用,甚至起到恶化危机的作用。当汇率调节不能奏效时,为了稳定局势,政府的最后选择是实行资本管制。

(3)维持资本的完全自由流动性和汇率的稳定性,必须放弃本国货币政策的独立性。根据蒙代尔-弗莱明模型,资本完全自由流动时,在固定汇率制度下本国货币政策的任何变动都将被所引致的资本流动的变化而抵消其效果,本国货币丧失自主性。在这种情况下,本国或者参加货币联盟,或者更为严格地实行货币局制度,基本上很难根据本国经济情况来实施独立的货币政策对经济进行调整,最多是在发生投机冲击时,短期内被动地调整本国利率以维护固定汇率。可见,为实现资本的完全流动与汇率的稳定,本国经济将会付出放弃货币政策的巨大代价。

第三节 开放经济中的总需求

在前面的分析中,我们一直都假设价格水平不变。然而在开放经济中,价格水平是非常重要的变量。当价格水平变动时,一国的内部均衡和外部均衡如何达到? 在第一篇里我们使用 AD-AS 模型来研究内部均衡,现在要加入外汇市场对经济的影响。

要说明的是,开放经济主要是对总需求产生影响,因为从封闭经济到开放经济就相当于经济中多了一个国外的需求 NX。虽然从长期来看,通过国际间长期资本的流动和技术进步等也可能影响一国的总供给,但从制定经济政策的角度看,开放经济对总需求的影响明显要大得多。所以,我们只是分析开放经济下的总需求。了解了开放经济下的财政政策和货币政策如何影响总需求曲线移动之后,再对 *AD-AS* 模型进行分析就和前面的章节一样了。

在分析中,我们要假设资本在国际间可以流动,但不是完全自由流动;或者说,*BP* 曲线向右上方倾斜,但比 *LM* 曲线平缓。这符合大多数国家的实际情况。下面我们分固定汇率和浮动汇率两种情况来进行分析。

一、固定汇率制度下的总需求

和上一节一样,考察开放经济的总需求时,要同时考虑产品市场、货币市场和外汇市场,或者说同时考虑内部均衡和外部均衡。我们用图 12-17 来说明固定汇率制度下总需求曲线是如何得到的。

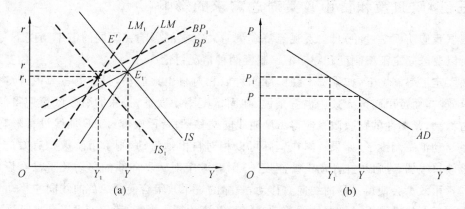

图 12-17　开放经济中固定汇率制度下的总需求

最初经济的均衡在 Y 和 r 处达到。为了得到总需求曲线,我们假设价格水平升高。本国的价格水平提高,会降低实际货币需求,使 *LM* 曲线向左移动。价格水平的提高又会使出口商品价格更贵,同时进口商品价格相对便宜,这会导致进口的增加和出口的减少,即净出口的减少,从而使得 *BP* 曲线向左移动。此外,进口增加和出口减少还会使得 *IS* 曲线向左移动。从图 12-17(a)上看,就是 *LM* 曲线移动到 LM_1,*IS* 曲线移动到 IS_1,*BP* 曲线移动到 BP_1,在 Y_1 处达到新均衡。所以,价格水平的上升,减少了对本国产品的需求。反映到图形上,就如图 12-17(b)所示,价格的变动引起总需求反向的变动。

在这些曲线移动的过程中,*LM* 曲线的移动最终保证了新均衡点的产生。可以设想新的 *IS* 曲线和 *LM* 曲线有一个交点,但该交点不在 BP_1 上。如果该交点位于 BP_1 的上方,则国际收支盈余,央行必须用本币购买外币以维持固定汇率水平,货币供给增加,*LM* 曲线将向右移动,直到内部均衡点移动到 BP_1 曲线上为止。反过来,如果该交点位于 BP_1 曲线的下方,则国际收支赤字,央行必须出售外币,购买本币以维持固定汇率水平,货币供给减少,*LM* 曲线将向左移动,直到内部均衡点移动到 BP_1 曲线上为止。

二、浮动汇率制度下的总需求

浮动汇率制度下的总需求曲线可以用同样的方法得到。从图形上看,图 12-17 也可以说明这一过程。不过,当价格水平提高导致三条曲线移动时,最终决定新均衡点的不再是 *LM* 曲线,而是 *IS* 曲线和 *BP* 曲线。

设想 IS 曲线和 LM 曲线的新交点不在 BP_1 上,比如位于 BP_1 的上方,国际收支盈余,在浮动汇率制度下央行不必为了维持汇率而被动调节货币供给。本国的货币会升值。这样导致 IS 曲线和 BP 曲线继续向左移动,直到三个市场同时达到均衡为止。反过来,如果内部均衡点在 BP_1 曲线的下方,国际收支赤字的情况下,本币会贬值,导致 IS 曲线和 BP 曲线向右移动,最终达到三个市场的同时均衡。

无论如何,这一调整过程使得价格水平升高时,总需求下降,也就是得到了一条向右下方倾斜的总需求曲线。当然浮动汇率制度下的总需求曲线的斜率很可能与固定汇率制度下的不同。

三、财政政策和货币政策对总需求的影响

根据我们前面学过的知识,宏观经济政策对总需求的影响在不同的汇率制度下是不同的。所以要分固定汇率制度和浮动汇率制度两种情况讨论。

在固定汇率制度下,如果资本在国际间可以相对自由地流动,根据上一节内容,财政政策是有效的,而货币政策无效。也就是说,在固定汇率制度下,扩张的财政政策使得 AD 曲线向右移动,紧缩性的财政政策使得 AD 曲线向左移动;货币政策对 AD 曲线没有影响。

在浮动汇率制度下,如果资本在国际可以相对自由地流动,则货币政策是有效的,而财政政策效果很弱。所以,在浮动汇率制度下,财政政策对 AD 曲线的移动几乎没有影响,而扩张的货币政策会使得 AD 曲线向右移动,紧缩的货币政策会使得 AD 曲线向左移动。

知道了开放经济下 AD 曲线的移动如何受经济政策的影响,我们就可以画出 $AD\text{-}AS$ 模型,并研究经济政策的变动会对价格和产出造成什么样的影响。这一过程和封闭情况下类似,这里不再赘述。

当然,各个国家的情况有其差异,前提条件不同,得到的结论也不同。上面的分析中我们假设资本可以相对自由地流动,是考虑到了大多数国家的情况。但并非对所有国家都适合。例如,中国的情况是经常项目开放而资本项目尚未开放,资本虽然不是完全不能自由流动,但却相对不那么容易。这种情况下总需求曲线是什么形状,财政政策和货币政策哪一个在影响 AD 曲线上更有效,就要另作分析。

此外,影响开放经济条件下的总需求曲线的因素也较封闭条件下多。比如,他国的收入水平的变化,他国利率的变化等,都会对本国宏观经济产生冲击,影响国内经济形势。在分析实际问题时要特别注意。

四、宏观经济政策的协调搭配

1. 丁伯根法则(Tinbergen's rule)

在政策工具与政策目标的匹配问题中丁伯根法则是被广为认同的,也是传统理论分析和政策运用的基本原则之一。这一法则由荷兰的经济学家丁伯根(首届诺贝尔经济学奖得主)给出,其基本内容是为达到一个经济目标,政府至少要运用一种有效的政策;为达到几个目标,政府至少要运用几个独立、有效的经济政策。也就是说,一种工具实现一种政策目标最有效率,而如果试图用一种工具实现一种以上的政策目标时,便会因目标之间的冲突而降低效率,甚至会背离目标而出现更加失衡的状态,即一种政策工具只能解决一个问题。

按照丁伯根法则,政府在进行经济调控时应当保证政策工具的数量不少于其计划目标的个数。从形式上看,丁伯根原理具有直观、简洁和易于掌握的特点,类似于多元方程组有一个确定解的必要条件是方程的个数不能少于未知变量的数目。从经济分析的角度来看,就是为了实现经济的内外均衡,政府所拥有的政策工具至少应有两类。我们知道,政府的基本调控工具恰恰有两类——财政政策和货币政策,完全符合丁伯根原理,这是否意味着经济内、外均衡的实现就获得了完全的保证呢? 情况显然并非如此。

2. 米德冲突(Meada conflict)

一国宏观经济政策目标包括内外均衡中的四大目标:外部均衡为国际收支均衡,内部均衡为经济增长、充分就业和物价稳定。

詹姆斯·米德(J. Meade)认为,根据凯恩斯主义的需求理论,实现国际收支调节使之均衡的政策,由于固定汇率制度下只有采用财政政策才有效,财政政策对上述四个目标产生不同的政策效应。在国际收支逆差与通货膨胀并存时,减少总需求可以使二者均衡;在国际收支顺差与就业不足并存时,扩大总需求可以使二者均衡。但是,对于既有国际收支顺差又存在通货膨胀,或既有国际收支逆差又存在严重失业问题的情况,就会发生内部均衡与外部均衡之间的冲突,使财政政策陷入左右为难的困境。这一冲突就是著名的"米德冲突"。

从米德冲突可以看出,政府虽然仍然拥有两类调控工具(财政政策和货币政策),政策目标也同样是两个(内部均衡和外部均衡),符合丁伯根原理的要求,但是政府在运用政策工具调控经济以实现内、外均衡,显然遇到了逻辑和指导思想上的困难,显示理论的研究与实际运用的需要还存在很大差距。

3. 有效市场分类原则 (the principle of effective market classification)

蒙代尔和弗莱明在对需求政策两难困境进行深入研究时发现,造成这种困难的原因是以丁伯根法则为代表的传统理论将财政政策与货币政策工具的调节效率等同对待,而实际上不同政策工具的作用与效果是不同的。货币政策的运用除了可以对经济运行产生扩张或紧缩效应外,还对国际资本流动具有很强的调节能力,但财政政策在调节国际资本流动中的作用却小得多。这种差异意味着确实有两种政策工具可供选择,将其搭配使用可以解决总需求政策解决不了的问题。蒙代尔和弗莱明在此种分析的基础上形成了一种分配法则,即根据财政政策和货币政策的不同作用,将稳定国内经济的任务分配给财政政策,使国内经济在没有过度通货膨胀的情况下达到充分就业,而将稳定国际收支的任务分配给货币政策。这一法则被称为有效市场分类原则。

根据这一法则,可以设计出具体的政策搭配方案。当高失业与国际收支逆差同时存在时,配合使用扩张的财政政策和紧缩的货币政策;在高通胀与国际收支顺差共存的情况下,可以采取紧缩的财政政策和扩张的货币政策相配合的方法;如果通货紧缩和国际收支顺差并存,那么扩张性的财政政策和扩张性的货币政策并用效果会更好。

■ **教学案例**

人民币升值刚刚开始

今年以来,人民币升值速度在经历了前4个月的放缓之后,5月份以后开始加速。7月份又连续7次创出历史新高,今年以来共计55次创出新高。

人民币兑美元汇率自6月29日的1美元兑换7.608 0升值到7月24日的1美元兑换

7.562 5,在短短 16 个交易日内升值 455 个基点,成为有史以来升值第二快的月份。

针对近期汇率的快速上升,管理层先后出台了取消出口退税、鼓励居民用汇、加强对外投资、打击热钱流入等一系列措施,希望减少贸易顺差和资金流入,减轻人民币升值的压力。同时,今年以来,国内通货膨胀有所上升,也对升值有所对冲。但是,从国内经济结构和国际环境的基本情况分析,外汇储备的增加速度可能加快,人民币升值才刚刚开始。

从经济结构看,长期外向型经济发展战略所导致的我国内外经济失衡问题,在短期内不会得到根本的改变,从以外需拉动的经济增长模式转换到消费拉动的经济增长模式,需要相当长的时间。

最近的宏观经济数据表明,上半年投资增速和实际消费增速(名义增速减去 CPI)略低于 2006 年同期的水平,贸易顺差在 GDP 中的占比持续上升,表明 2007 年上半年的经济增长仍主要是由净出口拉动的。

尽管近期出台的出口退税调整政策对出口有一定的抑制作用,但是中国出口增长的主要动力在于劳动生产率增长速度比较快,出口产品的国际竞争力不断增强。出口的结构升级对扩大出口和进口替代的强大推动力,抵消了出口退税下调政策对出口的抑制作用。同时,国内经济中类似 2004 年的煤、电、油、运等供给瓶颈问题目前不复存在,自 2003 年开始的投资高速增长所形成的产能陆续实现,使中国在保持持续的出口增长方面没有问题。

从外部需求看,全球经济依然将保持较高增长,将对中国出口产生拉动作用。最新 OECD 领先指标已经连续五个月上升,主要经济体美国经济的领先指标连续五个月上升,日本领先指标在最近三个月出现急速上升,和欧元区领先指标平稳增长的走势,预示着全球经济在下半年将继续高速增长。

上半年,国家外汇储备增加 2 663 亿美元,同比多增 1 440 亿美元,半年外汇储备增长量已超 2006 年全年的 2 473 亿美元增长数。商务部公布的我国上半年实际 FDI 为 318.89 亿美元,而贸易顺差为 1 125 亿美元,那么,外汇储备中除顺差和 FDI 以外的储备增加超过了 1 200 亿美元,创出历史新高。这些以其他方式进入中国的国际资金进一步加大了人民币升值的压力。

从目前的国际环境看,人民币所承受的升值压力越来越大,全球对人民币加速升值的预期正在加强,在人民币升值的预期下,热钱可能以超过以往的速度流入中国。

此外,国内资产价格上涨,既可能是外资大量流入的结果,又会强化外资流入。从现在的情况看,房地产在去年涨幅降低之后,今年反弹。资本市场在经过 5、6 月份的调整之后,目前已经开始企稳。尽管股市调整是否完成不能定论,但市场普遍认为,在 2008 年以前,A股市场仍有 30%～50% 的上涨空间。不断扩大的市场规模和预期中大型 H 股回归 A 股,以及房地产市场的再次火爆,为下半年外资更大规模的流入创造了良好环境。

(资料来源:节选自 2007 年 07 月 28 日《经济观察报》,作者周世一。)

案例讨论:

1. 该作者判断人民币升值刚刚开始的依据是什么? 你认可他的思路吗?

2. 文中提到的政策措施有什么效果? 你还能提出其他的相关政策来减缓人民币升值速度吗?

马来西亚宣布重拾浮动汇率 亚洲货币全线升值

7月21日,马来西亚央行宣布,结束林吉特钉住美元的联系汇率机制,取而代之的是管理下的浮动汇率。自1998年9月1日起,时任马来西亚总理的马哈蒂尔就把林吉特兑美元的汇率一直固定在1美元兑换3.8林吉特上。

现任总理阿卜杜拉·巴达维表示,林吉特的币值将由市场基本面决定,他认为不会和当前汇率水平相差太大。

早有预期的调整

7月21日之前,马来西亚林吉特是亚洲货币中除人民币和港元之外,唯一坚持与美元挂钩的货币。马来西亚央行宣布的消息表明,林吉特最终还是离开了固定汇率机制阵营,不再继续与单一美元挂钩,而是将钉住一篮子货币进行浮动。马来西亚央行对外宣称,并不会公布林吉特将钉住的货币篮子中包含的币种和权重。

巴达维表示,林吉特变固定汇率为有管理的浮动汇率,有利于经济增长,而且政府将竭力维持林吉特的汇率稳定,"做好应对任何情况的准备"。

此前的5月,马来西亚央行总裁洁蒂曾表示,林吉特的币值仅有小于5%的"轻微低估"。但包括JP摩根、花旗银行在内的多家资深投资银行曾发布研究报告认为林吉特被低估了至少10%。

因此,尽管马来西亚政府的政策有点突然,但此前多位权威人士透露出来的信息,还是认为市场对林吉特的浮动有相当的准备和预期。

年初马来西亚官方就宣称,任何由于固定汇率或者林吉特浮动所带来的问题都会被解决。马来西亚副财政部长曾表示,"固定汇率政策是政策实践,也是国家计划。如果市场出现变化,我们将做相应的调整。"

今年1月19日,马来西亚前总理马哈蒂尔表示,是放开固定汇率限制的时候了。隔日,现任总理巴达维就声称,"固定汇率不是一成不变的",变动只是"时间问题"。

而纽约时报更是爆出,1998年金融危机中,马哈蒂尔的一个特别顾问诺尔先生为其设计了固定汇率制,而2004年马哈蒂尔的继任者巴达维任命诺尔先生加入马来西亚财政部,很多经济学家和投资者怀疑他将被请来修改这种与美元挂钩的汇率制度。

更为重要的是,马哈蒂尔、巴达维以及瑞士银行的研究员都认为,浮动汇率有利于马来西亚的经济增长,因此林吉特的汇率调整就更加容易预期。

马哈蒂尔研究马来西亚的进出口产品结构,认为浮动汇率制不会影响其贸易比重超过四成的电子产品的出口竞争力,因为其原材料大部分以美元结算进口;而对于大量进口的原油等产品则可以有效地降低成本。

另外马来西亚6月份物价指数为3.2%,瑞银集团的一位东南亚经济分析师指出,"解决马来西亚国内通货膨胀的一条途径是通过外汇市场汇率来调节。如果马来西亚政府采取灵活汇率政策的话,那么实行独立的货币政策就易如反掌。"

林吉特回归浮动汇率

蒙代尔-克鲁格曼的三角难题认为,一个国家的浮动汇率机制、独立的货币政策和资本自由流动不能同时完成。而此前马来西亚就是在牺牲货币政策独立性的代价下维持住固定汇率的稳定。

但是这种固定汇率却非马来西亚政府一直采取的汇率政策,而是在一种不得已的情况下的非常之选。可以说 7 月 21 日马来西亚政府宣布采用有管理的浮动汇率,是林吉特汇率机制的一种回归。

在 1997 年的亚洲金融危机中,马来西亚采取的是浮动汇率制,1997 年 7 月 1 日美元兑林吉特的汇率是 1 美元兑换 2.52 林吉特。随着金融危机的蔓延,林吉特也遭受到了重创,到 1998 年的 7 月 2 日,林吉特汇率已经下跌到了 4.15,跌幅接近 40%。马来西亚有限的外汇储备不可能通过市场有效地阻止林吉特的进一步下跌,资本大量流出。据估算马来西亚的损失在 2 000 亿美元左右。

1998 年 9 月 1 日,当时的总理马哈蒂尔采取一系列措施,阻止投资者将资本从马来西亚转移出去,并用行政手段将林吉特兑美元的汇率固定在 3.8 上,并且维持了这一固定汇率近 7 年之久。

当时情况下的非常手段在金融危机之后,成为马来西亚经济强劲复苏势头中的一种弊端,林吉特被低估造成马来西亚的进口贸易成本激增,国内产生通货膨胀的压力。

因为马来西亚希望通过汇率的调整来解决内部的问题,而且根据马来西亚央行的数据,目前马来西亚外汇储备超过 700 亿美元,高于 8 个月的进口规模,可以应付一定的金融冲击。

但是汇率机制的回归同样带来风险的回归。

数据显示,同样有热钱在博取固定汇率政策取消后林吉特升值所带来的巨大收益。在马来西亚证券市场上,过去两年里吉隆坡复合指数连续上涨了 50% 左右;外汇储备也从不足 200 亿美元上涨到超过 700 亿美元,马来西亚的房产更受投机资本青睐,吉隆坡高端房产的价格在去年飙升了 20% 以上。

一旦林吉特汇率放开后升值,这部分热钱可能流出马来西亚,一定程度上有可能带动资本外流。

JP 摩根银行曾经预测,在外汇管制放宽后,从马来西亚股市流出的资金将达到 200 亿林吉特左右。

亚洲货币全面升值

由于亚洲各国之间密切的经济合作,特别是东盟国家与中、日、韩之间的经济联系,在国际汇市上,受到人民币和林吉特汇率调整的影响,亚洲货币兑美元几乎全面升值。

美国东部时间 8 点 30 分,美元兑日元从 112.73 日元下跌至 110.77 日元;美元兑新加坡元从 1.685 新元下跌到 1.655 新元;美元兑韩元则是从 1 044 韩元下跌到 1 035 韩元。其他包括泰铢、印尼盾、印度卢比、菲律宾比索等货币兑美元都有不同程度的升值。

荷兰银行驻纽约资深外汇策略师认为,亚洲货币汇率还有充分走高的空间,以日元为例,可能在未来数月内上升 10%,但亚洲各国央行可能会入市干预,防止各自货币汇率出现较大的单日波动。

对此,亚洲各国的表态颇显谨慎。

7 月 21 日,新加坡金融管理局表示,新加坡将维持新加坡元适度和逐步升值的政策。香港金融管理局主席任志刚则表示,香港不会考虑调整港元与美元的联系汇率制度。

印度央行则表示继续目前的汇率政策,以弹性管理为原则,不对卢比设定目标水平,保持在市场需要时干预市场的能力。菲律宾央行则预期比索与亚洲其他货币兑美元会一起继续升值。

韩国央行国际局局长李光周表示,韩元兑美元不会急剧上涨,如果韩元快速升值,韩国当局将采取行动。

(资料来源:选自 2005 年 7 月 24 日《21 世纪经济报道》,作者徐可强。)

案例讨论:

1.马来西亚官方为何放弃固定汇率制度转向浮动汇率制度?

2.采取浮动汇率制度后,马来西亚面临什么样的新风险?

3.亚洲货币升值的原因是什么?

■ 关键概念

净出口	net export,NX
BP 曲线	BP curve
IS-LM-BP 模型	IS-LM-BP model
三元悖论	the impossible trinity
丁伯根法则	Tinbergen's rule
米德冲突	Meada conflict
有效市场分类原则	the principle of effective market classification

■ 复习思考

1.解释为什么一国会在 *IS* 曲线、*LM* 曲线和 *BP* 曲线的交点上达到均衡。

2.解释为什么采用固定汇率制度和实行外汇管制的发展中国家要实现经济增长,只有依靠出口增长、外国投资或者外国援助。

3.开放经济体拥有哪些宏观经济政策工具?较之封闭经济体情形有什么不同?

4.20 世纪 90 年代初期,美国政府为摆脱短期但剧烈的收入水平降低,极力游说日本增加政府支出、削减税收。要求美、日两国资本接近完全流动,并且在外汇市场上美元—日元的汇率完全自由浮动。请考虑美国政府的要求是否符合其自身利益,并证明你的结论。

5.现阶段我国在汇率稳定、资本流动和货币政策独立等三个目标上应如何选择?存在哪些风险?

第十三章 | 当代宏观经济学流派

课前导读

凯恩斯主义者的回应

有自由市场的信奉者认为,经济危机不是自由经济的失败,而是政府干预政策的失败,是政府干预政策导致了危机。对于此观点,凯恩斯主义者保罗·克鲁格曼(Paul Krugman)做了如此回应:一栋大楼失火了,火警响起,浓烟从窗户冒出;过了一会消防车和消防员来了,这时火势大了起来,火焰吞噬了屋顶;很显然,是消防员把一个小问题变成了一个危机。

第一节 宏观经济学的历史透视

经济学作为"社会科学的皇后",在改革开放后逐步传入我国,为广大学者所接受。一般而言,当代宏观经济学流派一般指 20 世纪 30 年代以后流行于欧、美等国家的宏观经济学说。迄今为止,宏观经济学说的发展和演变,大概经历了以下四个时期。

一、重商主义(15 世纪末期—18 世纪中期)

重商主义是 18 世纪在欧洲颇受欢迎的政治经济体制,也是最初的经济学说。产生和发展于欧洲资本原始积累时期,反映这个时期商业资本的利益和要求。

重商主义者并没有把他们的观点作为一个完整的经济学说体系加以论述,只是以专题或小册子的形式发表的。综合而言他们的基本观点是财富就是货币,货币就是财富,贵金属(货币)是衡量财富的唯一标准,财富的直接源泉是流通领域,即生产物转化为货币的领域,商业是财富之源,一切经济活动的目的就是为了获取金银。这种观点,反映了当时的新兴资产阶级对金银的狂热和对积累货币资本的渴望。

从这种观点出发,重商主义学说的政策主张主要有以下几点。

(1) 政府应该竭力鼓励出口,不主张甚至限制商品(尤其是奢侈品)进口。利润只是一种让度利润,即商品贱买贵卖的结果。对于国内贸易而言,国内的贱买贵卖只会使一部分人占便宜而另一部分人吃亏;对外贸易才能为一个国家带来真正的利润。因此,除了开采金银矿以外,对外贸易是货币财富的真正的来源。

(2) 国内商品生产业必须服从于商品输出的需要。由于不可能所有贸易参加国同时出超,而且任一时点上的金银总量是固定的,所以一国的获利总是基于其他国家的损失,即国际贸易是一种"零和博奕"。一国唯有通过将本国商品输出国外,换取金银的对外贸易,才能增加一国的货币量。要使国家变得富强,就应尽量使出口大于进口,因为贸易出超才会导致贵金属的净流入。一国拥有的贵金属越多,就会越富有、越强大。

因此,为了实现贸易的出超,一国国内商品生产企业必须服从于商品输出的需要,应竭力发展工场手工业和国外畅销的产品,从而尽可能多地向国外出售商品,赚取金银货币。

(3)国家必须积极干预经济活动,通过制定高关税率及其他贸易限制来保护和扶持国内农业、商业和制造业,使其在国际贸易中处于优势地位,最好是由政府管制发展对外贸易垄断。

(4)通过并利用殖民地为母国的制造业提供原料和市场。

(5)国家应该禁止金银输出,增加金银输入。

二、古典经济学中的宏观理论(18 世纪中叶—19 世纪 60 年代)

随着资本经济的发展,从 18 世纪下半叶开始,在英、法等国逐渐形成一股反对重商主义干预社会经济的的思潮,强调从生产领域来研究财富增长,主张自由放任,这就是经济学说史上的第一次重大变革。这次变革,经济学界有人把它称为"古典革命"。通过这场革命,建立了第一套完整的经济学理论体系,即古典经济学。

古典宏观经济学又称古典政治经济学、资产阶级古典政治经济学,是指大约从 1750—1875 年这一段政治经济学创立时期内的除马克思主义政治经济学之外的所有的政治经济学。其起源以大卫·休谟(David Hume)的有关著作(1752 年出版)为标志,以亚当·斯密(Adam Smith)的代表作《国民财富的性质和原因的研究》(1776 年出版)为奠基。

古典经济学着重经济总量研究,这涉及经济增长、国际贸易、货币经济和财政问题等方面。古典经济学关心的是国家经济问题,虽然那时候的学者也非常强调个人利益必须尊重,但他们更强调的是如何使个人利益与社会利益保持协调。

古典经济学在英国从威廉·配第开始,到大卫·李嘉图结束,在法国从阿吉尔贝尔开始到西斯蒙结束,其中包括英国的亚当·斯密和法国重农主义的创始人魁奈,他们反对重商主义的干涉主义的思潮,强调从生产领域研究财富的增长,主张自由放任。其理论核心是经济增长产生于资本积累和劳动分工相互作用的思想,即资本积累进一步推动了生产专业化和劳动分工的发展,而劳动分工反过来通过提高总产出使得社会可生产更多的资本积累,让资本流向最有效率的生产领域,就会形成这种发展的良性循环。

亚当·斯密在其经典著作《国民财富的性质和原因的研究》(严复译为《国富论》)中深入地讨论了一个国家经济成长的原因与条件。亚当·斯密竭力反对重商主义者的观点。他认为,在整个经济中不存在一种会阻碍达到最高生产能力的内在力量。亚当·斯密认为储蓄会引起经济增长,因为储蓄与资本积累属同步,一部分人的储蓄意味着这部分钱让与他人投资之用,因此储蓄不会引起萧条。他反对国家干预贸易,主张自由放任和竞争,并认为竞争会使资源达至最大限度地利用。显然,亚当·斯密研究的是宏观问题;但他也认为,整个社会由于竞争而受一只"看不见的手"的调节,起着政府干预所起不到的作用,因此经济学家和政治家在宏观经济上似乎没有严重的任务。在当时,亚当·斯密力主政府要"廉洁"和减少干预。

重农学派以法国经济学家魁奈为代表,也寻求经济增长的本原和原因,但不赞成对国内、外贸易实行管制。他们的兴趣不在于货币,而在于引起经济增长的真正力量是什么?依他们看来,物质财富不是通过交换过程创造的,而是来源于农业或者自然界。

因此古典经济学似乎是想告诉人们,顺从市场对资源的配置,保持资本积累的良性循环,会更好地促进经济增长。但他们又看到劳动分工是受条件约束的,资本的积累会使现有的劳动分工以更大的规模出现,并表现出工资的随之上涨,而劳动分工的发展却不易实现,这将使资本积累受到劳动分工发展跟不上的影响。

从亚当·斯密开始,一直到20世纪初期的主流经济学家,对于宏观经济学的讨论多着重于经济成长方面。

三、现代宏观经济学的发展——早期经济波动与货币数量理论

1. 早期经济波动理论

19世纪70年代以来,资本主义社会生产力与生产关系之间的矛盾激化,在经济发展的同时经济危机连续发生,这就促使人们从宏观上探讨和解释经济危机和经济波动的原因,于是产生了很多有影响的宏观理论。其中有影响的有克努特·维克塞尔(Knut Wicksell)、贡纳尔·缪尔达尔(Gunnar Myrdal)等北欧经济学家采用总量分析方法考察资本主义国家的经济运行;约瑟夫·熊彼特(Joseph Alois Schumpeter)以创新来解释经济波动和经济发展;阿尔弗里德·马歇尔(Alfred Marshall)、阿瑟·塞西尔·庇古(Arthur Cecil Pigou)、欧文·费雪(Irving Fisher)等经济学家在研究货币流通数量和物价水平相互关系时形成的货币流通数量论;美国经济学家密契尔(Wesley C. Mitchell)及其助手提出经济循环分为四个阶段的主张,即扩张(expansions)、衰退(recession)、紧缩(contraction)及复苏(revival)等四阶段,这四个阶段循环发展、重复出现,但不具固定周期。Mitchell(1951)又修正经济循环的划分阶段,将之分为繁荣(prosperity)、危机(crisis)、萧条(depression)及复苏(revivals)四个阶段。

2. 货币数量论

最先提出货币数量理论的是法国重商主义者J.博丹,他认为货币的价值、商品的价格决定于货币的数量。此后意大利经济学家万萨蒂、G.蒙塔纳里、英国哲学家洛克、法国哲学家孟德斯鸠,以及后来英国哲学家休谟、经济学家李嘉图、哲学家密尔等都阐述过类似见解,但是都没有形成一个完整的体系。20世纪初,货币数量论得到进一步的发展,其中主要有美国经济学家费雪提出了现金交易论,英国剑桥学派创始人马歇尔及其其门徒庇古提出现金余额数量说,使货币数量论形成一个完整的体系。

四、当代宏观经济学的建立和发展

(一)凯恩斯宏观经济学的兴起——凯恩斯革命

1929年至1939年,欧美自由经济国家发生了严重的经济衰退,西方国家一片混乱。至今,西方的人们谈论起那次危机还心有余悸。在历史中这一现象被称为"经济大萧条"或"经济大恐慌"。美国著名经济学家米尔顿·弗里德曼是这样描述"经济大萧条"的:"1929年中

开始的那次经济萧条,对美国来说,是一次空前规模的灾难。在1933年,经济降到最低点之前,以美元计算的国民收入减少了一半。总产量下降了1/3,失业人数上升到劳动力总人数的25%的空前水平。"

在经济大萧条之前,当时主流学者不认为经济衰退是一个严重且长久的现象。这些所谓的古典学派的经济学家延续《国富论》的观点,认为自由市场的价格机能就如同一只全能的"黑手"(看不见的手),可使经济平稳地运作。但古典学派有一个极端的看法,就是完全否定了需求不足与失业严重存在的可能,其看法以当时法国经济学家萨伊(Jean-Baptiste Say, 1767—1832年)为代表,他认为供给可以创造出同额的需求,而此看法被后人称为萨伊法则(Say's law)。

但上述的看法却与大萧条时期的经济状况不符合。经济大萧条持续了将近十年,但严重的失业现象却未曾消失。"看不见的手"和"萨伊法则"并没有给资本主义社会的繁荣提供任何保证。在此背景之下,约翰·梅纳德·凯恩斯(John Maynard Keynes,1883—1946年)在1936年发表了《就业、利息和货币通论》(The General Theory of Employment, Interest and Money)一书。该书一出,轰动一时,经济学界公认经济学发生了一场"革命"——凯恩斯革命;而这也代表了现代宏观经济学的开始。

凯恩斯一方面提出边际消费倾向递减、资本边际效率递减以及灵活性偏好三个基本心理因素,这三个基本心理因素的共同作用会造成有效需求不足;另一方面认为工资存在刚性,不可能像新古典经济学体系描述的那样迅速地变动,因此不能适应需求不足的变化,从而出现大萧条。凯恩斯革命的真正底蕴,是同古典经济分析理论观的教条的彻底决裂,以总量水平的总供给均衡分析取代古典传统的总量恒等分析,因此以有效需求原则取代萨伊定律与瓦尔拉定理。

从总体上说,凯恩斯的理论取得了如下五个方面的突破。

(1) 否定了萨伊定律即"供给会自动创造需求",认为经济社会由于有效需要不足,必然导致经济危机。

(2) 摒弃了亚当·斯密"看不见的手"的机理,否定市场机制的完善性和协调性,认为经济危机不可能通过市场机制的自动调节而恢复均衡,坚决主张采用强有力的政府干预,对严重的经济危机进行紧急抢救。

(3) 否定了传统经济学在经济危机病因探索方面的"外因论",转而寻找不稳定的内在结构,认为"有效需求不足"是主要原因,从考察生产、就业和收入的决定因素入手,创立了有效需求原理及三大心理定律。

(4) 开创了现代宏观经济分析,研究总就业量、总生产量和国民收入及其变动的原因,以区别于单个商品、单个厂商、单个消费家庭之经济行为的微观经济分析。

(5) 摈弃传统的健全财政原则,奉行膨胀性财政政策,主张扩大政府开支、赤字预算和举债支出。

总之,凯恩斯"革命"的实质在于:以30年代经济危机为时代背景,适应垄断资产阶级的迫切需要,创建以需求管理的政府干预为中心思想的收入分析宏观经济学。它对西方国家垄断资本主义的发展以及对西方经济学的发展都有巨大而深远的影响。

由于根据传统经济理论制定的自由放任政策在大萧条面前显得束手无策,一筹莫展。因而,凯恩斯主义的理论刚问世,就引起西方经济学界的轰动。根据其提出的理论及其追随者的解释与补充,政府干预经济的政策备受西方各国政府的青睐,并在实施中收到较为明显的效果。凯恩斯的政府干预主义这个新思潮也从兴起到鼎盛,风靡于西方世界。主张经济自由主义的传统经济学的正统地位被凯恩斯主义所取代。

(二)凯恩斯主义的完善

凯恩斯的《通论》发表后,许多经济学家放弃传统观点,追随凯恩斯并对其有效需求理论进行注释、补充和发展,尤其是约翰·希克斯(John Hicks)和阿尔文·汉森(Alvin Hansen)对凯恩斯的理论进行了解释和补充。

在《通论》中阐释的宏观经济理论成为西方主流宏观经济学之后,西方学者逐渐发现了凯恩斯理论体系中的矛盾:利率通过投资影响收入,而收入通过货币需求又影响利率,但无法确定均衡利率水平。约翰·希克斯(John Hicks)在 1937 年、阿尔文·汉森(Alvin Hansen)在 1950 年提出 IS-LM 模型,被称为希克斯-汉森交叉图。I 代表投资,S 代表储蓄,L 代表货币需求,M 代表货币供给。这个模型用一般均衡方法说明当物品市场和货币市场同时均衡时国民收入与利率的决定。这被称为对凯恩斯主义理论的标准解释,并成为所有经济学教科书的核心内容。

凯恩斯主义经济学就在 IS-LM 框架内得到了进一步的发展。IS-LM 模型不仅能说明利率和收入水平的确定,而且有明显的政策涵义,即运用宏观经济政策使实际收入不低于充分就业时的收入(相当于移动 IS 曲线和 LM 曲线使之所对应的收入与充分就业的收入相一致),使其达到理想状态。

(三)凯恩斯主义的鼎盛时期——新古典综合派

第二次世界大战后,以萨缪尔森为代表的一批美国经济学家,将凯恩斯的宏观经济理论与马歇尔的微观经济理论综合起来阐述西方经济,于 1948 年出版的《经济学》教科书第 1 版中正式提出"新古典综合"这一术语,并得到其他美国凯恩斯主义者的支持,逐渐形成"新古典综合派"的宏观经济学。新古典综合学派是"凯恩斯革命"之后最有影响力的凯恩斯学派。1948 年,萨缪尔森出版的名为《经济学》的教科书,成为新古典综合派形成的标志。1961 年,萨缪尔森在《经济学》第 3 版中正式提出了"新古典综合"一词,认为这是对凯恩斯经济理论的继承和发展,并得到其他美国凯恩斯主义者的支持。1970 年,萨缪尔森在《经济学》第 8 版中将"新古典综合"改称为"后凯恩斯主流经济学",借以重新突出该学派的凯恩斯主义色彩,以及它在现代资产阶级经济学各个流派中的主导地位;其后受到新自由主义的责难后,又改成"现代主流经济学新综合"。

在这一时期,以凯恩斯嫡传弟子自居的琼·罗宾逊把萨缪尔森等人的新古典综合看做是冒牌凯恩斯主义,在与新古典综合派的论战中又形成了新剑桥学派。

(四)凯恩斯主义走下神坛——当代宏观经济学流派百花齐放的局面

如果说大萧条导致了凯恩斯革命,那么石油危机则导致了经济学界的另一场革命,不过这一次是革凯恩斯的"命"。

在 1974—1975 年及 1980—1982 年期间,爆发了两次"石油危机",使欧、美各国陷入第二次世界大战之后最严重的经济衰退,西方国家出现了前所未有的高通货膨胀率与高失业率并存(即被称为"滞涨")的经济状态,这与凯恩斯主义主张的失业与通货膨胀存在此消彼长的规律(菲利普斯曲线)背道而驰。

按照新古典综合派的观点,只有当失业率较低时,通货膨胀率才会较高;而当失业率较高时,通货膨胀率就会很低甚至为负数。这就是说,高失业(经济活动小于充分就业)和高通货膨胀是不可能同时共存的。这一结论显然违背存在于西方的"滞涨"的事实。

新古典综合派不但无法解释"滞涨"的存在,而且也提不出解决这一问题的对策。按照他们的理论,在高失业问题存在的条件下,政府应该增加预算支出和赤字,以便扩大有效需求,从而增加就业数量;而当通货膨胀出现时,政府必须减少预算支出和取得预算盈余,以便降低有效需求,从而消除通货膨胀。这种政策建议在高失业和高通货膨胀同时并存时便会带来自相矛盾的后果。

如果资本主义国家的政府采用增加预算支出和赤字的政策来解决失业问题,那么有效需求的扩大必将使通货膨胀恶化;如果通过减少预算支出和取得预算盈余来制止通货膨胀,那么有效需求的减少必将降低消费和投资的支出,使失业问题更加严重。在高失业和高通货膨胀同时并存的条件下,政策的选择处于进退两难的境地。

理论的困境和政策的无能严重地动摇了新古典综合派的统治地位,也严重动摇了经济政策制定者对凯恩斯以需求管理为主的政策的信心,凯恩斯主义开始走下神坛(但一直居于正统的地位),受到了另一些不同理论的挑战。

许多经济学家认为,凯恩斯提倡的政府宏观调控政策可能就是这种新的经济不稳定的根源。在与新古典综合派的论战中,逐步形成了与凯恩斯主义相抗衡的各种新自由主义流派。

(1) 以米尔顿·弗里德曼(Milton Friedman,1912—2006 年,1976 年诺贝尔经济学奖获得者之一)为代表的货币学派(monetarism)。

(2) 以小罗伯特·卢卡斯(Robert Emerson Lucas,Jr. ,1937—1995 年)与诺贝尔经济学奖获得者之一托马斯·萨金特(Thomas J. Sargent,1943 年—)为代表的新兴古典学派(new classical school)或称"理性预期学派"(rational expectation school)。

(3) 以阿瑟·拉弗(Arthur Betz Laffer)、菲尔德斯坦和万尼斯基等人为代表的供给学派。

(4) 以哈耶克为代表的新自由主义经济理论体系。

(5) 以欧根、罗勃凯和艾哈德为代表的弗莱堡学派。

(6) 以布坎南和塔洛克为代表的公共选择学派。

(7) 以科斯、威廉姆森、诺斯和波斯纳为代表的新制度经济学派。

这些学派都倾向于市场调节,主张国家在较少程度上干预经济生活。他们的基本思想实际上是回到了 19 世纪末古典经济学的立场。这与凯恩斯主义的观点形成鲜明地对比。

从 20 世纪 70 年代起,随着资本主义世界出现严重的"滞胀"局面,理论上的困境和政策上的无能使后凯恩斯主流经济学陷入危机;加之它遭到西方经济学中其他派别不断地抨击和责难,后凯恩斯主流经济学的统治地位开始发生了动摇。基于这一原因,萨缪尔森等人在1985 年出版的《经济学》第 12 版中,又用"现代主流经济学"代替了"后凯恩斯主流经济学"。这表明,新古典综合派在受到其他经济学流派抨击时,仍以西方经济学正统思想的代表自居。

进入 20 世纪 80 年代以后，在新古典综合派的基础上又产生了另一个有别于新古典综合派的主张政府干预的凯恩斯主义学派——新凯恩斯主义。他们对凯恩斯主义进行了修正：新凯恩斯主义继承了老凯恩斯主义非市场出清的假设；以工资黏性、价格黏性假设取代老凯恩斯主义关于工资刚性、价格刚性的假设；增加了经济当事人最大化原则和理性预期的假设，主张政府干预经济，并将其与宏观层次上的产量和就业量等问题相结合，建立起了有微观基础的新凯恩斯主义宏观经济学。

总之，自 20 世纪 30 年代凯恩斯主义产生以来，宏观经济学在凯恩斯主义和新旧古典主义的争论中求得发展。但是凯恩斯主义和新古典主义的关系并不是水火不相容的关系，它们之间有时也存在意见相一致的领域。这两个不同的阵营在争论中不断地修正自己不合时宜的成分，吸取对方合理的成分。

本章将逐步介绍在当前具有较大影响的五大流派：

(1) 信奉凯恩斯主义的新古典综合派、新凯恩斯主义；

(2) 信奉自由主义的货币学派、新古典主义（理性预期学派）和供给学派。

第二节　新古典综合派

一、概述

新古典综合派（neoclassical synthescs）又称后凯恩斯主流派（post-Keynesian mainstream），它是产生于美国的现代凯恩斯主义的一个重要学派。新古典综合派试图在凯恩斯的总量经济范畴基础上，用新古典的个量分析的理论和方法去构造一个和谐统一的新经济学殿堂。

1936 年，现代宏观经济学的鼻祖凯恩斯的《通论》出版后，在西方经济学界出现了一场"凯恩斯革命"。凯恩斯主义的追随者们也纷纷对凯恩斯的经济理论进行注释、补充和修订。此后，尤其是第二次世界大战以后，凯恩斯主义逐渐占据了西方经济学界的统治地位，成为西方各国政府治理国家的指南。

所有这些在凯恩斯《通论》这部著作基础上发展起来的当代西方经济学理论，统称为"后凯恩斯经济学"，其中居于主流地位的是以保罗·萨缪尔森为首的新古典综合派（也称"后凯恩斯主流经济学"）。凯恩斯在《通论》中指出：经典学派原理认为，在实行管理以后，总产量与充分就业下的产量相差不远，则经典学派的理论还是对的，假设产量已知，换句话说，设决定产量多寡之力量，不在经典学派思想体系之内，则经典学派所作的分析，例如私人为追求自己的利益将决定生产何物，用何种方法生产，如何将最后产物之价值分配于各种生产要素，仍无可非议。萨缪尔森正是根据凯恩斯这一思想建立了新古典综合学派的理论体系。萨缪尔森认为，凯恩斯就业理论的核心是有效需求理论，即通过国家对经济的干预，采取各种政策措施，提高有效需求，充分就业就可以实现。如果达到充分就业水平，这就恰恰满足了新古典经济学的前提假定。从这点开始，马歇尔以价格分析为主体的微观经济学还是适用的，所以新古典学派理论核心的价格分析同凯恩斯理论核心的需求分析是可以结合起来的。从这个意义上讲，新古典综合派在强调国家对经济的调节作用的同时，并没有完全否定市场机制的自发调节机制。所以，很多西方经济学家认为通过这样的结合，萨缪尔森"把经济学重新建成了一门有条理的连贯性的科学。"

另外,还有一派以英国经济学家琼·罗宾逊、庇罗·斯拉法和尼科拉·卡尔多等人为代表的新剑桥学派(也称"凯恩斯左派"),但是其影响力相对较小。

本节专门介绍新古典综合派的主要经济理论与经济政策主张。

新古典综合派的主要代表人物有:阿尔文·汉森、约翰·理查德·希克斯、保罗·萨缪尔森、弗兰科·莫迪格里安尼、詹姆斯·托宾、罗伯特·索洛以及阿瑟·奥肯等。这几个人中除阿尔文·汉森外都先后获得过诺贝尔奖,而且他们都是涉猎广泛的经济学家。

二、新古典综合派的基本理论

新古典综合派的理论体系是在解释、修补和发展凯恩斯主义的过程中,融合新古典经济学而逐渐形成的,整套理论体系包含基本理论体系 IS-LM 模型、AD-AS 模型、通货膨胀与失业理论、增长理论、经济周期理论以及开放的宏观经济理论。

1. IS-LM 模型

凯恩斯理论的核心是有效需求原理,认为国民收入取决于有效需求,而有效需求原理的支柱又是边际消费倾向递减、资本边际效率递减以及心理上的流动偏好这三个心理规律的作用。这三个心理规律涉及四个变量,即边际消费倾向、资本边际效率、货币需求和货币供给。

在这里,凯恩斯通过利率把货币经济和实物经济联系起来,认为货币市场上的均衡利率会影响投资和收入,而产品市场上的均衡收入又会影响货币需求和利率,这就是产品市场和货币市场的相互联系和作用。但凯恩斯本人并没有用一种模型把上述四个变量联系在一起。汉森和萨缪尔森提出了 45°线,并在此基础上说明补偿性财政政策既可以在经济萧条时期填补"紧缩缺口",也可以在过度繁荣时消除"膨胀缺口"。

汉森和希克斯则用 IS-LM 模型把边际消费倾向、资本边际效率、货币需求和货币供给这四个变量放在一起,构成一个产品市场和货币市场之间相互作用如何共同决定国民收入与利率的理论框架,从而克服了凯恩斯有效需求理论中关于利率变动通过影响投资来影响收入,但收入的变动又通过影响货币需求来影响利率的循环推论,使凯恩斯的有效需求理论得到较为完善的表述。而且,在这个模型中他们把货币政策和财政政策放到同等重要的地位,使货币政策也能像补偿性财政政策那样发生类似的双重作用。不仅如此,有关经济政策即财政政策和货币政策的分析也是围绕 IS-LM 模型而展开的,因此可以说 IS-LM 模型是凯恩斯主义宏观经济学的核心。

2. AD-AS 模型与经济波动

在 AD-AS 模型中,新古典综合派一方面接受以 45°线和 IS-LM 模型分析为基础的总需求曲线,另一方面他们同时使用长期和短期总供给曲线。他们把向右上方倾斜的总供给曲线称为短期总供给曲线,把垂直于潜在产量的总供给曲线称为长期总供给曲线。

新古典综合派认为,在短期内,例如几个月或一两年内,企业所使用的生产要素的价格相对不变,因而总供给曲线向右上方倾斜;在长期内,一切价格都可以自由涨落,经济具有达到充分就业的趋势,因而长期总供给曲线是垂直的。

新古典综合派结合他们的长期和短期总供给曲线假设,利用 AD-AS 模型,可以解释充分就业状态的长期收入和价格水平的决定以及短期经济波动。

（1）长期状态。如图 13-1 所示，AS_L 是长期总供给曲线，它和潜在产量 Y_f 完全重合，当总需求为 AD_1 时，总需求曲线和长期总供给曲线的交点为 E_1，这时的总产量为 Y_f，价格为 P_1；当总需求增加为 AD_2 时，总需求曲线和长期总供给曲线的交点为 E_2，这时的总产量为 Y_f，价格为 P_2；由于 $Y_f=Y_1=Y_2$，所以长期中总需求的增加，只是提高了价格水平，但是对产量没有影响。

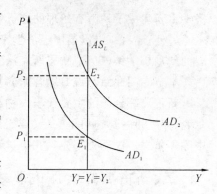

图 13-1　长期状态的说明

（2）萧条：如图 13-2 所示，AD_1 是总需求，AS_S 是短期总供给曲线，总需求和短期总供给曲线交点 E_1 决定的产量为 Y_1，价格水平为 P_1，二者均低于总需求和长期总供给曲线交点 E 决定的产量为 Y_f，价格水平为 P，这表示经济处于萧条状态。

（3）高涨：如图 13-2 所示，当总需求从 AD_1 增加到 AD_2，AS_S 是短期总供给曲线，总需求和短期总供给曲线交点 E_2 决定的产量为 Y_2，价格水平为 P_2，二者均高于总需求和长期总供给曲线交点 E 决定的产量为 Y_f，价格水平为 P，这表示经济处于高涨状态。

（4）滞涨：如图 13-3 所示，AD 是总需求曲线，AS_S 是短期总供给曲线，现在假设经济受到石油危机的冲击，短期总供给曲线从 AS_S 移动到 AS_{S1}，总需求和新的短期总供给曲线交点 E_1 决定的产量为 Y_1，低于总需求和长期总供给曲线交点 E 决定的产量 Y_f，表明经济处于停滞状态；总需求和新的短期总供给曲线交点 E_1 决定的价格水平为 P_1，高于总需求和长期总供给曲线交点 E 决定的价格水平 P，表明经济处于通货膨胀状态。这种情况表示经济处于滞涨状态。

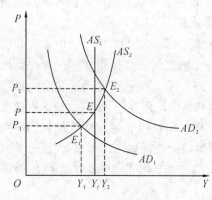

图 13-2　萧条状态和高涨

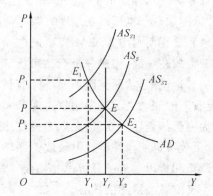

图 13-3　滞涨和新经济

（5）克林顿时期的"新经济"。如图 13-3 所示，AD 是总需求，AS_S 是短期总供给曲线，现在假设由于政府推行的"信息高速公路计划"开拓了大量新产品，短期总供给曲线从 AS_S 移动到 AS_{S2}，总需求和新的短期总供给曲线交点 E_2 决定的产量为 Y_2，高于总需求和长期总供给曲线交点 E 决定的产量 Y_f，表明经济处于增长状态，根据短期菲利普斯曲线的结论，这时的失业率一般比较低（美国当时的失业率确实比较低）；总需求和新的短期总供给曲线交点 E_2 决定的价格水平为 P_2，低于总需求和长期总供给曲线交点 E 决定的价格水平 P，表明经济处于低通货膨胀状态。这时经济就出现低失业、低通胀和高增长的"两低一高"状态，经济处于长期稳定的高增长状态。

3.菲利普斯曲线与通货膨胀理论

1958年,伦敦经济学院教授菲利普斯在《经济学报》上发表了《1981—1957年英国的失业和货币工资变动率之间的关系》一文,在论文中菲利普斯论证了货币工资增长与失业率之间此消彼长关系、互相替代的逆向变化关系,并将二者之间的相互依存关系以曲线的形式表现出来,后称菲利普斯曲线。

菲利普斯曲线很快受到萨缪尔森和索洛等人的重视,他们很快将它纳入自己的基本理论框架,他们认为失业率和通货膨胀二者之间也存在此消彼长的反向变动关系,只要货币工资的增长率超过劳动生产率的增长,就会导致通货膨胀。

这样,菲利普斯曲线就被视为新古典综合理论的一个组成部分,作为解释通货膨胀的一个分析工具,弥补了《通论》的不足。

4.哈罗德-多玛经济增长模型与新古典经济增长模型

新古典综合派吸收了哈罗德和多马的经济增长理论(哈罗德-多马经济增长模型)和由索洛、斯旺等人建立的"新古典经济增长模型"。根据该模型,劳动和资本的比率可以通过市场机制调节,因而长期中存在着实现充分就业的均衡增长的必然趋势,从而在宏观经济学中增加了动态的和长期的研究。

后来,经济增长理论成为宏观经济学一个重要的分支,经济增长的研究直到现在仍然是不断深入的一个重要的课题。

5.乘数-加速数模型与经济周期理论①

汉森及其弟子萨缪尔森用加速原理说明收入和消费诱致投资的理论,并和凯恩斯的乘数理论结合,从乘数和加速的相互作用来说明经济波动,说明政府投资的巨大作用和财政政策在消除经济波动方面的重要意义。

6.混合经济理论

萨缪尔森指出,当代西方发达国家是既不同于自由市场经济,又不同于社会主义经济的混合经济,市场价格机制和国家经济干预的有机结合是经济良性运行的基本前提,此为新古典综合的现实基础。根据新古典综合派观点,混合经济包括两个部分,即国家管理的公共经济部门和市场机制发挥作用的私有经济部门。国家调节是为了预防和对付经济衰退;发挥市场机制的作用是为了合理配置和充分利用资源,以提高经济效率。

7.开放的宏观经济模型

从20世纪60年代末开始,国际经济学的一些内容,如国际收支与汇率的分析、国际间价格与汇率的比较关系等也一度进入宏观经济学。到70年代以后,国际经济学则逐渐独立出去成为一门独立的学科,而留给宏观经济学一个"开放的模型"来解释开放条件下的宏观经济运行,比较著名的是"蒙代尔-弗莱明模型"。

三、新古典综合派的政策主张

新古典综合派沿袭了凯恩斯由政府采取积极财政政策和货币政策对社会总需求适时和适度调节,以保证经济快速稳定增长的"需求管理"思想。他们在凯恩斯需求管理四大目标

---

① 详细内容可以参考本书第9章。

（充分就业、物价稳定、经济持续稳定增长和国际收支平衡）基础上，认为政府还有实现收入平等和提高经济效率两个目标。

1. 在经济政策上，他们认为财政政策比货币政策更为重要

萨缪尔森指出："由于现代政府的巨大规模，没有财政政策就等于宣布死亡。"汉森认为货币政策具有非对称性，他说，"货币武器确实可以有效地用来制止经济过热"，但"恢复经济增长仅仅靠廉价的货币扩张是不够的"。所以，他主张以财政政策为主刺激经济的增长。新古典综合派的另一重要代表人物托宾也指出，财政政策和货币政策的作用不同，可相互补充，应配合使用，但运用扩大预算支出和赤字理财的财政政策比起实施操纵利息率的货币政策更能迅速直接地刺激经济扩张。

2. 财政政策与货币政策应"相机抉择"

由于财政政策和货币政策各有特点，作用的范围和程度不同，因此在使用哪一项政策时，或者对不同的政策手段如何搭配使用时，没有一个固定的模式，政府应根据不同情况，灵活地决定。例如，20世纪50年代，汉森提出了以"反经济周期"为目的的补偿性财政政策（compensatory fiscal policy）和补偿性货币政策。

补偿性财政政策不追求每一财政年度的收支平衡，只求在经济周期的整个期间实现收支平衡。在经济萧条时，主张采用膨胀性财政政策，比如有意识地增加财政支出、减税、降低税率，实行赤字财政，可以变萧条为繁荣；在达到充分就业、出现通货膨胀时，实施相反的紧缩性财政政策，以求得萧条与繁荣时期的相互补偿，防止经济危机的爆发。

补偿性货币政策主张在经济萧条时，采用扩张性货币政策，增加货币供应量，降低利率，从而刺激投资和消费，扩张社会总需求；在达到充分就业、出现通货膨胀时，实施相反的紧缩性货币政策，从而抑制投资和消费，紧缩社会总需求，防止经济危机的爆发。

相机抉择的（或补偿性）财政政策和货币政策的特点是"逆经济风向行事"。当社会总需求小于社会总供给，即总需求低于充分就业产量，失业扩大时，政府就实行扩张性财政政策，减少财政收入，增加财政支出，扩大财政赤字；或者实行扩张性货币政策，即增加货币供应量以降低利率的廉价货币政策；或者同时实行这两种政策，以刺激社会需求，特别是刺激投资需求，使需求与供给均衡，消除失业。当社会总需求大于社会总供给，即总需求高于充分就业产量发生通货膨胀时，政府就实行紧缩性财政政策，增加财政收入，压缩财政支出，减少财政赤字；或者实行紧缩性货币政策，减少货币供应以提高利率；或者同时实行这两种政策，以抑制社会需求，使需求与供给均衡，消除通货膨胀。

20世纪50年代的美国政府实行的就是上述相机抉择的财政政策和货币政策。实际情况是该政策实行后，美国虽然没有出现严重的赤字和通货膨胀，但是美国经济增长缓慢，还出现过三次经济危机。

3. 充分就业的经济政策

1953—1960年艾森豪威尔执政期间，美国政府就是采用相机抉择的宏观经济政策，美国经济增长速度只有2.5%，远远低于同期德国、法国等国的增长速度，这一时期被称为"艾森豪威尔停滞"。为了克服这一问题，在肯尼迪上台后，新古典综合派的托宾和奥肯等人提出"增长性赤字财政政策"（也称为充分就业的经济政策）的建议，即当某一年份实际总产出小于该年的潜在的（即充分就业的）产出水平时，即使经济处于上升期，也要通过扩张性的财

政政策和货币政策来刺激总需求,使实际产出达到潜在产出水平,从而实现充分就业。

他们的这一主张也被称为新经济学,注重消灭潜在的产出量和实际产出量之间的差距,更加注重经济增长问题;同时,这一主张以潜在产出水平为目标进行宏观经济政策的选择,可以有效防止经济衰退。

肯尼迪采用了托宾和奥肯的建议,在 1960 年实行削减个人所得税的政策,使生产和就业得到了快速的增长,从而开始了 20 世纪 60 年代持续扩展之路。

4.多种政策的综合运用

由于美国 20 世纪 60 年代开始实行持续扩张政策,到了 60 年代后期,其经济中长期爬行的通货膨胀加剧,并在 1973—1974 年间陷入了"滞胀"困境。为了解决这一困境,新古典综合派提出运用多种政策工具实现多种目标,即多种经济政策的综合运用。

1)财政政策和货币政策"松紧搭配"

财政政策和货币政策"松紧搭配"就是把松的财政政策和紧的货币政策相搭配,或者把紧的财政政策与松的货币政策相搭配,以达到既鼓励投资、刺激总需求,又防止通货膨胀发生的目的。例如,用增加政府购买、减税、降低税率等"松的"扩张性财政政策来鼓励投资,增加就业;同时配合以控制货币供给量或提高利率等"紧的"收缩性货币政策来防止经济增长过程中出现通货膨胀。再例如,用扩大信贷规模、降低利率等"松的"扩张性货币政策来刺激投资、增加产量和就业;同时配合以减少投资优惠、提高税率等"紧的"收缩性财政政策来减轻总需求对市场的压力,以稳定物价,防止通货膨胀。

2)微观化的财政政策和货币政策

"微观化"是指政府针对个别市场和个别部门的具体情况来制定区别对待的经济政策。微观化的财政政策包括对不同部门或地区实行不同的税收方案,可以制定不同的税率、征税的范围,调整财政支出的内部构成及政府对不同部门的拨款等。微观化的货币政策包括对不同行业规定不同的差别利率,控制对不同行业和部门的信贷条件和借款数量等。财政政策和货币政策的微观化,可以避免宏观经济政策在总量控制过程中给经济带来较大的震动,使得政府对经济生活的干预和调节更为灵活有效。

3)收入政策和人力政策

收入政策是指通过工资和物价的指导线和管制政策,防止货币工资增长率超过劳动生产率的增长率,从而避免经济增长过程中出现严重的通货膨胀。主要包括四种形式:冻结工资—物价,即政府立法禁止在某段时间提高物价和工资;工资—物价指数化,即政府规定工资的上涨比率要与物价的上涨比率同步;工资和物价的指导线,即规定二者上涨的限度;税收刺激,即政府规定货币工资增长率后,如果企业工资增长率超过这一指导线,就罚款或加税,如果低于指导线,就发放奖金或减税。

人力政策又称就业政策,是指就业政策和劳工市场政策,即通过就业指导、就业信息、帮助工人迁移和对劳动力的重新训练,促使青年和非熟练工人、失业者尽快找到工作,扩大就业量。

除此之外,新古典综合派还提出了浮动汇率政策、对外贸易管制和外汇管制政策、消费指导政策、能源政策、人口政策和农业政策等经济政策。

第三节　新凯恩斯主义

由于 20 世纪 70 年代出现的滞涨,使凯恩斯主义陷入了理论危机,70 年代兴起的新古典宏观经济学的学者们认为,凯恩斯主义经济学在理论上是不恰当的。他们断言,宏观经济学必须建立在厂商微观经济的基础上;他们主张,应当用建立在市场始终出清和经济行为者始终实现最优化的假定基础之上的宏观经济理论来取代凯恩斯主义经济学。

为了应对各学派对凯恩斯主义经济学的挑战,一个主张政府干预的新学派——新凯恩斯主义经济学适时兴起。这一学派是一个松散的联盟,其代表人物主要有曼昆、萨默斯、布兰查德、斯蒂格利茨和伯南克等人。他们既沿袭凯恩斯主义的传统,又肯定和吸收了新古典学派的部分观点,在此基础上形成自己的理论。

一、新凯恩斯主义的基本假设

新凯恩斯主义的基本假设包含四点,其中工资和价格黏性以及非市场出清是继承和发展原凯恩斯主义的观点,理性限制性预期和微观基础是肯定和吸收新古典经济学的理论。

1. 工资和价格黏性

原凯恩斯主义认为工资和价格具有刚性,即工资和价格确定后就不易变动,但是新凯恩斯主义提出一个限制相对弱一些的概念——黏性,即工资和价格确定后,如果其他条件发生变化后,工资和价格不是不能随之变化的,只是变化的过程非常缓慢。

新凯恩斯主义还区分了名义黏性和实际黏性,并提出各种理论进行解释。

(1) 名义价格黏性是指价格不能随着总需求的变化而迅速地调整,其原因是产品市场的不完全竞争。在解释名义价格黏性中,他们又提出了"菜单成本理论"、"交错价格调整理论"等。

(2) 实际价格黏性是指各种价格之间以及价格与工资之间的相对黏性,即一种价格对另一种价格、一种价格相对于一种工资之间的黏性。实际价格黏性的原因是企业的成本加成本定价。在解释实际价格黏性中,他们提出了"实际刚性和货币非中性"、"厂商信誉论"、"投入产出表"理论等。

(3) 名义工资黏性是指工资不能随着总需求的变化而迅速的调整,尤其是名义工资下降更困难。

(4) 实际工资黏性是指各种工资之间以及工资与价格之间的相对黏性,即一种工资对另一种工资、一种工资相对于一种价格之间的黏性。

2. 非市场出清

非市场出清假设是新凯恩斯主义最重要的假设。这一假设是新凯恩斯主义对原凯恩斯主义的坚持,也是新凯恩斯经济学与新古典宏观经济学的主要分歧。

非市场出清的基本含义是指当经济出现总需求冲击或总供给冲击后,工资和价格不能迅速调整到使市场出清的状态,缓慢的工资和价格调整使经济回到实际产量等于正常产量的状态需要一个很长的过程,而在这一调整过程中经济处于持续的非均衡状态。

新古典宏观经济学坚持市场出清假设,认为工资和价格具有充分的伸缩性,可以迅速调整。这样,通过工资价格的不断调整,使供给量与需求量相等,市场连续地处于均衡之中,即被连续出清。所以,新古典宏观经济学是把供给量和需求量相等的均衡看做经常可以得到的情形。而新凯恩斯主义坚持非市场出清假设,则供给量和需求量不相等的非均衡才是经济的常态。

3. 理性限制性预期

新凯恩斯主义借用了理性预期学派的"理性预期"概念,但又与之不同。新凯恩斯主义虽然并不认为人们最终能够准确地预期到现实的情况,但是他们也假设,为了自己的利益,人们会尽量收集信息,使自己的预测能够正确;收集的信息不仅涉及过去和现在,而且也涉及将来。

在理性预期学派看来,公众的理性预期会使政府政策无效。而新凯恩斯主义则认为,理性限制性预期在一定条件下,将使政府政策的效力大于与传统静态预期相联系的政策效力。例如,现期政府支出的增加将提高下期的国民收入;如果预期均衡也是凯恩斯主义的需求约束均衡,那么预期的劳动需求必将增加,这种劳动需求增加的预期将使人们预期将来收入增加,从而减少当期储蓄,因而增加当期总需求。总的来看,根据理性限制性预期概念,政府政策的效力是增强而不是减弱了。

4. 微观基础

新凯恩斯主义者也同意,宏观经济理论必须符合微观经济学的基本假设,特别是个人利益最大化的假设,即宏观经济学必须有其微观基础。

新凯恩斯主义吸收了传统微观经济学中厂商追求利润最大化、消费者追求效用最大化的原则,在探索市场缺陷时,试图用"摩擦"因素(如菜单成本、交易成本等)解释非市场出清和非均衡现象。新凯恩斯主义者在最大化原则假设下,分析了微观层次上工人和厂商在追求各自的私人利益时造成的严重社会后果,即微观层次市场失灵。

二、新凯恩斯主义的基本观点

1. 价格黏性及其调整理论

新凯恩斯主义认为产品市场的非市场出清与价格黏性相关。价格黏性假设是新凯恩斯主义关于经济周期和经济波动理论的出发点。新凯恩斯主义采用成本加成定价理论、菜单成本理论、交错调整价格理论及投入产出关联论等解释黏性价格问题。

(1) 成本加成定价理论。

新凯恩斯主义者认为,对大多数市场而言,都不是完全竞争的。假定制定价格的是不完全竞争厂商,厂商普遍采取成本加成定价[1],即在按生产能力 2/3 到 3/4 之间确定的平均成本基础上增加一定的比例。加价的幅度同企业的垄断程度有关,垄断性越强,加价幅度越高。如果行业中某个企业降低产品价格,那么得到好处的首先是消费者,其次是其他企业,其原因在于收入效应:该企业产品价格的降低使得消费者实际收入有所增加,进而对其他商品的需求也增加。这样,该企业不愿意降价。

---

[1] 据统计,70%以上的德国企业、60%以上的英国和美国企业均采用成本加成定价法制定产品价格。

（2）菜单成本论。

菜单成本论又被称为有成本的价格调整论。

菜单成本是指厂商每次调整价格要花费的成本，主要包括研究和确定新价格、重新编印价目表、通知销售点更换价格标签等，所有这一切变动都会花费一笔开支或费用，如同餐馆改变菜单价目表一样，所以，新凯恩斯主义者将这类成本称为菜单成本。尽管菜单成本的数值并不大，但是除了直接成本，还会给厂商带来一些其他不利之处，比如顾客感到麻烦和不快等。

由于经济中有一定垄断力的厂商是价格的决定者，能够调整产量从而控制价格，而菜单成本的存在，使厂商不愿意经常地变动价格，所以，名义价格有黏性。新凯恩斯主义者从厂商调整价格的成本与收益的比较角度进行了分析，认为如果改变价格的收益大于成本，厂商则调整价格；相反则调整产量保持价格不变。菜单成本的存在，使得厂商不愿意经常改变价格，于是出现价格黏性。

在价格有黏性的情况下，各厂商对需求变动的反应不是改变价格而是改变产量，因此，总产量会随着总需求的变动而变动，经济中就会出现大的波动。

（3）交错调整价格理论。

交错调整价格论认为，市场中各厂商要么在某一时点同时调整价格；要么在了解到其他厂商调整价格后再改变自己的价格，但没有一个厂商能坚持到其他所有厂商都调价后再改变自己的价格，所以，市场中各厂商调整价格的时间有先有后，形成一个交替调整价格的时间序列。这两种调整价格的方式前者称为同步调整价格，后者称为交错调整价格。

由于新凯恩斯主义认为市场是不完全竞争的，通过市场厂商不能获得完全信息，只能获得有限信息。为了实现利润最大化，厂商必须尽可能地收集完备信息，但是收集信息的成本随信息量递增。在这种情况下，交错调整价格就是一种以最小成本获取最多信息量的方式。因为交错调价方式使厂商不仅能获得比同步调价方式更多的信息，而且能将不断收集到的信息与现实经济情况进行对比分析，分辨出正确信息。只有这样，厂商的信息才能逐渐地逼近完全信息，从而确定出实现最大化利润的最优价位。

但是，采用交错方式调价的厂商一方面为了降低收集信息的成本，另一方面更重要的是厂商调整价格的行为更多地受制于相邻厂商行为而非经济的总体行为，因此，在作出调价决策时，主要看重同一行业的各厂商或同一小区域内不同行业的厂商等相邻厂商的信息，而不太注重经济总量信息。例如，大多厂商只会关注本地区局部需求的变动而不太关心全国总需求的变化状况。当总需求扩张受阻，产品价格本来应该下降时，由于相邻厂商产品价格都在上涨，厂商也必须参与这种区域性变相抬价运动，否则厂商利润就会减少。当然，为了防止操之过急的提价导致销售量大幅度下降，各厂商往往不会一步就把价格提得很高，一般会试探性地交替调整价格。在价格的动态调整中确定最优价格，其结果是区域性物价水平螺旋式地上升，并通过区际价格传导机制扩散到其他地区，导致全国物价总水平易升难降，名义价格有黏性。价格不能随总需求的变动而变动，这就恶化了总需求的波动。而当总需求改变而价格难以改变时，厂商对总需求的反应是改变产量，产量变动诱使劳动市场上对劳动的诱致需求改变，所以，总产量和总就业量都随总需求而变，经济中出现周期性波动。

（4）投入产出关联论。

投入产出关联论认为，在现代经济中由于生产力的提高和分工的发展，企业之间的投入产出日益紧密和复杂,任何一个企业的生产都不可能单独进行。从企业之间的相互联系看,直接或间接影响单个企业生产的企业很多,成百上千的企业直接或间接地为某个企业提供生产要素,某一企业一般仅知道直接供给生产要素的企业的价格决策,在这种情况下,单个企业要想预测需求变化对各类企业的直接或间接成本的影响,必须计算数以千计的需求价格弹性,这在目前的技术条件下几乎是不可能的。因此,企业最佳的行事方式是根据有直接要素供给关系的企业所提供的信息调整价格。需求的变化对单个产品的影响在错综复杂的投入产出链之间的传递十分缓慢。在这种情况下,即使总需求发生变动,单个企业在没有得到直接供应商价格变动通知之前,宁可保持自己的产品价格不变,以维持已经存在的相对价格比例。当所有企业都采取这种价格行为时,众多企业之间的投入产出联系就会出现成本的黏性,进而导致价格的黏性。

2. 工资黏性与工资调整的方法

工资黏性的主要原因在于交错调整工资、行业工会、效率工资等原因。

(1)交错调整工资理论。

劳动合同具有长期性,即合同具有期限,但是期限不是短暂的[①]。在合同期内,工资不能改变,从而工资具有刚性。

劳动合同具有分批到期的性质,即社会的全部劳动合同不可能是同时签订,也不可能同时达到终止期。只有到期的合同才能够调整工资,由于合同分批到期,在合同期内工资不能改变,工资调整的决策一般是交替地作出的。在一个时期内形成一个交替调整工资的序列。

交替调整工资使工资总水平有黏性。因为工人在与企业签订工资合同时,不仅要考虑以前的工资,而且还要考虑未来的物价水平,形成一个未来工作的期望值,工资的期望值又与总需求的变动有关。但是,一旦签订合同,总需求的变动不会影响未到期的工资合同,只影响那些到期合同的工资调整。所以,总工资水平有黏性。

名义工资黏性越大,对产出和就业的影响也越大。当国家试图稳定工资水平或理性预期要求工资稳定时,必须要求货币政策与总工资的增加相对应,信用的扩张必然导致通货膨胀。又由于货币与工资水平高度相关,超额需求波动剧烈,产出下降,对劳动的诱致需求也减少,失业增加。所以,高通货膨胀和高失业率并存。

(2)工会与工资黏性。

工会的存在,一方面,会导致劳动力市场的卖方垄断,他们会抵制工资的降低;另一方面,在工会行业中,劳资双方一般签订一定期限的合同,不同行业和厂商的劳动合同谈判和签订是不同步的;此外,在工资模式上,非工会的工人也会向工会工人看齐。所有这些都可能导致工资的黏性。

(3)效率工资与工资黏性。

为了保持工人的劳动积极性,厂商愿意支付比平均工资稍多的工资,否则可能会导致优秀工人流失或招聘不到优秀的工人,而且工人的劳动积极性不高。

另外,就业和失业之间也有差别。与厂商签订合同的人是已经就业的工人,即使失业工人愿意接受较低的工资,雇主也不会相信或不能联系到他们。

---

① 西方学者的研究表明,在美国占有决定性的行业中,劳动合同年限一般为三年。

3.信息不完全与信贷市场

传统经济学认为,信贷市场上起作用的是利率机制,当贷款需求大于供给时,利率会上升,反之亦然。市场供求相等时的利率是均衡利率,均衡利率使市场出清,贷款实现优化配置。信贷市场是有效的,政府没有必要进行干预。

而新凯恩斯主义认为信贷市场中信息是非对称性的,由于利率机制和贷款抵押机制的选择效应,资本市场不仅是储蓄者和投资者之间的媒介,而且还涉及由借贷双方之间关于投资项目的不对称信息而产生的各种问题,信息不对称形成了资本市场上独特的筹资手段——信贷配给,导致信贷市场失灵,从而需要政府干预。

信贷配给是指,即使在市场运行良好时,借款人也不能借到他所希望的那么多资金。这一概念有两层意思:一是信贷配给发生在一个人不能在现行利率水平借到他所想借到的那么多资金时;二是信贷配给发生在不同的借款者中间,一些人能够借到而另一些人却不能借到资金时。

信贷市场上借方和贷方的信息是不对称的,是个信息不完全的市场。作为借方的厂商比作为贷方的银行在未来还款情况方面拥有更多的信息:所贷款项投资的项目情况、投资的风险和期望的收益情况、拖欠贷款的可能性等。在这些方面,厂商是信息的优势方,银行是信息弱势方,银行只能根据项目的平均收益和以往的经验来推断厂商的投资收益,对厂商的投资风险知之甚少,更无法分辨出哪些厂商具有较高的还款能力和意愿。在这种情况下,信贷市场很容易出现道德风险和逆向选择。

道德风险是指当借贷双方之间签订一个允许破产的债务合同且双方所掌握的信息不对称时(作为借方的厂商对投资项目的收益和风险等信息较作为贷方的银行充分),银行提高利率会增加厂商进行风险投资的刺激。

逆向选择是指银行为了降低风险,不一定以高利率向风险偏好者放贷,而更可能有选择地以较低利率向风险厌恶者放贷,这是由于利率提高时,更加厌恶风险的个人会从借款队伍中退出,而不太厌恶风险的人则会涌入借款队伍,这些偏好风险的人越可能选择破产机会更大的风险项目,从而增加银行承担的风险。

(1)银行最优利率的确定原则。

新凯恩斯主义者认为,利率与银行的预期收益之间有两种关系。

利率与银行的预期收益之间存在正方向的变化关系,提高利率能增加银行贷款的收益,它是利率对银行收益的直接影响,这是正向选择效应。

利率与银行的预期收益之间也存在反方向变化关系:高利率会使那些有良好资信的厂商不再申请贷款,而那些资信度很低、乐于从事风险投资的厂商会继续申请贷款,由于道德风险的存在,这些借款者将款项运用到高风险的活动中。即利率水平越高,特定借款者不还贷款的可能性越大,这既可能是由于他采取了风险更大的行为并伴随着更高的失败率,也可能由于他愿意承受不还贷款(破产)的成本,从而间接导致银行收益下降。这是反向选择效应。

新凯恩斯学派认为,银行可以根据利率的正向选择和反向选择效应来确定银行的最优利率。最优利率的确定原则是使此水平利率的正向选择效应等于反向选择效应,即正向选择效应和反向选择效应相抵消时的利率是银行的最优利率,这时银行收益达到最大化。

当银行贷款利率很低,低到所有从事安全项目投资的借款者都愿意申请贷款时,偏好高风险的借款者和偏好低风险从事安全投资的借款者都申请贷款,低利率鼓励借款者从事低风险项目投资以取得可靠的收入。这时,无论是高风险借款者还是低风险借款者都愿意从事安全性项目投资,各类借款者还款概率都很高,此时,只有利率的正向选择效应在起作用。

随着利率水平的不断提高,利率的激励效应诱导借款者去从事有较高风险和较高收益项目的投资,偏好低风险的借款者逐渐退出信贷市场。由于剩下的借款者中投资高风险项目的投资比较多,从而借款者投资失败拖欠贷款的概率也增大,银行贷款风险也随之增大,银行的预期收益也随之减少,此时,利率的正向选择效应和反向选择效应都在起作用。

当利率的正向选择效应大于反向选择效应时,银行贷款会因还款概率的下降而受到部分损失,但银行总收益还是呈上升趋势,银行总收益随利率的提高而递增。在利率连续提高的过程中,利率的正向选择效应递减而反向选择效应递增,银行总收益的上升势头会随着反向选择效应越来越大而受到阻遏。当利率提高到某一水平后,偏好低风险的借款者全部退出信贷市场,此时,利率的反向选择效应超过正向选择效应,企业拖欠贷款的概率显著增大,银行贷款风险剧增,银行收益将随利率的增加而递减。

显而易见,正向选择效应和反向选择效应相抵消时的利率是银行的最优利率,此时,银行收益达到最大化。

(2)信贷配给。

根据上述原则确定的银行最优利率通常不等于信贷市场出清时的均衡利率,此时的信贷市场将出现配给效应。

当信贷市场中对资金供不应求时,市场出清的均衡利率就会提高,市场均衡利率高于银行最优利率。为了实现利润最大化,银行会理性地以低于市场利率的最优利率贷款而不是按照较高的市场利率贷款,因为在这种情况下按市场利率贷款会增加利率的反向选择效应,使借款者的还款概率降低,银行的贷款风险加大,导致银行收益下降。如果银行以最优利率贷款,虽然利息收入低一些,但是借款者还款概率高,贷款风险小,银行收益比较高。因而,银行理性行事的方式是:以低于市场利率的最优利率贷款,同时以配给方式部分满足市场对贷款的需求,利率机制与配给机制同时发挥作用。实行信贷配给时,银行优先给那些资信度高的借款者贷款,鼓励从事低风险投资的借款者多贷款,限制或不给高风险借款者贷款,即逆向选择。所以,在信贷市场上有些借款者即使愿意支付高于银行规定的利率也可能得不到贷款。

因此,不完全信息的信贷市场通常是在利率与配给的双重作用下达到均衡的。只有在极其偶然的情况下,市场出清的均衡利率才与银行最优利率相吻合,信贷市场在利率的单独作用下处于唯一的均衡状态。

可见,信贷市场出现配给,是自由信贷市场中银行依据利率的激励效应和选择效应,为实现利润最大化目标而理性行事的结果,而不是国家干预的产物。利率的提高可能引起银行和借款者采取相反行动:借款者愿意从事高风险项目投资,但刺激银行对贷款的超额需求采取配给,而不是轻易地提高贷款利率。银行通过信贷配给使信贷市场达到均衡,市场中实际利率已不是使市场出清的均衡利率。实际利率通常小于均衡利率,它不能作为反映信贷市场供求状况的指标。也正因为此点,中央银行货币政策的重心唯一地定位在利率指标上便有其不合理的一面,信贷配给应该成为货币政策发挥作用的另一渠道。

在充分考虑银行厌恶风险的行为之后,新凯恩斯主义者进一步指出,抵押贷款和其他非价格配给机制也不能消除信贷配给的可能性。虽然不断增加的抵押品要求会增加银行的收入,但是,对于那些风险厌恶者而言,抵押品要求可能使其更不倾向于冒风险,更加不愿意借高利率贷款。另一方面,风险追求者则会采取更加冒风险的计划,并愿意付出更多的抵押品。于是,贷款者(银行)会发现,对抵押品要求超过某点之后,收入会降低。

新凯恩斯主义的信贷配给论指出,由于信贷市场中利率机制和配给机制同时作用,信贷市场机制失灵,只有政府干预才能纠正市场失灵。

4.认为货币非中性,否认新古典学派的二分法

(1)价格黏性下的货币非中性。

新凯恩斯主义经济学派的经济学家认为,当价格具有黏性时,货币是非中性的。

中央银行减少货币供应量,使总需求减少,此时,由于价格黏性的存在,价格变动调节需求的作用无从发挥,从而市场上出现过剩产品,市场不能出清。当市场不能出清时,产品大量积压,最终迫使企业削减产量,以适应需求的变动,产量的削减伴随着对劳动需求的减少,失业增加。

相反,中央银行增加货币供应量,使总需求增加。由于价格具有黏性,市场上出现了产品的供不应求,市场处于非均衡状态,此时,只要市场上还有闲置的资源,企业就会扩大生产,增加对劳动力的需求,使产量、就业量同时增加。可见,货币量变动后,企业不改变价格而变动产量,导致经济的大幅波动,可见货币是非中性的,至少在短期内是这样。

(2)工资黏性下的货币非中性。

新凯恩斯学派认为,当工资具有黏性时,货币是非中性的。

中央银行增加货币供应量使物价总水平上升时,由于工资具有黏性,可以相对降低工人的实际工资。当工人实际工资降低时,降低了产品成本中的工资成本,单位工资的产出就会增加,企业利润也相应增加。企业利润增加后,就会扩大产量以谋取更大的利润,这样就会雇用更多的工人,促使就业率上升。

相反,当中央银行减少货币供应量使物价总水平下降时,由于工资具有黏性,使工人的实际工资相对提高。当工人的实际工资提高时,单位工资产出就会减少,这就增加了产品成本中的工资成本,企业利润减少甚至有发生亏损的可能。此时,企业会缩减产量以免发生更大的损失,从而使失业率上升。由此可见,只要存在工资的黏性,货币量变动后,产量、就业量等实际变量都会发生相应的变动,货币就是非中性的。

总之,工资黏性和价格黏性理论是新凯恩斯主义经济学派理论体系的核心内容,它在为原凯恩斯主义提供微观经济基础的同时,坚持了原凯恩斯主义的中心论点:市场是非出清的,宏观经济政策是有效的,从而为国家干预经济的学说重新争得了一个生存和发展的空间。但是,新凯恩斯学派的工资与价格黏性理论并不系统和完善。

5.经济滞胀理论

面对20世纪60年代末、70年代初日益严重的经济滞胀现象,新凯恩斯学派的一些经济学家——林德贝克、萨默斯、夏皮罗、斯蒂格里茨等,创建了劳动市场理论,在经济主体效用最大化和理性预期的基础上推导工资黏性的同时,又论证了非自愿失业的存在。其中的效

率工资论、失业滞后论较好地解释了经济滞胀的原因。他们认为,当劳动市场中较高的效率工资发挥作用时,非自愿失业则不可避免。而较高的效率工资水平增加了商品的成本,促使物价水平提高,于是通货膨胀与失业并存,经济滞胀现象出现。失业滞后说则用一个局内人-局外人模型,说明失业率会持续,实际的就业率对均衡就业率有影响。当实际就业率偏离均衡就业率时,市场机制不会驱动就业率再回到均衡就业时的水平。

三、新凯恩斯主义的政策主张

1. 温和、适度、粗调的政府干预理论

新凯恩斯主义和原凯恩斯主义一样,都提出非市场出清假设,认为没有政府干预的市场机制必然会导致经济波动与失业,因而都强调国家干预,坚持认为国家干预经济不仅是必要的,而且是有效的。

在坚持国家干预的政策取向下,新凯恩斯主义经济学派在经济政策主张上的特点主要表现在以下几个方面。

(1) 温和性。新凯恩斯主义经济学派赞成新古典综合派的相机抉择的政策主张,但更倾向于一种较为温和的表述方法,即没有紧缩政策,通货膨胀会更加严重;没有扩张政策,失业会更加严重。

(2) 适度性:新凯恩斯主义经济学派在运用大量模型论证工资、价格黏性的基础上,提出了市场失灵。为消除市场失灵,政府应该对经济进行适度干预。政府经济政策的着力点在于抑制工资、价格的黏性,以修复失灵的市场机制,从而稳定经济,增进社会福利。因此,强调微观经济基础的新凯恩斯主义经济学派更加强调市场机制的作用,主张"适度"的国家干预。在政策操作上,他们针对新古典综合派倡导的"微调"(fine-tuning)政策,设计出"粗调"(coarse-tuning)政策,以抵消或避免宏观水平波动的问题。

(3) 原则性:新凯恩斯主义经济学派通过数学模型推导出许多公式化的经济对策,但极少把这些对策具体化,给出具体可操作性的经济政策主张。这些政策建议的相对原则化有利有弊,好处在于弹性较大,可以灵活运用;但却不便于政策执行者实际运作。在经济政策主张方面,新凯恩斯主义经济学派在财政政策上基本遵循原凯恩斯主义经济学派的政策主张,无根本创新之处;而在价格政策、人力政策和货币政策方面,他们的政策主张具有一定的独到之处。

2. 抑制价格黏性,修复市场机制

新凯恩斯主义的价格黏性论认为:只有当价格具有充分弹性时,市场失衡才能够迅速得到纠正,达到市场出清,使社会资源得到充分利用。但是当价格有黏性时,市场总需求小于总供给的情况下价格不会迅速下降,从而产品大量积压,市场不能出清,厂商被迫削减产量。导致产量出现大幅度波动,社会资源也不能得到充分地利用。

因此,新凯恩斯主义提出的政策建议的主旨是抑制价格黏性,使价格富有弹性,以修复失灵的市场机制,稳定总产量。他们根据菜单成本论,主张国家推行抑制价格黏性使价格较有弹性的政策,根据交错调整价格论提出制定能诱导厂商实行同步调整价格的政策,减少经济中的交错调整价格,以克服物价总水平的惯性。应该说,这些政策建议抓住了问题的关键,是比较合理的。然而,令人遗憾的是,它们都过于原则化,没有提出具体的政策措施。这

些原则性的政策建设虽然给新凯恩斯主义者留下了相当大的回旋余地,却不便于政策执行者进行实际运作。

3.国家干预劳工合同,增加工资弹性,减少失业

新凯恩斯主义在微观经济学基础上阐释了工资黏性和失业问题,并提出了若干关于工资就业的政策。其就业政策着眼于增加工资弹性,减少失业。他们认为政府应更多地考虑长期失业者的利益,为他们多提供就业机会;国家应当干预劳动工资合同;货币政策应使得工资较有弹性,以提高就业率。

(1)软化工作保障法规,以便减低雇佣和解雇劳工的流转成本。

(2)改良劳资关系,以便减少罢工的可能性。

(3)再培训局外人,以便增进他们的人力资本和边际产量。

(4)改善劳工流动性的政策,例如住房市场。

(5)劳资利润分享,以使工资具有更大灵活性。

(6)再设计失业补偿制度,以便鼓励寻找工作。

在西方国家中,政府对微观层面的企业行为只有监管权限,在大多数情况下不能强制性干预,经济中的劳动工资合同既多又分散,政府不可能对每份合同都进行监督,只能通过法律规范劳动工资合同的签约。希望政府直接干预劳动合同在现实中难以做到。

4.国家干预信贷市场,利用贷款补贴或贷款担保降低市场利率

在市场机制失灵时,价格对总需求变化的反应过于迟钝,仅凭市场机制不能逆转总需求的冲击,经济处于无效率状态。这时,只有政府干预,推行与需求变动相适应的货币政策、工资政策和价格政策,才能改变经济中的无效状态,推动经济向产出的均衡状态运动。

为了实现稳定产出的目标,政府最优的货币政策是:货币量的调整与影响价格的实际扰动相适应,与引起价格变动的名义扰动反向行事。然而,这两种政策对雇员的影响是不同的,前者意味着产出稳定时,雇员工资不太稳定,而后者意味着产出不稳定时,雇员工资比较稳定。

新凯恩斯主义的信贷配给论认为:在信贷市场中,利率机制和配给机制都在起作用。银行通常不是采用提高利率的办法,而是运用配给的方式使信贷市场达到均衡,所以,政府从社会福利最大化出发,应该干预信贷市场,利用贷款补贴或提供贷款担保等手段去降低市场利率,使那些有社会效益的项目能够获得贷款。

信贷配给论提出的政策建议既简明,又比较具体,还有一定的可行性,按照该建议的政策行事,资金流向趋于合理,并且在考虑银行利益的同时又兼顾厂商利益,比较符合市场经济条件下利益主体多元化、多元化利益主体追求各自利益最大化的原则。

第四节 货币学派

第二次世界大战后,美、英等发达资本主义国家长期推行凯恩斯主义扩大有效需求的管理政策,虽然在刺激生产发展、延缓经济危机等方面起了一定作用,但同时也引起了持续的通货膨胀。

弗里德曼从20世纪50年代起,以制止通货膨胀和反对国家干预经济相标榜,向凯恩斯

主义的理论和政策主张提出挑战,并形成了自己的理论,称为货币主义(monetarism)或货币学派。自20世纪60年代末期以来,美国的通货膨胀日益剧烈,特别是1973—1974年在所有发达资本主义国家出现的剧烈的物价上涨与高额的失业同时并存的"滞胀"现象,当时的主流学派——新古典综合派无法作出解释,更难提出对付这一困境的对策,于是货币主义开始流行起来,并对美、英等国的经济政策产生了重要影响。货币学派的代表人物除了弗里德曼外,其他主要代表人物有美国的哈伯格、布伦纳和安德森等人,英国的莱德勒、帕金、罗宾斯和沃尔特斯等人。

布伦纳于1968年使用"货币主义"一词来表达这一学派的基本特点,此后被广泛沿用于西方经济学文献之中。

按照弗里德曼的总结,货币主义的主要观点可以概括为如下七点。

(1)货币数量的增长率与名义收入增长率有着保持一致的关系,如果货币数量增长很快,名义收入增长也会很快,反之亦然。货币流通速度尽管可以改变,但是完全能够预测。

(2)货币数量增长的变化对收入发生影响和作用需要一段时间,即有一个时间的滞后过程。

(3)货币量变化只在短期内影响产量;在长期中,货币数量的增长率只会影响价格,产量则是由一系列实际因素(如产业结构、节俭程度等)决定的。

(4)通货膨胀随时随地都是一种货币现象,也就是说,如果货币数量的增长快于产量的增加,就会发生通货膨胀;如果政府支出是通过印发货币(钞票)或银行信贷取得的,并且导致货币数量增长率超过产量增长率,那么,政府的财政政策就是通货膨胀政策。

(5)货币数量变化并不会直接影响收入,它最先影响的是人们的资产选择行为。货币数量增加时,现行资产(债券、股票、房地产、其他实物资本)的价格就会上升,利息率就会下降,鼓励人们扩大开支,最终导致产量和收入增加。

(6)货币数量增长加速时,起初会降低利率,但是,由于它会刺激人们增加开支,导致价格的上涨,引起借贷需求的增加,又会促使利率上升。货币数量与利率之间这种步调不一致的变化关系表明:利率不是制定货币政策的好向导。

(7)货币政策是十分重要的,但在制定货币政策时,重要的是控制货币数量,并应该避免货币数量的变化率大幅度地摇摆。明智的政策是让货币数量在一定时期内按某种规则稳定地增加,即执行"单一规则"的货币政策。

一、货币学派的思想渊源

货币学派的思想渊源是西方经济学中的传统货币数量论,其核心思想是:量所决定的。货币数量增加,物价随之正比上涨,而货币价值则随之反比下降;反之则相反。

最先提出这一理论的是法国重商主义者J.博丹。15世纪末至16世纪初,由于南美洲金银大量流入欧洲,致使欧洲市场物价上涨,货币贬值(史称"价格革命")。博丹认为,白银流入是货币价值低落的原因,货币的价值、商品的价格取决于货币的数量。以后意大利经济学家万萨蒂和G.蒙塔纳里、英国哲学家洛克、法国哲学家孟德斯鸠,以及后来英国哲学家休谟、经济学家李嘉图、哲学家密尔等都阐述过类似观点,但是都没有形成一个完整的体系。20世纪初,货币数量论得到进一步的发展,其中主要有美国经济学家费雪提出了现金交易论,英国剑桥学派创始人马歇尔及其门徒庇古提出现金余额数量说,使货币数量论形成一个完整的体系。

美国耶鲁大学的经济学教授费雪是传统货币数量说中最有影响的人物。受凯默尔在1907年出版的《货币和信用工具与一般等物价的关系》中对于信用和物价水平关系的研究的启发。费雪1914年出版了《货币的购买力》一书,提出了著名的"交易方程式"。自此,传统的货币数量论开始形成一个较为完整的理论体系。其交易方程式为

$$P = MV/T \quad 或 \quad MV = PT$$

式中,P 表示社会平均物价水平,T 表示社会交易总量,M 表示货币数量,V 表示货币流通速度。

如果考虑银行存款因素,设 M' 为银行存款,V' 为银行存款流通速度,当银行存款通过信用渠道进行流通影响物价水平时,上述方程式可变为如下形式:

$$P = \frac{MV + M'V'}{T} \quad 或 \quad MV + M'V' = PT$$

费雪认为,在包括银行存款在内的交易方程式中,直接影响物价水平的因素有五个,其中货币和银行存款的流通速度是由社会的制度和风俗习惯等因素决定的,在长期内相当稳定;同时在充分就业条件下,社会的商品和劳务的总产量乃至社会总交易量也是一个相当稳定的因素。费雪由此断言,在货币的流通速度与社会商品和劳务量不变的条件下,物价水平是随着流通中货币数量的变动而成正比例变动的。因为费雪的理论所强调的是,在商品和劳务的交易中,货币有流通手段和支付手段的作用,所以费雪的理论被称为"现金交易数量说"。"现金交易数量说"成为了弗里德曼的现代货币数量论思想的直接来源之一。

英国剑桥学派的创始人马歇尔则十分强调货币作为储藏手段的作用和职能。他认为货币不但具有随时购买商品的能力,也具有储存起来留待以后使用。他从人们手中所愿意持有的货币数量的角度来分析货币与物价水平的关系,提出了"现金余额数量说"。1917年,英国剑桥大学经济学教授庇古在马歇尔理论的基础上,提出了"剑桥方程式",即

$$M = KPy$$

式中,M 表示人们手中持有的货币数量,Py 表示以货币计算的国民生产总值,K 表示人们手中持有的货币数量与以货币计算的国民生产总值的比例。

显而易见,"剑桥方程式"中的 K 等于"交易方程式"中 V 的倒数($1/V$)。两个方程式所反映的基本观点——物价水平与货币数量成正例变化——是一致的,所不同的是"交易方程式"强调货币在支付过程中的作用(货币供应量的作用),而"剑桥方程式"则强调人们手中持有现金的作用(货币需求量的作用)。在"现代货币学派"的理论中,尤其是在弗里德曼的货币需求理论中,可以明显地看出剑桥学派特别重视货币需求分析这一理论传统对现代货币数量论的影响。

另外,凯恩斯以灵活偏好为基础的货币需求理论也对弗里德曼的货币理论产生了相当重要的影响。凯恩斯提出如下货币需求函数:

$$\left(\frac{M}{P}\right)^D = L(y, r) = L_1(y) + L_2(r)$$

式中,$\left(\dfrac{M}{P}\right)^D$ 表示实际货币需求数量,M 表示名义货币量,P 表示价格水平,L 表示总货币需

求量，L_1 表示货币交易需求量，L_2 表示货币投机需求量，y 表示实际总产出或总收入，r 表示利率。

货币交易需求量 L_1 大致上是实际收入 y 的一个稳定的增函数，货币投机需求量 L_2 是利率的减函数，也就是说与利率成反方向变化，凯恩斯的货币需求函数在结构上形成了弗里德曼货币需求函数的基本框架的来源。只是凯恩斯的货币需求函数只包含货币与证券两类资产，而弗里德曼的货币需求函数中包含更多的资产种类。

现代货币学派的另一个直接的理论来源是 20 世纪 30 年代前后形成的以劳夫林、奈特、西蒙斯、明茨等人为代表的早期芝加哥学派的经济理论。根据弗里德曼的自述，在 20 世纪 30 年代经济大危机后，凯恩斯革命性的著作使得传统的"货币数量说"理论黯然无光，许多货币学者纷纷背弃传统的货币数量说，在这种形势下，芝加哥大学是当时少数依然讲授货币理论与政策的大学之一。

西蒙斯和明茨等教授的货币理论与政策，其内容已经开始摆脱机械式的货币数量学说，形成一种能解释经济活动现象并提供政策建议的分析工具。其主要特点主要有以下几点。

(1) 坚持货币数量说的传统，重视货币理论的研究。他们不像传统的货币数量论那样单纯用货币数量解释物价的波动，但是都坚持"货币至关重要"这一理论研究方法，承认物价水平与货币数量之间存在着重要的联系。

(2) 主张自由主义，反对政府干预，鼓吹市场机制的调节作用。芝加哥学源坚持自由放任的传统，认为市场机制的自发调节能够使社会经济趋向均衡。

20 世纪 60 年代后，当凯恩斯主义经济学日益陷入困境时，芝加哥学派的传统又逐步受到经济学家的重视并重新崛起。

二、货币学派的基本理论

(一)新货币数量论

弗里德曼在 1974 年出版的《米尔顿·弗里德曼的货币理论结构批评》一书中，详细阐述了他的货币统计分析和对这种分析检验的"总的理论结构"，在 1982 年出版的《美国和英国的货币趋势》一书中，对其货币数量论进行了补充。费弗里德曼的理论是以一个封闭经济或与此相当的使用统一货币的国家经济为研究对象。

1. 名义货币量和实际货币量

弗里德曼认为，价格是把名义货币数量与实际货币数量联系起来的桥梁，名义货币量 M 是以任何一种被用来代表货币的单位所表示的货币数量。美元、英镑等都是货币单位。实际货币量 m 是以货币能够购买到的产品和劳务的量来表示的货币数量。名义货币量除以价格指数等于实际货币量，即 $m = M/P$。

对于货币持有者来说，真正有意义的是他所持有的实际货币数量，而不是名义货币数量。在高通货膨胀的情况下，较多的名义货币只能购买很少的商品和劳务，实际货币量很少。人们关心的是货币的购买力，因此实际货币数量对持币者来说是最重要的。

存在一个人们在任何既定情况下所希望持有的相当确定的实际货币数量。在名义货币数量没有变化时，最初的名义货币余额的多余部分会通过价格的上升造成个人持有的实际货币数量减少,或者通过产出的增加使流通中需要的货币量增加,对名义货币数量需求的增加导致个人持有的实际货币数量减少。在最初名义货币余额不足时,会有相反的过程发生,从而使个人持有实际货币维持在一定的水平上。显然,人们希望持有的实际或名义货币量的变化都可能造成价格和名义收入的变动。

弗里德曼在同意货币数量论观点的同时,还指出了两点:一是实际货币持有量的变动通常是缓慢进行的,或者是一系列货币供给变动的结果,相反,名义货币供给量的显著变化可以经常地独立于需求的变化而发生;二是对名义收入和实际经济活动水平短期变化的影响而言,货币数量的变化是主要的因素。

2.实际货币需求

弗里德曼认为应区分财富的最终持有者与企业对货币的需求。财富的最终持有者手中的货币是他们选择自有财富的一种形式,企业持有的货币是生产者手中的商品,就像机器和存货。

(1)财富最终持有者的货币需求。

弗里德曼在吸收和修正凯恩斯灵活偏好理论的基础上,从剑桥方程式中推导出新货币数量论,并于 1956 年在《货币数量——重新表述》一文中提出如下货币需求函数:

$$\frac{M}{P}=f\left(y,w,r_m,r_b,r_e,\frac{1}{P}\frac{\mathrm{d}P}{\mathrm{d}t},u\right)$$

即财富最终持有者的货币需求是以下各变量的函数。

① 总财富 y,现实经济中总财富难以估计,但可以用永久性收入作为衡量财富的指标。永久性收入是所有影响货币需求的变量中起主导作用的变量。

弗里德曼把消费者的收入分为永久性收入和暂时性收入。所谓永久性收入,是指消费者从自己所拥有的物质资本(货币、债券、股票、实物资产)和人力资本中,在长期内能经常得到的,带有永久性和规则性的收入流量,比如个人工资;而暂时性收入,是指消费者在短期内得到的,非连续的和带有偶然性的现期收入,比如某人买彩票中奖获得的收入。

弗里德曼认为,强调把收入作为财富的一种代表,而不是作为衡量货币运行情况的尺度是现代货币需求论与传统货币数量论的根本区别。由于人们在自己的总财富中,总是习惯性的要按照一定的比例以货币的形式将财富保存在自己手中,所以总财富是决定货币需求的一个重要因素,而现实中,总财富是无法测量的,可以用人们的收入来表示,但由于现期收入是不稳定的,不能确切代表个人总财富,只有永久性收入才相对稳定,基本上可以反映财富的情况。在实证研究中,一般用一个人一生中的平均收入作为永久收入的代表变量,由人们事实上所取得的收入的加权平均数来代表,时间越近,权重越大。

弗里德曼认为,财富最终持有者的货币需求是个人永久收入的增函数,即个人永久收入增加,所需货币数量会增加;个人永久收入减少,所需货币数量也会随之减少。

② 非人力形式存在的财富份额 w,即非人力财富获得的那一部分收入(或财产收入)占永久收入的比例。

弗里德曼将人们的财富分为非人力财富和人力财富。非人力财富是指物质财富,包括货币持有量、债券、股票、资本品、不动产、耐用消费品等;人力财富是指个人赚钱的能力。弗里德曼认为,尽管从理论上讲,这两种财富形式可以相互转换,但是在实际生活中,由于制度的限制,转换非常困难,尤其是人力财富向非人力财富的转换。因为要使个人赚钱的能力真正转换成现实中的货币或其他形式的财富,往往不如物质财富带来的收入稳定、可靠,而且物质财富可以作为抵押取得借款,变现能力比较强,因此,非人力形式存在的财富是决定货币需求的重要因素之一。

一般而言,财富最终持有者的货币需求是 w 的减函数,即 w 的数值越大,对货币的需求越少;反之,w 的数值越小,对货币的需求越大。

③ 各种非人力财富的预期收益率,包括预期的货币名义收益率 r_m、预期的债券名义收益率 r_b 和预期股票收益率 r_e,这些变量都会影响持有货币的机会成本。

与凯恩斯的观点不同,弗里德曼认为,人们选择保存财富的形式,除了货币和债券外,还有股票、资本品、不动产、耐用消费品等。

一般来说,如果各种资产预期收益率越高,保持货币的机会成本越大,人们愿意保持的货币就越少,即货币需求量会比较少;反之,如果各种资产预期收益率越低,保持货币的机会成本就越小,人们愿意保持的货币就越多,即货币需求量会比较多。因此,货币需求量是各种资产预期收益率的减函数。

但是,在实际生活中,各种资产预期收益率的变动对货币需求的影响有时可以相互抵消,总的来看,这些变量对货币需求的影响不大,或者大体不变。

④ 预期的价格变动率 $\frac{1}{P}\frac{dP}{dt}$。预期的价格变动会影响人们持有货币的机会成本。当通货急剧变动时,各种商品的价格会随之剧烈波动,静态的物质财富就会给持有者带来收益或损失。例如,发生通货膨胀时,商品价格上涨,通货贬值带来的损失就是持币的机会成本。因此,物价上涨越快,持币的机会成本越高,对货币的需求越少,即货币需求是 $\frac{1}{P}\frac{dP}{dt}$ 的减函数。因此,物价变动率 $\frac{1}{P}\frac{dP}{dt}$ 也是影响货币需求的因素之一。

⑤ 除收入以外的一些影响货币需求的因素 u。主要是指流动性偏好及其他一些技术因素。

(2) 企业的货币需求。

弗里德曼认为,总财富组成对企业不能构成约束,企业的生产资产中的资本总数,可以通过资本市场获得追加资本,因而是由企业收益最大化决策决定的变量。由于企业在市场上既可以购买人力形式的财富,也可以购买非人力形式的财富,所以,两者的差别对企业来说没有什么意义,w 没有必要纳入企业的货币需求函数。因此,企业对货币的总需求是预期的货币名义收益率 r_m、预期的债券名义收益率 r_b、预期股票收益率 r_e、预期的商品价格变动率 $\frac{1}{P}\frac{dP}{dt}$、总财富 y 以及除收入以外的一些影响货币需求的因素 u 的函数。

弗里德曼认为,货币需求函数是一个稳定的函数,意指人们平均经常自愿持有的货币数量,与决定它的为数不多的几个自变量之间,存在着一种稳定的,并且可以借助统计方法加以估算的函数关系。他在 1963 年出版的《1867—1960 年美国货币史》一书中估算出两个经验数据。一个数据是货币需求的利率弹性为 -0.15,即利率增(减)1%,人们对货币的需求量减少(增加)0.15%,于是认为利率的变化对货币流通速度的影响是微不足道的;另一个数据是货币的收入弹性为 1.8,即人们的收入增(减)1%,对货币的需求量增(减)1.8%,这就意味着从长期趋势来看,货币的收入流通速度将随着国民收入的增长而有递减的趋势。

3. 货币供给

名义货币定义包括通货 C、商业银行的活期和定期存款 D。国家货币当局决定的基础货币量 H、银行存款准备金率(银行存款 D 与存款准备金 R 的比率 D/R)以及公众存款通货率(公众存款与公众持有的通货的比率 D/C)是影响货币供给的三个主要因素。

从长远来看,基础货币量是引起货币存量变动的主要因素。在金融危机时期,存款准备金率和存款通货率是决定货币变动的主要因素。

实际货币量是由名义货币供给量与货币需求量之间的相互作用决定的,而它最终是由需求决定的。

4. 货币传导机制

弗里德曼认为,实际量与预期量应该区分开,名义数量与实际数量也应该区分开,货币量的变化对经济的影响仅限于对名义收入的影响。如果产出和货币数量都增长 3%,名义利率为 4%,货币流通速度和价格都是稳定的,此时货币的增长率从 3% 上升到 8%,那么,会产生以下三种主要的效应。

(1)初期的冲击效应。

初期的冲击效应由流动效应和第一轮可贷基金效应组成。流动效应是指,在货币量增加后,公众持有的超额现金增加,现金持有者发现他们的资产构成已经失调,就会试图调整资产结构。在资产调整过程中,会哄抬其他资产的价格,并迫使利息下降。第一轮可贷基金效应是指名义货币量变动与利率变动的效应,即货币增长率上升以后,可以看做是商业银行公开市场业务的结果,公开市场业务必然增加商业银行的储备金,引致商业银行更迅速地扩大贷款和投资业务,可贷资金的增长使利率下降。

(2)中期的收入-价格效应。

上升的货币余额和较低的利率会刺激社会支出,支出又会影响价格和产出。这些效应反过来又会影响货币需求。在价格保持不变的情况下,名义收入迅速增加会导致实际收入的加速增加,实际收入加速增加会引起现金余额需求和贷款需求的提高,从而利率会提高,逐步抵消初期流动效应和第一轮可贷基金效应。

弗里德曼认为,中期的收入效应的存在不是像凯恩斯所说的那样,最初的流动性效应与贷款资金效应会导致较低利率,较低的利率刺激投资,企业投资反过来对开支产生乘数效应。实际上,矫正资产结构失衡的企图,会提高劳务来源的价格,导致原有劳务和新增劳务的开支增加。公布的利率仅是一个利率集合中的几个,许多隐含的和可观察的量受货币增加的影响。在任何情况下,较高的货币增长率在经过一段时间后,会趋于提高名义支出的增长率,从而提高名义收入增长率。

(3)长期价格预期效应。

冲击效应和收入-价格水平效应共向作用会使公众形成一个价格变动预期,即形成价格预期效应。弗里德曼认为,8% 的货币增长率能够与 8% 的名义增长率相适应,其中 5% 是物价上涨率,3% 是实际收入增长率。于是公众产生通货膨胀预期,贷款者要求较高的利率,否则,贷款者在通货膨胀率为 5% 时如果名义利率仍为通货膨胀前的 4%,他得到的利率是负值,即−1％。此时,借款者也愿意支付较高的利率,导致实际利率回到原来的水平,而名义利率高于初始水平。

综合以上几点,弗里德曼得出以下几点结论。

① 货币传递机制的内容包括初始流动效应和可贷资金效应、随后的收入效应和最后的价格预期效应。

② 针对货币变动而进行的调整要用很长的时间,影响许多经济变量。如果调整过程是迅速的、直接的和机械的,从一些不完整的数据中也能得出,货币作用是显而易见的。如果调整过程是缓慢的、迟延的和变幻不定的,原始的数据可能会误导人们,应该除去那些随机因素,从中找出本质性的规律来。

③ 货币作用过程中的短期均衡是由调整过程决定的。在短期调整过程中,名义货币需求变动率与名义货币供给变动率之间的差异,导致名义收入变动率脱离它的长期值。名义收入的这种变化既可以表现在价格上,也可以表现在产量变化上。名义收入调整的速度是实际值与预期值之间差异的函数。

④ 长期均衡被定义为没有实际值和预期值之间的差异。在长期均衡状态下,所有的预期都可以实现,实际量与预期量相等。

⑤ 短期调整过程与长期均衡状态之间的转变是通过预期值的修正而产生的。货币增长率的变动会造成实际值与预期值有差别,这种差别随着时间的推移而消失。

(二)自然率假说

货币学派提出的自然律假说认为,当劳动力市场在竞争条件下达到均衡时,如果没有货币因素的干扰,市场上仍然存在一定数量的失业,并不是所有工人都已就业。原因是部分工人觉得现行的工资太低而不愿意工作(自愿失业者),部分工人则在可能不满意当前工作辞职后正在寻找新的工作(摩擦失业者)。自愿失业和摩擦失业人数与全体劳动力总数的比率称为自然失业率。相应地,这时就业人数与全体劳动力总数的比率称为自然就业率。如果自然失业率为3％,则相应的自然就业率为97％。

自然失业率(或自然就业率)的大小与货币因素无关,主要取决于一些实际的因素,即经济社会的技术水平、风俗习惯、资源数量等。如果就业量处于自然率水平时,既不会产生通货膨胀,也不会造成通货紧缩,而且资本主义社会宏观经济的运行被认为总是趋向于自然就业率的。

弗里德曼使用自然失业率的概念,力图说明货币政策对失业量处于自然率时的影响。如图 13-4 所示,纵轴代表通货膨胀率,横轴代表失业率。曲线 PP 称为菲利普斯曲线,它表示失业率与通货膨胀率之间具有此消彼长的交替关系,其与横轴的交点 u_0 就是自然失业率(假定其为 6％),此时通货膨胀率为 0。假设在 u_0 点,即自然失业率为 6％ 时,国家增加货币的发行量,那么,由于失业率已经处于自然率水平,货币数量的增加便会造成对需求的增加,从而导致通货膨胀的发生,货币工资也要上升。

在短期内,由于过去 u_0 点的通货膨胀率为零,所以人们预期的通货膨胀率为零。这就是说,包括厂商和劳动者在内的所有人都只看到了自己的产品或劳务价格的上涨,而未能及时观察到整个社会的产品和劳务价格的上涨。于是,厂商愿意扩大生产的数量,劳动者愿意提供较多的劳动,从而失业率便沿着图 13-4 中的 PP 曲线向右方移动。假设货币政策所导致的通货膨胀率为 2%,那么,失业率将停留在相当于 PP 曲线上 B 点的水平。假设 B 点所表示的失业率为 4%。显然,此时的失业率低于 u_0,也就是说,在短期中,货币政策虽然造成了通货膨胀,但可以成功地把失业率降低到自然失业率之下。

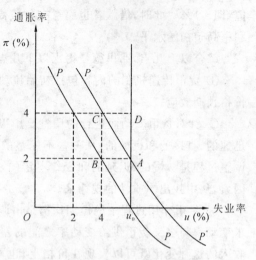

图 13-4　货币政策对经济的影响

然而,弗里德曼认为这仅仅是短期现象。在长期中,失业率却不能停留于 B 点。因为在长期中,厂商和劳动者会发现,相对于社会而言,自己的产品和劳务价格并未上涨,因为通货膨胀使一切价格都上涨了 2%,因此,厂商会使生产回复到原有水平,而劳动者也将提供原来数量的劳动。这样,经济社会便从 B 点移到 A 点。在 A 点,失业率虽然仍为 u_0,但此时的通货膨胀率却已变为 2%。也就是说,在自然失业率 u_0 的情况下,通货膨胀率已经上升了,因而短期内菲利普斯曲线从 PP 向右上方移动到 $P''P''$。在 B 点,如果国家还想通过货币政策把失业率维持在低于 u_0 的水平(假定 4%),那么,它的货币政策必须导致 4% 的通货膨胀率,因为经济社会会沿着 $P''P''$ 曲线向左移动到 C 点。当然,C 点也仅仅是短期现象,在长期中,经济社会从 C 点移到 D 点,失业率仍然为 u_0,然而通货膨胀率已经上升为 4%。如果在 D 点再度执行类似的货币政策,其后果和上述相同。

于是,根据弗里德曼的自然率假说,可以得到如下结论:在短期中,虽然可以通过货币政策把失业率人为地维持在小于自然失业率的水平上,但是,必须以不断恶化的通货膨胀为代价。而在长期中,这种政策不会成功,因为在短期内菲利普斯曲线随着上述货币政策的执行而向右上方移动之后,长期的菲利普斯曲线变成了一条经过 u_0 点与横轴垂直的直线。

(三)通货膨胀理论

1.通货膨胀的定义

弗里德曼将通货膨胀定义为:通货膨胀是引起物价长期普遍上涨的一种货币现象。从这个定义可以看出:① 通货膨胀是一种货币现象而非一般的经济现象,通货膨胀或通货紧缩的发生总是与货币量的多少直接相关;② 通货膨胀所表现出来的物价上涨是长期的和普遍的。因此,探讨通货膨胀问题,离不开对货币因素的分析,如果不是货币量出了问题,是不会出现物价长期普遍上涨的情况的。

基于上述定义,货币学派的经济学家认为,在判定是否发生了通货膨胀时,需要注意区分两个界限。

(1)相对价格变动和平均物价水平变动的界限。

相对价格变动是指由于某些原因造成某些商品的价格上涨、某些商品价格下跌的状况。相对价格的变动属于物价体系内部的调整,只要货币量不发生变化,相对价格此涨彼跌的变动一般不会影响总体物价水平。

平均物价水平的变动是指所有商品价格的普遍上涨或下跌状况。这种状况的出现通常是由于货币量过多造成的,因为所有商品价格的普遍上涨或普遍下跌导致的是物价水平的变动,而根据货币数量说的原理,物价水平的上下变动与货币量的增减变化之间存在同比例变动关系。

因此,相对价格的变动,不能算作通货膨胀;只有平均物价水平的上升,才能看做是通货膨胀。

(2)一次性物价上涨和持续性物价上涨的界限。

一次性物价上涨通常由某种因素造成,具有临时性和偶然性的特点;而持续性物价上涨是指物价持续不断地上涨,带有长期性和经常性的特点。

根据货币学派的观点,一次性的物价上涨通常是由某种特殊原因造成的,与货币量无关,因此不能算作通货膨胀;而持续性的物价上涨只有在货币量发生变动后才可能出现,通常是由货币供应量的持续增长而造成的,因此,只有持续性物价上涨才是通货膨胀的表现。

2.通货膨胀的危害

弗里德曼认为,通货膨胀对政府存在着强大的诱惑力,这种诱惑力主要来自以下两个方面。

(1)来自通货膨胀给政府带来的收入。

弗里德曼认为,政府来自通货膨胀的收入途径有以下三条。

① 扩大货币供应量直接增加政府的收入。无论采用什么方式增加货币供应量都能直接使政府增加货币购买力,政府可以用这部分增加的购买力作为收入去进行支付、弥补赤字或偿还债务。

② 增加税收收入。通货膨胀能够在现行税率下自动提高政府的税收收入。这是因为在通货膨胀过程中企业和个人的收入在名义上将得到增加,尽管他们的实际收入不变甚至下降,但在普遍实行累进所得税的情况下,名义收入的增加,使他们进入更高等级的税率组,也就得按较高等级的税率纳税,从而增加了政府从个人和企业那里收取的所得税收入。

③ 减少尚未偿还的国家债务的实际数值。在通货膨胀过程中,由于货币购买力不断下降,政府偿还债务时的货币购买力必然小于借入时的货币购买力,这种通货贬值的差额,等于减少了国家实际负债的偿还额。

(2)来自货币传导过程中的初始效果。

货币学派对传导机制的分析表明,在货币供应量增加的初期,即通货膨胀刚刚开始时,由于整个过程中的时滞效应,货币量增加不是直接表现为物价上涨,而是使利率下降,生产扩大,失业减少,收入增加,政府可以多花费而无需让公众少消费,大家都可以多花钱,成皆大欢喜之状。

通货膨胀这两方面的诱惑力使政府自觉不自觉地持续推行这一政策,但是从长期来看,这一政策却是危险的。因为通货膨胀带来的繁荣是极为短暂的,它只是货币冲击传导过程中的一个初始环节,当传导继续进行下去后,人们很快就发现他们手中的货币虽然数量多了一些,但可购买的东西却少了;工商业企业主发现销售收入虽然扩大了,但成本上升了,这就迫使他们把工资和价格抬得更高,否则,将遭受通货膨胀的损失。于是,恶果开始呈现:被抬高的物价、有效需求的衰退、通货膨胀与经济停滞连在一起。如果不采取强硬措施有效地制止通货膨胀,这种恶果将越演越烈,不仅破坏市场活动的正常进行,还会导致经济混乱和危机,甚至带来政治动荡。因此,弗里德曼认为,通货膨胀是一种疾病,是一种危险的、有时甚至是致命的疾病,如果不及时医治,它可毁掉一个社会。

3. 通货膨胀的原因

弗里德曼认为,特定的物价和总的物价水平的短期变动,可能有多种原因。但是长期——持续的通货膨胀却随时随地都是一种货币现象,是由于货币数量的增长超过总产量的增长所引起的。强调指出,承认并正视通货膨胀是货币量过多所引起的货币现象这个命题的重要性,在于它可以指导我们去寻找通货膨胀的基本原因和确定治疗方案,因此它是正确认识通货膨胀和有效防治通货膨胀的开端。

弗里德曼认为,货币量过多的直接原因有三个。

(1) 政府开支增加。当政府的收入相对稳定,但同时因各种原因日益增加名目繁多的开支时,必然需要筹措新的资金来源用于应付日益扩大的开支。弥补支出扩大的资金来源有三种方式:一是增加税收;二是向公众借债;三是增加货币供应。前两种方式取得的资金来源,虽然因政府支出增加被私人消费和投资减少所抵消而不会产生通货膨胀,但却在政治上不得民心,因此被绝大多数政府舍弃而采用第三种方式,即增加货币数量。其结果必然是通货膨胀。

(2) 政府推行充分就业的政策。20 世纪 30 年代大危机以后,人们对失业比对通货膨胀怀有更大的戒心,因此,只要政府许诺执行充分就业政策就能拢络民心,争取选票。为了讨好公众,政府一方面制定不恰当的、过高的充分就业目标,另一方面采取增加货币数量,扩大政府支出的办法来提高就业水平。于是一旦出现经济衰退的迹象时,政府就立即实行通货膨胀来刺激经济;当制止通货膨胀的措施在短期内不能增加就业时,政府又立即放弃制止手段而采用更高的通货膨胀来换取就业的微量增加,以致形成通货膨胀率与失业率轮番上涨的恶性循环。

(3) 中央银行实行错误的货币政策。其错误首先可能是货币政策的目标偏移。例如,美国的中央银行把维持充分就业作为货币政策的目标。在要求增加就业的压力下,联邦储备系统的货币政策也有着与政府财政政策同样的通货膨胀倾向。而中央银行扩大就业的唯一手段就是增加货币供应量,使商业银行有能力进行更大规模的贷款;但这样做的结果无法保持长期真正的充分就业,却带来了通货膨胀。中央银行货币政策的另一错误是把中介指标定在它不能控制的利率上。弗里德曼认为,中央银行应该控制而且有能力控制的是货币供应量,而不是利率。

综上所述,弗里德曼认为,通货膨胀的真正原因在于货币供应增长率大于经济增长率,而货币量过多的原因都是出自于政府的错误政策和行为。通货膨胀所表现出来的普遍、持续物价上涨,就是由于货币发行过多所致。垄断了货币发行权的政府无疑有着不可推卸的责任。

4. 通货膨胀的治理措施

弗里德曼认为制止通货膨胀的办法只有一个:减少货币增长。他认为,只有把货币供应增长率最终下降到接近经济增长率的水平,物价才可望大体稳定下来,而后,政府采用单一规则来控制货币供应量,就能有效地防止通货膨胀。其他制止通货膨胀的办法诸如控制物价和工资都是行不通的,不仅因为药不对症而无效,反而会加剧病症。

5.通货膨胀的国际传递

货币学派开放经济模型的研究者中,主要的代表人物有哈里·约翰逊、罗伯特·罗德尔、雅可布·弗兰克尔、大卫·莱德勒和亚历山大·斯沃博达。这些货币学派经济学家在他们的著作中阐述了如下观点:根据货币数量理论,世界的货币供应量等于各国货币供应量的总和;因此,如果其他国家的货币供应量不变,一国的货币供应量的增加就意味着世界货币供应量的增加,而世界的通货膨胀率则取决于由各国的货币供应量所组成的国际货币供应量。

货币学派认为,在开放经济条件下,通货膨胀可以从一国传递到另一国,这种通货膨胀的国际传递机制,主要有如下两类。

(1)通货膨胀通过各国进出口产品价格的变动及其相互影响而在国际传递,即通货膨胀通过国际贸易从一国转递到另一国。

莱德勒在 1975 年出版的《货币和通货膨胀论文集》一书中,把商品划分为"可进入国际市场的商品"和"不进入国际市场的商品"两类。他认为,前一类商品的价格受国际市场上商品价格波动的影响,易于随国际市场的供求关系而波动,然后又影响到后一类商品价格的波动,这样也就把通货膨胀从国外传递到国内来了。这种通货膨胀在国际间的传递渠道,也被称为价格效应。

(2)通货膨胀通过国际资本流动渠道传递。

根据约翰逊和斯沃博达的研究,通货膨胀的国际传递既与国际贸易有关,又与国际资本流动有关。例如,世界的通货膨胀率的变动会影响到国际金融市场的利息率水平,这又会引起国际范围内资本的流动,从而引起一国国际收支差额的变化和国内的货币供应量,这样,在一个开放经济的国家的国内利息率因国际资本流入或流出而适应国际金融市场利息率水平的过程中,世界通货膨胀也就被传递到国内来了。这种通货膨胀在国际的传递渠道,也被称为流动效应。

三、货币学派的政策主张

货币学派的经济政策主张是建立在现代货币数量说的理论基础上的,反对国家过多地干预经济,鼓吹经济自由是货币学派经济政策主张的基调。货币主义者认为,市场自发力量有使资本主义经济自然而然地趋向均衡的作用,第二次世界大战后资本主义社会经济的大的波动大都是由于政府采取了旨在干预市场经济的错误的财政金融政策造成的。在反对凯恩斯主义的财政政策的同时,货币学派学者十分强调正确的货币政策的重要作用,弗里德曼曾把正确的货币政策的积极作用归纳为以下三点。

(1)货币政策能够防止货币本身成为经济混乱的主要源泉。

(2)货币政策能够给经济运行和发展提供一个稳定的背景。

(3)货币政策能够有助于抵消经济体系中其他原因引起的比较重要的干扰。

货币学派的经济政策主要有以下几项。

1.反对相机抉择的宏观经济政策,主张"单一规则"的货币政策

首先,货币学派反对凯恩斯主义的财政政策。在他们看来,财政政策最终都是通过货币量的扩张和收缩来实现其经济调节作用的,而扩张性的"过度反应"必然导致通货膨胀。由

于自然失业率的存在,这种通货膨胀仅仅是借助于人们暂时的预期失误而对降低失业率产生短期作用。长期中,失业水平将停留在自然率水平上。因此,以实现和维护"充分就业"为目标的财政政策,不但对减少失业无益,而且会使通货膨胀率越来越高。此外,由于政府支出(或税收)对于私人支出具有所谓的"挤出效应",如果没有相应的货币政策的配合,纯粹的财政政策在刺激经济方面也是无效的,并且,由于"挤出"的是生产性的私人投资,结果往往会降低整个经济的增长能力。

其次,货币学派也反对相机抉择的货币政策。其反对的主要理由是经济政策的时滞效应。弗里德曼认为,从发现经济运行中存在的问题,最终到针对问题而执行的政策全部产生效果之间存在着一系列的步骤,如认识问题、政策的制定与决定、政策效果的实现等,而其中每一个步骤都需要一定的时间才能完成,由此产生经济政策的时间滞后。这种政策的时滞不但不能使经济政策起到熨平宏观经济波动的作用,反而会产生加剧经济波动的后果。

这些时滞具体包括以下几部分。

(1) 寻找和认识问题。了解经济运行中是否存在问题以及存在什么问题,需要时间来进行观察和研究。

(2) 政策的制定与决定。一旦问题被识别以后,还需要一定的时间来制定相应政策,如果存在多种可供选择的方案,还需在各方案之间进行选择,并且在决策人之间取得大体一致的意见。

(3) 政策效果的实现。经济政策的效果并不能立刻全部实现,而需要经过一定时间之后才能发挥其全部作用。

除了这些步骤以外,西方学者还列举出其他的步骤,每一个步骤都需要一段时间才能完成,这被称为时滞。究竟存在多少步骤,每一步骤又需要多少时间,取决于具体情况。弗里德曼认为,经济政策因其时滞不仅不能解决经济波动问题,反而会加剧经济波动的幅度,使经济运行更加不稳定。他通过图13-5来说明经济政策的滞后性。图中横轴和纵轴分别表示时间和经济波动的幅度,实线表示在没有国家货币政策、财政政策干预情况下的经济波动。弗里德曼认为这时候的经济波动是轻微的。假设经济处于最低点 A 点时,政府采取扩张性财政政策或货币政策力图熨平经济波动。但是由于经济政策具有时间的滞后性,其效果在 B 点才可能全部发挥出来,而 B 点本来已是经济发展的最高点。这样,经济波动的幅度更大,如 B 以上的虚线所示。在 B 点,根据相机抉择原则,政府采取收缩性的经济政策。同理,因经济政策的时间滞后性,政策的效果到 C 点才能发挥出来,而这时 C 点又处于经济的最低点,所以经济政策又导致更大幅度的经济波动,如 C 点下的虚线所示。

弗里德曼通过运用大量历史统计资料所作的实证研究表明,货币增长率的变化平均需在 6~9 个月以后才能引起名义收入增长率的变化,在名义收入和产量受到影响后,平均要再过 6~9 个月价格才会受到影响。因此,货币增长的变化和通货膨胀率的变化两者间隔的总时间平均为 12~18 个月。根据这一分析,弗里德曼反对货币当局有意识地运用货币政策来克服经济的不稳定。他认为,由于货币数量变化对实际经济和通货膨胀影响的时延效应,往往使政府在扩大和收缩货币供应量时做过了头(刺激过度或收缩过度),以致促使经济波动更加频繁,更不稳定。

据此,弗里德曼主张取消贴现率和部分准备金率制度,而保留公开市场业务作为控制货币总量的政策手段,但同时必须规定一个固定的货币年增长率作为业务活动的硬性约束条

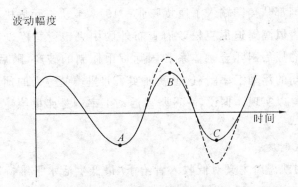

图 13-5　宏观经济政策的滞后

件。并且认为按平均国民收入的增长率来规定和公开宣布一个长期不变的货币增长率,是货币政策唯一的最佳选择,即实行"单一规则"的货币政策,把控制货币供应量作为唯一的政策工具。只有实行"单一规则"的货币政策,才能避免经济波动和通货膨胀。

2."收入指数化"方案

为了对付 20 世纪 70 年代的滞胀局面,各主要资本主义国家的政府都推行了对工资、物价实行冻结或管制的政策,即所谓"收入政策"。由于收入政策在抑制资本主义国家的通货膨胀方面并未取得多大效果,一些资产阶级经济学家,尤其是货币学派的弗里德曼,提出了"收入指数化"方案以代替收入政策。根据这一方案,应该将工资、政府债券收益和其他收入同生活费用(例如消费物价指数)紧密地联系起来,使它们根据物价指数的变化进行调整。按照弗里德曼的看法,实行收入指数化方案可以抵消物价波动的影响,减少通货膨胀造成的痛苦,甚至医治通货膨胀。

因为,收入指数化方案可以消除通货膨胀过程中带来的不公平,剥夺政府从通货膨胀中所得到的非法收益和一些债券持有者所占的便宜,这样也就消除了社会、经济生活中推行通货膨胀的动机。弗里德曼也承认由于不可能使社会、经济活动中所有的合同契约(包括政府与个人之间的默契)都随物价变动而调整,所以收入指数化政策并不是稳定物价的最好方法。要彻底医治通货膨胀,唯一有效的方法就是控制货币供应量的增长率。

英国货币学派经济学家莱德勒也认为凯恩斯主义企图利用工资和物价管制对通货膨胀施加影响,完全是徒劳无益的,而只有采用收入指数化的方案,才有可能比较迅速地降低通货膨胀率。

3.实行"浮动汇率制"

第二次世界大战后,国际金融体系实行的是布雷顿森林会议制定的固定汇率制度,即美元与黄金直接挂钩(每盎司黄金为 35 美元),各国货币直接与美元挂钩,以美元为基础来确定各国货币的汇率。弗里德曼在 1950 年写的一篇论文《浮动汇率问题》中,详细地分析了国际收支变化的调节问题,反对实行固定汇率制,主张用浮动汇率制取而代之。根据弗里德曼的看法,浮动汇率是一种自动调节机制,有助于国际贸易和国际收支均衡的自动维持,减轻国际收支失衡对国内经济的不利影响。这对实现经济的稳定增长、发展不受限制的多边贸易都是极为有利的。20 世纪 60 年代末和 70 年代初,当资本主义各国普遍发生了严重的通货膨胀时,弗里德曼和一些货币主义经济学家都认为主要原因之一是由于固定汇率制导致各国都从美国输入了通货膨胀。1971年,"美元危机"的频频爆发和一浪高过一浪的美元抛售风潮逼迫尼克松政府宣布外国中央银行暂停以美元兑换黄金,即宣告了以美元为台柱的战后国际金融体系和国际货币体制的破产,随后资本主义各国又都陆续实行了程度不同的浮动汇率制,这也就证实了弗里德曼等人的预见,使货币学派的浮动汇率制政策主张得以实现。据说,一贯坚持浮动汇率制是弗里德曼1976年获得经济学诺贝尔奖的原因之一。

4. 实行负所得税制度

弗里德曼既反对凯恩斯主义对低收入者给予"最低生活水平维持制度"的差额补助政策,认为这不仅不利于刺激劳动、提高生产效率,而且还会因政府支出增加造成通货膨胀;但他又认为完全取消对穷人的补助是不可取的,因而提出用"负所得税制度"来代替对低收入者发给差额补助金的福利制度。

所谓负所得税,是指政府规定某种收入保障数额(最低收入指标),然后根据个人实际收入给予补助。这个适当补助的含义是指政府发给的补助要根据个人实际收入的多少按比例发放,以避免把低收入者个人可支配收入一律拉平的缺点。按比例发给的补助金便称为负所得税。其计算公式是:

负所得税＝政府规定最低收入指标－(实际收入×负所得税率)

假定政府规定的最低收入指标为1 500美元,负所得税率为50%,则个人实际收入在300美元以下的可得到负所得税。如果个人实际收入为0,那么他可以得到1 500美元的负所得税,并且这也是他的个人可支配收入;如果个人实际收入为1 000美元,那么他可以得到(1 500－1 000×50%)美元的负所得税,个人可支配收入为2 000美元。

弗里德曼认为实行这种负所得税的补助政策,即可以使低收入者能维持最低的生活水平,又可以在一定程度上克服依赖政府补助的思想,从而有利于调动个人工作的积极性。

【补充阅读】

弗里德曼简介

1. 生平简介①

米尔顿·弗里德曼(Milton Friedman,1912年7月31日—2006年11月16日)是美国经济学家,以研究宏观经济学、微观经济学、经济史和统计学而闻名。1976年获得诺贝尔经济学奖,以表扬他在消费分析、货币供应理论及历史,以及稳定政策复杂性等范畴的贡献。

弗里德曼是《资本主义与自由》一书的作者。该书1962年出版,提倡将政府的角色最小化以让自由市场运作,以此维持政治和社会自由。他的政治哲学强调自由市场经济的优点,并反对政府的干预。他的理论成了自由意志主义的主要经济根据之一,并且对20世纪80年代开始美国的里根以及许多其他国家的经济政策都有极大影响。

1912年7月31日,弗里德曼生于纽约市一个工人阶级的犹太人家庭。

16岁前读完高中,凭奖学金入读罗格斯大学。原打算成为精算师的弗里德曼最初修读数学,但成绩平平。

---

① 根据百度百科 http://baike.baidu.com/view/476057.html? tp=8_11 删节整理。

1932 年取得文学士,翌年他到芝加哥大学修读硕士。

1933 年芝加哥大学硕士毕业后,他曾为新政工作以求糊口,参与过许多早期的新政措施以解决当时面临的艰难经济情况,尤其是新政的许多公共建设计划。然后他到哥伦比亚大学继续修读经济学,研究计量、制度及实践经济学。返回芝加哥后,获 Henry Schultz 聘任为研究助理,协助完成《需求理论及计算》论文。1940 年为美国国家经济研究局工作时,他完成了一本书,指医生的垄断局面导致他们的收入远高于牙医,引起局方争议,以致该书第二次世界大战后才能出版。

1941—1943 年,他出任美国财政部顾问,研究战时税务政策,曾支持凯恩斯主义的税赋政策,并且也确实协助推广了预扣所得税制度。

1943—1945 年在哥伦比亚大学参与 Harold Hotelling 及 W. Allen Wallis 的研究小组,为武器设计、战略及冶金实验分析数据。

1945 年,他与后来的诺贝尔经济学奖得主 George Stigler 到明尼苏达大学任职。

1946 年他获哥伦比亚大学颁发的博士学位,随后回到芝加哥大学教授经济理论,期间再为国家经济研究局研究货币在商业周期里的作用。这是他学术上的重大分水岭。

他接着在芝加哥大学担任经济学教授直到 1976 年,在这 30 年里他将芝加哥大学的经济系塑造成一个紧密而完整的经济学派,被称为芝加哥经济学派。在弗里德曼的领导下,多名芝加哥学派的成员获得诺贝尔经济学奖。他在 1953—1954 年间以访问学者的身份前往英国剑桥大学任教。

1977 年开始,弗里德曼也加入了斯坦福大学的胡佛研究所。弗里德曼在 1988 年取得了美国的国家科学奖章(National Medal of Science)。

2006 年 11 月 16 日在旧金山三藩市家中因心脏病发作而逝世。

2. 学术贡献——弗里德曼三大理论贡献①

(1) 现代货币数量论。

弗里德曼首先提出现代货币数量论,即通货膨胀起源于“太多的货币追逐太少的商品”,政府可以通过控制货币增长来遏制通胀。这被视为现代经济理论的一场革命。

(2) 消费函数理论。

弗里德曼创立消费函数理论,对凯恩斯经济理论中的边际消费递减规律进行驳斥。凯恩斯认为,随着社会财富和个人收入的增加,人们用于消费方面的支出呈递减趋势,与此同时储蓄则越来越多。因此政府可以通过增加公共支出来抵消个人消费的减少,从而保证经济的持续增长。弗里德曼指出,这一理论站不住脚,因为人们的欲望实际上永无止境,原有的得到满足后,新的随即产生。

(3) “自然率假说”理论。

1968 年弗里德曼与美国哥伦比亚大学经济学家菲尔普同时提出“自然率假说”理论。他们发现,从长期来看失业率与通货膨胀并没有必然联系。自然失业率永远存在,是不可消除的。因此政府的宏观调控政策长期来看是不起任何作用的。

---

① 根据金融界 http://focus.jrj.com.cn/home/fldm.htm 相关资料整理。

第五节 供给学派

一、概述

第二次世界大战后,凯恩斯主义占据了资产阶级经济学的统治地位,西方国家普遍依据凯恩斯的理论制定政策,于是凯恩斯主义盛极一时。凯恩斯主义宏观经济学的核心是有效需求理论,着重分析社会经济的需求方面,以有效需求不足来说明经济危机的原因。并企图从需求方面寻找稳定经济波动的措施,最后导致 20 世纪 70 年代西方经济出现生产呆滞、失业严重,同时物价持续上涨的"滞胀"局面。但它却难以提出解决"滞涨"问题的有效对策,越来越被认为无效。于是美国反凯恩斯主义的经济学家就着重分析社会、经济的供给方。供给学派就是在这样的背景下于 20 世纪 70 年代在美国兴起,强调经济的供给方面,认为需求会自动适应供给的变化,因而得名。

供给学派认为,生产的增长取决于劳动力和资本等生产要素的供给和有效利用。个人和企业提供生产要素和从事经营活动是为了谋取报酬,对报酬的刺激能够影响人们的经济行为。自由市场会自动调节生产要素的供给和利用,应当消除阻碍市场调节的因素。供给学派的主要代表人物之一拉弗把供给经济学解释为:"提供一套基于个人和企业刺激的分析结构。人们随着刺激而改变行为,为积极性刺激所吸引,见消极性刺激就回避。政府在这一结构中的任务在于使用其职能去改变刺激以影响社会行为。"

该学派的先驱者是加拿大籍、美国哥伦比亚大学教授芒德尔。20 世纪 70 年代初,他多次批评美国政府的经济政策,提出同凯恩斯主义相反的论点和主张。1974 年他反对福特政府征收附加所得税控制物价的计划,主张降低税率、鼓励生产,同时恢复金本位、稳定美元价值来抑制通货膨胀。

芒德尔的论点引起拉弗和万尼斯基的注意和赞赏,拉弗进一步研究并发展了芒德尔的论点。当时的美国国会众议员肯普也很重视芒德尔的主张,他任用罗伯茨为他拟订减税提案,聘请图尔进行减税效果的计量研究。

20 世纪 70 年代后半期,拉弗、万尼斯基、罗伯茨等利用《华尔街日报》广泛宣传他们的论点。肯普也在国会内外竭力鼓吹减税能够促进经济增长。1977 年肯普与参议员罗斯联名提出三年内降低个人所得税 30% 的提案。这个提案虽然未经国会通过,但在社会上产生了很大影响。

在学派形成过程中,有些倡导者如费尔德斯坦、埃文斯等在一些论点和政策上同拉弗、万尼斯基、肯普等人的意见差异很大。因为费尔德斯坦、埃文斯的观点比较温和,持折中论,西方经济学界称他们为温和派;称拉弗、万尼斯基、肯普等为激进派。拉弗等自称是供给学派正统派,西方各界通常也把后者作为供给学派的代表。

二、供给学派的基本理论

1. 萨伊定律

萨伊定律(Say's law),也称萨伊法则,萨伊认为每个生产者之所以愿意从事生产活动,如果不是为了满足自己对该产品的消费欲望，就是为了想将其所生产的物品与他人换取物品或服务。

18世纪末19世纪初，法国经济学家萨伊（Jean Baptiste Say）否定生产过剩的存在，提出了著名的"供给能够创造其本身的需求"（supply creates its own demand）的观点，即所谓的萨伊定律（Say's law）。萨伊认为商品买卖实质上是商品交换，货币只在刹那间起媒介作用。产品总是用产品来购买，买者同时也就是卖者，买卖是完全统一的。因此，商品的供给会为自己创造出需求，总供给与总需求必定是相等的。局部供求不一致也会因价格机制的调节而达到均衡。

该法则基本含义有以下两点。

（1）任何产品的生产除了满足自身的需求之外，其余部分总会用来交换其他产品，形成对于其他产品的需求，即供给创造需求，也就是说需求是无限的。

（2）由于任何生产活动创造出参与该产品生产的生产要素所有者的收入，人们的收入除去用于个人消费之外的剩余部分形成储蓄，并全部转化为投资，即储蓄等于投资，也就是说资本的使用是无限的。

供给学派向凯恩斯的"需求决定供给"这一基本观点提出挑战，认为凯恩斯的假设条件是错误的。一方面，凯恩斯的假设违背了西方经济学的稀缺性原理。按照这一原理，一切经济资源普遍存在稀缺性，因此凯恩斯关于社会、经济存在大量闲置不用的资源和机器设备的假设不成立。另一方面，凯恩斯的假设忽视了价格机制的调节作用。在供给学派看来，如果社会上存在闲置的资源和设备，那是由于价格太高，而不是因为它们没有用途；只要价格具有充分的伸缩性，能够发挥调节作用，资源和设备的闲置问题就能得到解决。既然凯恩斯定律所依据的假设条件是错误的，那么该定律在理论上也就站不住脚。

不仅如此，供给学派还认为凯恩斯定律在政策实践中也造成了危害，滞胀完全是由凯恩斯主义所倡导的需求管理政策造成的后果。在供给学派看来，通过经济政策刺激需求增长并不一定能带动实际产量的增长，而很可能只是单纯增加货币数量，导致物价上涨，结果反而引起储蓄率下降、利率上升，从而降低投资率，影响设备更新、延缓技术变革。只要需求的增长超过了实际产量的增长，通货膨胀就不可避免；同时，由于设备更新速度放慢，技术变革延缓，商品的竞争能力必然被削弱，生产必然下降甚至停滞。于是，一方面有通货膨胀，另一方面有低增长率和高失业率，造成滞胀的局面。因此，供给学派认为"需求创造自己的供给"的凯恩斯定律不正确，必须将其摒弃。

在否定凯恩斯定律的同时，供给学派坚持认为"供给创造自己的需求"的萨伊定律完全正确。因为供给是需求的唯一可靠的源泉，没有供给就没有需求，没有出售产品的收入，也就没有可以用来购买商品的支出。供给学派的代表人物拉弗被称作"现代的萨伊"，他认为萨伊定律之所以重要，不仅是因为它概括了古典学派的理论，而且由于它确信供给是实际需求得以支持的唯一源泉。

另外一个代表人物吉尔德认为，就全部经济看，购买力永远等于生产力，经济中总有足够的财富来购买它的全部产品，不会由于总需求不足而发生商品过剩。从整体看，生产者在生产过程中会创造出对他们的产品的总需求。生产不会过剩，充其量只是一部分产品的过剩，而其他产品的供给不足。据此，供给学派提出了"回到萨伊那里去"的口号。他们论述道：由于供给自行创造着需求，所以只要政府不人为地采取政策刺激需求，不干预利息率的变动，不干预私人经济活动，产品就不会过剩，失业就不会存在；储蓄会自动转化为投资，会抑制对资本品的过度需求，不会发生通货膨胀。这样，萨伊定律和"利息率自行调节储蓄与投资"的结果是没有通货膨胀的充分就业均衡。

2. 拉弗曲线

拉弗曲线理论是由供给学派代表人物、美国南加利福尼亚商学研究生院教授阿瑟·拉弗提出的。该理论之所以被称为供给学派是因为它主张以大幅度减税来刺激供给从而刺激经济活动。

拉弗曲线的基本含义可以用图 13-6 来说明，横轴 t 表示税率，纵轴 T 表示总税收。当税率为 0 时，从拉弗曲线可以看出，人们能够得到他们在货币经济中产生的全部成果，这时政府对经济生活不发生任何干预，政府对生产也就没有阻碍作用，生产能够达到最大化。当税率上升到 100％时，意味着人们的全部收入都要作为税收上缴国家，就会造成无人愿意投资和工作，政府税收也将降为 0。

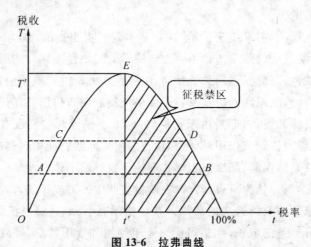

图 13-6　拉弗曲线

如果税率位于 0～100％之间，比如税率从 100％下降到 B 点，生产开始恢复，政府略有所得，但是从图可以看出，如果税率进一步下降，税收还可以增加。B 点代表很高的税率和很低的产量。与 B 点相比，A 点税率很低，这时产量也高。但是二者能够提供相同的税收。C 点和 D 点情况也是一样，税率不同，但是都能提供相同的税收。

从图 13-6 的拉弗曲线可以看出，在税率过高时政府可以通过降低税率增加政府的税收，如从 B 点降到 D 点；在税率过低时政府可以通过提高税率增加政府的税收，如从 A 点提高到 C 点。只有在 E 点，税收才能达到最大。这时如果政府提高税率，则产量下降，产量下降导致的税收减少会超过提高税率所导致的税收增加，总税收减少；这时如果政府降低税率，虽然产量上升，但是产量上升导致的税收增加不能抵消降低税率所导致的税收减少，总税收减少。

对于政府来说，图中的阴影区域为征税禁区，政府的税率不能超过 t'，否则税收不仅不能增加，反而会减少。

拉弗曲线表明税收并不是随着税率的增高在增高，当税率高过一定点后，税收的总额不仅不会增加,反而还会下降。因为决定税收的因素,不仅要看税率的高低,还要看课税的基础即经济主体收入的大小。过高的税率会削弱经济主体的经济活动积极性,因为税率过高企业只有微利甚至无利,企业便会心灰意冷,纷纷缩减生产,使企业收入降低,从而削减了课税的基础,使税源萎缩,最终导致税收总额的减少。

从另一方面来看,税率过高不仅使企业微利甚至无利,而且还可能促使企业偷逃税收,从而导致税收总额的减少。如果用开口朝下的一个抛物线的高度表示税收,两个底端的连接线表示税率,把横竖两条直线交叉成一个直角坐标,这便构成一个标准的拉弗曲线。

拉弗曲线一经提出,就成为供给学派解释宣扬其政策主张的有力武器。他们认为第一次世界大战前,美国的税率一直都成功地停留在拉弗曲线的禁区之外,但是从那以后美国的大多税率都处于拉弗曲线的禁区内。因此,当时美国的首要经济政策就是减税,降低边际税率,从而提高工作、储蓄和投资的相对价格,刺激人们工作、储蓄和投资的积极性。里根1980年竞选时就采纳了供给学派、货币主义的主张,并作为自己的竞选纲领,使美国经济逐步走出滞涨的局面。

三、供给学派的政策主张

1. 减税

边际税率是供给学派经济理论的核心,降低税率能刺激供给,促进经济增长和抑制通货膨胀,并提出了著名的"拉弗曲线"来加以论证。因此,降低税率就成为供给学派政策主张的核心内容,而且提出的减税政策相当全面、具体以及可操作很强。

(1)为刺激资本形成减税。首先,实行加速折旧政策,即将机器设备名义上的使用年限缩短,每年多提可以免税的折旧。加速折旧使企业能提前收回投资,刺激投资的增加。其次,降低公司所得税税率,让企业保留更多的税前收入,增加了企业的再投资资金。另外,降低资本增值税。资本增值税是指在金融资产以高于原价卖出获利时征收的税种。

(2)对储蓄收入减税。供给学派认为,如要增加投资,必先增加储蓄,因此主张对所有利息收入和股息收入减税。

(3)降低个人所得税税率。为了刺激劳动这一生产要素的供给,供给学派主张降低个人所得税。因为他们认为,税率降低能鼓励人们更勤奋地工作,将更多的时间用于工作,而用更少的时间去享受闲暇。

(4)研究与开发费用可用于扣税。总供给也取决于技术水平,因此,为了刺激技术进步,供给学派主张对研究与开发费用扣除税赋。

2. 反对政府干预,主张市场调节

供给学派认为,政府管制越少,私人经济运行就会越有效率,现实生活中的政府干预,产生了一系列负面的影响,例如加重企业的负担、增加商品的成本;企业为了应付许多非生产支出,就不得不压缩研究开发支出和设备更新的投资,从而造成生产率增长缓慢,商品在国际市场上的竞争能力严重下降,国际收支逆差越来越大。吉尔德指出,美国汽车工业为了执行环保局关于减少空气污染的规定,不得不研究排气净化技术,没有像日本、前西德那样致力于研究节油的发动机,以至于技术落后,市场被抢去。此外,阻碍企业家进行风险较大的投资,使其不愿开拓新的生产、技术领域,使生产停滞,通货膨胀加剧。

因此,供给学派反对政府过多干预,主张放宽或取消这些限制,恢复企业自由经营,以激发生产经营的积极性。

3. 削减政府开支,主张财政平衡

供给学派认为政府的社会支出严重削弱就业和储蓄的积极性,还使贫困扩大和永久化,政府支出不论是公共支出还是转移支付都或多或少起着阻碍生产的作用。公共支出中有些是浪费资源,有些虽然对经济有益,但效率很低。

社会福利支出阻碍生产的作用最为严重。失业保险津贴使人们宁愿失业而不去寻找工作或从事报酬低的工作。福利补助严重削弱人们储蓄的积极性,滋长人们的依赖性,不仅不减轻反而扩大贫困并使贫困永久化。

因此,他们主张尽量削减社会福利计划支出,包括降低保险津贴和福利救济金额,严格限制领受条件。政府只举办救济老年贫困、赤贫等必要的福利设施,停办那些多余的福利项目。

第六节　理性预期学派

一、概述

理性预期学派(rational expectation school),即主张理性预期假说的学派,其在经济学流派中被认为是新古典派经济学 (neoclassical economics)第二代,即以动态分析及理性预期假说为主要特征而与第一代分流,被称为新古典派经济学 (new classical economics)。理性预期经济学是 20 世纪 70 年代在美国从货币主义学派中分化出来的一个经济学流派。

经济学中的预期是经济当事人对经济变量(如价格、利率、利润或收入等)在未来的变动方向和变动幅度的一种事前估计。美国经济学家穆斯 1961 年在《理性预期与价格变动理论》一文中,将过去经济学理论中的预期分为三种类型,即静态预期、外推型预期和适应性预期。下面以价格预期为例来说明。

1. 静态预期

静态预期是在蛛网理论的基础上发展而来的。蛛网理论是 20 世纪 30 年代问世的一种关于动态均衡分析方法的微观经济学理论,其内容是考察价格波动对下一周期产量的影响以及由此产生的均衡的变化。静态预期借用蛛网模型建立了静态预期模型。静态预期的数学模型为

$$Q^d = a - bP_t \text{(需求)}$$

$$Q^s = c + dP^e \text{(供给)}$$

$$P^e = P_{t-1} \text{(预期价格)}$$

式中,Q^d 和 Q^s 分别表示 t 时期产品的市场需求量和供给量,P_t 和 P_{t-1} 分别表示 t 时期和 $t-1$ 时期产品的市场价格,P^e 表示 $t-1$ 时期生产者对 t 时期产品价格的预期,a、b、c、d 均为常数。

上述模型内含三点假设:① 市场供给量对价格变动的反应是滞后的,第 t 期的供给量 Q^s 取决于 $t-1$ 期对 t 期市场价格的预期;② 市场需求量 Q^d 对价格变动的反应是瞬时的,第

t 时期的需求量取决于当期市场价格 P^t；③ 第 t 期的价格预期等于前一期的市场价格 P_{t-1}。由于上述价格预期方程并没有考虑市场价格的动态变化，只是简单地把前一期的市场价格作为本期的市场价格，因而，这种价格预期被称为静态预期。

2. 外推型预期

静态预期虽然简洁明了，但却过于简单。市场价格不会始终不变，商品生产者在遭受多次挫折之后会总结经验教训，修正以前对市场价格的预期。因而，1941 年经济学家梅茨勒 (L. Metzler) 引入了外推型预期，发展了静态预期。他认为，对未来的预期不仅应以经济变量的过去水平为基础，而且还要考虑经济变量未来的变化趋势。他将 t 时期的价格的外推型预期定义为

$$P^e = P_{t-1} + e(P_{t-1} - P_{t-2})$$

式中，P_{t-1} 和 P_{t-2} 分别为 $t-1$ 时期和 $t-2$ 时期的市场价格，P^e 为外推型预期，e 为预期系数。当 $e=0$ 时，外推型预期变为静态预期。从上式可以看出，当 $e>0$ 时，以前的价格变动趋势将继续下去，这称为乐观型预期；当 $e<0$ 时，以前的价格变动趋势将逆转。因而，预期系数 e 对外推型预期的变化起很大作用，这称为悲观型预期。

3. 适应性预期

1956 年，美国经济学家菲利普·卡根 (Cagen) 提出了适应性预期理论。他把适应性预期定义为

$$P^e = P^e_{t-1} + p(P_{t-1} - P^e_{t-1}) \quad (0 < p < 1)$$

式中，p 为适应系数，P^e_{t-1} 表示前一期的价格预期。卡根认为，经济主体会根据前一期预期的误差 $(P_{t-1} - P^e_{t-1})$ 来校正当期预期值。因而，适应性预期是一种反馈型预期。当前期预期价格高于实际市场价格时，现期的预期价格应当降低，否则应增加。适应系数决定了预期校正其过去误差的速度。

适应性预期就是运用某经济变量的过去记录去预测未来，反复检验和修订，采取错了再试的方式，使预期逐渐符合客观的过程。也就是说，当前对于将来价格预期反映了过去的预期以及前期的预期与当前真实数据的差距的调整项。这个调整项被称为是"部分调整的"。与其说这反映了对价格预期的更正，可能更体现出人们对于他们预期的反应能力的缓慢变化。

上述三种预期各有特点，但有一个共同的缺陷，即三种预期没有建立在对经济行为理论深入考虑的基础之上。即使是较先进的适应性预期，也只是依据对被预期的变量的过去数据来进行预测，不能充分利用与预期变量相关的其他变量提供的有用信息。

1961 年，约翰·穆斯在借鉴以往预期模型的基础上，提出了理性预期假说。理性预期是指经济当事人为避免损失和谋取最大利益，会设法利用一切可以取得的信息，对所关心的经济变量在未来的变动状况作出尽可能准确的估计。

理性预期与前述三种预期是完全不同的。这种预期之所以称为"理性的"，因为它是人们参照过去历史提供的所有知识和现在掌握的信息，对这种知识和信息加以最有效利用，并经过周密的思考之后，才做出的一种预期。正因为如此，这种预期能与有关的经济理论的预期相一致。

理性预期学派的基本观点是：人们在经济活动中，根据过去价格变化的资料，在进入市

场之前就对价格做出预期,这样,他们的决策是有根据的。市场会发生一些偶然情况,成为干扰因素,但可以事先计算它的概率分布,因此可以选出最小风险的方案,以预防不利后果的侵害。例如,在确定房租、债券利息、议定工资、规定供给价格时,都可把未来价格波动估计进去,订得高一些,以防止因通货膨胀而降低实际收入。因此合理预期起了加速通货膨胀的作用。同时,由于政府对经济信息的反应不如公众那样灵活及时,所以政府的决策不可能像个人决策那样灵活,因此政府的任何一项稳定经济的措施,都会被公众的合理预期所抵消,成为无效措施,迫使政府放弃实行干预经济的政策。因此,理性预期学派认为,国家干预经济的任何措施都是无效的。要保持经济稳定,就应该听任市场经济的自动调节,反对任何形式的国家干预,所以,一般认为理性预期学派是比货币学派更彻底的经济自由主义。

该学派的主要代表人物有罗伯特·F.卢卡斯、托马斯·萨金特、罗伯特·丁·巴罗和尼尔·华莱士等。

二、理性预期学派的的基本理论

1.理性预期假说

理性预期是指经济当事人为避免损失和谋取最大利益,会设法利用一切可以取得的信息,对所关心的经济变量在未来的变动状况作出尽可能准确的估计。穆斯在《理性预期与价格变动理论》一文中,先后给出以下三个假定。

(1)由于信息是稀缺的,经济系统一般不会浪费信息。

(2)预期的形成方式主要取决于描述经济的有关体系结构。

(3)公众的预期对经济体系的运行不产生重大影响(除非它以内部信息为基础)。

穆斯认为,有理性的人在形成经济变量的预期时,会充分利用所有有关该变量可获得的信息。因此经济学家在构建经济模型时应假定预期的形成应以决定预期的可获得的信息为基础。

理性预期假说的经济学含义有以下几方面。

其一,理性预期是使厂商利润最大化的预期,是人们有效地利用代价昂贵的信息后形成的,因而它是理性的,其结果与客观的理论预测一致,是最准确的预期。

其二,理论预期是观察到的过去经验的规律性总结,它可以指导人们的经济行为。由于它与理性预期结果一致,因而理性预期可以构成经济行为的基础。

其三,理性预期模型中存在随机误差项,表明厂商和经济学家都不能无所不知地掌握一切信息,因而会对其产出行为发生影响。

其四,经济当事人的主观概率分布等于经济系统的客观概率分布。理性预期并不保证每个人都有同样的预期,也不要求每个人的预期都正确无误,但理性预期的误差平均为零。

其五,最主要之点在于,理性预期模型说明,规则的经济政策不会对实际经济行动产生影响。只有当经济体系受到预料之外的冲击时,才会使实际产量偏离其正常轨道。显然,这一结论部分地否定了凯恩斯主义经济政策的有效性。

2.自然率假说

自然率假说是理性预期学派理论的一个重要的组成部分,理性预期学派将货币主义的理论基础之一自然率假说加以引申,并将其发展成为除了理性预期概念之外,该学派的理论中举足轻重的基本理论。

自然率假说是作为反对凯恩斯主义的失业与通货膨胀负相关的互替关系，即所谓菲利浦曲线的批判的武器提出来的。在自然率假说形成之前，关于通货膨胀与经济总量（产量、就业和失业）之间的关系，人们通常只是简单地接受一条稳定的菲利浦曲线的假说，把较低的失业率和较高的通货膨胀率联系起来，并暗含地假定，这个交替关系同过去和现在的货币和财政行动无关。相应地，如果政府愿意接受同其所选择的产量和就业水平相联系的通货膨胀的话，政府可以应用货币政策和财政政策，使产量和就业保持在它所希望保持的水平上。

自然率假说反对上述常规的见解，它认为在经济总量（产量、就业、失业）和通货膨胀率之间不存在一种固定的关系，而在这些经济总量同实际通货膨胀率及其关于通货膨胀率的预期的差别之间，存在一种固定的关系。

更特殊地说，自然率假说认定，给定经济的微观经济结构，私人经济活动的当事者，包括企业家、消费者、工人的基于对通货膨胀率的正确的预期的经济行为，会形成唯一的总产量、就业和失业的水平，亦即其"自然水平"。

总产量和就业高于、等于或低于其自然水平，是同通货膨胀高于、等于或低于一般预期通货膨胀率相联系的。自然率假说并不意味着货币和财政活动不影响对产量和劳务的总需求水平，它也不否认这些活动能够影响产量和就业的实际水平，但它意味着政府行为，例如所得税率的变化和失业补助金的变化，会引起整个时期经济总量（产量、就业、失业）的自然水平的变化。

自然率假说认为，货币政策和财政政策会影响实际通货膨胀率和预期膨胀率间的差别，从而使产量和就业的实际水平相对于其自然水平发生变化。另外，若人们的关于实际通货膨胀率高于或低于预期通货膨胀率的经验使得他们倾向于提高或降低通货膨胀预期，那么，产量和就业的自然水平便只是同一种稳定的通货膨胀率相一致的水平。产量和就业水平高于其自然水平，包含着预期的实际的通货膨胀率的稳定的增长。相反，预期的和实际的通货膨胀率下降，则经济进入萧条时期，这时的产量和就业水平低于其自然水平。这样，自然率假说便意味着，货币政策和财政政策不会使产量永久地高于其自然水平，或失业率永久地低于其自然水平。

3. 李嘉图等价定理

李嘉图在《政治经济学及赋税原理》第十七章"农产品以外的其他商品税"中表述了如下思想：政府为筹措战争或其他经费，采用征税还是发行公债的影响是等价的。这是"李嘉图等价"思想的来源。

李嘉图等价定理认为，征税和政府借款在逻辑上是相同的。这一原理可以通过下面的例子来加以说明。假定人口不随时间而变化，政府决定对每个人减少现行税收（一次性总付税）1 000元，由此造成的财政收入的减少，通过向每个人发行1 000元政府债券的形式来弥补（再假定债券期限为一年，年利息率为5%），以保证政府支出规模不会发生变化。减税后的第二年，为偿付国债本息，政府必须向每个人增课1 050元的税收。

面对税负在时间上的调整，纳税人可以用增加储蓄的方式来应付下一期增加的税收。实际上，完全可以将政府因减税而发行的1 000元的债券加上5%的利息，作为应付政府为偿付国债本息而新增课税收入 1 050 元的支出。这样,纳税人原有的消费方式并不会发生变化。

如果政府债券的期限为 N 年,结果是一样的。因为政府债券的持有者可以一手从政府手中获得债券利息,另一手又将这些债券的本金和利息用以支付为偿还债券本息而征收的更高的税收。在这种情况下,用举债替代税收,不会影响即期和未来的消费,等价定理是成立的。

李嘉图等价定理的核心思想在于:公债不是净财富,政府无论是以税收形式还是以公债形式来取得公共收入,对于人们经济选择的影响是一样的。财政支出无论是通过目前征税还是通过发行公债筹资,没有任何区别,即公债无非是延迟的税收,在具有完全理性的消费者眼中,债务和税收是等价的。根据这个定理,政府发行公债并不提高利率,对私人投资不会产生挤出效应,也不会增加通货膨胀的压力,这些仍然未得到实际经济运行的论证。

该定理是以封闭经济和政府活动非生产性为前提与条件。

李嘉图等价定理并不符合真实情况,因为它是在一系列现实生活中并不存在或不完全存在的假设条件下得出的。因此,李嘉图等价定理并不是经济的现实。

巴罗还在一个理性的消费者是关心后代的假设下,认为该消费者不仅从自己的消费中获得效用,而且从子女的消费中获得满足,因此,理性预期的消费者有一种特殊的"利他主义"遗产动机。当政府发行公债弥补财政预算赤字时,他们会意识到后代将会面临更重的税收负担,因而他们会给下一代留下更多的遗产。这说明即使消费者在政府为了弥补削减了的当前税收而增加税收之前去世,李嘉图等价定理依然成立。

4. 附加预期变量的总供给曲线与经济均衡

(1) 附加预期变量的总供给曲线。

附加预期变量的总供给曲线是相对于传统总供给曲线而言的。传统总供给曲线是在货币工资具有完全伸缩性的假定下得到的,如图 13-7 所示。

图中传统总供给曲线 LAS 是一条位于充分就业总产出 y' 之上的垂直线。它表示不论价格 P 如何变化,经济社会所提供的总产出或总收入均为不变的 y'。由于总供给曲线为一条垂直线,所以任何一条总需求曲线与它的交点均处于垂直线上,如图中的 A、B 点所示。这表明:经济社会的生产总是处于自然就业率水平,不会出现长期的大量失业现象。从这一理论出发,不能解释资本主义的经济波动,从而被凯恩斯主义所代替。

理性预期学派一方面否定凯恩斯主义,另一方面试图弥补传统理论的不足,在传统理论的基础上来"解释"资本主义的经济波动。这些修改和补充主要在于给它添加了一个预期变量。

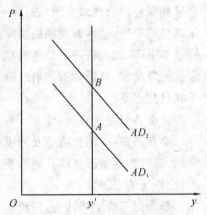

图 13-7 传统的总供给曲线

对于传统理论的劳动的供给和需求取决于实际工资率的说法,理性预期学派没有什么异议,但是他们认为,在决定实际工资大小时,劳动供给方面所依据的价格和劳动需求方面所依据的价格一般是不相同的。

对于厂商而言,他们都熟悉自己产品的价格以及本行业产品的价格,全体厂商就相当于用实际存在的价格水平 P 去计算实际工资;但是劳动者并不清楚知道各行业的现行实际价格,劳动者整体只能用预期的价格水平 P 来决定实际工资的高低。如果把厂商使用的实际的价格水平 P(即在劳动的需求曲线方面的 P)和劳动者使用的预期的价格水平 P(即在劳动供给曲线方面的 P)的差别考虑在内,就可得到图 13-8。

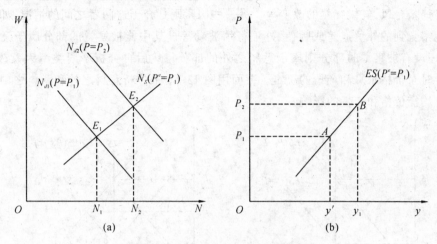

图 13-8 附加预期变量的总供给曲线

在图 13-8(a)中,W 为名义货币工资,N_{d1} 和 N_{d2} 分别为 P_1、P_2 价格水平下的劳动需求曲线,N_S 为预期价格为 P_1 时的劳动供给曲线。如果价格水平为 P_1,表明即预期的价格水平正好等于实际的价格水平,或者说在需求方面的 P 与供给方面的 P 相同,那么 N_{d1} 与 N_S 相交于 E_1,E_1 点决定了就业量的数值为 N_1。从而在(b)图中得到对应的产出量 y_1,并得到组合 $A(y_1, P_1)$。

假设由于意料之外的因素导致价格从 P_1 上升到 P_2,但由于是意料之外的因素,预期价格 P^e 的数值不变,仍然为 P_1,因此 N_S 的位置保持不变。但是由于名义价格上升,现在雇佣同样数量的劳动力,需要名义货币工资上涨同样的倍数,所以劳动需求曲线的位置由 N_{d1} 上移到 N_{d2}。N_{d2} 和 N_S 相交于 E_2 点,这样在(b)图中又得到一个新组合 $B(y_2, P_2)$。按照这一思路继续下去,便可得到很多像 A、B 的一系列组合,将其用光滑的曲线连接起来便得到附加预期变量的总供给曲线 $ES(P^e = P_1)$。它表示在预期价格等于 P_1 时与各个价格 P 相对应的 y 的数值。由于图 13-8 中的 ES 曲线是以 P^e 为某一数值(P_1)为前提的,如果 P^e 为不同的数值,则相应推导出来的 ES 就会不同,即相当于每一 P^e 值都存在着一条相对应的 ES 曲线。因此,在理论上,ES 曲线的数量是很多的,其中每一条 ES 曲线与传统总供给曲线都相交于一点,并且在交点上预期价格与实际价格相等,如图 13-9 所示。

图 13-9 中,AS 为传统总供给曲线,ES 为附加预期变量的总供给曲线,其中 $ES(P^e = P_1)$ 表示预期价格为 P_1 时的 ES 曲线,$ES(P^e = P_2)$ 表示预期价格为 P_2 时的 ES 曲线。A、B 分别为 AS 曲线与这两条 ES 曲线的交点,A 点代表预期的 P^e 与名义价格 P_1 一致,B 点代表预期的 P^e 与名义价格 P_2 一致,如此等等。

(2)理性预期下的价格水平与产量的决定。

假设存在着一个由附加预期变量的总供给曲线 ES 和总需求曲线 AD 构成的经济模型。经济社会在开始时处于充分就业的 y' 垂直线、ES 和 AD 这三条线的交点。现在假设 AD 曲线由于受到某些因素的影响发生移动,那么根据该模型此时决定的价格水平与产量应为多少? 理性预期学派的答案取决于 AD 曲线的位移是受何种因素(即是意料之中的,还是意料之外的因素)的影响。理性预期学派首先把影响 AD 曲线移动的所有因素分为两大类:一类是意料之中的因素,比如政府的财政、货币政策等宏观经济政策;另一类是意料之外的因素,如地震、海啸、台风、气候突然的改变等。另一些因素则是介于这两者之间的情况,如仅仅能被部分地察觉到的外贸逆差或顺差、外汇行情波动等。其中能被察觉的部分属于意料之中的部分,还没有被察觉的部分则属于意料之外的部分。然后再分析不同类型因素改变 AD 曲线位置时对价格水平和产量的决定。下面用图 13-10 来分析意料之外和意料之中的总需求冲击对均衡价格和产量的影响。

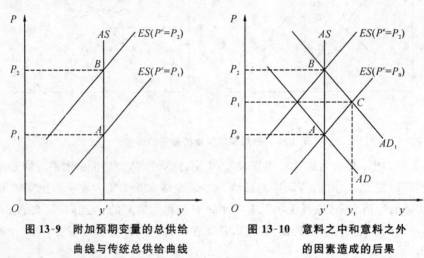

图 13-9　附加预期变量的总供给
曲线与传统总供给曲线

图 13-10　意料之中和意料之外
的因素造成的后果

先分析意料之中的因素对总需求产生冲击的后果。假定经济社会在开始时处于 A 点,即处于 y' 垂直线、$ES(P^e=P_0)$ 和 AD 这三条线相交之点,此时价格水平和产出量分别为 P_0 和 y'。这时如果由于意料之中的因素使 AD 曲线移动到 AD_1,那么,由此而决定的均衡价格 P 和均衡产量 y 为多少?

按照凯恩斯主义的观点,总需求由 AD 增加到 AD_1,ES 和 AD_1 相交于 C 点,决定了均衡价格水平为 P_1,产量为 y_1,即总需求增加后价格水平和产出量都将上升。

但是理性预期学派认为市场均衡不可能位于 C 点,因为这一结论违反理性预期假设。理性预期假设表明:对于经济变量的理性预期的数值必须等于根据经济理论推算出来的数值。而在 B 点,根据经济模型(ES 与 AD 的交点)推算出来的 P 是 P_1,预期的 P(即 P^e)是 P_0,两者并不相等,所以 C 点不是市场均衡点。

理性预期学派认为 B 点才是市场的均衡点,即市场均衡价格为 P_2,均衡产量为 y'。由于 AD 是意料之中的原因所造成的,即在有效地利用一切信息的情况下,AD 的位置已众所周知,所以经济主体预期的价格应和根据模型推算出来的价格相等。在图 13-10 中,只有 B 点可以使二者相等。因为 B 点是预期价格为 P_2 时得到的另一条 ES 线、y' 垂直线和 AD 这三条线的交点,以 B 是 ES 和 AD_1 的交点而论,P_2 是根据经济模型推算出来的价格;以 B 是 ES 和 y' 的交点而论,预期价格 $P^e=P_2$。因此三线相交于一点正好说明预期的 P 和根据模型推算出来的 P 相等,即此时的预期是理性的预期,从而 B 点是市场真正的均衡点。

从图形可以看出,意料之中的扩张性的政策仅仅使价格从 P_1 上升到 P_2,但是产量却维持不变,仍然为 y'。由此,理性预期学派认为:意料之中的因素所造成的总需求的变动只能使价格水平上升或下降,但是不能导致整个经济社会的就业量或产出量的变动。

下面分析意料之外的因素的影响。在图 13-10 中,如果 AD 移动到 AD_1 是由意料之外的因素造成的,那么参与经济活动的人不会觉察到 AD 位置的变化,他们还以为 AD 仍处于原有的位置,从而他们对价格的理性预期只能是 P_0,而价格和产出量已上升到 P_1 和 y_1。这就是说,即使存在着理性预期,价格水平和产量也可以由于意料之外的原因而发生变动,即理性预期学派认为,意料之外的因素所造成的 AD 变动却可以导致 y 的变动,这就一方面维护了传统的西方经济学的总供给曲线,另一方面又以意料之外的因素的影响来解释资本主义经济波动,并进一步认为,这正是资本主义经济波动的唯一原因。

三、理性预期学派的政策主张

1. 宏观经济政策无效,主张宏观政策应该维持稳定

理性预期学派认为宏观经济波动的根源是货币冲击,而这种货币冲击一般是由中央银行的货币政策引起的。

经济行为主体对未来事件的预期是合乎理性的,即参与市场活动的人会把过去的信息和现在的信息联系在一起,根据它们作出判断,得出与经济模型一致的结论。那么,政府有规律的货币政策措施迟早会被经济行为主体所发现,并成为他们决策所依据的一种信息,经济行为主体就能够预计到这些政策,并同时作出反应以抵消所能预测到的政策后果。这样,货币政策就不会对经济产生实际的影响,即政府不可能通过系统性的货币政策影响产量和就业。在另外一种情况下,政府可能实施对失业和产出的变化来制定政策的反馈规则,决定货币的供给量。但是,同上面的分析一样,反馈规则引起的货币增长率的变化同样也会被经济主体所预见到,这会使反馈规则失效,只有对货币规则的未被预期到的偏离才会影响产量。这也说明,宏观经济政策要想有效,必须具有欺骗性质。但是,理性预期使人们很难被政府所哄骗,具有理性预期的经济主体在长期中不会系统地和持续的犯认识上的错误,政府试图用频繁变动的宏观经济政策来愚弄人们是不明智的。因此,宏观经济政策的有效性值得怀疑。

政府与其去采取那些并不能使产量和就业量这些实际变量发生变动,仅仅影响价格水平的宏观经济政策,还不如摒弃这种带有规律性的政策,充分发挥市场机制的自发调节功能,这样反而能够使整个经济处于稳定状态。

如果政府必须采取某种政策,那就要制定并公开宣布能够长期执行的政策。比如,通货膨胀发生时,政府向公众宣布一项坚决降低货币增长率以制止通货膨胀的政策并保证长期执行而绝不轻易更改时,政府就会比较容易取得人们的信任,从而有效地解除他们的各种预防措施,并引导人们自动作出与政策相应的调整。这样一来,政府不但能够顺利地制止通货膨胀、稳定物价,而且还能避免失业的增加和生产率的下降。

尽管理性预期学派不否认非规则性的经济政策会对产量、就业量等经济实际变量产生影响,但是他们仍然反对政府采取不规则的政策措施。因为突如其来的政策虽然使经济行为主体预期失误,从而暂时地产生一定的效果,但是,预期失误反而会加剧产量和就业量的

波动,最终反而导致经济的不稳定。

2. 单一政策目标论

根据前面的分析可以看出,理性预期学派认为政府采用相机抉择的宏观经济政策不会对产量、就业量等实际经济变量产生影响,但却承认这些宏观经济政策能够对价格水平这一名义变量产生有规律性的影响。因此,政府宏观经济政策的目标是防止或减轻通货膨胀,而不应该是同时解决通货膨胀和失业问题,更不应该是单独解决失业问题;或者说,实现理想的一般物价水平是政府的唯一政策目标。这一观点与弗里德曼的观点是一致的,而且更加严格,因此,有人认为理性预期学派的这个政策主张比弗里德曼还要弗里德曼。

理性预期学派认为收入政策会扼杀市场机制,因此反对新古典综合派用收入政策制止通货膨胀的主张;另外,理性预期学派认为,用提高货币增长率的办法只能加剧通货膨胀而不能降低失业,反之,用降低货币增长率的办法能够降低通货膨胀而不一定会提高失业率。

3. 信誉重于规则

理性预期学派认为,经济政策的效果具有时间的不一致性,如果政府采用相机抉择的政策,那么,损失将与收益同在。比如,在成本推进型通货膨胀发生时,政府公布了紧缩的货币政策,希望有助于节制工资的上升。如果政府坚持长期这样做,那么工人就会要求有一个与低通货膨胀率相一致的低工资增长率,从而降低通货膨胀率。但是,如果在工资协议签订之后,政府改变主意转而采取扩张的货币政策以刺激经济增长,那么通货膨胀率的提高就会使工人的实际工资下降。下次再进行工资谈判时,工人就不再相信政府会坚持采用紧缩的货币政策了,在工资谈判时,不仅要弥补前一期的损失,还会产生通货膨胀预期。所以,只有当政策按既定规则操作时,经济主体才会相信政府,效果才会是最佳的。在政策的效果具有时间上的不一致时,建立人们对规则的信任是非常重要的,这可能比具体规则本身更为重要。政府费尽力气建立起来的经济政策的信誉是宝贵的,为了一时的权宜之计改变规则而把信誉葬送掉往往是得不偿失的。

■ 教学案例

国务院十项措施扩大内需 2010 年底前投资 4 万亿

新华网北京 2008 年 11 月 9 日电国务院总理温家宝 5 日主持召开国务院常务会议,研究部署进一步扩大内需促进经济平稳较快增长的措施。

会议认为,近两个月来,世界经济金融危机日趋严峻,为抵御国际经济环境对我国的不利影响,必须采取灵活审慎的宏观经济政策,以应对复杂多变的形势。当前要实行积极的财政政策和适度宽松的货币政策,出台更加有力的扩大国内需求措施,加快民生工程、基础设施、生态环境建设和灾后重建,提高城乡居民特别是低收入群体的收入水平,促进经济平稳较快增长。

会议确定了当前进一步扩大内需、促进经济增长的十项措施。

一是加快建设保障性安居工程。加大对廉租住房建设支持力度,加快棚户区改造,实施游牧民定居工程,扩大农村危房改造试点。

二是加快农村基础设施建设。加大农村沼气、饮水安全工程和农村公路建设力度,完善农村电网,加快南水北调等重大水利工程建设和病险水库除险加固,加强大型灌区节水改造。加大扶贫开发力度。

三是加快铁路、公路和机场等重大基础设施建设。重点建设一批客运专线、煤运通道项目和西部干线铁路，完善高速公路网，安排中西部干线机场和支线机场建设，加快城市电网改造。

四是加快医疗卫生、文化教育事业发展。加强基层医疗卫生服务体系建设，加快中西部农村初中校舍改造，推进中西部地区特殊教育学校和乡镇综合文化站建设。

五是加强生态环境建设。加快城镇污水、垃圾处理设施建设和重点流域水污染防治，加强重点防护林和天然林资源保护工程建设，支持重点节能减排工程建设。

六是加快自主创新和结构调整。支持高技术产业化建设和产业技术进步，支持服务业发展。

七是加快地震灾区灾后重建各项工作。

八是提高城乡居民收入。提高明年粮食最低收购价格，提高农资综合直补、良种补贴、农机具补贴等标准，增加农民收入。提高低收入群体等社保对象待遇水平，增加城市和农村低保补助，继续提高企业退休人员基本养老金水平和优抚对象生活补助标准。

九是在全国所有地区、所有行业全面实施增值税转型改革，鼓励企业技术改造，减轻企业负担1200亿元。

十是加大金融对经济增长的支持力度。取消对商业银行的信贷规模限制，合理扩大信贷规模，加大对重点工程、"三农"、中小企业和技术改造、兼并重组的信贷支持，有针对性地培育和巩固消费信贷增长点。初步匡算，实施上述工程建设，到2010年底约需投资4万亿元。为加快建设进度，会议决定，今年四季度先增加安排中央投资1000亿元，明年灾后重建基金提前安排200亿元，带动地方和社会投资，总规模达到4000亿元。

会议要求，扩大投资出手要快，出拳要重，措施要准，工作要实。要突出重点，认真选择，加强管理，提高质量和效益。要优先考虑已有规划的项目，加大支持力度，加快工程进度，同时抓紧启动一批新的建设项目，办成一些群众期盼、对国民经济长远发展关系重大的大事。坚持既有利于促进经济增长，又有利于推动结构调整；既有利于拉动当前经济增长，又有利于增强经济发展后劲；既有效扩大投资，又积极拉动消费。要把促进增长和深化改革更好地结合起来，在国家宏观调控下充分发挥市场对资源的配置作用；发挥中央和地方两个积极性。

会议强调，尽管我们面临不少困难，但我国内部需求的潜力巨大，金融体系总体稳健，企业应对市场变化的意识和能力较强，世界经济调整为我国加快结构升级、引进国外先进技术和人才等带来新的机遇。只要我们及时果断采取正确的政策措施，把握机遇，应对挑战，就一定能够保持经济平稳较快发展。

案例讨论：

试从新古典综合派、新凯恩斯主义、货币学派、供给学派以及理性预期学派的立场讨论上述措施对经济的影响。

■ **关键概念**

重商主义	mercantilism
古典经济学	classical economics
凯恩斯主义	Keynesianism

萨伊法则	Say's law
滞胀	stagflation
新古典综合派	neoclassical synthescs
后凯恩斯主流派	post-keynesian mainstream
货币学派	monetarism
新兴古典学派	new classical school
理性预期学派	rational expectation school
供给学派	supply school
新自由主义	neo-liberalism
弗莱堡学派	Freiburg school
公共选择学派	the school of public choice
新制度经济学派	new institutional economic school

■ 复习思考

1. 新古典综合派的基本理论及政策主张是什么？
2. 新凯恩斯主义的基本理论及政策主张是什么？
3. 货币学派的基本理论及政策主张是什么？
4. 供给学派的基本理论及政策主张是什么？
5. 理性预期学派的基本理论及政策主张是什么？
6. 试比较新古典综合派与新凯恩斯主义的异同。
7. 试比较新古典综合派与货币学派的异同。

部分章节单元实训参考答案

第一章

一、单项选择题

1. A　2. B　3. B　4. B　5. D　6. B　7. A　8. B　9. D　10. B　11. A　12. D　13. B　14. C　15. D　16. A　17. A

二、判断题

1. 错　2. 错　3. 错　4. 错　5. 对　6. 对　7. 错　8. 错　9. 错

三、计算题

1. $GDP = C + I + G + NX = 90 + 60 + 35 - 5 + 60 - 70 = 170 = 100 + 10 + 15 + 20 + 10 + 10 + 5 = 170$

$NDP = 170 - 5 = 165$

$NI = 165 - 10 + 5 = 160$

$PI = 160 - 20 = 140$

$DPI = 140 - 30 = 110$

$S = 110 - 90 = 20$

2. $GDP_{1990} = 25 \times 1.5 + 50 \times 7.5 + 40 \times 6 + 30 \times 5 + 60 \times 2 = 922.5$

$GDP_{1992} = 30 \times 1.6 + 60 \times 8 + 50 \times 7 + 35 \times 5.5 + 70 \times 2.5 = 1245.5$

$RGDP_{1992} = 30 \times 1.5 + 60 \times 7.5 + 50 \times 6 + 35 \times 5 + 70 \times 2 = 1110$

$GPI_{1992} = 1110 / 922.5 \times 100 = 120.3$

3. $g = 3\% - 2 \times U = 3\% + 2 \times 3\% = 9\%$

4. $200 - 50r = 3750 - 1400 - 0.6 \times 3750 - 200 \qquad r = 6$

5. 政府购买增加 100 万,公共储蓄减少 100 万,私人储蓄不变,国民储蓄减少 100 万,投资减少 100 万;

政府税收增加 100 万,公共储蓄增加 100 万,私人储蓄减少 30 万,国民储蓄减少 70 万,投资减少 70 万。

第二章

一、单项选择题

1. B　2. C　3. A　4. C　5. C　6. B　7. C

二、判断题

1. 对　2. 错　3. 对　4. 错　5. 对　6. 错　7. 对　8. 错　9. 对

三、计算题

1. 年利率为 5%,净现值为 11.68 万元,大于 0,应该投资。

年利率为 8%，净现值为 -11.79 万元，小于 0，不应该投资。

2. (1)$C_2=4\,800$

(2)$C_3=5\,340$，C_4 及以后各年均为 5700

(3)短期 0.54，长期 0.9

3. (1)$C_3=5\,200$

(2)$C_4=5\,600$，$C_5=5840$，C_6 及以后各年均为 6\,000

(3)短期 0.4，长期 0.8

4. $a=0.06$，$\theta=0.75$

第三章

1. (1)4333　(2)减少 1333　(3)增加 8.3

第四章

1. (1)$Y_e=750$，$C=700$，$S=50$

(2)10

(3)250

(4)$Y_e=1500$，$C=1\,450$，$S=50$，$\Delta Y=500$

(5)投资乘数从 5 变为 10

2. (1)$Y_e=1\,000$

(2)$k_I=k_G=5$；$k_T=-k_{TR}=4$

(3)①40；②50；③200

第五章

1. (1)$Y=1\,700-100r$

(2)$Y=500+100r$

(3)$Y=1100$，$r=6$

(4)右移 200；$Y=1\,200$，$r=7$

(5)下移 2；$Y=1\,150$，$r=5.5$

(6)$Y=975$，$r=7.25$

第六章

1. 萧条

第七章

三、计算题

1. (1)$k=16$，$y=4$

(2)$k=1$，$y=1$

(3)$s_g=1/2$

2. (1)$k=3.8$

(2)$k_g=1.97$

参 考 文 献

【1】[美]阿普尔亚德,等.国际经济学[M].第4版.龚敏,陈琛,等译.4版.北京:机械工业出版社,2003.

【2】[美]奥尔森.国家的兴衰:经济增长、滞胀和社会僵化[M].李增刚,译.上海:上海人民出版社,2007.

【3】[美]巴罗,萨拉伊马丁.经济增长[M].何晖,刘明兴,译.北京:中国社会科学出版社,2000.

【4】[美]巴罗.经济增长的决定因素:跨国经验研究[M].李剑,译.北京:中国人民大学出版社,2004.

【5】[美]巴罗.宏观经济学:现代观点[M].沈志彦,陈利贤,译.上海:格致出版社,上海人民出版社,2008.

【6】[美]布兰查德.宏观经济学[M].钟笑寒,译.北京:清华大学出版社,2005.

【7】蔡继明.宏观经济学[M].北京:人民出版社,2003.

【8】陈荣耀,等.宏观经济学[M].上海:东华大学出版社,2003.

【9】陈宪,韩太祥.经济学原理(下册)[M].上海:立信会计出版社,2004.

【10】陈雨露.国际金融[M].3版.北京:中国人民大学出版社,2008.

【11】[美]多恩布什,费希尔,斯塔兹.宏观经济学[M].范家骧,等,译.北京:中国人民大学出版社,2000.

【12】范家骧,王志伟.宏观经济学[M].大连:东北财经大学出版社,2003.

【13】方福前.西方经济学新进展[M].北京:中国人民大学出版社,2006.

【14】方齐云,方臻旻.国际经济学[M].大连:东北财经大学出版社,2009.

【15】高鸿业.西方经济学(宏观部分)[M].4版.北京:中国人民大学出版社,2007.

【16】[英]格兰特.经济增长与商业周期[M].方颖,韩向虹,译.北京:机械工业出版社,2009.

【17】[美]哈伯德,奥布赖恩.经济学(宏观)[M].王永钦,等,译.北京:机械工业出版社,2007.

【18】黄卫平,彭刚.国际经济学教程[M].北京:中国人民大学出版社,2004.

【19】黄亚钧,郁义鸿.宏观经济学[M].2版.北京:高等教育出版社,2005.

【20】黄志贤,郭其友.当代西方经济学流派的演化[M].厦门:厦门大学出版社,

【21】[美]霍尔,帕佩尔.宏观经济学:经济增长、波动和政策[M].沈志彦,译.北京:中国人民大学出版社,2008.

【22】[美]霍尔,泰勒.宏观经济学[M].5版.张帆,译.北京:中国人民大学出版社,2000.

【23】蒋自强.当代西方经济学流派[M].3版.上海:复旦大学出版社,2008.

【24】[美]凯伯.国际经济学[M].8版.原毅军,等,译.北京:机械工业出版社,2002.

【25】[英]凯恩斯. 就业利息与货币通论[M]. 北京：商务印书馆,1963.

【26】[美]克鲁格曼,奥伯斯法尔德. 国际经济学:理论与政策(下册)[M]. 6 版. 海闻,等,译. 北京：中国人民大学出版社,2006.

【27】李仁君. 宏观经济学[M]. 北京：清华大学出版社,2009.

【28】李坤望. 国际经济学[M]. 2 版. 北京：高等教育出版社,2005.

【29】厉以宁. 宏观经济学的产生和发展[M]. 长沙：湖南人民出版社,1997.

【30】李晓西. 宏观经济学案例[M]. 北京：中国人民大学出版社,2006.

【31】[美]刘易斯. 经济增长理论[M]. 梁小民,译. 上海：生活・读书・新知三联书店上海分店,1990.

【32】梁小民. 高级宏观经济学教程(上、下册)[M]. 北京：北京大学出版社,2000.

【33】梁小民. 宏观经济学[M]. 北京：中国社会科学出版社,1999.

【34】林毅夫. 中国经济专题[M]. 北京：北京大学出版社,2008.

【35】刘碧云. 经济学[M]. 南京：东南大学出版社,2002.

【36】刘凤良. 西方经济学[M]. 北京：中国人民大学出版社,2005.

【37】吕随启,等. 国际金融教程[M]. 2 版. 北京：北京大学出版社,2007.

【38】[美]曼昆. 经济学原理[M]. 5 版. 梁小民,译. 北京：机械工业出版社,2009.

【39】黎诣远. 西方经济学[M]. 北京：高等教育出版社,2000.

【40】[美]帕金. 宏观经济学[M]. 梁小民,译. 北京：人民邮电出版社,2003.

【41】钱荣堃,等. 国际金融[M]. 天津：南开大学出版社,2002.

【42】[美]瑞著. 发展经济学[M]. 陶然,等,译. 北京：北京大学出版社,2002.

【43】[美]萨尔瓦多. 国际经济学[M]. 9 版. 杨冰,译. 北京：清华大学出版社,2008.

【44】[美]萨缪尔森,诺德豪斯. 经济学[M]. 18 版. 萧琛,等,译. 北京：人民邮电出版社,2008.

【45】[美]萨克斯,拉雷恩. 全球视角的宏观经济学[M]. 费方欲,等,译. 上海：上海人民出版社,2004.

【46】沈坤荣. 宏观经济学教程[M]. 南京：南京大学出版社,2008.

【47】石良平. 宏观经济学[M]. 2 版. 北京：高等教育出版社,2004.

【48】[美]斯蒂格利茨. 经济学(下册)[M]. 黄险峰,等,译. 北京：中国人民大学出版社,1997.

【49】[美]斯蒂格利茨,等. 稳定与增长:宏观经济学、自由化与发展[M]. 刘卫,译. 北京：中信出版社,2008.

【50】[美]索洛,等. 经济增长因素分析[M]. 史清琪,等,译. 北京：商务印书馆,2003.

【51】[美]索洛,等. 通货膨胀、失业与货币政策[M]. 张晓晶,李永军,译. 北京：中国人民大学出版社,2004.

【52】王秋石. 宏观经济学原理[M]. 3 版. 北京：经济管理出版社,2001.

【53】汪祥春. 宏观经济学[M]. 大连：东北财经大学出版社,2004.

【54】王则柯. 图解宏观经济学[M]. 北京：中国人民大学出版社,2008.

【55】王志伟. 宏观经济学[M]. 北京：北京大学出版社,2006.

【56】吴易风.当代西方经济学流派与思潮[M].北京：首都经济贸易大学出版社,2005.

【57】徐长生,张玉英,费剑平.宏观经济学[M].北京：首都经贸大学出版社,2007.

【58】杨胜刚,姚小义.国际金融[M].北京：高等教育出版社,2005.

【59】尹伯成.西方经济学简明教程[M].5版.上海：上海人民出版社,2005.

【60】袁志刚,欧阳明.宏观经济学[M].2版.上海：上海人民出版社,2003.

【61】咸春龙,孙良媛.现代宏观经济学[M].太原：山西经济出版社,2002.

【62】张抗私.就业问题:理论与实际研究[M].北京：社会科学文献出版社,2007.

【63】张卓元.政治经济学大词典[M].北京：经济科学出版社,1998.